Comédies et drames du mariage

COLLECTION SCIENCES HUMAINES APPLIQUÉES
L'ART DE LA PSYCHOTHÉRAPIE
Dirigée par le Docteur Philippe Caillé
et le Docteur Robert Neuburger

Voir en fin d'ouvrage la liste des titres disponibles

Guglielmo GULOTTA

Comédies et drames du mariage

Psycho-guide illustré de la jungle conjugale

Avant-propos de Paul Watzlawick

Illustrations d'Alfredo Chiappori

Traduction de l'italien par Ilona Adam

ESF
éditeur

2, rue Maurice Hartmann - Issy-les-Moulineaux

Cet ouvrage est la traduction française
du livre de Guglielmo Gulotta
COMMEDIE ET DRAMMI NEL MATRIMONIO
Psicologia e fumetti
per districarsi nella giungla conjugale

publié par Giangiacomo FELTRINELLI
Editore, Milano

ISBN 2.7101.1377.5

Ce livre est dédié
à tous ceux qui ne s'entendent pas

Sommaire

Avant-propos

Lorsqu'il y a quelques semaines, je rencontrais Guglielmo GULOTTA à Rome à l'occasion d'un symposium et qu'il me montra le manuscrit de cet ouvrage, je ne connaissais de lui qu'un traité excessivement sérieux sur le thème ardu de la Psychanalyse et du Droit Pénal, où il faisait preuve de connaissances approfondies sur les mécanismes intrapsychiques ainsi que de toute la littérature consacrée à ce sujet de part et d'autre de l'Atlantique.

Il vient d'écrire à présent un livre sur les vicissitudes de la vie conjugale, livre fort amusant, qui dénonce sous le masque de la légèreté, des réalités d'une grande importance.

Il nous démontre qu'en abandonnant le point de vue strictement psychologique en faveur d'une conception plus moderne, exprimée en termes de systèmes interactifs, des solutions nouvelles auparavant inenvisageables se font jour.

Lorsque la communication humaine s'interrompt, les individus recourent obligatoirement à l'accusation mutuelle de maladie mentale ou de cruauté. Et cela plus particulièrement encore dans le cadre des conflits conjugaux où chaque partenaire, parfaitement convaincu de son innocence, la relation étant duelle, impute nécessairement son malheur à l'autre : tertium non datur.

Il leur échappe généralement, la présence d'un tiers : une troisième entité, la vraie coupable, la véritable malade, j'entends par là, la relation établie entre eux.

Comment procède le thérapeute pour faire comprendre ce point crucial ?

L'auteur a choisi la méthode suivante : des exemples recueillis mot à mot au cours des séances avec les couples et surtout des bandes dessinées. L'impact de ces dernières est plus percutant que les représentations traditionnelles et les exposés théoriques. Une bande dessinée bien choisie frappe bien plus que des pages entières de descriptions et d'analyses.

Ayant moi-même personnellement tenté d'étudier, pendant des années, les dangers étranges de la communication humaine, tous ces conflits issus de pièges insoupçonnables comme certaines questions pernicieuses ou les nœuds inextricables de la confiance, etc., je souhaite un immense succès à ce livre. Il le mérite.

Cependant, très cher Docteur Gulotta, je crains que vous ne recueilliez que peu de gratitude de la part de ceux que vous avez trop bien décrits au long de ces pages. Lever le voile qui recouvre la face du sphinx représente une tâche ingrate. C'est précisément le rôle que vous avez si bien joué.

Mental Research Institute,
Palo Alto.

Paul Watzlawick

Introduction

Cet ouvrage s'adresse à ceux qui sont mariés, à ceux qui souhaitent l'être, à ceux qui n'en éprouvent pas le désir ou qui hésitent encore à s'engager.

Chacun y trouvera les arguments utiles pour améliorer sa vie conjugale, ou pour comprendre que c'est impossible, la programmer avec rationnalité, ou surmonter ses hésitations, et aussi bien pour justifier sa décision de se garder de tant de complications.

Si mon ton est parfois ironique, c'est qu'au moment où j'écris (demain qui sait...), je ne suis pas encore marié. Cela me permet d'avoir le recul indispensable pour saisir certains aspects comiques des situations.

Je ne me suis donc pas basé sur mon expérience conjugale, bien que bon nombre de mes observations proviennent de ma vie quotidienne, mais sur ma vie professionnelle à Milan où je travaille en tant que psychologue et avocat auprès de couples qui viennent directement frapper à ma porte ou qui me sont envoyés par quelque collègue ou relation.

Il s'agit de couples dont le désaccord repose parfois sur des querelles futiles et d'autres fois sur des divergences fondamentales. Avant de mettre un terme à leur union, ils veulent tenter leur dernière chance à l'aide d'une thérapie conjugale, le plus souvent sur l'initiative de l'un d'eux seulement.

J'ai également beaucoup appris avec des couples rencontrés dans des circonstances dramatiques telles que les contestations du droit de garde d'enfants mineurs lorsqu'un magistrat me nommait pour les besoins de l'enquête.

D'autres observations dérivent de mes activités d'avocat de Droit Pénal et de Criminologue, car la famille est bien souvent le siège de violences et de sévices.

Mon expérience est donc professionnelle et non personnelle, mais il ne me semble pas que les futures mères exigent de leur obstétricien d'avoir accouché lui-même...

J'ai été aidé dans mes recherches par la copieuse littérature sociopsychologique, principalement en provenance des États-Unis. Je ne la citerai pas en détail, pour ne pas alourdir la lecture : je me limiterai à signaler les travaux qui m'ont apporté le plus d'éléments et dont je conseille la lecture pour plus d'approfondissement. Je souhaite préciser que par ailleurs j'ai déjà étudié le « pourquoi » du désaccord conjugal et que je me borne ici à en décrire les manifestations.

Pour exposer ce sujet, j'ai pensé que certaines illustrations ont l'avantage de faire participer le lecteur à quelques instants de la vie conjugale de couples anonymes, parallèlement au point de vue théorique.

Sauf exception, je n'ai pas inventé les « chutes », je les ai entendues de mes propres oreilles, prononcées par des personnes qui n'avaient nulle intention de faire de l'humour, même quand ces phrases étaient noyées dans un flot de paroles.

CHIAPPORI a fait le reste de son côté avec son crayon, mettant ainsi mes souvenirs en images.

Le lecteur notera que j'ai artificiellement restreint mon exposé aux conjoints pour limiter le débat, bien qu'il paraisse évident que leur entente ou mésentente soit étroitement dépendante de leurs relations avec leurs enfants, parents, beaux-parents, etc.

De même, la plupart des principes énoncés concerne tous ces rapports, tout comme il apparaît que ces conflits ne se manifestent pas exclusivement entre mari et femme, mais à chaque fois que des individus, surtout de sexe opposé, entrent en rapport. Ils s'intensifient avec le temps, pendant toute la durée de cette relation, allant de pair avec son approfondissement.

1

Le tourbillon conjugal : un exemple

Le lecteur pourra se souvenir de ce dialogue, plus proche de la réalité qu'il ne semble, pour se faire une idée des complications que les êtres humains savent créer, particulièrement dans des situations intimes dont toute intimité réelle est exclue. Un couple s'entretient ici avec son thérapeute.

FEMME. – Voyez-vous, ce qui me met en colère est que mon mari soit perpétuellement en colère.

MARI. – Mais puisque je ne me fâche jamais...

FEMME. – L'entendez-vous, Docteur ? Ce qui me fait sortir de mes gonds c'est qu'il ne se mette pas en colère lorsque je lui dis que je suis en colère parce que lui est en colère...

MARI. – C'est faux, je me mets en colère de la voir furibonde parce que je ne suis pas en colère...

LE THÉRAPEUTE (les interrompant). – Bon, bon, d'accord, mais...

FEMME. – Il est toujours prêt à m'humilier.

MARI. – Et moi, je trouve humiliant de penser que ma femme puisse croire que je cherche toujours à l'humilier. Cela me fait peur...

FEMME. – Tu ne dois pas avoir peur ! Tu as toujours peur de quelque chose...

MARI. – Évidemment, j'ai peur d'avoir peur simplement parce que tu me dis qu'il ne faut pas que j'aie peur.

FEMME. – En vérité, Docteur, mon mari s'amuse à faire en sorte que je me sente stupide.

MARI. – Mais tu n'es pas stupide, et tu le sais bien.

FEMME. – Voilà Docteur, il me fait me sentir stupide du seul fait de l'avoir dit. Ainsi ne puis-je être que stupide. Que j'aie tort, ou que j'aie raison. Je suis si malheureuse qu'il ne soit jamais content !

MARI. – Allons, je ne suis pas si malheureux !

FEMME. – C'est cela mon malheur, il n'est pas malheureux bien qu'il me sache malheureuse de le savoir malheureux.

MARI. – Si je comprends bien, je devrais me forcer à être heureux pour qu'elle soit heureuse de me voir heureux. Mais tu es un monstre d'égoïsme !

FEMME. – Moi, égoïste ? Mais puisque je ne pense qu'à toi ! Je t'ai toujours tout donné, toujours...

MARI. – Je n'ai eu d'elle, Docteur, que le choses que je ne voulais pas. Il suffit que je veuille une chose pour ne jamais l'obtenir... Si j'ai envie d'une chose, il me suffit de ne pas la désirer pour l'avoir. Si j'obtiens quelque chose, c'est que je ne l'ai pas désiré, je ne dois pas désirer...

THÉRAPEUTE. – Alors vous désirez ce que vous ne pouvez obtenir, parce que vous n'obtenez que ce que vous ne désirez pas ? N'avez-vous jamais tenté d'aller l'un vers l'autre ? De faire se rencontrer vos désirs ?

MARI. – Voyez-vous Docteur, je pourrais lui tendre une main si elle se montrait plus forte, mais si elle a besoin qu'on lui tende une main, c'est que justement elle est faible. Alors, pourquoi la lui tendrais-je ?

Que la relation entre deux êtres se mue en un nœud aussi inextricable est plus fréquent qu'on ne le croit. Voyons comment fonctionne ce manège et s'il existe un espoir de l'arrêter.

2

Le mariage tel qu'il est et tel qu'il pourrait être

Il n'est pas aisé de classer les divers types d'unions, d'autant que dans la réalité il existe autant de catégories que de couples.

Cette entreprise est pourtant utile. Elle peut aider le conseiller conjugal à une première ébauche de thérapie et faire constater aux couples, avec satisfaction, qu'ils ne sont pas les seuls à se débattre avec leurs problèmes.

Le lecteur pourra s'amuser à découvrir sa place dans la hiérarchie des mariages, tout en restant persuadé que son conjoint a eu plus de chance que lui.

Une première classification utile par sa simplicité, tient compte de l'histoire des couples, désignés par une lettre de l'alphabet telle que : « A », « H », « O », « S », « V », « X », « Y », « L ».

Sous la rubrique « A », seront classées les unions où au départ il y eut une certaine distance entre les conjoints : soit que leur mariage ait été motivé par l'intérêt, ou imposé par les familles. Mais petit à petit il aurait abouti à un rapprochement entre mari et femme par la création d'un lien commun (symbolisé par la barre transversale du « A »). Il peut s'agir d'un enfant, d'une profession ou de la pratique d'un même sport...

Dans la rubrique « H », la situation de départ est identique, mais le lien établi n'a pas réussi à rapprocher les conjoints. Même avec un enfant, leurs vies demeurent parallèles.

Lorsque mari et femme ne cessent de courir l'un après l'autre en tournant à vide, sans jamais se rejoindre, je les désigne par un « O ».

Dans l'union « S », les époux sont à la recherche d'une bonne adaptation mais ne réussissent jamais ou rarement à améliorer leur situation de départ.

Lorsqu'une union est heureuse au départ mais ne cesse de se détériorer, je la désigne par « V ».

Dans « Y » les débuts heureux durent plus longtemps qu'en « V », mais l'union se termine de la même manière.

Ces deux catégories démontrent que l'amour n'est éternel qu'autant qu'il dure...

Les unions « X » correspondent à la rubrique « A », mais après la période d'accord, le chemin des conjoints s'écarte définitivement.

Dans l'union « I » tout va bien du début à la fin.

Un autre type de classification tient compte de la stabilité des rapports et du fait que les partenaires les considèrent comme plus ou moins satisfaisants.

La pire de toutes ces combinaisons est celle de l'*union stable-insatisfaisante* où les partenaires, tout en étant insatisfaits, maintiennent stable ce niveau d'insatisfaction. Cette relation mérite d'être définie comme « prison-matrimoniale-à-vie ». Bien que l'insatisfaction soit profonde, les conjoints paraissent ne pas s'en rendre compte, ce qui tend à accroître la stabilité. Ils peuvent même échanger des déclarations d'amour masquant une hostilité viscérale. En définitive ces couples ne peuvent ni rester ensemble, ni se séparer. Ils végètent plutôt qu'ils ne vivent, se disputant rarement. Ils se sentent enfermés dans une cage et s'utilisent réciproquement pour se maintenir à distance.

Ces conjoints là aboutissent rarement au cabinet des psychothérapeutes ou des conseillers conjugaux, puisque tout compte fait leurs problèmes demeurent sans gravité à leurs yeux. Ils y viennent parfois, mais uniquement pour parler de leurs enfants. La seule coalition possible entre eux est la confirmation de leur stabilité, masquant leur insatisfaction.

Parmi ces couples, souvent l'un des partenaires se jette à corps perdu dans le travail, principalement pour maintenir l'autre éloigné. Entre eux, les messages sont généralement mal transmis et mal reçus, sans effort d'éclaircissement de part et d'autre.

L'*union instable-insatisfaisante* regroupe la majeure partie des clients d'avocats de divorce et des psychologues. L'histoire de ces couples se termine souvent par la séparation, le divorce ou le suicide.

Ils aboutissent là après bien des disputes. Ces partenaires se sont souvent mariés pour se jouer un bon tour. Ils reconnaissent l'échec de leur relation mais ne tentent pas de la changer. Ils s'accusent mutuellement de façon continue, ce qui déclenche l'hostilité réciproque et ne sert qu'à déplacer géométriquement le conflit.

Dans ce type d'union il arrive souvent que le conflit n'apparaisse pas à première vue. Il est parfois masqué et les expressions d'agressivité sous-jacente transparaissent en sarcasmes, frigidité, impuissance ou alcoolisme.

Bien que le conjoint visé par ce déferlement de rancune comprenne que ces symptômes sont des manifestations d'insatisfaction, il ne cesse de dépêcher le « malade » en question chez médecins et psychiatres, psychologues, ou bien il recourt aux solutions les plus immédiates en le poussant à avaler toutes sortes de médicaments, de préférence des tranquillisants.

Ces couples sont souvent cimentés par le désir infantile de racheter dans un avenir proche les frustrations du passé, ce qui avec le temps n'aboutit qu'à accroître l'insatisfaction.

L'*union instable-satisfaisante* est sans doute la forme que l'on rencontre le plus souvent, surtout chez les couples mariés depuis plus de dix ans.

Cette structure est mal connue puisque ces couples, par leur définition même, se retrouvent rarement dans les cabinets de consultation des psychologues.

L'instabilité se manifeste par des disputes fréquentes à propos de questions parfois insignifiantes, parfois de plus d'importance.

La satisfaction se décèle par le fait qu'au-delà de l'agressivité révélée par les querelles, les partenaires ne s'opposent pas l'un à l'autre mais donnent l'impression d'une alliance entre deux compagnons ayant au bout du compte accepté les hauts et les bas de la vie conjugale. Par moments, ils donnent à penser que leur satisfaction provient précisément de l'insatisfaction de l'autre. Certains de ces couples ne trouvent l'apaisement qu'en se faisant la guerre.

TU SAIS CHÉRI POUR NOTRE DISPUTE D'HIER SOIR, JE CROIS QUE TU AVAIS RAISON...
EVIDEMMENT QUE J'AVAIS RAISON.
AH NON! TU NE VAS PAS RECOMMENCER!

Dans ce rapport instable, la satisfaction des partenaires peut provenir d'autres domaines que l'affectivité : parfois l'ambition sociale, les plaisirs que procure l'argent ou le désir de se faire protéger...

L'instabilité peut être induite par la nécessité d'accomoder les inquiétudes d'ordre affectif de l'un aux besoins de sécurité que l'autre partenaire comble dans cette même relation.

Enfin, la dernière catégorie, de par sa perfection, représente un idéal rarement atteint. C'est l'*union stable-satisfaisante* que l'on rencontre parfois dans une de ses formes incomplètes chez des couples mariés depuis longtemps, mais presque jamais là où père et mère partagent encore la responsabilité de l'éducation de leurs enfants.

Les protagonistes du mariage « stable-satisfaisant » parviennent à une relation excluant la moindre compétitivité.

Les messages qu'ils s'envoient sont clairs, conséquents et sans ambiguïté. Ils visent à une collaboration mutuelle.

Lorsque leur opinion diverge, ils acceptent cette différence comme une donnée humaine inévitable dont on peut tirer un enseignement plutôt qu'une preuve d'hostilité. Ceci permet à ces couples de prendre des décisions communes, tout en se réservant une bonne part d'autonomie personnelle en cas de nécessité.

Les caractéristiques de cette relation étant l'intimité et la confiance, elles permettent à leur famille de vivre non seulement en communauté, mais dans un véritable état de communion.

Par intimité, on entend un penchant fondamental pour la réciprocité. Ces époux marquent donc une préférence marquée pour des expériences vécues en commun, par rapport au vécu individuel.

Ils se querellent parfois et se montrent agressifs, mais sans jamais franchir le seuil de la vulnérabilité de l'autre, frontière qu'il serait dangereux de dépasser. Ils limitent ainsi leurs éclats à des situations précises utiles à la clarification de leurs rapports.

La confiance dépend également de la clarté des messages envoyés et ajoute à la certitude de la compréhension mutuelle.

Lorsqu'on est marié, la confiance ne réside pas dans le simple fait de constater que le partenaire demeure éternellement celui que l'on croyait connaître, mais elle doit permettre aussi une évolution souple des conjoints. Tout en changeant au fil des années, ils doivent trouver le moyen d'accorder leurs expériences.

Dans l'*union stable-satisfaisante,* les conjoints considèrent leur relation comme un produit de leur volonté. Ils restent ensemble parce qu'ils le désirent. Hélas, cela est rare ; généralement les événements suivent un autre cours.

Tandis qu'avant le mariage les partenaires sont conscients de leur désirs de bien vivre ensemble, après le mariage ils se trouvent dans une situation telle, qu'ils ne savent plus s'ils sont là parce qu'ils le veulent, ou parce qu'ils le doivent.

C'est là, d'un point de vue psychologique, que réside le piège le plus redoutable de l'institution matrimoniale.

Si les conjoints mettent l'accent sur l'aspect légal et donc contraignant de leur rapport, perdant de vue que somme toute leur cohabitation traduit leur volonté, il est inévitable qu'ils se sentent pris au piège. Ce sentiment, même si seul l'un des deux partenaires l'éprouve, deviendra fatalement destructeur.

Il est également vrai que les contraintes de la vie commune peuvent pousser à un certain laisser-aller. Le fiancé qui entourait sa future épouse

de mille attentions et de cadeaux avant la mairie, abandonne souvent un comportement qui lui paraissait auparavant indispensable, persuadé que désormais, cette femme lui appartient. Ce changement, frustrant pour l'épouse, induit parallèlement le mari à s'intéresser de moins en moins à cette dernière.

Notons que la légalisation du divorce en Italie, tout comme dans les autres pays où il existe déjà de longue date, n'a guère modifié cette situation. L'idée du divorce n'a même pas toujours gagné tous les esprits.

Malheureusement ce dilemme demeurera insoluble tant que, comme nous le verrons ici, on se limitera à considérer le mariage comme une institution immuable à laquelle l'être humain est soumis.

Ce phénomène paraît d'autant plus singulier de nos jours où le nombre de divorces et de séparations ne cesse d'augmenter.

Il faudrait plutôt, au lieu d'essayer d'adapter le couple aux astreintes du mariage, envisager le contraire.

L'avènement du divorce légal fut certes une immense conquête, mais il est désolant que nul n'ait encore songé à faire approuver une loi ou bien à créer un organisme qui puisse aider les couples à éviter d'en arriver là. Souhaitons que les centres de thérapie familiale, récemment apparus, puissent œuvrer en ce sens.

La solution la plus drastique que l'on pourrait envisager serait l'abolition du mariage en faveur de l'union libre. Chaque couple pourrait ainsi forger le mariage tel qu'il l'entend.

Écartant l'idée de mariage collectif ou de famille ouverte, actuellement trop lointains de notre mentalité monogamique et qui de plus feraient surgir des problèmes tout aussi énormes que le mariage tel que nous le concevons aujourd'hui, il nous faut envisager des solutions moins extrêmes.

Pour améliorer les choses, pourquoi ne pas imaginer un mariage basé sur un consensus renouvelable par simple formalité.

Chaque conjoint pourrait signer un accord d'une durée éventuelle de trois ans, ajoutant par exemple une année supplémentaire par enfant. Ce projet pourrait se peaufiner juridiquement (qui sait si quelque parlementaire en veine d'impopularité ne s'y intéresserait point ?). Il serait possible de prévoir un prolongement du consensus en cas de grossesse, ou bien par rapport à l'âge des enfants, etc.

Puis il faudrait se demander si ce type de mariage pourrait coexister avec le mariage traditionnel ou bien s'y substituerait tout à fait...

Néanmoins, d'un point de vue scientifique, je dois faire abstraction de toute considération religieuse et je ne peux que souhaiter à ceux qui le désirent le mariage selon le rite de leur choix, en restant fidèles à leur foi. Sans pour cela exclure les autres solutions.

Au cas où un couple opterait pour l'une de ces nouvelles solutions et que l'un des partenaires ne désire pas renouveler le consensus, chacun repartirait de son côté muni de son bien, soigneusement inventorié avant le mariage.

En cas de conflit, notamment quant à la garde des enfants, une procédure souple permettrait à un juge de trancher dans le sens des intérêts des enfants.

A la réflexion, ce système se révèle le plus apte à améliorer la situation des couples sans remettre en cause le système familial actuel. Son seul désavantage réside dans l'insécurité relative où les conjoints risquent de se trouver. Par ailleurs, les problèmes des enfants dont les parents ne renouvelleraient pas le consensus seraient les mêmes que dans les familles où il y a séparation ou divorce, c'est-à-dire graves.

Pourtant, les avantages semblent importants. Dans un monde où, comme cela est souhaitable, la femme serait économiquement indépendante, le système sus-mentionné aiderait les conjoints à ne pas se sentir prisonniers du mariage. Les insatisfaits se consoleraient avec la certitude de ne pas renouveler le consensus et ceux qui tiennent à la stabilité et à la continuité de leur relation, feraient en sorte que leur partenaire soit psychologiquement enclin à prolonger le mandat.

Le risque permanent que l'autre puisse ne pas renouveler son contrat (en nous limitant dans ce livre, pour la clarté de l'exposé, aux rôles traditionnels de la vie matrimoniale), fera que la femme ne sera pas tentée de « se laisser aller », comme dans la merveilleuse chanson de Charles AZNAVOUR. Plus de pantoufles et de bigoudis à la maison sous prétexte que « mari, il y a déjà, alors à quoi bon essayer de plaire... ». Elle se montrera toujours à son avantage, et son époux évitera de s'assoupir devant la télévision dès les informations de vingt heures... jusqu'au « cinéma de minuit ». Il se montrera à l'écoute de sa compagne, évitera d'oublier les dates anniversaires et essaiera de lui faire la conversation, même en cas de contrariétés au bureau...

Pour l'instant, pourtant, nous allons continuer à parler du mariage tel qu'il se présente actuellement, afin que chacun s'y adapte. Nous allons donc abandonner les élucubrations et les fictions conjugales concernant des réalités sociales qui nous rendraient enfin libres de renoncer à notre liberté...

3

Vérité et confiance dans le mariage

On connaît l'une des accusations les plus graves dans un couple : « Tu m'as menti ! »

Bien souvent, tel conjoint se torture sur le thème : « Dois-je lui dire ou ne dois-je pas lui dire ? », « Dois-je être sincère ?... »

Malgré les recommandations habituelles des spécialistes de se montrer sincère à tout prix, l'expérience montre que le silence est préférable à une vérité embarrassante pour le conjoint.

Il est pourtant possible de faire la distinction entre mystifier et éviter parfois de dire la vérité.

Mystifier, c'est se faire passer pour ce que l'on n'est pas vis-à-vis d'autrui, bien souvent en voulant nous montrer plus conformes à ce que nous croyons que l'autre attend de nous.

Clarifions. Il arrive souvent qu'au début d'une relation ou durant des fiançailles certaines personnes cachent des faits, des pensées ou des comportements qu'elles supposent désagréables au partenaire, tout en exagérant des penchants et des traits de caractère estimés positifs et en fait peu réels. Si toute cette mise en scène touche à de larges secteurs de la personnalité, aboutissant dans certaines limites à la construction et à la présentation d'un « faux-moi », ceci se révèle très dangereux et destructeur dans la mesure où, le conjoint découvrant un beau jour la vérité, sa confiance va s'altérer. Or, c'est elle qui sert de base au mariage.

« Ne pas dire la vérité » se situe à un autre niveau conceptuel.

L'authenticité est la tendance à faire coïncider nos paroles avec notre pensée réelle. Être sincère, c'est plus l'*intention* de dire la vérité que la dire vraiment et s'imposer le courage d'assumer ses actes, non seulement dans l'agi mais aussi dans l'énoncé.

Pourtant, comme toute vertu, la vérité doit être maniée avec prudence. Dévoiler certaines vérités n'est trop souvent qu'une manœuvre pour avoir le dessus.

Les tactiques visant à cet effet sont nombreuses, variées et souvent subtiles.

Une personne de ma connaissance martyrise son mari dont elle connaît la jalousie, (et sans susciter de réaction de sa part), avec des propos de cet ordre : « Mon chéri, figure-toi que cette nuit j'ai rêvé que je te trompais avec ton ami Robert, tu sais, ton ancien camarade de classe... J'étais si heureuse... »

Une vérité malignement assénée est pire que n'importe quel mensonge. Sans affirmer comme Mark Twain que « la vérité étant chose précieuse, il faut en user avec économie » et bien qu'il existe là un commandement biblique, il n'est pas précisé qu'il faille constamment l'appliquer, mais uniquement lorsque l'environnement le permet. Les influences du milieu et de la société sur les relations familiales sont reconnues. Il paraît donc en définitive qu'il ne faut pas toujours dire tout ce que l'on pense, mais qu'il est nécessaire de penser tout ce que l'on dit.

Notre expérience auprès des couples nous a enseigné que lorsqu'ils se disent satisfaits et que cela est confirmé par leurs amis, leurs rapports, malgré quelques mensonges ou zones de silence, sont exempts de ce que nous avons défini comme « mystification ».

Pourrait-on toujours dire la vérité au conjoint qui nous demande « à quoi l'on pense », après tout ce que la psychanalyse nous a enseigné sur le contenu de nos fantasmes ? Qui aurait le courage d'affirmer : « Je pensais justement que j'étais jaloux de ma mère » ou « Mon père ferait un merveilleux amant... » ?

S'il est vrai que l'aspiration à la vérité crée de sérieux problèmes dans les ménages, leurs exigences de confiance peuvent aussi les entraîner dans des situations inextricables.

Voici un exemple pour illustrer l'une d'elles. Un mari bénéficiait de la confiance parfaitement méritée de son épouse, car il tenait toujours ses promesses. Or, un jour, il menace cette dernière de trahir le secret d'une de ses amies si elle ne cesse immédiatement de la fréquenter. L'épouse qui n'a guère envie de délaisser son amie pour qui elle a beaucoup d'affection devient extrêmement angoissée, et cela bien que le mari dit abandonner son projet. Désormais, il s'affirme convaincu de l'inutilité d'agir contre l'amitié de sa femme et de cette personne qui somme toute lui apparaît moins perfide qu'il ne l'avait cru. Mais le couple se trouve entraîné dans une situation étrange. L'épouse nourrissant jusqu'alors une confiance illimitée dans son mari, lui avait donc confié ce secret concernant son amie, tout en sachant qu'il n'aimait pas celle-ci. Quant à lui, il avait menacé de trahir cette confiance en révélant à l'amie en question que son secret lui avait été répété. Le sachant absolument digne de confiance, sa femme persistait à croire qu'il allait mener son projet à exécution, même lorsqu'il affirmait avoir changé d'avis.

En réalité, ce qui avait poussé cette femme à trahir son amie (en racontant son secret à son mari) c'était que celui-ci tenait toujours ses promesses.

Autre cas : celui d'un homme qui avait induit sa femme à avoir toute confiance en lui, et aussi par la même occasion à souvent douter d'elle-même. De ce fait, cette femme devait donner sa confiance (si fragile) à un mari qui était précisément celui qui la définissait comme non fiable, ainsi la confiance qu'elle devait avoir en son mari n'était-elle plus fiable.

En conclusion, le seul moyen de gagner la confiance d'autrui est d'affirmer : « N'aie jamais confiance en moi, ne me dis jamais tout ! » La seule manière d'être de bonne foi est de reconnaître qu'on ne l'est pas.

Mais cela pourrait être de la mauvaise foi au second degré... Ainsi repart le manège.

4

Le système matrimonial

Un ménage n'est pas la simple somme de deux individus. C'est pourquoi, il est faux d'affirmer que : Robert + Françoise = le ménage Martin. Tout comme il serait faux de prétendre : Hydrogène + Oxygène = l'eau, tout simplement.

Chaque couple est formé de trois éléments : le moi, le toi et le nous. Leur combinaison représente ce que certains spécialistes nomment aujourd'hui *un système*, constitué de la somme de ses composantes et de la manière dont ces dernières interagissent. Le système peut se définir comme un ensemble d'éléments et de relations entre ces éléments et leurs attributs.

Dans le mariage, les éléments sont mari et femme, leurs attributs sont représentés par les particularités et les caractéristiques personnelles. Leurs relations sont les liens qui maintiennent l'unité de ce système (amour, rapports conjugaux... intérêts économiques, etc.).

Les conjoints peuvent adopter deux types d'attitudes envers ce système : soit collaboration, soit individualisme.

Dans l'attitude de collaboration, mari et femme investissent toute leur énergie psychique et physique dans la création d'un patrimoine et d'une vision communs.

Dans l'attitude d'individualisme, les conjoints dispersent ou préservent leurs forces pour protéger leur individualité et leurs habitudes par rapport au « nous ».

Le fait d'énoncer les situations conjugales en ces termes nous a amené à comprendre ce qui paraissait impossible à saisir auparavant.

L'un des axiomes de la *Théorie Générale des Systèmes,* théorie appliquant le concept de système à toutes les sciences, est que chaque changement survenant dans l'un des éléments du système provoque des variations dans tous les éléments de ce même système.

En voici une illustration : lorsqu'un mari alcoolique abandonne enfin la boisson, par exemple après une longue psychothérapie, sa femme peut être attirée par l'alcool à son tour.

Désormais, nous savons qu'il nous faut évaluer une telle situation interpersonnelle en fonction des réactions du mari face au comportement de sa femme, mais qu'il faut tenir compte également de la manière dont ses réactions influenceront les réactions en retour de cette dernière, ainsi que toute une chaîne de réactions ultérieures.

Ce type de réaction peut se représenter de la manière suivante :

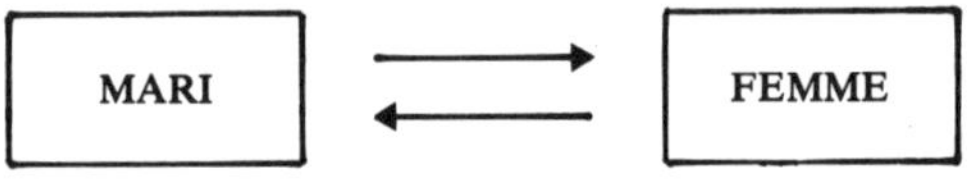

Lorsque cette causalité circulaire se manifeste entre les divers éléments d'un système vivant, nous pouvons parler de rétro-action, ou « feedback ».

Il n'existe pas d'autre manière de comprendre bien des fonctionnements de la dynamique conjugale. L'un d'eux s'intitule : la *prophétie autodéterminante.* Il s'agit par exemple du mari qui rentre chez lui épuisé par sa journée de travail et dont la femme par erreur, s'imagine qu'il est fâché. Lui, d'un geste de dénégation veut dire que tout va bien. La femme prend ceci pour de l'agacement. En fait il voulait dire : « Je n'ai pas envie de discuter ». Elle insiste : « Mais si, tu es fâché... » Tant et si bien qu'il finit par se mettre en colère et hurle : « Mais nom de Dieu, non, je ne suis pas fâché ! » ... Et sa femme de conclure : « Tu vois bien que tu es fâché, je m'acharne à te le dire ! »

Il arrive parfois que l'on cherche une confirmation pour étayer un soupçon et que le comportement inquisiteur suscite arbitrairement la confirmation recherchée. Une de mes amies affirme avoir un flair exceptionnel pour dépister les gens antipathiques : « Tôt ou tard, ils se trahissent ! », prétend-elle. Or, je la vois se comporter de manière si odieuse en public avec les personnes qu'elle soupçonne, qu'il lui est impossible de ne pas déclencher la réponse logique. Elle peut ainsi confirmer son pronostic...

Lorsque ces comportements ont lieu dans le cadre d'un système doué d'une existence prolongée, ils tendent à l'*homéostasie*[1], c'est-à-dire au maintien de l'équilibre stable de leur réciprocité par rapport aux comportements d'autres éléments du système.

Quitte à être surpris, l'observateur attentif ne manquera pas d'observer que les comportements familiaux visent au maintien du statu quo, évitant avec soin et même sabotant le moindre changement.

Il arrive souvent en cours de thérapie conjugale qu'au moment de l'« amélioration » de l'un des époux, l'autre, tout en affichant un enthousiasme superficiel, boycotte les résultats, en les définissant comme provisoires. Lorsqu'ils apparaissent durables, il « tombe malade » à son tour.

1. Homéostasie : stabilisation chez les organismes vivants des différentes constantes physiologiques.

Le psychiatre avisé sait qu'en fin de compte, le paranoïaque qui soutient que sa famille est liguée contre lui exprime une certaine vérité. En effet, dans son cas comme dans de nombreuses maladies mentales, les membres de la famille, bien que sincèrement inquiets pour le malade, l'ont choisi comme bouc émissaire de tensions existantes. La famille trouve son équilibre émotionnel à la condition que ce patient désigné assume et exprime ses conflits.

Chaque fois que l'équilibre homéostatique est troublé, la famille tend à le retrouver à travers un mécanisme d'auto-régulation.

La maladie d'un enfant peut rapprocher un couple parental : il est toujours plus facile de faire face à deux. L'adultère de l'un peut aussi raviver l'amour de l'autre, etc.

Une des règles fondamentales des rapports entre les êtres est que lorsque le comportement de l'un exprime un changement, l'autre répond par un comportement tendant à limiter ce changement.

Si l'on définit la famille comme un système, des concepts aussi connus que la relation de cause à effet doivent être remis en question et remplacés par ceux d'*équifinalité*.

Notre habitude est de croire et de dire qu'une femme trompe son mari parce que ce dernier la délaisse, que le mari est violent parce qu'elle est irritante, etc. Désormais nous saurons que les comportements sont déterminés non par les conditions initiales, mais surtout par la nature du processus quand on essaie de l'observer dans sa totalité.

Cela signifie que des conditions initiales différentes (comme par exemple un mari violent ou un mari excessivement attentionné) peuvent mener au même résultat final (une femme trompe son mari). Par contre des résultats opposés (femme déprimée ou au contraire très extravertie) peuvent résulter d'une même situation (un mari impuissant, par exemple). Tout ceci va nous apprendre à raisonner sur le mode cybernétique, nous habituant à substituer aux liens de la causalité linéaire, trop présents dans nos schémas de pensée et dans notre langage, les liens de la causalité circulaire où n'existe ni début ni fin.

Quand on laisse de côté ce concept de relation de cause à effet, celui de responsabilité individuelle doit être également revu et corrigé. En effet, le comportement de l'un est déterminé par le comportement de l'autre et vice versa. Dans la réalité, il n'existe pas de « bon mari » absolu, pas plus que de « mauvaise femme ». Tous deux vivent un même système. C'est pourquoi attribuer la faute à l'un ou à l'autre ne fera que contribuer à la désintégration familiale, même si certains critères sociaux donnent raison à l'un et tort à l'autre.

Lorsqu'une femme affirme insulter son mari parce qu'il la frappe et que ce dernier prétend la frapper parce qu'elle l'insulte, il est aussi arbitraire d'attribuer la faute à l'un ou à l'autre que de décider si l'œuf a précédé la poule, ou de déterminer si les zèbres sont blancs rayés de noir ou le contraire.

Dans ce genre de cas on ne peut donc pas établir quel comportement est déterminant, chacun des deux suscite l'autre et est suscité par lui. Pour décrire cette situation, nous devons avoir recours aux formules suivantes : « Le mari frappe sa femme parce qu'elle l'insulte », « La femme insulte son mari parce qu'il la frappe ». Ou bien : « Le mari frappe sa femme, donc elle l'insulte », « La femme insulte son mari, donc il la frappe ». Le choix entre l'une ou l'autre de ces propositions dépend de l'interprétation subjective de celui qui définit cette situation.

Établissons la représentation graphique de la situation systémique que nous venons de décrire.

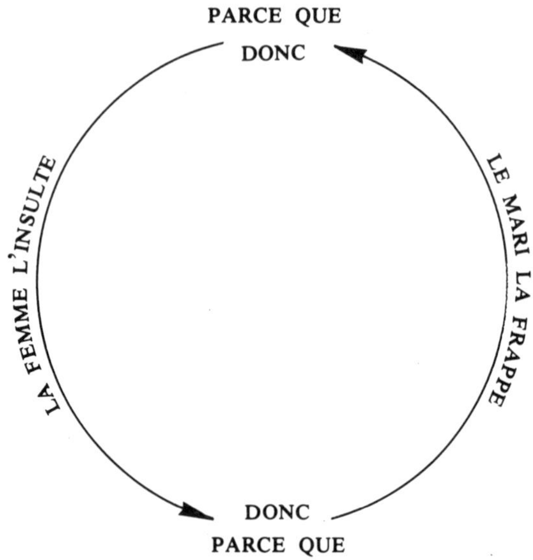

Dans cette représentation, toute proposition partielle ne peut être considérée comme exacte. Elle ne sera que segmentation arbitraire de la relation interpersonnelle appréhendée dans sa totalité. Tant que tout ceci est formulé en termes de causalité, on ne se réfère qu'à une manifestation limitée de la relation sans en définir la nature. On pourra juger le mari plus coupable d'un point de vue éthique ou juridique, compte-tenu de l'importance accordée à l'intégrité physique plutôt qu'à la bienséance, mais ces jugements de valeur n'ont rien à voir avec un diagnostic exact du processus, selon un point de vue phénoménologique.

En cas de litige concernant le droit de garde des enfants dans le cadre d'un divorce, le juge et les avocats tentent d'établir quel conjoint est le plus coupable. Ceci est compréhensible, bien qu'inutile et souvent nocif.

Il nous est moins facile de comprendre pourquoi psychologues et psychiatres appelés en consultation continuent à étiqueter un comportement comme plus ou moins coupable. Il vaudrait mieux démontrer son éventuelle disfonctionnalité par rapport au but fixé, à savoir la visée éducative des rôles attribués dans le système conjugal.

Cette « chasse aux sorcières », dépourvue de signification scientifique, implique un jugement de valeur qui sied mal au psychologue appelé en consultation par le magistrat.

Dans une relation interpersonnelle étroite, nul n'est victime sans le vouloir et nul n'est agresseur s'il n'y a de victime consentante.

Chacun d'entre nous s'est déjà trouvé dans la position de dominé, dans telle relation, tout comme déjà il se sera trouvé dans le camp adverse : agneau un jour, loup le lendemain.

Nous nous sentons tous doux et arrangeants avec telles personnes, et violents et grossiers avec d'autres. Et pourtant il s'agit toujours de nous. Nous réagissons différemment avec diverses personnes dans des situations différentes.

Cette situation va encore se compliquer lorsqu'on passe du dialogue des conjoints aux échanges avec toute une famille, mère, père, fils et fille, dont le problème est l'échec scolaire du fils.

Le père dit que le fils ne travaille pas en classe parce que la mère l'a privé de son autorité dans le but de s'adonner seule à l'éducation de leur fille. De ce fait, il a perdu son rôle paternel vis-à-vis de son fils.

Selon le père la séquence serait donc la suivante :

MÈRE → FILLE → PÈRE → FILS

La mère de son côté dit que son fils n'étudie pas parce que son mari la maltraite, car il est jaloux de sa fille. Pour se faire pardonner, il se montre permissif avec le fils. Donc, selon la mère, le schéma est le suivant.

PÈRE → MÈRE → FILLE → FILS

La fille dit que son frère ne travaille pas parce que son père est jaloux d'elle, qui s'entend si bien avec leur mère, celle-ci rendue anxieuse par cette situation néglige son fils. Voici la séquence selon la fille :

PÈRE → FILLE → MÈRE → FILS

Le fils dit qu'il ne travaille pas parce que sa sœur lui vole l'affection de leur mère qui en conséquence néglige le père, qui débordé par ce problème ne le comprend pas, lui. Voici ce qui se passe selon le fils :

Nous n'avons abordé ici que les problèmes du fils. Lorsque chacun exprime les « causes » de ses problèmes, tout s'enchevêtre encore bien davantage.

Un diagnostic arbitraire de cette situation, pourra toujours choisir l'une des séquences et fixera la cause dans l'un de ces comportements, définissant un responsable de la situation. En vérité chacune de ces formulations est en même temps vraie et fausse. Plus que jamais, dans ces cas-là, nous découvrons que toute vérité comporte sa part de mensonge.

L'unique manière de représenter correctement les faits est le graphique suivant. Tout commentaire est superflu dans la mesure où le lecteur est apte désormais à considérer « le circuit des rétroactions » du système observé. La conduite des uns est corrélative de celle des autres.

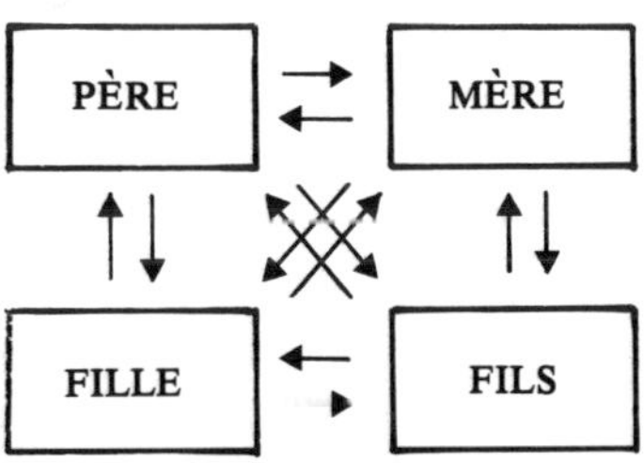

Cette situation devient encore plus complexe lorsque les conjoints, inévitablement, entrent en rapport avec des personnes extérieures au système familial. Ainsi apparaît un nouveau système, différent du précédent, qui déterminera des mutations dans les divers comportements. Chacun sait que mari et femme agissent différemment l'un envers l'autre en présence d'un tiers. D'ailleurs, il est intéressant de noter que chacun remarque ce changement chez l'autre et pas le sien propre.

La famille vit dans un environnement social, ni complètement isolée, ni autosuffisante. Elle éprouve le besoin de contacts sociaux multiples.

A cet égard, le système conjugal peut-être fermé ou bien ouvert selon la perméabilité du couple aux influences extérieures.

Le système conjugal est dit *fermé* lorsqu'en plus de son manque de souplesse face aux changements extérieurs, les règles qui le gouvernent sont rigides, instituées de manière autoritaire par celui qui détient le pouvoir.

Les comportements d'autrui sont alors jugés selon les critères du bien et du mal, du blanc et du noir. Le gris n'existe pas. Comme par hasard, le bien se trouve toujours dans le camp de celui qui détient le pouvoir.

Le mari par exemple, demeurera insensible aux mutations du rôle des femmes dans la société. Il continuera à se comporter en maître absolu, imposant à sa femme, qui travaille au dehors tout comme lui, de le traiter tel un empereur en exil.

Dans le système conjugal fermé, chaque protagoniste doit veiller à ce qu'il dit. Celui qui gouverne exige que tous partagent son opinion, ses

sentiments, ses émotions. Toute divergence est interdite, assimilée à quelque maladie, à un manque d'amour, etc. (pseudo-mutualité).

Par contre dans le système conjugal dit *ouvert*, le comportement des conjoints est libre de s'adapter selon l'actualité et les demandes imposées par les changements de situation. Ainsi le mari ne sentira pas son image sexuelle en danger lorsqu'il aidera sa femme à faire la vaisselle, puisqu'elle travaille tout comme lui dans un bureau et qu'elle doit exécuter les tâches ménagères le plus rapidement possible. Dans le système conjugal ouvert les divergences d'opinion entre mari et femme aboutissent à des compromis représentant pour tous deux la solution la plus acceptable, comportant une satisfaction partielle.

Le désaccord n'est pas interprêté comme un signe d'hostilité dans la mesure où tous deux admettent la possibilité de n'être pas d'accord.

Ceci signifie qu'à l'intérieur de tout système, tout comme la tendance à l'homéostasie, il existe une *tendance évolutive* plus ou moins efficace. On la définira comme *rétroaction positive* par opposition à celle qui vise à maintenir la situation immuable, la *rétroaction négative.*

Les termes positif et négatif ne doivent pas induire en erreur, l'une de ces rétroactions n'est pas meilleure que l'autre. Elles répondent simplement à des exigences différentes. Toutefois, la tendance homéostatique se rencontre plus souvent dans les familles à problèmes, dysfonctionnelles. Les difficultés s'observent moins dans celles où domine la tendance évolutive.

5

Les règles du mariage

Comme chaque système, la famille est régie par des règles.

Celles-ci représentent les définitions implicites et explicites que les conjoints donnent de leur relation.

Ces règles peuvent se classer en trois catégories :

1) Celles que les conjoints précisent eux-mêmes. Par exemple : elle lave les assiettes et lui, il les essuie. Ce sont les *règles admises.*

2) Celles que le couple ne précise pas mais qui sont reconnues si on interroge les conjoints à leur propos : elle ne doit pas danser de trop près avec un autre homme. *Ce sont les règles implicites.*

3) Celles qu'un observateur minutieux et attentif peut relever mais dont les conjoints, aussi bien seuls qu'ensemble, nieraient l'existence. Un exemple : le mari boycotte les réceptions organisées par sa femme parce qu'il est jaloux de ses succès auprès de leurs amis. Il s'agit là des *règles occultes.*

Certaines de ces règles sont plus importantes que d'autres et font office de règles de base. Par exemple : la femme ne doit pas se laisser approcher par les hommes qu'elle ne connaît pas et le mari ne doit pas courtiser d'autres femmes en présence de la sienne. Ces règles ne doivent être en aucun cas transgressées, l'équilibre du système serait gravement mis en péril.

Les autres règles peuvent être définies comme secondaires. Elles sont moins signifiantes et il est possible de les violer de temps à autre sans que

GRRRR
STOP! C'EST LE DEBUT DU FEUILLETON.
L'EPISODE EST TERMINE... OU EN ETIONS-NOUS ?
GRRRR

le système soit sérieusement ébranlé. Exemple : la femme doit éviter de fumer en public, le mari ne doit pas boire plus que de raison.

L'ensemble de ces normes constitue ce que nous pouvons appeler le « Code du Comportement Familial ». La première tâche importante que chaque couple se doit d'affronter ensemble est celle de fixer les règles qui gouvernent leur relation. L'union conjugale comme toute autre association (voir le cas des associations commerciales) nécessite la clarté des relations internes comme la distribution précise et justifiée des tâches.

Il est vrai que le mariage restreint le champ des comportements possibles réservé au « moi » et au « toi » (peut-on voir là l'origine du terme : « ma tendre moitié » ?) Pour que ces restrictions ne deviennent pas insupportables, chacun doit savoir clairement où elles commencent et où elles se terminent.

D'âpres conflits conjugaux proviennent fréquemment du manque de clarté de ces règles ou de la présence de règles incompatibles entre elles. La violation des règles implique généralement des sanctions.

Si d'un côté il semble normal qu'une punition vienne sanctionner la transgression d'une règle, il est néfaste – et c'est presque toujours le cas – que ces sanctions se montrent quasiment sans aucun rapport avec le manquement en cause. Alors souterraines et indirectes, elles empêchent que le responsable soit mis en état de comprendre son erreur et de tenir compte de ceci à l'avenir.

Comment l'infortuné mari dont la femme « fait la gueule » (elle ne répond pas quand il lui parle et refuse tout rapport sexuel) peut-il deviner, si elle ne s'explique pas, qu'elle lui en veut d'avoir oublié leur anniversaire de mariage. Lorsqu'il m'arrive d'interroger un conjoint sur ce genre de conflit au cours d'une thérapie, il nie généralement infliger des sanctions à l'autre. Mais si je lui demande de décrire les punitions qu'il subit, j'obtiens souvent des descriptions fort élaborées.

Contrairement aux dires des conjoints, le vrai champ de bataille, réside non pas tant dans la formulation des règles que dans la désignation de celui qui va établir ces règles et qui aura le droit de les imposer.

Les règles concernant le droit d'imposer des règles (c'est-à-dire les règles régissant les règles) s'appellent : *les métarègles*[1].

---

1. Cf. glossaire p.135.

Certaines femmes fermeront les yeux si leur mari sort de temps en temps le soir avec des copains, mais elles n'admettront pas qu'il veuille imposer la métarègle selon laquelle seul il déciderait toujours comment ils passeront leurs soirées. Ces métarègles existent même dans le cas où

mari et femme décident de ne jamais se donner de règles de conduite. Alors, la métarègle consiste justement dans le fait de ne pas définir la relation.

Contrairement aux conflits provoqués par le choix des règles, plus faciles à résoudre, il est délicat d'agir sur les désaccords entraînés par le choix de « celui » qui établit les règles.

Nous nous rappelons cette femme qui acceptait volontiers de ne plus laisser traîner ses affaires de toilette dans la salle de bains le matin. Elle évitait ainsi à son mari d'avoir à reboucher son tube de dentifrice et ses pots de maquillage, pour se faire un peu de place. Mais elle n'acceptait pas que la demande vienne de lui.

Le conflit concernant le choix de celui qui établit les règles est en fait une lutte pour le pouvoir. Cela explique que les disputes violentes entre les conjoints éclatent pour des motifs apparemment insignifiants. Si un accord entre les comportements à observer paraît facile à conclure, il est beaucoup plus difficile d'accepter que ce soit le conjoint qui l'impose.

Cette dynamique interpersonnelle se rencontre très souvent en consultation conjugale et dans la vie quotidienne, plus particulièrement chez les couples de nature querelleuse.

Pour résoudre ce grave problème, il est parfois utile, en cours de thérapie, d'organiser des « sessions législatives du comportement familial ». Ainsi les couples peuvent définir les règles de base et les règles secondaires qui régiront leur relation en se basant sur le principe fondamental selon lequel le « moi » et le « toi » se doivent assistance et aide mutuelle en tenant compte d'une part des règles traditionnelles, mais aussi et surtout de ce qui apparaît de plus utile aux intérêts réciproques.

Première règle essentielle : ne jamais croire que l'on a toujours raison.

Si les rapports entre les nations, associés et collègues sont réglés par des normes précises, pourquoi n'existeraient-elles pas entre époux ?

6

Les rapports interpersonnels

Les rapports personnels entre époux dans le cadre du système conjugal, comme tous les rapports entre deux personnes peuvent être symétriques ou complémentaires.

Dans le *rapport symétrique* chacun des conjoints tend à être l'égal de l'autre ou plus précisément à ne pas représenter « moins » que l'autre. Le comportement de chacun d'entre eux pourrait parfois signifier : « Je compte tout autant que toi » et d'autres fois : « Tu comptes moins que

moi ». Dans ce type de ménage, il faut que tout soit soumis à des conditions de réciprocité.

Dans la situation symétrique, chacun tend à faire preuve de sa volonté et de son droit de définir la relation d'égal à égal. En

conséquence, il critique, encourage et console l'autre. Ces comportements équivalent à de la compétitivité et l'on assiste souvent à une véritable « escalade symétrique » où chacun mène une lutte pour se hausser à « égalité avec l'autre ». Dans le cadre familial cela peut entraîner un réel schisme conjugal.

Cette dynamique se rencontre fréquemment chez les couples prompts à la querelle. Ils s'accrochent sans cesse, ne tolèrent pas que l'un ou l'autre fasse quoi que ce soit sans revendiquer le droit d'en faire un peu plus. Le comportement des conjoints dans le rapport d'escalade symétrique semble sous-entendre le raisonnement suivant : « Tu ne me fais pas peur puisque je peux te gifler » avec en réponse : « Je n'ai pas peur non plus puisque je peux t'envoyer ce cendrier à la figure ». Poussée à l'extrême cette relation devrait aboutir au massacre réciproque, dans le seul but d'être « plus à égalité avec l'autre ». Ces disputes peuvent concerner n'importe quel sujet, mais généralement il s'agit de prouver un droit unilatéral : « J'ai le droit de te dire cela à présent, et toi pas » alors que l'autre sous-entend : « C'est moi qui ai ce droit, pas toi ».

Il est rare que les conjoints parviennent à retrouver sans aide extérieure la sortie de ce labyrinthe en spirale ascendante symbolisée par : « Ce que tu sais faire, je le fais mieux que toi ». Parfois, séparation et divorce n'y suffisent même pas car, pour parvenir à ce stade, encore faut-il réussir à se mettre d'accord sur certains points essentiels, ce qui dans ces cas est difficilement réalisable.

Le *rapport est complémentaire* lorsqu'il est établi sur les différences entre les conjoints. L'un occupe alors la position haute (one up), celle de celui qui définit la relation, dirige, conseille et critique l'autre, qui occupe la position basse (one down), demande, obéit et accepte que son partenaire définisse leur relation comme complémentaire.

Habituellement, celui qui occupe la « situation basse » est le conjoint le plus impliqué affectivement et qui, de ce fait, dispose d'un moindre « pouvoir contractuel ». Et c'est lui qui généralement exprime les demandes de fidélité, de dévouement, d'amour, d'assistance. Les suggestions, les ordres et les critiques, proviennent généralement de celui qui occupe la « position haute ».

Ce rapport, pas plus que celui qui précède n'est en soi particulièrement positif ou négatif dans la mesure où certains couples trouvent

l'équilibre dans le rapport symétrique et d'autres dans le rapport complémentaire. Néanmoins, si la complémentarité devient rigide, elle risque aussi de devenir dangereuse car celui qui occupe la « position haute » finit par étouffer la personnalité de l'autre, le maintenant sans cesse dans une situation de dépendance affective et intellectuelle.

La condition du conjoint qui occupe la position inférieure rappelle une histoire racontée par Eduardo de FILIPPO au sujet d'un mari « qui non seulement n'avait jamais le dernier mot dans ses discussions avec sa femme, mais ne pouvait même pas placer le premier... »

Habituellement, le rapport interpersonnel et, en conséquence, le rapport conjugal ne sont pas exclusivement symétriques ou complémentaires même si l'un ou l'autre type prédominent. Ils ne sont, il faut le répéter, ni bons ni mauvais dans la mesure où l'on évite de tomber dans les situations extrêmes.

Dans la réalité, il est fréquent de voir le rapport symétrique appliqué à certains comportements et le rapport complémentaire à d'autres. Exemple : le mari occupera la position haute dans le domaine des achats familiaux et la femme en ce qui concernera l'éducation des enfants. Ils se placeront symétriquement dans leurs relations avec leurs amis, etc.

Tout ceci est valable pour une première approche, mais nous pourrons voir plus loin à travers certaines manœuvres de la communication que les conjoints se définissent toujours, quelle que soit la situation et à chaque moment de leur rapport, en position symétrique ou complémentaire.

7

La communication

Il n'est de rubrique de presse, de radio ou de télévision consacrée aux problèmes de la vie conjugale qui n'insiste jusqu'à la nausée sur l'importance de la communication, du dialogue pour la survie du couple.

Il ne faut pas oublier que c'est par la communication verbale que nous faisons savoir à autrui nos désirs, nos goûts et nos dégoûts et la manière dont nous nous voyons et voyons les autres.

Si l'un des conjoints se soustrait au dialogue, il en résulte obligatoirement un conflit qui ne pourra que s'aggraver. Les troubles de la communication ont des effets qui se répercutent sur le comportement, parfois avec des conséquences irréparables.

Prenons l'exemple de deux passagers assis côte à côte à bord d'un avion. Si l'un d'eux veut lier conversation, comme tous deux sont attachés par leur ceinture de sécurité, il n'y a pas d'issue possible. Celui qui ne désire pas se prêter au dialogue se trouvant dans l'incapacité de prendre la fuite, aura le choix entre quatre réactions :

1) Accepter de communiquer avec son voisin ;

2) Refuser, voire discourtoisement ;

3) Prétexter quelque symptôme pour se soustraire à la conversation : invoquer une migraine, un mal de gorge, la surdité, simuler l'ivresse, l'incompréhension de la langue parlée par l'interlocuteur, etc.

4) Tenter de disqualifier sa parole ou celle de l'autre par le recours à la contradiction ou l'auto-contradiction, distraction, sauter du coq à l'âne, se montrer évasif, comprendre volontairement de travers, prendre les métaphores à la lettre ou vice-versa...

Transposons cette réalité à la vie conjugale : dans le premier cas il y aura possibilité de bonne adaptation réciproque, dans le second cas il y aura communication, ne serait-ce que sur le mode belliqueux, le troisième cas sera source de névroses et le quatrième cas sera un terrain favorable à la maladie mentale.

Sans aboutir aux cas les plus extrêmes, les conjoints mettent souvent bien de la mauvaise volonté à être à l'écoute de leur partenaire ou, tout simplement, ne prêtent guère attention à ses propos. C'est ainsi que s'interrompt le flux de la communication, mettant la bonne entente en danger.

L'absence totale de communication est impossible, car au-delà des paroles nous communiquons par nos gestes, notre habillement, nos silences. La non-communication n'existe pas car il est impossible d'adopter un non-comportement.

Il arrive que deux conjoints ne puissent se comprendre même si le dialogue existe entre eux car ils ne précisent pas leur pensée du point de vue de la logique et de la syntaxe, ils laissent planer des incertitudes sur la signification de leur message.

L'incompréhension du contenu des messages provient souvent de l'attitude de celui qui les exprime. Que de recours à l'utilisation abusive des « toujours » et des « jamais » ! Généraliser est utile à la synthétisation de l'expérience et à la pensée, mais si le mari répète à l'infini : « Personne n'a jamais de respect pour moi », « Personne ne m'aime », « Il y a toujours du désordre dans cette maison », etc. Cela n'est certes profitable ni à l'expérience ni à la pensée et en aucun cas à la famille. D'autres encore généralisent en sous-entendant que le monde est statique depuis sa création, que les sociétés n'évoluent pas, que les mœurs ne changent jamais. Ils ne comprennent pas qu'il est absurde de rabâcher des assertions comme : « Depuis que le monde est monde... », « Chacun trouve qu'il va de soi de... », « Et à présent tu crois bon de remettre en question ce que chacun trouve normal... » Même réflexion au sujet des couples dont le raisonnement manichéen fait abstraction de toute nuance : « De deux choses l'une, soit tu m'aimes, soit tu ne m'aimes pas », « Soit tu fais preuve de gentillesse, soit non... » Ne nous étonnons pas dans ces cas si l'interlocuteur éprouve quelques difficultés à comprendre !

Trop souvent, la communication s'établit sur un mode égocentrique comme lorsqu'un conjoint prétend toujours deviner la pensée de l'autre ou prévoir son propos avant même qu'il ne l'ait prononcé, sans accepter d'être éclairé à ce sujet. D'autres estiment que leur partenaire doit nécessairement comprendre ce qu'ils ressentent : « Tu sais parfaitement ce que je veux dire... », « Si tu n'as pas compris, je ne vois pas pourquoi t'expliquer davantage ! », évitant ainsi de préciser leur pensée.

La situation est encore plus grave si l'émetteur du message se place comme arbitre des émotions et des sensations de l'autre, le privant ainsi

de ses propres affects : « Comment peux-tu aimer le vin blanc ? », « Tu ne peux tout de même pas te sentir si mal pour un peu de fièvre ! », « Tu n'es pas fatiguée, c'est ton imagination... », « Ta prétendue gaité est fausse ! »

Dans d'autres cas, le message envoyé est incomplet. Si le mari dit « Et toi ? », son message pourrait signifier : « Aujourd'hui je me sens triste et je vois une tristesse similaire sur ton visage, es-tu triste toi aussi ? » Ou bien : « Comme tu le sais, Georges est égal à lui-même... » Éventuellement sans que l'épouse connaisse Georges, ou trop peu pour deviner le comportement auquel il est fait référence. Ou bien encore : « Il y a eu un drame au bureau aujourd'hui, pour les raisons habituelles... » Traduction : « J'ai eu une altercation avec mon directeur aujourd'hui, car selon son habitude, il exige que j'ouvre d'abord le courrier alors que j'ai des affaires plus importantes à régler auparavant. »

Lorsqu'un conjoint envoie ce genre de messages, il est généralement persuadé d'avoir été compris alors qu'il laisse son partenaire se débattre dans l'obscurité la plus complète, incapable de saisir ce qui lui a été dit.

Ce dernier se contentera alors de jouer aux devinettes et conformera donc son comportement à ce qu'il aura pu comprendre, bien souvent à l'insatisfaction de l'émetteur du message incomplet.

Certaines personnes sont douées pour déchiffrer les messages incomplets, mais d'autres sont dépourvues de ce talent.

Examinons à présent le cas où le conjoint qui reçoit le message est aussi disfonctionnel que son partenaire. S'il est d'accord, il dira : « Je sais parfaitement que tu connais mon opinion », « Oui, c'est bien vrai, tu connais la réponse mieux que moi », sous-entendant que l'autre le comprend, ou bien il aura recours à une généralisation : « Tu ne dois pas t'en faire, tu sais bien que les gens sont méchants. »

Si le receveur disfonctionnel du message n'est pas d'accord, il dira : « Je suis désordonné, et alors ? », « Vraiment, je ne te comprends pas », « Bon, bon, laissons tomber ».

Il apparaît que, dans chacun de ces cas, la stabilité et la fonctionnalité de la famille sont en danger. En fait, pour pouvoir fonctionner correctement la famille a besoin de la collaboration des époux. Ils obtiendront des résultats positifs à la seule condition de communiquer clairement entre eux, surtout au moment des décisions. Les études cliniques et expérimentales ont démontré que l'on distingue les familles fonctionnelles des familles disfonctionnelles par leur aptitude à prendre les décisions qui les concernent avec aptitude et efficacité.

Les couples qui souhaitent améliorer leur communication disfonctionnelle (dans le sens décrit ci-dessus) devraient apprendre à se corriger en s'aidant mutuellement. Si l'un envoie un message disfonctionnel, l'autre ne doit pas se contenter de démontrer son accord ou son désaccord, mais il doit en demander la clarification.

MARI. – Bonsoir ma chérie

FEMME. – Bonsoir, tu me parais soucieux, que se passe-t-il ?

MARI. – Qu'entends-tu par là ?

MARI. – Ouf, c'est au bureau, toujours les mêmes vieilles histoires...

FEMME. – Quelles vieilles histoires ?

MARI. – Oh rien, toujours pareil !

FEMME. – Écoute mon chéri, je ne sais pas de quelles vieilles histoires tu veux parler, tu m'en as tant raconté, mais si tu n'as pas envie de m'en parler pour le moment...

MARI. – S'il te plaît, n'insiste pas comme tu le fais toujours...

FEMME. – Pourquoi me dis-tu cela ? L'autre jour tu m'as reproché mon indifférence, tu as dit que je ne me préoccupais pas suffisamment de toi et à présent tu m'affirmes le contraire. J'essaie simplement de comprendre ce qui t'est arrivé. Si tu n'as pas envie de me l'expliquer maintenant, nous en reparlerons plus tard.

Dans ce cas, le mari s'obstine à envoyer des messages obscurs, même lorsque sa femme lui demande d'être plus explicite. Ce type de personne trouve toujours le moyen de repousser les explications nettes, avec parfois des réponses comme : « Ne fais pas l'idiote, tu m'as parfaitement bien compris », ou bien : « Il me semble avoir été suffisamment clair », ou : « Cela ne mérite pas un mot de plus ». D'autres fois, cette réponse ne fait que répéter la réponse déjà donnée et que le receveur définissait comme floue : « Si je te l'ai dit, c'est que c'est ainsi », « Je ne t'ai rien demandé d'autre que de comprendre », « Tu sais parfaitement ce que je veux dire lorsque j'affirme que tu m'as compris ! »

C'est à celui qui a envoyé le premier un message disfonctionnel de tenter de le rendre plus compréhensible. Ainsi dans le cas du mari qui rentre énervé du bureau :

MARI. – Eh ! oui ma chérie, je voulais te faire comprendre que j'ai eu une altercation avec mon directeur !

FEMME. – A quel sujet ?

MARI. – Oh, une banale histoire de courrier...
FEMME. – C'est-à-dire ?
MARI. – Ce n'est pas la première fois. Le directeur exige qu'en arrivant le matin, je commence par ouvrir le courrier, alors que j'ai d'autres affaires plus urgentes à régler...
FEMME. – Quelles choses ?

Même s'il faut l'intervention d'un thérapeute, les époux ont tout intérêt à améliorer leur mode de communication. Ils doivent tâcher de rendre leurs messages clairs d'emblée, en ayant recours à des phrases comme : « Ma chérie, il est important à mes yeux que tu me montres un certain respect. Je déteste que tu laisses la radio allumée quand je te parle. » Ou bien : « Il me semble bien que tu as envie d'aller au cinéma ce soir », ou alors : « Écoute ma chérie, si j'ai bien compris, tu as insinué que j'étais las de ta présence... »

Ainsi que le démontrent ces exemples, il faut s'assurer que les messages ont été captés avec la signification qui leur était donnée. Pour cela, il faut éviter le recours à la généralisation, l'idée que l'autre comprend obligatoirement et vice versa.

Pour que la communication ne fasse pas le jeu de l'égocentrisme et qu'elle ne soit pas uniquement au service de celui qui envoie le message, il est indispensable pour le transmetteur de se mettre à la place de l'autre, de s'adapter à sa culture et à son langage, d'apprendre à se détacher ne serait-ce qu'un instant de son propre point de vue afin de s'assimiler celui de l'interlocuteur. Cela suppose évidemment d'admettre que leurs deux opinions divergent sans que l'autre fasse obligatoirement figure de coupable ou soit accusé d'être de mauvaise foi. En somme, les couples qui réalisent que leur communication est disfonctionnelle doivent apprendre à accorder autant de soin à leurs propos qu'à une communication interurbaine importante :

1) s'assurer de l'attention de son interlocuteur et transmettre des points précis en évitant si possible toute digression inutile qui risquerait de faire dévier l'attention.

2) s'assurer que l'interlocuteur a bien perçu le message adéquat (correspondant à celui qui a été envoyé).

Hélas tout se complique, car comme nous l'avons déjà souligné :

nous ne communiquons pas exclusivement par la parole, mais aussi par les gestes, le ton de la voix et les attitudes corporelles.

Penchons nous encore un moment sur cet aspect de la communication : les messages non-verbaux représentent la méta-communication, c'est-à-dire la communication concernant la communication verbale. Si par exemple je dis que je suis trapéziste en faisant un clin d'œil, je commente ma communication verbale par une mimique méta-communicative dans le but de faire comprendre à mon interlocuteur que je plaisante. Si je hausse les épaules, c'est que le fait a peu d'importance,

etc. La méta-communication a pour fonction de faire comprendre la pensée de celui qui envoie le message verbal, son attitude face à son propre message (par exemple : « Il s'agit d'une blague »), face à lui-même : « Je suis quelqu'un de sympathique puisque je plaisante » et face à autrui : « J'aime plaisanter avec toi ». Il est clair également que la méta-communication peut aussi bien être verbale, c'est le cas où l'on commente son propre message : « Tu sais que je plaisante, n'est-ce pas ? », « Tu ne dois pas prendre tout ce que je dis à la lettre », « J'essaie seulement de te remonter le moral », « Je voulais tester ton sens de l'humour... »

Tant qu'il y a cohésion entre le message et le méta-message, il n'y a pas de problème majeur pour l'interlocuteur.

Hélas trop souvent ces deux aspects du message ne concordent pas entre eux, ce qui pose des problèmes à celui qui les reçoit. C'est le cas lorsque le ton contraste avec le contenu verbal du message.

Tout message est ainsi structuré : moi (émetteur) communique (le contenu du message) à toi (destinataire) dans cette situation donnée (contexte).

Le message peut être disfonctionnel, car parfois l'émetteur a tendance à disqualifier l'un de ces éléments. Par exemple, le mari peut, en tant qu'émetteur, se disqualifier lui-même en disant à sa femme : « On m'a dit que tu étais désordonnée ». Ainsi, ce n'est pas lui qui le dit, mais quelqu'un d'autre. On peut aussi disqualifier le destinataire avec des phrases telles que : « Je ne m'adresse pas à toi, mais à la femme que tu serais si tu étais telle que je le souhaite. » Le contexte aussi peut être disqualifié si ce que l'on dit s'applique à une situation autre que celle du moment : « Je te le dis comme si ta mère était présente ».

Le contenu du message peut se disqualifier à son tour de diverses manières, par exemple en grommelant des phrases incompréhensibles dans le but de faire comprendre que des phrases dites ainsi ne constituent pas un véritable message, tout en faisant bien ressortir quelques phrases parfaitement intelligibles : « C'est toujours pareil », ou bien : « C'est toujours moi qui dois penser à tout », disqualifiant son propre message selon lequel un message grogné n'est pas un véritable message.

En dehors des disqualifications décrites ci-dessus, que l'émetteur opère sur lui-même, sur le destinataire de son message, sur le contenu ou bien le contexte, certaines disfonctions de la communication peuvent dériver de l'inadéquation entre le contenu et le contexte du message, telle femme disant au-revoir un matin à son mari lorsqu'il part au bureau avec la même emphase et les mêmes gestes qu'elle utiliserait pour lui dire adieu dans une gare au départ d'un très long voyage.

Plus fréquemment, il arrive que le message soit perturbé par l'inadéquation de l'un de ses éléments. Ce type d'inadéquation provient parfois de simples contradictions comme lorsque le message est conçu en sorte qu'une partie de son contenu égale l'autre tout en s'y opposant.

D'autres fois, l'inadéquation est plus subtile dans la mesure où la contradiction ne correspond pas à la logique aristotélicienne, mais se développe sur plusieurs plans logiques incompatibles entre eux de manière indirecte. Cette dernière peut consister en une définition paradoxale de l'autre, où il se verra défini d'une certaine manière tout en signalant au passage qu'il n'est pas ce que l'on vient de dire.

Dans ces cas-là, le destinataire se trouve dans le dilemme de découvrir auquel de ces divers aspects du message il doit donner crédit.

Dans certaines versions particulièrement compliquées le message se structure de telle sorte que l'émetteur puisse se décrire comme existant tout en admettant qu'il n'existe pas, généralement dans le but d'offrir une image positive de lui-même, se défendant implicitement sur le mode négatif afin de concilier des aspects contradictoires de sa personnalité.

Pour démêler ce nœud de vipères, il est indispensable que le climat émotif de la famille consente à ses membres les éclaircissements nécessaires sur la signification des messages reçus.

C'est la seule manière de sortir de cette impasse. Par exemple, il faudra demander : « Excuse-moi, mon chéri, mais si tu es énervé quand tu as l'air calme, puis-je me permettre d'espérer que tu sois calme lorsque tu auras l'air énervé ? » ou plus simplement : « Ma chérie, je n'arrive pas encore à comprendre si je peux me considérer comme intelligent ou me rendre à l'évidence en admettant que je ne suis qu'un pauvre demeuré ».

Pour comprendre correctement un message, le receveur doit être en mesure d'en décoder chaque aspect et tenir compte de la situation générale. Très souvent le message n'est intelligible qu'en relation au contexte du moment.

Il y aurait bien d'autres choses à dire sur la communication, mais il y a un aspect que l'on ne peut écarter : la plupart des *messages*, à l'exception des *messages neutres* où l'on parle de tout et de rien, en plus de leur fonction primordiale qui est celle de transmettre un contenu (une information) impliquent également une demande faite à l'autre (un ordre). C'est ce deuxième aspect du message qui tend à régler et en quelque sorte à définir le rapport entre les personnes comme symétrique ou complé-

mentaire et cela de façon d'autant plus signifiante que la relation du couple est instable.

Les crises conjugales offrent des exemples typiques de cas où le contenu des messages a bien souvent moins d'importance que la demande ou l'ordre implicitement sous-entendus.

Il arrive que ces demandes soient toutes simples : « Va me chercher à boire », « Emmène-moi au cinéma », « Écoute-moi ».

Le plus souvent, ces demandes sont formulées inadéquatement. Elles deviennent ainsi plus difficiles à reconnaître et par conséquent à satisfaire.

Par exemple, la phrase : « Aujourd'hui, je me sens mal », transmet une information qui ne concerne pas uniquement une sensation d'ordre psycho-physiologique, mais elle exprime tout autant une demande de ce type : « Fais quelque chose pour m'aider », « Soigne-moi », « Ne me laisse pas seul », etc.

Le désaccord entre époux peut aussi bien se manifester au niveau de l'information qu'à celui de l'ordre transmis. Ainsi, et nous revenons ici au propos sur les règles et les métarègles, il est possible qu'une femme

accepte de faire un effort quant à la bonne tenue de la maison, mais trouve inadmissible que son mari le lui impose.

La demande contenue dans le message sous-entend toujours le discours suivant : « Voici comment je me vois, voici comment je te vois, voici comment je vois que tu me vois... »

Dans le domaine de la communication, il faudrait toujours préciser sa pensée et rendre clair cet aspect du message : « Je te demande ceci à présent », afin d'éviter la tentation de transformer son prochain en voyant extra-lucide.

Il existe toujours une demande implicite dans nos messages, quête de réassurance sur ce que nous représentons pour autrui. Le destinataire peut y réagir de trois manières :

1) confirmer la définition que le transmetteur du message donne de lui-même en disant ou sous-entendant : « C'est entendu, je t'écoute », par un sourire rassurant qui signifie qu'il est sur la bonne longueur d'ondes. Cette réaction se rencontre dans la relation symétrique ;

2) refuser : « Je ne vais rien te chercher du tout » ;

3) disqualifier ou disconfirmer l'autre en le privant de sa valeur

existentielle : « Comment peut-on aimer le poisson ? », « Pour qui me prends-tu pour me demander une chose semblable ? » Ces réponses sont caractéristiques de la relation complémentaire et ressurgissent à chaque fois que l'accord est impossible à trouver ou que le désaccord n'est pas toléré.

Si le mari dont la femme vient de se révolter répond : « Viens ici, tête de mule ! », et qu'ils se sourient, il envoie un message signifiant : « Voici comment je me vois, un être magnanime, qui sait pardonner », tout comme elle a voulu dire : « Voici comment je te vois : dans le fond je sais que tu es gentil... » Il aura également voulu dire : « Voici comment je vois que tu me vois » (un bon mari) et elle par la même occasion : « Voici comment je vois que tu vois que je te vois » (un homme désirable) et ainsi de suite. Il coule de source que le cercle vicieux s'installera si le message est inadéquat ou si le destinataire ne peut le déchiffrer : les incompréhensions mutuelles se transformeront en querelles déclenchées à la moindre futilité. En réalité les éclats se réfèrent à la métacommunication et aux ordres sous-jacents plutôt qu'au contenu des messages. Si le mari signifie à sa femme : « Voici comment je me vois : un homme qui sait pardonner » et que par sa réponse, elle sous-entend : « Voici comment je te vois : un faible », il concluera qu'elle ne le comprend pas plus qu'elle ne l'aime. Si, par contre il ne perçoit pas dans sa réponse qu'elle le considère comme un faible, persistant à croire qu'elle accepte la manière dont il s'est défini, elle sera convaincue du fossé d'incompréhension qui les sépare.

J'entends par *malentendu conjugal* le désaccord entre l'opinion que chacun des conjoints a de lui-même et de son partenaire. Il peut arriver que dans un couple, chacun s'adresse à l'autre non pas tel que ce dernier prétend être, mais à un individu issu de son imagination.

Au moment de porter un diagnostic sur les rapports d'un couple, il faut se souvenir que parmi les huit éléments qui entrent en jeu, six représentent des fantasmes :

1) le physique du mari ;
2) le physique de la femme ;
3) le mari tel qu'il veut apparaître à sa femme ;
4) la femme telle qu'elle veut apparaître au mari ;

5) le mari tel qu'il apparaît à la femme ;

6) la femme telle qu'elle apparaît au mari ;

7) le mari tel qu'il se voit ;

8) la femme telle qu'elle se voit.

Prenons l'exemple du mari qui cherche à être *confirmé*[1] par sa femme : il souhaite qu'elle le rassure en lui renvoyant l'image qu'il cherche à donner de lui-même, (par exemple, celle d'un être bienveillant). Pour cela il est indispensable que sa femme corresponde à l'image qu'il a d'elle. Si elle le confirme et reconnaît sa bienveillance, il n'y aura pas de problème : mais si elle lui laisse entendre son désaccord ou si son message est maladroit, il la jugera trop mesquine pour apprécier ses qualités. Il n'est pas exclu alors qu'elle prenne son mari pour un cobaye, jouant la générosité pour se faire admirer. Ainsi débute un jeu sans fin auquel plus d'un thérapeute expérimenté se laissera prendre.

Voici à présent un dialogue bien représentatif, cueilli au hasard des séances, et agrémenté des commentaires illustrant ce que nous venons de décrire.

Le mari embrasse sa femme et se sent plein d'affection pour elle (Voici comment moi, mari, je me vois et désire apparaître à toi ma femme).

Mari. – Ma chérie, est-ce que tu m'aimes ?
Femme. – Bien sûr que je t'aime.
(Voici comment moi, ta femme, je te vois)
D'ailleurs tu le sais...
(Toi et moi, nous voyons de la même manière)
Mari. – Moi aussi, je t'aime
(je te vois comme tu me vois)
Mais je sais que tu te crois délaissée...
(je sais que tu me vois différent de l'image que j'ai de moi et de toi)
Femme. – Mon chéri, c'est toi qui penses cela...
(je me vois différente de l'image que tu as de moi)
Mari. – Tu triches...
(je te vois différente de l'image que tu veux me donner)

1. Cf. glossaire p. 133.

C'est toi qui penses que je te délaisse
(je te vois différente de l'image que j'ai de toi et de moi)

FEMME. – Je suis franche avec toi...
Et tu réponds à ma franchise en te trompant toujours sur le sens de mes paroles !
(Je vois que tu as une image différente de celle que j'ai de moi et de toi)

N.B. Cette conversation commencée sous de si tendres auspices se termina en gifles et en larmes.

Pour conclure : lorsque l'on tente d'évaluer les dissensions profondes d'un couple, il est important de noter au-delà de l'objet de leur désaccord :

- Le point de vue du mari :
  – sur lui-même : « *Je t'aime,*
  – sur sa femme : *tu te sens délaissée* »
- Le point de vue de la femme :
  – sur elle-même : « *Je me sens aimée,*
  – sur son mari : *tu m'aimes* »
- Le point de vue du mari sur le point de vue de sa femme :
  – sur lui-même : « *Tu te trompes en croyant que je ne t'aime pas*
  – sur sa femme : *et que pour cette raison tu te croies délaissée* »
- Le point de vue de la femme sur le point de vue du mari :
  – sur son mari : « *Tu te trompes si tu crois que, parce que je pense que tu ne m'aimes pas,*
  – sur elle-même : *je me sens délaissée* »
- Le point de vue du mari sur ce que pense sa femme en ce qui le concerne :
  – sur lui-même : « *Tu crois que je me méprends lorsque ne te croyant pas aimée,*
  – sur sa femme : *tu te sens délaissée* »
- Le point de vue de la femme sur ce que pense son mari en ce qui la conçerne :
  – sur lui-même : « *Tu te méprends lorsque tu crois que ne me croyant pas aimée,*
  – sur elle-même : *je me sens délaissée.* »

La manière dont nous nous voyons tient à la « perception interpersonnelle » et l'aspect directif de la communication y est étroitement associé. Il est clair que les demandes adressées à notre interlocuteur dépendent de l'image que nous avons de lui et de l'image que nous pensons qu'il a de nous.

Notre volonté d'être confirmé par autrui est souvent et pour des raisons diverses masquée.

Voyons à l'aide d'un exemple la manière dont ces faits compliquent les rapports conjugaux.

Supposons donc, comme cela s'est produit avec un couple rencontré au cours d'une thérapie, que le mari aime la mer, sa femme la montagne... Voici qu'approche le week-end...

Si la femme souhaite que son message soit adéquat et complet dès le départ, il lui faudra annoncer « Mon chéri, j'aimerais tant partir à la montagne ce week-end, » et si son mari répond franchement : « Tu sais bien que je n'aime que le bord de mer », voici devant quelles possibilités elle se trouvera : tenter de le convaincre en douceur : « S'il te plaît, fais-moi plaisir... », ou bien : « Dans ce cas faisons ainsi : je vais à la montagne, tu vas à la mer... »

Dans ce cas, la décision serait simple parce que chacun aurait exprimé clairement ses désirs et tenté de les adapter à la volonté du conjoint, quitte, comme dans la seconde solution, à convenir d'une courte séparation. Par contre, si la femme se met à communiquer sur un mode disfonctionnel elle risque avant tout de masquer son propre désir d'aller à la montagne par diverses tactiques, comme attribuer à son mari (dont elle connaît parfaitement les préférences) le désir, voire le besoin d'aller à la montagne. Du ton le plus sérieux qui soit, elle insinuera alors : « Tu serais heureux que nous allions à la montagne, n'est-ce pas ? », ou bien : « Si tu as envie d'aller à la montagne, je suis parfaitement d'accord ! », « Un peu de montagne te ferait du bien », « Mon chéri, pour te détendre nerveusement, l'idéal serait la montagne... » Le mari dispose alors de réponses du type : « Personnellement je n'en ai aucune envie, mais si tel est ton désir... », « Ce n'est pas ce que je souhaite, mais il me semble que tu le souhaites pour nous deux ! », « Cela ne m'a jamais traversé l'esprit, mais si tu y tiens, allons-y ! »

Admettons à présent que la réponse du mari soit claire et nette : « Tu sais bien que j'ai horreur de la montagne, ce qui me tente c'est un week-end au bord de la mer... », l'épouse disfonctionnelle utilisera diverses ruses communicationnelles comme repousser sa décision au mardi, où évidemment, il ne sera plus question de week-end... « Où est l'urgence, nous en reparlerons plus tard ! » Ou bien elle recourra aux menaces et au chantage : « Puisque c'est comme cela, je préfère rester à la maison ! », « Pourquoi discuter ? C'est toujours toi qui décides ! » Certaines ont un savoir-faire de courtisanes : « Mais mon amour, tu sais bien que l'air de la montagne est ce qui te convient de mieux... » ou recourent à la séduction : « Ce sera merveilleux, une nouvelle lune de miel... » La disqualification est une autre possibilité : « Comment peut-on aimer le bord de mer ? », « La raison qui te fait aimer la mer est que tu sais que moi je ne l'aime pas ! » etc.

Nul doute qu'en découvrant ces quelques dialogues le lecteur s'amuse à reconnaître ici le comportement de son conjoint, mais un rappel à la réalité s'impose : que l'on se souvienne, comme nous l'avons déjà signalé auparavant qu'il ne suffit pas d'un individu disfonctionnel isolé pour jouer à ces jeux, pour l'excellente raison que dans un système chaque message est une réponse à un message reçu. Les deux éléments d'un couple contribuent à la communication de chacun d'eux.

L'injonction contenue dans le message est souvent masquée, car chacun cherche à être confirmé par son partenaire sans le montrer. Pour cette épouse qui voulait coûte que coûte passer un week-end à la montagne, nous pouvons reconnaître qu'au fond elle ne cherchait qu'une preuve d'amour de son mari. S'il renonçait à la mer, n'était-ce pas la preuve qu'il l'aimait, elle, par-dessus tout autre chose ?

Les sentiments ne se commandent pas, leur essence même est la spontanéité. Cela dit, il est toujours possible de contraindre son partenaire à faire ce que l'on désire contre sa volonté : aller à la montagne, faire l'amour, etc. Mais quelle triste victoire ! Nul ne pourra jamais contraindre l'autre aux joies de la montagne ou aux plaisirs de l'amour !

Nous touchons ici à la zone cruciale des rapports entre hommes et femmes. Nous n'éprouvons ni les mêmes désirs ni les mêmes émotions au même moment et, à la réflexion, le fait de tomber ensemble amoureux, tient sans doute du miracle.

Bien qu'habité de désirs parfaitement distincts, chaque être humain, à plus forte raison s'il est amoureux, dépend de son partenaire. Il a besoin

de lui, pour le rassurer en le confirmant. Le partenaire est celui qui détient le pouvoir de réaliser désirs et plaisirs.

Aimer signifie vouloir être aimé et vouloir que l'autre désire notre amour. Mais comment exiger des sentiments qui, par leur nature, ne peuvent être que spontanés ?

L'amour ne peut répondre à une demande, il y perdrait son authenticité et cesserait d'être ce que nous attendons de lui. C'est bien là le drame, car tel est l'objet de notre désir.

A la réflexion, je m'aperçois que les messages que j'envoie à la femme que j'aime, surtout lorsque mon humeur n'est pas au beau fixe, contiennent toujours cette demande absurde et paradoxale : « Tu dois m'aimer ! », « Tu dois vouloir que je t'aime ! » Il apparaît en fin de compte que l'exigence la plus impérieuse inhérente à l'amour soit de nous pousser à demander ce qui ne peut être offert que spontanément. Et ceci produit exactement l'effet inverse : détruire tout élan spontané.

Sachant que ce processus peut survenir chez les deux membres d'un même couple, ne nous étonnons plus de la facilité avec laquelle ils se retrouvent prisonniers d'une véritable toile d'araignée, imbroglio relationnel dont ils ont un à un tissé les fils qui risquent bientôt de les étouffer.

Ce besoin alterné d'autonomie et de dépendance crée d'autres conséquences pénibles : les rapports entre hommes et femmes sont régis par « donner » et par « recevoir ». Certaines personnes reçoivent de l'amour, de l'affection, des gratifications et elles savent aussi donner de l'assistance, de l'affection, de la compagnie, etc. La dépendance qui en dérive est accessoire. Mais dès que le partenaire se met à offrir, ou mieux à donner tout ce que l'autre lui demande, c'est l'autonomie de celui qui reçoit qui est aussitôt remise en question. Sa réaction sera alors le repli et le retrait d'attention envers le partenaire.

Est-ce là la raison pour laquelle le mariage est souvent considéré comme la fin de l'amour ?

8

Manœuvres, stratégies et contre-stratégies dans la guérilla conjugale

Nous avons déjà fait allusion à la neutralité de certains messages, tels les échanges de propos sur le temps avec des inconnus, mais à cette exception, les messages tendent à définir la nature du rapport entre les interlocuteurs comme symétriques ou complémentaires. La catégorie des messages servant à définir la relation d'un couple relève de « manœuvres communicationnelles » qui consistent en demandes, ordres, suggestions et diverses instructions adressées au partenaire.

Ces manœuvres ont cours chez tous les individus qui, pour une raison ou une autre, éprouvent le besoin de définir leurs rapports, à plus forte raison si ces derniers sont instables ou fluctuants.

Entre un général et un soldat, elles seront réduites, bien sûr, à leur plus simple expression, tandis qu'elles abondent entre époux, surtout de nos jours où les rôles des uns et des autres ne sont plus définis avec la rigidité d'autrefois.

La manœuvre utilisée pour définir un rapport complémentaire, c'est-à-dire pour laisser entendre : « Moi j'occupe la position haute, et toi la position basse », peut être verbale ou non, comme toute communication. Selon la situation l'émetteur se servira d'une manœuvre explicite ou implicite.

Naturellement, les tactiques les plus variées existent dans ce domaine. Certaines personnes ont pour habitude d'accuser leur entourage d'être mal intentionné à leur égard : « Qui a caché mon pantalon ? »,

s'exclament-elles volontiers ! D'autres recourent à des nuances du type : « Bien sûr, c'est moi qui t'ai dit d'appeler ta mère, mais je ne t'ai pas demandé de le faire aujourd'hui ! »... L'une des tactiques en usages chez certaines femmes, pour des raisons morales et évidemment non biologiques, que nous ne décrirons pas ici, est la grande scène de larmes. Chacune possède un style de prédilection : certaines sanglotent, d'autres pleurent en silence, d'autres pleurnichent discrètement, etc. Surtout s'il s'agit d'un homme et s'il le fait rarement, pleurer est une manœuvre efficace. Elle démontre la cruauté du partenaire et met en évidence qu'il est ou qu'elle est une victime sans défense. C'est une demande nettement formulée au conjoint de cesser de se comporter comme il le fait... Sinon, on continuera à pleurer, etc.

Lorsque ce type de message est émis, il ne reste plus au destinataire qu'à accepter la définition que l'autre a donnée de leur rapport, à moins d'accomplir une *contre-manœuvre*. Ainsi le rapport pourra éventuellement être défini autrement. Symétrique, par exemple, plutôt que complémentaire : « Si tu as le droit d'affirmer ceci, j'ai le droit d'affirmer cela ! » Se succèderont alors les phrases construites sur le modèle : « Peut-être ne suis-je qu'une ignorante, mais pour qui te prends-tu ? Einstein sans doute ! »

Si le destinataire refuse la définition de leur rapport par le conjoint, celle, par exemple, de la complémentarité qui vise à le reléguer en position d'infériorité, il élaborera une réponse par laquelle il tend à prouver qu'il occupe une position d'égalité et non de subordination.

Tout rapport conjugal passe par une série de manœuvres et de contre-manœuvres car, fluctuant par nature, il subit la nécessité de se redéfinir sans cesse.

Lors du « match conjugal » de ces duos en conflit, on a souvent l'impression que chacun cherche à marquer des points pour améliorer son score final, qu'il brandira à la première occasion pour montrer qu'il est gagnant.

Dans ces cas-là, dans le but essentiel d'avoir le dessus, l'un des conjoints met en œuvre, non pas une seule manœuvre, mais toute une série. Elles sont définies comme *stratégies* lorsqu'elles tendent à se reproduire : ce sont les armes classiques du duel conjugal.

C'est par ce biais déloyal que le conjoint cherche à remporter des objectifs favorables pour lui et néfastes à son partenaire. Sa visée principale est de contrôler les sentiments et les comportements de sa victime.

Certains stratèges accomplis parviennent même à se faire approuver par celui qui au départ se montrait manifestement opposant.

Ces stratégies reposent sur des raisonnements pseudo-dialectiques ou de véritables mises en scène mystificatrices.

Dans un sursaut de sincérité, interrogeons-nous : n'avons-nous pas souvent conscience d'être en représentation ? Nous savons que certaines de nos attitudes, telle expression d'irritation parfaitement au point, de tristesse ou de joie, ne sont pas des réactions automatiques à des situations données. Elles servent surtout à définir notre situation émotive. Rions-nous par joie, ou le fait de rire nous rend-il joyeux ? Nous devons admettre que si nous vivons un affect ou adoptons une attitude, nous jouons aussi une sorte de comédie. Parfois pour nous-mêmes, devant un public imaginaire, il nous arrive d'interpréter le rôle d'une personne exaspérée, triste et, pourquoi pas, heureuse.

Hélas, ces stratégies sont souvent basées sur la mauvaise foi, et mal intentionnées, comme toute manœuvre, dans la mesure où les parcourt une intentionnalité sous-jacente parfois obscure, avec la tendance d'écraser l'autre sous prétexte qu'il a besoin d'être remis à sa place : « Je vais lui apprendre qui je suis », etc.

Nous allons tenter d'exposer certaines de ces stratégies telles que nous avons pu les rencontrer. Puis nous suggèrerons quelques manières de mieux les affronter.

I. Les stratégies visant à désorienter

Dans le but de manipuler leur prochain, certains individus se servent de procédés dialectiques caractérisés par la paradoxalité. Impossible de mettre la main sur de vraies contradictions : c'est le domaine de l'auto-contradiction. Il n'y a pas deux parties opposées dont le message serait incompatible, mais le noyau même du message est incompatible en lui-même.

Ces stratégies tendent à emprisonner l'adversaire qui se noie dans l'incongruité du message imposé.

Il existe plusieurs catégories de messages visant à désorienter. L'une consiste dans les *définitions paradoxales* que nous avons déjà commentées, où celui qui se définit ou définit les autres trouve moyen de nier ce qu'il affirme.

« Je mens » est la définition paradoxale par excellence. Cette assertion est vraie si elle est fausse et fausse si elle est vraie (antinomie). En conséquence, celui qui l'énonce ment seulement s'il dit la vérité et inversement ne dit la vérité qu'à condition de mentir.

Ce type de stratégie est moins rare qu'il ne semble.

Un procédé équivalent quant à ses aspects paradoxaux est celui de l'éternel plaisantin qui, tout en affirmant : « Vous savez bien que je ne fais que plaisanter... » se lamente le jour où il trouve avantage à être pris au sérieux. Il n'hésite pas à se rétracter d'ailleurs si on le prend au mot : « Mais comment... je plaisantais ! »

Autre phrase-type : « Vous savez bien que j'ai toujours tort... »

Les *prescriptions paradoxales* relèvent toujours de cette catégorie. Ce sont des demandes ou bien des ordres dont la caractéristique est qu'ils ne peuvent être accomplis. Examinons quelques cas. Voyons un couple invité à dîner chez des amis : « Je t'en prie mon chéri, s'inquiète Madame DUPONT, conduis-toi avec spontanéité chez les DURAND. Sois toi-même : ne te montre pas aussi maladroit que d'habitude... »

L'infortuné M. DUPONT fera gaffe sur gaffe ce soir-là : il se prendra les pieds dans le tapis, renversera l'apéritif sur la cravate de son voisin, etc. La raison de cette série de catastrophes est claire : nul ne peut être spontané si on lui impose de l'être. Tout comportement cesse d'être spontané dès le moment où il se veut spontané. Essayez de vous approcher d'une personne confortablement installée dans un fauteuil en lui disant : « Que vous avez l'air bien ! Surtout ne vous dérangez pas... » Le malheureux sursautera et se montre incapable de retrouver sa position relaxe, si naturelle.

Les injonctions paradoxales telles que : « Tu dois te montrer spontané » peuvent être excessives dans un rapport interpersonnel. Le stratège averti va les utiliser au juste dosage, car il sait, serait-ce confusément, que leur effet immédiat est de crucifier l'adversaire dans une position insoutenable. Voici quelques exemples : « Tu dois m'aimer », ordonne un homme à son épouse. Comment pourrait-elle obéir, puisque l'amour, sentiment spontané, justement ne se commande pas...

L'odieux manipulateur répondra de même à un élan de tendresse de sa femme : « Ce n'est pas l'amour qui te pousse à être tendre avec moi. Tu le fais parce que je te l'ai demandé ! » Il projette ainsi sa victime dans l'inauthenticité totale, quand elle désirait simplement se montrer affectueuse. Des demandes aussi absurdes que : « Ma chérie il est temps que les westerns t'amusent autant que moi », appartiennent à la même catégorie. Tout comme : « Mon chéri, tu fais preuve de trop de faiblesse à mon égard, je préfère être dominée », où il transparaît que le mari ne peut être celui qui domine puisque sa véritable dominatrice lui demande de l'être. Il ne sera jamais qu'un faible se faisant passer pour un dur. Parfois on entend : « Je veux que ce soit toi qui commandes à la maison ». Ou : « Je voudrais tant que tu aies l'impression d'être le plus fort », ou pire encore : « Je désire que tu te rendes autonome ».

Dans ces cas-là, l'un des conjoints essaie d'imposer à l'autre des sentiments ou des attitudes qui tendent à le contraindre à désirer ou à faire ce que l'on attend de lui, en l'occurrence : « faire semblant d'être le plus fort », dans ce cas le plus grave en plus de la contrainte, est l'exigence de simuler la spontanéité. Habituellement, cette opération est précédée d'une série de manœuvres destinées à définir les émotions éprouvées par le conjoint comme inauthentiques : « Toi qui crois m'aimer... », « Cela ne te ressemble guère d'agir ainsi... », « Comment peux-tu penser une chose pareille ! », « Tu te crées des problèmes... », comme si un autre que nous allait décider de l'authenticité de nos émotions.

Parfois la prescription paradoxale consiste en un appel à la désobéissance : « Tu ne devrais pas faire preuve de tant de soumission à mon égard », « Tu n'as qu'à en faire à ta tête ». La caractéristique du message « désobéis-moi » est de poser le destinataire devant un couple de demandes auxquelles il ne peut ni obéir, ni désobéir. Obéir implique la désobéissance et vice-versa.

La demande « désobéis-moi » contient en vérité une auto-définition qui pourrait s'interprêter par : « N'obéis pas à mes ordres », tout en

signifiant : « Obéis à mes ordres qui t'imposent de ne pas obéir à mes ordres ».

La manœuvre : « Tu n'as qu'à en faire à ta tête, moi je t'ai prévenue... » offre au stratège l'avantage de ne jamais se tromper.

Parfois la stratégie relevant de la catégorie « désobéis-moi » est si élaborée que, parmi les diverses demandes, le destinataire est mis en situation de ne pas savoir auxquelles il lui faut obéir ou bien le contraire.

Un autre exemple : un homme enlace tendrement sa femme le soir dans leur lit et lui souffle à l'oreille : « Si tu n'as pas envie de faire l'amour, fais comme si je n'étais pas là... » A l'évidence, sa présence en ce moment précis ne peut être ignorée et, du moment qu'elle le sait là, l'épouse ne peut s'aveugler sur les intentions de son mari à son égard. Bien impossible de lui obéir et de faire comme s'il n'était pas là !

La paradoxalité de ces demandes peut s'expliquer du point de vue de la définition des rapports. Notons que le stratège impose une situation de complémentarité et maintient son partenaire en état de subordination, tout en exigeant de lui de se comporter comme si leur relation était symétrique, c'est-à-dire égalitaire. Faire semblant place automatiquement en situation complémentaire, c'est-à-dire en position basse. Le comportement du conjoint ne pourra donc satisfaire ni le stratège ni sa victime. Si une femme dit à son mari : « Il t'appartient autant qu'à moi de faire le lit ! », cela signifie qu'elle aspire à la symétrie (demande symétrique), mais le fait qu'elle le demande met le mari en situation de subordination (rapport de complémentarité). S'il accepte de faire le lit, il sera en état d'égalité forcée. Donc, il s'y refuse, afin de n'être pas en situation de « réciprocité de soumission ».

Les litiges fleurissent autour des pires banalités, car ils se réfèrent aux métarègles plutôt qu'aux règles et il s'agit ici de définir qui a le droit d'imposer des règles à l'autre.

Dans le monde d'aujourd'hui, une certaine paradoxalité au niveau de la définition du rapport provient des transformations en cours du rôle des femmes dans la société. Malgré leur forte demande d'être égales de l'homme socialement, de définir en conséquence le rapport comme symétrique, un grand nombre d'entre elles demeurent encore traditionnelles à certains égards. Elles désirent un mari aux petits soins pour elles, les protégeant et galant, comme si la situation était complémentaire. Puis, d'autres fois, nos dames tendent à occuper la position haute dans d'autres secteurs de relation à leur conjoint.

Lorsque ces définitions paradoxales des rapports envahissent l'aire de la sexualité, elles se métamorphosent en de bien terrifiantes stratégies visant à castrer ou à rendre frigide selon le cas. La sexualité devient alors un instrument à tendre des pièges à l'adversaire et non plus à procurer un certain plaisir.

Il est presqu'impossible de dresser l'inventaire de l'ingéniosité humaine dans ce domaine. Notre expérience clinique nous a permis de vérifier combien d'hommes et de femmes sexuellement normaux auparavant deviennent incapables d'actes sexuels avec leur partenaire par impuissance ou frigidité ou bien essaient de s'y soustraire en prétextant migraines, crampes d'estomac, nausées, peur de l'infarctus du myocarde, etc. Cette situation est souvent engendrée par la volonté de fuir une relation interpersonnelle insoutenable.

Certains hommes, par exemple, exigent de leur femme qu'elle se montre assez active dans l'amour physique et qu'elle prenne quelques initiatives pour pimenter les rapports. Ils induisent donc la situation symétrique. Mais si l'épouse se plie à ce désir et prend des initiatives amoureuses, il peut se produire que le mari s'en irrite et, réticent, rétablisse le rapport complémentaire, avec une femme en position basse. Il sent en effet sa suprématie en danger, réaffirmant la règle absurde selon laquelle la femme doit accepter le rapport sexuel mais n'a pas le droit de le demander.

Certaines femmes par contre s'amusent à éveiller l'intérêt du mari, le provoquant sensuellement par tous moyens. Puis devant sa réponse bien naturelle, elles le repoussent et le traitent d'obsédé sexuel, ignorant de l'amour romantique...

Si cette stratégie s'installe et se systématise et si la « victime » ne juge pas opportun de décharger ailleurs ses tensions ou bien ne trouve pas de solution, il arrive que, noyé (e) sous les récriminations du partenaire, il ou elle finisse par se désintéresser de la vie sexuelle, devienne impuissant ou frigide.

Dans le contexte de cette intimité, si on demande à quelqu'un d'adopter un certain comportement puis son contraire, sa réponse pourra

être de prouver qu'il est dans l'incapacité d'agir. Ainsi ne pourra-t-on lui reprocher ni d'oébir, ni de désobéir. Voilà comment s'expliquent de nombreux symptômes qui apparaissent chez l'un des partenaires au cours de la vie commune.

Le « malade » tente ainsi de conserver la position haute dans le rapport complémentaire : il contraint son partenaire à se préoccuper pour lui. Ce système offre aux conjoints l'avantage de pouvoir se référer au symptôme comme cause de leurs problèmes. L'expérience clinique démontre que la réduction du symptôme améliore rarement la relation interpersonnelle car celui-ci n'est qu'un des modes par lesquels elle s'exprime. Pour annihiler les effets des stratégies visant à le rendre impuissant ou frigide, le conjoint avisé devrait, par bravade, faire semblant – mais sans le montrer – de jouer le rôle qui lui est demandé tout en attendant la réaction négative du manipulateur. Puis il simulera de ne pas comprendre que les demandes sexuelles de l'autre ne sont qu'un piège. C'est ce que nous nommons une *contre-stratégie.*

Voici le mode d'emploi. Un soir, l'épouse que son mari voudrait entreprenante pour mieux repousser ses avances, devra se déguiser soigneusement en caricature de prostituée et marcher de long en large dans le salon en balançant distraitement son sac avant de l'interpeller avec le flegme consacré : « Alors, chéri, tu viens ? »

Et le mari dont la femme se promène en tenue d'Ève par un hasard incompréhensible ou attache son porte-jarretelle avec un manque de discrétion voulu et oublie de porter un soutien-gorge sous son pull-over le plus moulant, devra se rebeller enfin avec des cris de Tarzan : « Vite au lit ! Par pitié faisons l'amour... »

Le but général des stratégies visant à désorienter est de garder le contrôle sur le partenaire et de le placer en porte à faux de manière à pouvoir toujours lui donner tort.

Il est excessivement difficile de neutraliser ces stratégies dans la mesure où elles sont si élaborées que même en cours de thérapie, il arrive au clinicien que je suis de revoir plusieurs fois la bande vidéo de l'entretien que le couple a eu devant moi. C'est l'unique moyen de découvrir la stratégie utilisée par l'un des conjoints pour déjouer le jeu de l'autre et je ne réussis pas toujours à mettre au point la recette miraculeuse.

Je soupçonne la présence d'une stratégie de cet ordre lorsque l'un des conjoints qui reçoit ce type de message se trouve sans raison

apparente dans une situation insoutenable : emprisonné, paralysé, pétrifié, crucifié.

La première chose que le partenaire mis dans cette situation par les messages captés doit faire est d'en remarquer et d'en faire remarquer l'absurdité, ce qui n'est pas évident, étant donné l'habileté du stratège et l'état de soumission de la victime.

Il faut avoir démasqué le manipulateur pour pouvoir passer à l'attaque.

2. Stratégies destinées à culpabiliser

Les stratégies paradoxales sont dans le fond d'efficaces stratagèmes dialectiques habilement arrangés pour que l'argument final soit logique.

Pour aboutir à ses visées secrètes, le stratège parvient généralement à déformer le rapport interpersonnel en présentant une réalité artificielle. Cela se passe rarement ouvertement, mais insidieusement, par en-dessous, perfidement au travers d'une stratégie, à l'entendre, pour le bien du conjoint...

Pour faire le bien, faut-il encore en connaître le visage...

Ces stratégies consistent à transformer de façon mensongère la réalité objective ou subjective, pour marquer des points sur l'adversaire. Le stratège se comporte ou parle à l'inverse de sa propre réalité psychologique. Afin de culpabiliser l'autre, il endosse le rôle de la victime.

Les stratégies culpabilisatrices se divisent essentiellement en deux groupes : projectives et introjectives.

Les stratégies projectives font porter à l'autre la responsabilité de la situation pénible. Ce duel peut se conduire de diverses façons. La plus classique est celle où le stratège veut démontrer qu'en aucun cas l'origine de la « situation pénible » ne peut lui être attribuée. La faute revient donc à l'autre. Le stratège habile sait que pour convaincre il doit :

a) affirmer son innocence ;

b) passer à l'attaque en premier par ses accusations ;

c) rechercher et/ou citer des témoignages d'amis ou autres membres de la famille favorables à son égard.

Il arrive que le stratège ne se contente pas de ces témoignages rapportés, mais convoque littéralement des personnes qui devront faire office de juge. Elles devront établir qui a tort et qui a raison. Ce juge improvisé pourra être un parent, un ami, un représentant du culte, un psychiatre, un avocat. Si notre tacticien est un vrai formaliste, il peut aller jusqu'au magistrat, juge de paix... Ce qui compte, rappelons-le, est de tirer le premier, de nier toute responsabilité en chargeant le conjoint, de faire passer ses impressions subjectives pour des vérités universelles et d'appeler comme témoins des individus qui abondent en ce sens.

Une des versions courantes de cette tactique est d'accuser le conjoint de l'avoir poussé à faire unc chose qui aurait été faite avec ou sans son avis.

Pour marquer des points, l'indigne induit sa victime à prendre des décisions : l'avantage sera d'en jouir si le résultat est bon et de se lamenter dans le cas contraire. Y a-t-il meilleure façon de maintenir l'épée de Damoclès dangereusement suspendue sur la tête du conjoint qui a eu le malheur de donner son avis lorsqu'on le lui demandait ?

La manœuvre de défense classique est de décliner toute sollicitation à prendre une décision. Ainsi, si l'« autre » demande où passer les

vacances, il faut répondre : « Pourquoi me demander si on va à la mer ou à la montagne si c'est pour m'accuser après-coup des désagréments inévitables que comporte tout choix. Moi, j'aime mieux la mer, tu le sais bien, mais décidons ensemble ou laissons faire le hasard, je n'ai pas envie de subir des reproches ultérieurs... » L'autre contre-stratégie, la plus efficace sans doute, est valable contre toutes les manœuvres qui visent à culpabiliser. Il s'agit d'accepter la faute : « Moi, je me trompe toujours, il vaut mieux que ce soit toi qui décides ! », « Je suis incapable d'élever des enfants, tu devrais prendre leur éducation en main... »

Dans la mesure où la stratégie culpabilisatrice implique la mauvaise estime de soi du manipulateur, c'est-à-dire : « Il est faux de croire que je ne suis pas capable de faire aussi bien que toi, d'ailleurs je sais faire mieux, mais tu ne me laisses pas faire... », c'est en lui abandonnant toute responsabilité qu'on le contraint à un jeu de bienveillance.

BERNE[1] décrit diverses stratégies de ce type et les nomme : « Tout est de ta faute » : « Regarde ce que tu m'as fait faire ! », « C'est grâce à toi si je suis dans ce pétrin », « Tu vois... je t'avais prévenue... »

---

1. Médecin-psychiatre, chercheur, Éric BERNE a très efficacement contribué au développement de l'*Analyse Transactionnelle,* « approche qui présente une théorie claire et directe de la personnalité humaine ».

Certaines séances avec des couples en conflit me donnent à penser que la fantaisie humaine dépasse tout ce que l'on pourrait imaginer, surtout lorsqu'il s'agit d'attribuer la faute à l'autre...

La stratégie *introjective* où l'un des conjoints se pose en victime et pousse son partenaire à l'agresser est un peu différente : ici le stratège se métamorphose en collectionneur d'injustices.

BERNE affirme que ces prétendues victimes se comportent comme si elles portaient en permanence un écriteau annonçant : « S'il vous plaît, ne me frappez pas ! », et qui suscitent irrésistiblement chez autrui l'idée contraire, même s'y refuserait-il. Lorsque l'inévitable agression se produit, surviennent les lamentations : « Pourquoi cela n'arrive-t-il qu'à moi ? ». C'est ce que la psychanalyse dénomme « névrose de destinée » où la réalité est manipulée de telle façon que bien des événements en apparence fortuits viennent créer les agressions injustes qui satisferont la culpabilité et le doute de soi.

Ces stratégies se voient souvent parmi les gens qui se méprisent eux-mêmes mais réussissent en devenant des victimes, à se prendre exagérément en pitié. Leur agressivité se détourne alors sur les autres.

Leurs stratégies se font projectives et ils peuvent enfin attribuer à autrui la responsabilité de leurs malheurs. Sinon, ils continuent à s'en vouloir et usent de la stratégie décrite précédemment, se considérant alors les victimes d'un destin qui semble les persécuter. Ce prétendu destin n'est que manipulation exercée sur leur conjoint que ces stratégies parviennent à culpabiliser, tout en provoquant sa pitié.

Dans ce deuxième cas, la contre-stratégie peut être de démasquer le processus d'auto-victimisation et de refuser d'endosser le rôle de l'agresseur (ce qui exaspère généralement la « victime ») tout en démontrant au manipulateur qu'il est à l'origine de toutes les prétendues injustices dont il aurait pu éviter les effets en adoptant un autre comportement.

Hélas, si le stratège est adroit, neutraliser ses agissements se révèle difficile.

J'ai suivi en thérapie un couple où le mari avait pris l'habitude de finir à chaque repas les restes familiaux du repas précédent. En réalité, ce monsieur n'était pas un fin gourmet. En matière de gastronomie il se contentait d'avoir l'estomac bien garni ! Et il prétendait se nourrir ainsi par esprit d'économie. Mais surtout, c'était sa tactique pour garder un contrôle total sur le budget familial : grâce à cela, il pouvait reprocher à sa femme d'être trop dépensière, ce qu'elle n'était pas. Au moindre achat, il lui renvoyait au visage : « Et moi qui me nourris de restes... »

Dans un autre couple, la femme réussit le même coup de maître en cessant de fumer. Alors qu'une réelle inquiétude pour sa santé l'avait poussée à s'arrêter, elle prétendait le faire par mesure d'économie.

3. Stratégies visant à embarrasser

A travers ces manœuvres, le stratège ne place pas son partenaire dans des situations d'inauthenticité comme dans les stratégies paradoxales, mais dans un tel embarras que la pauvre victime est réduite à l'angoisse.

La tactique la plus grossière est celle d'insulter le conjoint devant un tiers, mais il en est d'autres plus raffinées. Parmi elles, BERNE a mis en évidence une stratégie où le partenaire fait état en public de quelques détails de leur vie commune pénibles pour la victime. L'anecdote repose toujours sur un fond de vérité mais notre tireur de grosses ficelles l'annonce avec une énorme exagération, pour conclure ensuite : « N'est-ce pas mon amour ? ». Par exemple, un mari dit à sa femme : « Tu ronfles toutes les nuits, une véritable locomotive, n'est-ce pas mon trésor ? ». La femme consciente de ronfler occasionnellement ne peut démentir pour ne pas augmenter son propre embarras et pour éviter de prendre la mouche au sujet d'une plaisanterie aussi tendrement exprimée. Pour se défendre, le conjoint agressé en public devrait forcer la dose pour arroser l'arroseur : « C'est exact, c'est vrai, il m'arrive de ronfler, mais il y a pire, parfois en dormant il m'arrive de produire des sons bien plus embarrassants... mais mon mari est un trésor, il ne dit entendre que les ronflements... »

Une autre technique efficace est d'exagérer son propre embarras en s'efforçant d'admettre entre deux sanglots : « Oui, je ronfle, j'en suis si humiliée que le soir je m'empêche de dormir, je résiste au sommeil jusqu'à la limite de mes forces... J'en suis complexée à mort... »

Puisque le but du manipulateur est d'embarrasser en jouant sur le secret que la victime désire garder, c'est en exagérant son émotion qu'on réussira à l'embarrasser. C'est lui qui fera figure de sadique et de tyran,

osant blesser son partenaire en public dans ce qu'il possède de plus vulnérable.

Cette stratégie est souvent utilisée par des individus qui recourent à l'humour, voire aux sarcasmes, aux dépens d'autrui.

La victime est embarrassée. Tout en percevant l'hostilité dont elle est l'objet, elle ne peut y répondre. La flèche empoisonnée arrive déguisée en plaisanterie et elle craint qu'en répondant du tac au tac on la croie dépourvue du sens de l'humour. D'ailleurs, l'agresseur se replierait aussitôt sous le couvert de la plaisanterie. L'unique contre-stratégie consiste à répondre sur le même ton, ce qui n'est pas toujours possible, d'autant plus que deux humoristes rarement se marient ensemble.

Et enfin les autres, ces conjoints qui font trembler leur partenaire tant ils se tiennent mal en public : ils renversent le vin sur les nappes brodées, se tachent en mangeant, etc. Nous ne citons pas ici les vrais maladroits, ils existent vraiment ! Nous nous référons à ceux dont le comportement est secrètement destiné à nuire à l'époux ou l'épouse. La contre-stratégie consiste à favoriser cette attitude, sans agressivité : il faut inciter le stratège à briser, à tâcher, à renverser, etc. L'appel aux faux-mouvements a pour qualité de les enrayer. Généralement, le stratège perd son goût de la maladresse... La même expérience est valable pour l'enfant qui fait une violente colère : si vous vous approchez de lui en disant : « Allons, plus fort, tape des pieds, plus fort, vas-y ! », il s'arrêtera aussitôt, car son jeu est démasqué et ses gestes perdent toute spontanéité (en vérité, il sait que l'adulte juge mal son comportement et néanmoins le pousse à le maintenir. C'est comme s'il lui disait : « Désobéis-moi » malgré toutes les conséquences que cela implique).

4. Stratégies pour faire sortir de ses gonds

Un certain groupe de manœuvres tendent à frustrer le conjoint de ses droits les plus élémentaires et à le placer dans des situations psychologiques insoutenables.

La plus répandue est d'ignorer son partenaire. Le stratège se comporte comme s'il était « trop supérieur » à l'autre pour daigner lui parler.

Lorsque l'atmosphère familiale est tendue, il lit son journal, regarde la télévision, elle tricote...

La règle de cette partie exige que l'on s'abstienne de jouer, car tel est le jeu, ne jamais se montrer en colère. Un air dégoûté suffit généralement et parfois, si « sa majesté le daigne », elle se montre détendue en de rares occasions. Puis par-dessus tout : ignorer les critiques.

La contre-stratégie la plus évidente est de rétorquer par des conduites qui ne peuvent passer inaperçues : couper les fils du téléviseur, mettre le feu au journal que lit le partenaire, etc. Cette technique est dangereuse car elle conduit à l'escalade. Les stratégies visant à ridiculiser le jeu de celui qui joue à ne pas jouer sont plus intéressantes et plus efficaces. L'épouse pourra répondre à son cher et tendre qui « fait la gueule » : « ne te donne pas la peine de répondre, je me contenterai d'un grognement ! »

Une autre technique raffinée consiste à « lire » sur le visage du conjoint les stigmates de la nervosité, de la rancune, etc. Évidemment en se trompant. Mais la vérité n'étant pas ce qui intéresse le stratège, peu importe ! Son but est d'acquérir un certain contrôle sur l'humeur de son partenaire qui à la fin sera réellement irrité, énervé et furieux grâce à son insistance.

Assistons à une mise en scène de cette stratégie chez les DUPONT, un soir à l'heure où notre ami rentre du bureau...

MARI. – Bonsoir ma chérie.

FEMME. – Bonsoir chéri, que t'arrive-t-il donc ?

MARI. – Mais rien...

FEMME. – C'est impossible, je te connais !

MARI. – Qu'est-ce que ça veut dire ?

FEMME. – Cela veut dire que je lis en toi comme dans un livre ouvert... Tu es vert de rage. Que s'est-il passé ?

MARI. – Rien, je te le répète. J'ai beaucoup travaillé !

FEMME. – Allons mon chéri, viens t'asseoir près de moi et raconte-moi tout... Tu t'es sans doute disputé avec ton directeur ou un de tes collègues !

MARI. – Je te l'ai dit, il n'y a rien !

FEMME. – D'accord j'ai compris, tu ne veux pas m'en parler ! Pourtant si tu te confiais, cela te soulagerait...

Exaspéré, le mari finit par exploser, ce qui permettra à sa femme de s'exclamer triomphante : « Tu vois bien que j'avais raison, j'ai tout de suite vu que tu étais fâché ! »

Comment se défendre de cette stratégie visant à faire enrager le conjoint, tout en manipulant son humeur, pour mieux le livrer aux mains du tortionnaire.

Une seule solution : la victime secondera caricaturalement le stratège, l'imitant avec une emphase exagérée afin de lui ôter la joie de manipuler ses humeurs.

Rendons-nous chez les DUPONT pour assister à une leçon de résistance à cette stratégie :

MARI. – Bonsoir ma chérie.

FEMME. – Bonsoir mon chéri, que t'arrive-t-il ?

MARI. – Mais rien...

FEMME. – C'est impossible, je te connais !

MARI. – Qu'est-ce que ça veut dire ?

FEMME. – Cela veut dire que je lis en toi comme dans un livre ouvert. Tu es vert de rage : que s'est-il passé ?

MARI. – Rien, je te le répète, j'ai beaucoup travaillé !

FEMME. – Allons mon chéri, viens t'asseoir près de moi et raconte-moi tout...

MARI. – Tu as raison ma chérie, tu devines toujours ce qui m'arrive. Je suis fou de rage contre la terre entière...

FEMME. – Contre qui ? Tu as eu des problèmes au bureau ?

MARI. – Oui, c'est dramatique, je viens de passer la journée la plus effroyable de ma vie ! Si ce n'était pour toi et pour les enfants, je ne sais pas ce que je ferais...

FEMME. – Mon chéri, je crois que tu exagères...

MARI. – Je n'exagère pas le moins du monde. Je suis désespéré, tout va mal... Il n'y a que toi qui puisses me comprendre...

En général, la manipulatrice renoncera à guetter les humeurs de son mari car elle comprend qu'en le faisant elle risque de déclencher une cascade de lamentations et de récits tragiques.

L'une des variantes de cette stratégie consiste à « deviner » les pensées cachées du conjoint (généralement des pensées et des motivations malpensantes). Si le mari rentre à la maison avec une boîte de chocolats, il sera accueilli par : « Je sais que quand tu m'offres quelque chose sans raison ce n'est jamais fortuit ! De quoi te sens-tu coupable ? ». De même certaines « prédictions » annoncent ce que le conjoint à l'intention de faire (même si une telle pensée ne lui a même pas traversé l'esprit) : « Inutile de nier, me crois-tu assez aveugle de n'avoir pas compris que tu comptais sortir avec tes copains ce soir ? ».

Une autre technique de haute stratégie consiste à bombarder le conjoint absorbé dans une tâche délicate d'une multitude de conseils sous le prétexte de l'aider. En vérité cette attitude vise à le distraire et la victime finit par se tromper. Le stratège triomphe et se glorifie de l'échec de celui qui n'a pas voulu écouter ses conseils... Le donneur de conseils ne cherchait en réalité nullement à éviter le désastre, bien au contraire, il le suscitait pour qu'il advienne au bon moment.

Un exemple : afin d'éviter de s'écraser les doigts avec le marteau en accrochant des tableaux à un mur, céder instantanément la place à celui qui donne les bons conseils : « Tu as raison, je ne suis pas l'homme idéal pour exécuter ce genre de travaux. Tu te débrouilleras sûrement mieux que moi... »

Dans le même registre, l'une des stratégies les plus communes est de demander des conseils pour mieux les repousser ensuite.

Un homme d'une cinquantaine d'années nous confiait récemment : « Ma femme agit souvent d'une manière qui me rend fou de rage. Lorsqu'à sa demande, je lui suggère quelque chose, elle semble m'écouter puis elle trouve toujours des arguments pour me prouver que mes conseils sont inutilisables. Voilà un exemple aussi banal que significatif : l'autre jour nous attendions des amis à dîner et elle m'a demandé des idées pour le menu. Je lui ai suggéré de nous faire un gigot et elle m'a répondu que l'idée était bonne, mais que certains pouvaient ne pas aimer l'agneau. Je lui ai alors proposé l'idée de faire un poisson au four ; elle a répondu qu'elle n'était pas sûre de trouver du poisson frais ce jour-là... Petit à petit elle a écarté toutes mes idées et pour finir elle a fait du canard aux navets, ce qui est encore moins au goût de tout le monde. En fait cette situation se reproduit toujours et me met dans un état de colère indescriptible... »

Nous reconnaissons dans les rôles joués par ce couple une partie que BERNE appelle : « Pourquoi ne pas... », « Oui mais... » Si les qualités de stratège de la femme sont effectives, elle vraincra son adversaire tant qu'il voudra bien s'offrir comme conseiller, puis il sera réduit au silence, sa réserve de conseils étant épuisée. Comme la femme n'est pas plus sotte que son mari, toutes les solutions possibles auront été étudiées à l'avance, tout comme les arguments servant à les réfuter. Cette stratégie est parfaitement au point pour repousser les conseils demandés, puisque le but du manipulateur est de prouver à l'autre qu'il n'est qu'un bon à rien incapable de lui venir en aide.

La contre-stratégie conseillée est de répondre, dès l'ouverture des hostilités qui s'annoncent avec un innocent : « Que ferais-tu ? », par un imperturbable : « Franchement, je ne sais pas, et toi que ferais-tu ? », technique que les patients reprochent à leurs psychothérapeutes lorsqu'ils répondent à une question par une autre question, afin d'échapper au cercle vicieux du jeu décrit par BERNE.

Une autre stratégie qui désarçonne le partenaire se nomme la « Dictature pseudo-bien-intentionnée ». Elle se manifeste par un empressement du conjoint au-devant des désirs de son partenaire qu'il prétend deviner intuitivement. Inutile de préciser que les prétendus désirs ne correspondent pas à ceux du partenaire, mais à la projection de ceux du stratège.

Pénétrons discrètement chez les DUPONT où se pratique cette stratégie :

FEMME. – Mon chéri, tu as l'air épuisé, je crois que tu as besoin de passer un week-end à la campagne !

MARI. – Non, non, je préfère cent fois rester à la maison. C'est le seul endroit où je me repose...

FEMME. – Mais mon chéri tu as besoin de t'oxygéner, c'est écrit sur ton visage !

MARI. – Ce dont j'ai besoin, c'est de rester tranquillement chez moi dans un bon fauteuil...

FEMME. – Tu devrais me laisser faire, il n'y a que moi qui sache ce qui te convient quand tu es fatigué !

MARI. – (perdant patience) Fiche-moi la paix ! Je suis crevé et je n'ai pas envie de me retrouver dans les embouteillages du dimanche soir sur la route !

La fin de ce dialogue s'imagine sans peine...

La contre-stratégie s'articulera en deux parties. D'une part, il est important de se montrer sincèrement touché par les attentions du stratège et d'autre part il faut opposer un ferme refus à ses propositions sous des prétextes variés : comme de ne pas mériter tant de gentillesse, d'être à la recherche d'auto-punitions pour calmer de vieux sentiments de culpabilité ou certains remords, etc.

Plus subtile dans la mesure où elle ne déclenche pas toujours des réactions violentes : la stratégie de « celui-pour-qui-tout-est-toujours-parfait ».Le rôti est carbonisé, quelle importance ! Pour lui c'est délicieux, d'ailleurs si le repas est un chef d'œuvre, c'est tout aussi excellent... Sa chemise repassée de frais ressemble à un torchon : eh bien ! c'est parfait, tout comme si elle était neuve. Et ainsi de suite. En fin de compte la femme se sent égarée, ne sachant plus si elle fait bien ou mal, si elle a tort ou raison. Son mari la loue-t-il ou la critique-t-il ? Tout perd sa signification car elle n'est ni confirmée ni disqualifiée.

Certains êtres bienheureux se contentent effectivement de tout et de rien. Mais lorsqu'il s'agit d'une stratégie savamment mise au point, le plaisir du manipulateur vient du fait qu'il abandonne sa femme dans les affres de l'ignorance obscure pour mieux la dominer. Ne sachant plus ce qu'il pense d'elle, quelle est son image, ni ce que peuvent signifier ses gestes à son égard, sa position est des plus inconfortables.

La contre-stratégie idéale est de présenter un travail volontairement saboté à outrance pour démasquer ensuite les louanges absurdes du tacticien.

Voyons un peu à travers le trou de la serrure ce qui se trame chez les Durand.

Femme. – Comment trouves-tu ce rôti mon chéri ?
Mari. – Délicieux, un régal !
Femme. – C'est étrange... Je me suis arrangée pour te mitonner le rôti le plus immangeable ! Il devait rester une demi-heure au four, je l'ai laissé plus de deux heures, je l'ai badigeonné de moutarde et de chocolat et j'ai ajouté de la gelée de coings ; j'ai remplacé les herbes de Provence par du thé de Chine et pour relever la sauce je l'ai agrémentée de gingembre et d'un soupçon de pâte d'anchois. Alors de deux choses l'une : soit tu es masochiste, soit tu es venu au monde sans papilles gustatives ! Je voudrais bien savoir à laquelle de ces deux catégories tu appartiens ? Remarque que si tu aimes ma nouvelle cuisine, je peux recommencer tous les jours...

Dès lors, le mari sera contraint de découvrir son jeu.

Une nouvelle stratégie a récemment vu le jour comme conséquence de la vague de vulgarisation de la psychanalyse. Elle peut servir indifféremment à désorienter, à culpabiliser, à embarrasser, à faire sortir de ses gonds selon l'usage qui en est fait.

Voici dans l'ordre croissant la liste de ceux qui se croient habilités à en user avec autorité :

1) les lecteurs des rubriques « psy » dans la presse ;

2) ceux qui ont lu au moins un livre de littérature psychanalytique ;

3) ceux qui ont eu entre les mains « La psychopathologie de la vie quotidienne » de FREUD ;

4) ceux qui comptent un analyste parmi leurs amis ;

5) ceux qui possèdent un diplôme universitaire de psychologie ;

6) les psychologues de fraîche date ;

7) les psychanalystes récemment formés.

« Le lien morbide et incestueux que tu entretiens avec ton em... de mère, c'est de l'Œdipe à l'état pur ! »

« Tu veux du vert sur les murs parce que tu traverses une phase dépressive... », « Ton amitié avec Albert est fondée sur une homosexualité latente », « Tu éprouves tout le temps le besoin de t'acheter des vêtements pour lutter contre un sentiment d'insécurité », « Tu fais le joli cœur avec mes copines parce que tu as peur de devenir impuissant ! », « Ne proteste pas ! C'est inconscient : comment pourrais-tu éprouver un désir que tu es censé ne pas connaître ? »

Utilisant ainsi de manière tyrannique une stratégie qui a sa raison d'être dans le cadre analytique (même si certains analystes ont la naïveté de croire à la justesse de leurs interprétations), le mari qui attend sa femme à son bureau pour aller faire des courses avec elle pourra toujours lui dire les choses suivantes. Si elle arrive en avance : elle est anxieuse. Si elle est en retard : son transfert traverse une phase négative (en d'autres mots : « Tu m'aimes moins qu'avant »). Si elle est à l'heure : c'est une obsessionnelle (avec toutes les implications sadique-anales nécessaires, que j'abandonne à l'imagination du lecteur averti).

Le truquage est clair : « A chaque fois que tes faits et gestes me déplaisent, ils possèdent toujours un sens douteux qui t'échappe et que moi seul je connais ».

Pour la contre-stratégie, on aura recours à « l'insight », nom donné en psychanalyse à la prise de conscience des motivations inconscientes : « Eh oui ! je suis homosexuel, impuissant, incestueux, dépressif, sadique-anal, etc. Je t'en prie, viens à mon secours avec ta merveilleuse intuition psychologique et la finesse de tes interprétations ! ». La psychanalyste sauvage n'aura plus qu'à se transformer en infirmière et le tour est joué à condition qu'on y mette le pathos nécessaire.

Bien que j'aie aligné ici bon nombre de contre-stratégies qui peuvent aussi avoir leur utilité pour se défendre, le lecteur ne doit pas se faire trop d'illusions, il est rare que la victime parvienne à renverser la situation à son avantage. Comme nous l'avons vu, le système tend à se perpétuer en maintenant sa stabilité et le moindre changement de l'un des éléments en déclenche un autre qui tendra à rétablir la situation précédente.

Il faut également comprendre que la distinction entre le stratège et la victime n'a été établie que dans un but descriptif, car la circularité des rapports interpersonnels dans la vie de couple, que nous avons choisi de décrire ici, de par sa structure systémique et son équifinalité, fait que le stratège est victime de sa victime.

Notons que les manœuvres du stratège font aussi le jeu de la victime qui y trouve certains avantages. Les manœuvres visant à désorienter peuvent être utiles à éloigner la réalité, celles qui visent à rendre frigide ou à castrer servent à éviter une intimité génératrice d'angoisse, celles qui culpabilisent aident à se persuader que l'autre est un monstre, celles qui embarrassent aident à démontrer en public que l'autre est un tyran, celles qui font sortir de ses gonds libèrent l'agressivité contre son partenaire...

La première chose à faire est un examen introspectif pour prendre conscience des manœuvres que nous pratiquons contre autrui et de cesser de l'utiliser. C'est le seul espoir que l'autre aussi accepte une période de trêve.

Les contre-stratégies se divisent donc en trois groupes. Examinons-les par ordre de drasticité :

1) abandonner le terrain en claquant la porte. Quitter son partenaire par les voies de la séparation ou le divorce : c'est le moyen le plus efficace sinon le plus recommandé ou le plus souhaitable à condition qu'il

n'y ait pas d'enfants car à ce moment ce sont eux qui généralement sont manipulés ;

2) démasquer le stratège, ce qui n'est pas toujours aisé, en partie parce que ce dernier nie avoir recours aux agissements sournois dont il est accusé. Poussé dans ses derniers retranchements, il improvisera toutes sortes d'auto-justifications et se justifiera aux yeux des autres par les alibis d'usage de la joute oratoire conjugale.

En voici une liste brève qui se passe de commentaires tant ces arguments nous sont familiers... « On ne peut plus plaisanter ! », « C'est lui qui a commencé », « Je n'ai pas fait exprès! », « Je n'y peux rien, je suis comme ça », « Quelle importance ? », « Je ne peux pas me passer de cela... », « J'ai craqué nerveusement, c'est pour cela que... » etc.

L'un des alibis utilisés étant l'état d'ébriété, nous devons l'examiner de plus près étant donné l'importance de ce problème et les conséquences graves qu'il peut avoir.

Des études récentes démontrent que l'altération du comportement de l'alcoolique n'est pas une conséquence directe des effets chimiques de l'alcool sur l'organisme, mais la réponse à une règle non écrite admise par la société (en réalité, le Code pénal affirme plutôt le contraire), selon laquelle l'acte commis en état d'ébriété n'est pas un acte responsable.

Or, on a pu vérifier que dans certaines sociétés, telles des tribus d'Indiens d'Amérique du Nord où cette règle ne pouvait encore exister chez des hommes ne connaissant pas l'usage de l'alcool, leur introduction ne donna pas lieu à des altérations du comportement, agressions, cris ou violences. Cela ne tend nullement à prouver que l'ingestion d'alcool soit sans effets sur le fonctionnement du cerveau, mais montre que la définition d'extravagance et d'irresponsabilité des hommes en état d'ébriété est un phénomène culturel. C'est un moment mis entre parenthèses où il est en quelque sorte admis que l'individu puisse agir sans tenir compte des règles sociales.

En conséquence, le fait de boire, et non pas le véritable alcoolisme qui risque d'entraîner plus loin, peut devenir une stratégie munie d'un alibi incorporé. Puisqu'être saoul revient à n'être pas responsable de ses actes et de ses paroles (il est malséant de dire à quelqu'un qui a bu : « Tais-toi, tu es saoul »), celui qui boit est en droit de définir la relation dans laquelle il se trouve comme complémentaire, et d'y occuper la

« place supérieure » tout en gardant le contrôle des contre-manœuvres de l'autre et en les neutralisant : on sait qu'il est inutile de discuter avec quelqu'un qui a bu. Puis, mieux encore, sa conduite sera dissimulée aux yeux de sa famille et d'autrui, dans la mesure où on ne le considère pas comme responsable de ses actes.

Tous les messages envoyés par un individu en état d'ébriété (des insultes aux coups de couteau) sont incongrus car ils comportent un meta-message implicite : « J'ai bu, donc je ne suis pas responsable », qui est révélé par ses paroles, par ses gestes, etc. Ce meta-message tend à disqualifier l'émetteur en tant que tel et l'alibi consiste en ceci : « Ce n'est pas moi qui ai fait cela, mais c'est tout l'alcool que j'ai bu ».

Même en admettant que le stratège reconnaisse ses procédés, la trêve sera de courte durée car le pli est pris et il continuera à se comporter comme par le passé.

Cela se passe différemment si la décodification des stratégies a lieu en présence d'un thérapeute, car ce dernier, situé en dehors de tout système affectif, pourra appliquer toutes les stratégies indispensables à neutraliser celles utilisées dans le couple.

3) Le recours à l'humour : c'est une carapace solide mais lourde à porter. Tout conjoint peut l'endosser pour faire face aux coups de boutoir du stratège.

Le lecteur aura remarqué que les contre-stratégies suggérées jusqu'à présent passent souvent par le biais de la plaisanterie. L'humour est utile. Il sert à démasquer et à neutraliser l'inadéquation de certaines manœuvres avec leurs immanquables paradoxes. Cette défense offre l'avantage, au cas où le stratège monterait sur ses grands chevaux, de permettre une retraite facile : « Excuse-moi, mon chéri, je plaisantais... »

C'est par l'humour que la victime peut réagir à l'absurdité de certains messages en mettant en évidence leurs aspects paradaux. Le mari qui se met à hurler tel Tarzan : « Par pitié ! Faisons l'amour !... » en se frappant la poitrine de deux poings, en réaction à la séduction d'une femme qui ne cherche qu'à le repousser sous prétexte qu'il est trop bestial, souligne en fait qu'elle l'a séduit et justifie sa réaction. Ainsi ce n'est plus elle qui le repousse, mais lui qui cherche à l'être en exagérant ce qu'elle lui reproche. Ainsi, il lui vole la « position haute » et échappe à la « position basse ».

9

Se disputer pour ne plus se disputer

Bien que vos voisins, vos parents, les journalistes ayant étudié à fond ce problème ou les ministres du culte prétendent tous que les disputes entre époux sont néfastes à la stabilité du couple, n'en croyez rien ! L'expérience clinique nous enseigne à faire ici la part des choses.

Les querelles effroyables, tout juste bonnes à défouler les rancœurs, effectivement ne sont pas utiles à la bonne entente. Mais d'autres, contribuant à mettre les règles en évidence et aussi les métarègles (c'est-à-dire le droit de nouvelles règles à établir) et la communication, peuvent être bénéfiques.

L'agressivité inhérente à la nature humaine joue un rôle important dans un rapport aussi étroit que la vie de couple. Le seul fait de la cohabitation facilite, comme chez toute espèce animale, la survenue de pulsions d'hostilité. Et l'appartement familial se transforme aisément en « ring ». Le prétendu « foyer », havre de paix loin des conflits de l'existence, cède sa place aux réalités, parfois même criminelles, de la famille, siège privilégié des explosions de l'agressivité. Par ailleurs, le refoulement excessif de l'agressivité conduit à une pseudo-intimité, à un divorce émotionnel.

Jetons un coup d'œil chez les VERDIER, où l'on ne se dispute jamais, un soir à l'heure où le mari rentre du bureau :

FEMME. – Bonsoir mon chéri, comment ça va ?
MARI. – Bonsoir ma chérie, ça va ? Rien de nouveau ?
FEMME. – Rien de spécial...
MARI. – C'est bien...

Et ils allument la télévision...

Exception faite des couples qui ne parviennent à communiquer vraiment qu'en se querellant – que l'on rencontre surtout dans la catégorie des unions instables-satisfaisantes – la dispute fait souvent éclater la barrière érigée entre deux individus qui veulent maintenir leurs rapports stables.

Se disputer offre plus d'un avantage aux belligérants : défouler son agressivité, jouer le rôle du martyr, éviter les situations anxiogènes ou pénibles, comme peuvent parfois le devenir les rapports sexuels... Pour éviter les excès, il faudrait se donner le but de disputes constructives, sans blesser l'autre donc, querelles pour éclaircir une situation. Ensuite, bien sûr, chacun utilisera les moyens et les arguments qui lui viennent spontanément à l'esprit.

Comme chacun sait, ces disputes peuvent concerner les enfants, la belle-mère, l'argent, les loisirs, etc. Mais leur contenu importe peu. En dehors des faits les plus graves, hélas fréquents, ce ne sont que prétextes pour mettre le feu aux poudres.

Les disputes sont une forme de communication à connotation hostile où la volonté de définir le rapport comme complémentaire, avec l'un des conjoints en position « basse » et l'autre en position « haute » est particulièrement manifeste. Si le participant le plus concerné accepte la définition qu'on lui attribue, il n'y aura pas de problème. Mais s'il se met à manœuvrer pour signifier son désaccord, apparaît l'escalade symétrique : « Si tu as le droit de faire telle ou telle chose, moi j'ai le droit de faire telle ou telle autre... et même davantage ! »

Cette situation s'annonce souvent par une phrase d'aggravation de la situation et par des agressions de plus en plus importantes. Parmi ces manœuvres de type symétrique citons : « Répète-le donc si tu en as le courage ! ». Dans ce cas, chaque insulte est suivie par une autre plus grave encore, les assiettes volent avec gifles en réponse et les événements peuvent très mal tourner.

Habituellement en raison des pressions psychologiques et sociales que la société fait peser sur les hommes comme sur les femmes, les premiers manifestent leur hostilité par la répression et les secondes de manière plus insidieuse.

La logique féminine tant décriée n'est pas une simple tactique innée destinée à neutraliser l'arrogance virile, mais, répondant par l'absurde à

la suffisance masculine, les femmes s'offrent le plaisir subtil de voir l'homme désorienté, défait ou furieux.

Gardons présent à l'esprit que tout comme aux jeux de dames ou d'échecs, chaque séquence communicationnelle qui ne s'exprime pas seulement par des mots, rétrécit le champ des mouvements réciproques. Ainsi l'un des protagonistes finit obligatoirement le dos au mur et risque alors de répondre par ces agressions physiques comme les animaux les moins dangereux eux-mêmes quand ils se trouvent dans une situation où ni l'adaptation ni la fuite ne sont possibles.

La communication prend parfois le visage d'un piège mortel.

Au cours de ma carrière d'avocat, j'ai du défendre en cour d'assises un homme qui avait assassiné sa femme de dix-sept coups de couteau pour la persuader qu'il ne lui voulait aucun mal. Le début de l'histoire était banal : il était plus âgé qu'elle et craignait qu'elle ne l'abandonne. Il s'énerva tant qu'elle finit par avoir peur de lui, ce qui ne fit qu'accroître sa crainte qu'elle ne le quitte. Dans les moments d'extrême inquiétude, il cherchait à la convaincre de ne pas avoir peur de lui, ce qui augmentait encore cette peur. Et comment démontrer à l'autre, dans un moment d'émotion intense, qu'il ne faut pas vous craindre ? Le seul moyen est de s'engager dans un acte redoutable, sans aller jusqu'au bout : « Tu vois, j'ai un couteau, je pourrais te blesser et je ne le fais pas ! ». Mais l'autre continue à avoir peur, ce que cette démonstration ne fait qu'aggraver. Il ne reste plus qu'à poursuivre l'explication en approchant dangereusement le couteau de la victime pour renforcer l'argument... C'est ainsi que le piège se referma sur ce couple.

Voyons à présent quelles devraient être les règles d'une dispute saine et productive.

1. Déterminer l'objet de la querelle

Certains couples se disputent sur la raison d'être de la dispute. Pour bien faire, il faudrait baser la discussion sur un thème précis et non sur le fait que le mari est « une brute », « un cul-terreux », ou la femme, « une mijorée » qui n'a « jamais coupé son cordon ombilical », etc.

Conseillons de délimiter donc le sujet à débattre en évitant les digressions douteuses : « J'en ai assez de t'entendre faire du bruit en mangeant » dit-elle pour masquer la jalousie éprouvée la veille quand le mari faisait la cour à une amie commune. Autre exemple : les réflexions désagréables au sujet d'un rôti trop cuit quand manque le courage de dire

à sa femme qu'elle a oublié de vous embrasser la veille avant de s'endormir...

En vérité, il arrive que les couples omettent de soulever le sujet réel de leur mésentente au moment de leurs disputes par peur de l'affronter et ce jeu dangereux tend à perpétuer le rancœurs. Il vaut mieux une bonne explosion que l'éternelle rumination des mêmes ressentiments. A condition évidemment de discuter de faits concrets et non de vagues impressions soudain transformées en vérités absolues.

2. Limiter l'objet de la dispute

Avant tout : ne pas avancer plus d'une accusation à la fois. Si chacun se met à étendre l'aire du conflit en tâche d'huile, la discussion ne profitera à personne. Elle ne cessera que lorsque les belligérants épuisés abandonneront la partie. Voici comment toute discussion peut dévier :

MARI. – Pourquoi as-tu encore acheté une nouvelle robe ?
FEMME. – Comment ? Ne m'as-tu pas dit que tu étais d'accord hier ?
MARI. – Bon, bon, ça va... et c'est pour ça que tu rentres si tard ?

3. Ne jamais interrompre l'accusateur

Ceci dans des limites de temps raisonnable qu'il est bon de déterminer dans les moments d'accalmie. Il arrive souvent qu'on lève la voix parce qu'on vous interrompt et que l'autre vous coupe la parole parce qu'il déteste qu'on lève la voix...

4. Il est formellement interdit de répondre à une accusation par une autre

Exemple :

FEMME. – Pourquoi es-tu rentré si tard hier soir ?
MARI. – Et toi, pourquoi dépenses-tu donc tant d'argent chez le coiffeur ?

Éviter aussi les accusations jetées dans le vague : « Et toi, tu te crois parfaite ? », ou bien « Tu es bien placé pour dire ça ! ».

Les manœuvres symétriques qui voudraient que notre comportement se légitime par celui de l'autre n'aident jamais à aplanir les difficultés mais tendent à augmenter la tension au sein de la famille. Même si l'accusé souhaite se défendre en accusant à son tour, il lui faut attendre que l'autre ait terminé son réquisitoire.

5. Se concerter sur le lieu et le moment du combat

Se disputer devant les enfants, des étrangers ou quand l'un des partenaires est pressé de partir à un rendez-vous, ne peut mener qu'à de nouvelles querelles.

6. Éviter d'ouvrir le « placard à squelettes »

Pourquoi ramener au cœur de la discussion le vieux thème du lieu de vacances, de la belle-mère partie sans dire au revoir ou d'autres vieilles histoires empoussiérées ? Il est indispensable de débattre de sujets d'actualité. La date limite de conservation des griefs ne doit pas dépasser un mois. Au-delà de ce délai, il faut éviter d'y revenir.

7. Garder ses distances

Non seulement pour éviter le recours aux coups de pied, gifles, coups de griffe mais parce qu'il est prouvé que l'homme tout comme l'animal possède un sens très développé de son territoire. Chaque individu est entouré d'une sorte de bulle dont le diamètre varie d'une personne à une autre (certains travaux récents affirment que ce diamètre est plus important chez certains criminels que dans le reste de la population).

Il ne doit pas être franchi sous peine de provoquer des réactions de défense qui peuvent atteindre une certaine violence.

Nous ne sommes jamais aussi agressifs que dans le métro aux heures de pointe et chacun sait que le mode de provocation le plus sûr est de s'approcher trop près de la personne visée.

8. Ne pas franchir le seuil de vulnérabilité de l'autre

Chacun de nous possède une zone de vulnérabilité où il est particulièrement sans défense, notre « talon d'Achille » : une poitrine trop menue, un peu trop d'embonpoint, un membre de la famille en hôpital psychiatrique, etc.

Le conjoint connaît obligatoirement ce point faible. Il est essentiel qu'il le respecte au cours des disputes. Toute allusion, malgré un bénéfice immédiat de supériorité, aggrave les désaccords.

9. Considérer les disputes comme résultant de comportements réciproques et ne pas toujours rejeter sur l'autre la faute

Je sais parfaitement qu'être en mesure d'appliquer ces consignes à la lettre suppose résolu le problème de l'auto-contrôle.

J'ai tenu tout de même à énumérer ces règles, suggestions pour améliorer la technique des discussions. Elles se sont révélées bien souvent utiles, même si leur application est difficile (« Est-ce drôle de se disputer si je ne peux plus lui envoyer à la figure en public, quand elle fait sa pimbêche, qu'elle est ignare et n'a même pas passé son certificat d'études ? »). Chacun peut méditer ceci.

Bien souvent les disputes, quand elles tendent à devenir chroniques, sont le « témoin » de la crise conjugale.

Les événements qui la précipitent peuvent être d'origine intra-familiale (naissance d'un enfant illégitime, adultère, suicide, alcoolisme) ou extra-familiale (chômage, épidémie, persécution politique).

La capacité de réagir à l'événement stressant dépend du degré d'adaptation de la famille et de son adaptabilité aux mutations internes et externes. De nombreuses études confirment que parmi les causes objectives, culturelles ou subjectives susceptibles de précipiter la crise conjugale, les dernières sont les plus courantes. En conséquence, les conjoints doivent à tout prix reconnaître qu'un événement interne ou externe, intra-familial ou extra-familial a pu déstabiliser leur union. Celui-ci est également le reflet du système des valeurs familiales, des expériences difficiles vécues dans le passé et surtout des mécanismes utilisés autrefois par la famille pour les surmonter.

Pour déclencher la crise, l'événement doit agir sur la forme d'inadaptation propre à la famille et doit être en relation avec des pressions de la société ou de l'environnement, tels des bouleversements sociaux ou économiques et des conflits dans la distribution des rôles de la vie commune.

Ces conflits peuvent se subdiviser en de nombreuses catégories :

1) La discordance cognitive. Elle dérive d'une connaissance insuffisante du rôle que les conjoints doivent remplir dans leur vie de couple, où qu'ils sont normalement en droit d'attendre de leur partenaire.

Exemple : une femme peut ignorer que son mari tient par-dessus tout à ce qu'elle soit élégante, ou plus affectueuse ou active. Le mari ne perçoit pas parfois que sa femme le voudrait plus sévère avec les enfants, plus aimable avec les voisins...

2) La discordance des buts dans la vie. Ils demeurent parfois inexprimés. Le mari aime les mondanités, recevoir plus souvent ses amis à la maison et sa femme préfère une vie plus retirée ou le contraire. L'homme désire une situation paisible et sûre mais la femme, ambitieuse, souhaite le voir mener une carrière brillante...

3) La discordance communicationnelle. Certains conjoints ne parviennent pas à définir pour leur partenaire le rôle qu'ils entendent assumer. Par exemple, le mari n'arrive pas à communiquer à sa femme l'immense besoin qu'il a de son amitié, son envie d'être plus soutenu...

4) La discordance dans l'attribution des tâches. Il arrive que mari et femme veuillent faire la même chose au même moment, par exemple habiller un enfant, alors que ni l'un ni l'autre ne souhaite ranger le placard de l'entrée.

5) La discordance des moyens, qui dérive de l'incapacité des conjoints à assumer les charges indispensables au bon fonctionnement de la vie conjugale. Exemple : la femme n'a plus envie de s'occuper de la maison, le mari refuse de conduire la voiture alors qu'auparavant il emmenait tous les jours ses enfants à l'école.

6) La discordance culturelle, déterminée par le choix de valeurs divergentes : le mari fidèle aux traditions continue à se comporter en tyran vis-à-vis de sa femme qui, influencée par les mouvements progressistes et féministes, exige l'égalité des droits et une répartition des tâches équitable. Un autre mari souhaite suivre des conférences, se rendre à la cinémathèque et à des concerts alors que sa femme aime la musique « pop », les revues de mode et les boîtes de nuit...

A la page suivante nous résumons en un graphique les principaux facteurs susceptibles de changer un simple événement en crise conjugale.

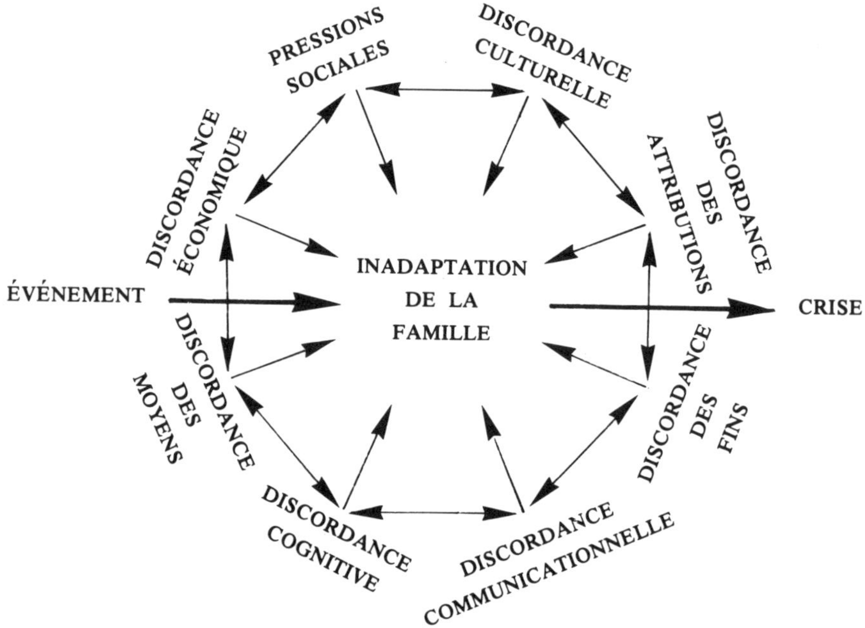

Ces crises ont la capacité de transformer une union du type stable-satisfaisante en union stable-insatisfaisante et c'est au moment où ce conflit devient critique, quand la famille ne veut plus ou ne peut plus résoudre ses problèmes, que l'intervention d'un psychothérapeute se fait indispensable.

10

Les principes de la thérapie conjugale absurde

Abandonnons nos illusions. Dans certaines situations trop complexes, pleines de malentendus, les couples les mieux intentionnés mais trop perdus dans les labyrinthes de leurs propres stratégies ne peuvent s'en sortir seuls.

Les règles du Système, particulièrement dans les situations conflictuelles, tendent à l'homéostasie, maintien d'une « température constante ». Elles exigent l'immuabilité de la situation. Toute mutation est aussitôt neutralisée. On assiste alors à une sorte de menuet des plus absurdes, un pas en avant de l'un des partenaires correspond à un pas en arrière de l'autre et vice versa.

Le seul moyen de mettre un terme à cette situation est d'introduire un élément étranger dans le système, aussi perturbateur que les événements ayant déclenché la crise. Son rôle sera de déstabiliser les forces en jeu dans le système et de fonder un autre équilibre sur de nouvelles règles. Ce troisième élément auquel les couples peuvent s'adresser est le conseiller conjugal ou le psychothérapeute.

La présence d'un tiers crée un sous-système possédant des caractéristiques particulières dans le cadre d'une thérapie.

La caractéristique principale de ce nouveau système est qu'à présent chaque conjoint a deux interlocuteurs face auxquels les manœuvres habituelles sont désormais sans effet. Exemple : le mari qui s'isole d'habitude dans le silence ne pourra pas utiliser cette technique en thérapie. Là, sa femme pourra dire aussitôt au thérapeute : « Vous voyez, il fait le muet comme d'habitude ! ». D'autre part, il lui sera impossible de répondre sur le même mode.

Pour cela, il faut que les deux conjoints s'adressent à un thérapeute. Ce n'est pas toujours le cas. Généralement l'initiative est individuelle et l'un seulement des conjoints sera pris en charge si l'on suit l'idéologie des écoles psychanalytiques. La théorie psychanalytique, par définition, ne s'applique qu'à un patient à la fois. L'attention est portée à la structure intra-psychique plus qu'aux aspects relationnels. Dans la psychothérapie conjugale, on se soucie des situations en plus des individus.

En cas de conflit conjugal, l'intervention thérapeutique individuelle est contre-indiquée pour diverses raisons. D'abord, en opposition avec l'idée clinique traditionnelle, ce n'est pas le conjoint le plus « atteint dans son psychisme » qui s'adresse au psychothérapeute, ou du moins pas toujours. D'autre part, le fait de savoir que le partenaire est en thérapie permet à l'autre de se figer dans ses comportements sous prétexte que toute la responsabilité des problèmes est portée par celui qui est « en traitement ».

Un autre risque, hélas parfaitement humain, est que le thérapeute

tombe dans le piège d'une alliance avec son patient contre le conjoint qu'il ne connaît pas, lui attribuant la responsabilité du désaccord.

Dans cette erreur, le thérapeute accepte l'image que son patient apporte du partenaire, car c'est la seule dont il dispose.

D'ailleurs, le patient apprend vite à user de sa nouvelle alliance aux frais du conjoint qui ne bénéficie pas de la thérapie.

Plus rarement, il arrive que le psychothérapeute s'allie à l'absent, qu'il peut considérer comme « sain » en raison même de son absence.

Lorsque les données sont présentées par un seul membre du couple, la neutralité et l'objectivité de l'observation sont faussées par cette perspective unilatérale.

Dans cette thérapie unilatérale, on considère que le problème conjugal n'est pas le vrai problème, mais exprime simplement les conflits internes de l'un des partenaires. Ceci favorise involontairement la stratégie la plus répandue chez les couples conflictuels exprimée habituellement par le rituel : « Tout est de ta faute ! ». Voilà pourquoi le psychothérapeute est préféré au confesseur. Ce dernier attribue toujours la faute au « pêcheur », tandis que le premier a tendance à absoudre son patient en inculpant autrui...

Les conjoints consultent rarement au même moment car il leur est difficile de prendre une décision en commun. Le conseiller conjugal va utiliser diverses tactiques pour persuader l'autre de se présenter à lui.

Si le partenaire d'une patiente qui vient me trouver semble facile à convaincre, il me suffit de lui faire savoir que sa présence est nécessaire en tant que représentant masculin de la famille et que son opinion servira à vérifier les dires de la personne qui est en face de moi. Je lui fais part de mon incertitude quant à la « vérité » de ce qui m'est raconté et de ma certitude de ne connaître en tous les cas qu'un aspect de cette vérité. Généralement, le conjoint accepte mon invitation, ne serait-ce que pour démontrer au partenaire et à moi-même que ce que j'ai entendu est truffé de mensonges... Le jeu est alors entre mes mains pour l'induire à participer aux séances successives.

Avec les absents plus récalcitrants, j'applique une technique différente. Je me méprends volontairement sur leur personnalité, persuadé que mes propos les plus extravagants sur son compte sont aussitôt répétés. Je le pousse inévitablement à se présenter à moi pour corriger mon erreur. Voici un fragment du dialogue propre à ce procédé :

THÉRAPEUTE. – Je présume que votre mari sera fou de rage que vous ayez acheté cette nouvelle robe...

FEMME. – Mais non, pourquoi ?

THÉRAPEUTE. – J'avais cru comprendre que votre mari est un homme excessivement avare !

FEMME. – C'est étrange, je ne m'en suis jamais aperçue.

THÉRAPEUTE. – Il doit l'être sans en avoir conscience.

Ou bien encore un autre cas :

THÉRAPEUTE. – Résumons : votre mari feint d'avoir une compétence professionnelle qu'il n'a pas.

FEMME. – Je n'ai pas dit cela, il a simplement de grosses difficultés dans le cadre de son travail.

THÉRAPEUTE. – J'ai bien compris : il a été frustré dans ses ambitions démesurées.

Ce mode tactique, pire que tout ce que les conjoints peuvent apprendre, sera abandonné dès le mari tombé dans le piège et venant à la thérapie. Invité presqu'accidentellement, le mari se précipite à la consultation pour me faire savoir qu'il n'est pas avare, ni frustré dans ses ambitions et qu'il est parfaitement compétent dans son travail.

Puis, ce sera à mon tour de trouver des justifications pour le faire revenir, à l'aide d'arguments tels que le fait de n'entendre qu'un son de cloche bien souvent induit en erreur...

Lorsque le couple se retrouve devant moi, j'interviens dans leurs conflits en m'adressant à tous deux à la fois. Parfois leurs enfants s'ils sont en âge de participer et s'ils sont impliqués directement, viennent se joindre aux séances ainsi que d'autres membres de la famille.

Au cours de la première séance je demande que l'on me décrive le conflit avec une grande précision, en décourageant toute tentative d'explication et en attirant l'attention sur la nécessité de ne relater les faits qu'en termes comportementaux.

Mon intervention est destinée à résoudre des faits concrets et un seul à la fois, à choisir d'un commun accord. Il n'est pas question de traiter des symptômes, ni de guérir une maladie ou vouloir changer un trait de caractère dont les problèmes dériveraient.

Le problème que je m'apprête à affronter doit être parfaitement défini, actuel et évident aux yeux du couple.

Pour cela, il est indispensable que tous deux prennent conscience que leurs problèmes conjugaux recoupent leurs problèmes individuels, du moins pour certains de leurs aspects. S'ils ne parviennent pas à opérer cette superposition, j'estime ne pouvoir leur être d'aucune utilité. J'essaie aussitôt de savoir comment se présente le problème pour la femme, puis du point de vue du mari. Je précise qu'il ne faut pas confondre les symptômes de la femme et/ou du mari avec le problème que l'on tente de résoudre, ni traduire les symptômes en termes de « problème », car certains des symptômes peuvent être utiles à l'un des conjoints et n'ont pas à être vécus comme problèmes. De plus, pour demeurer concret, le problème ne doit pas concerner les caractéristiques personnelles du couple. Il doit se référer à des données spécifiques, et non à leur interprétation.

Ensuite je me renseigne sur les façons dont le couple a essayé de résoudre ses conflits dans le passé, meilleur moyen de savoir d'entrée ce que je ne dois ni tenter, ni suggérer.

Puis, je demande aux conjoints comment ils imaginent la solution de leurs problèmes. Cette séance est parfois pénible, nous risquons de tomber dans l'utopie : « Nous souhaitons être heureux, trouver l'entente, le dialogue... » alors qu'il est de mon devoir de les renvoyer au concret. Dans la mesure où Cupidon et ses flèches ne peuvent voler à mon secours, le but de leur faire trouver le bonheur ou de faire renaître l'amour a peu de chance d'être atteint malgré toute ma bonne volonté.

Certaines méthodes de psychothérapie se donnent des objectifs aussi peu réalistes que l'épanouissement de la personnalité, la liberté de choisir sa voie, etc. Comment s'étonner que ces cures durent des années et n'atteignent quasiment jamais leur but.

Par contre si l'on considère comme un « symptôme » l'adultère, les violences physiques ou verbales, l'avarice, etc. on peut aboutir à une amélioration.

Une telle séance, comme les suivantes, est filmée en caméra vidéo avec l'accord du couple, afin que je puisse revoir au calme tout ce qui s'est déroulé en ma présence. L'expérience m'a montré que certains détails m'échappent durant l'entretien, d'une part à cause de mon engagement personnel et d'autre part parce que les manœuvres en jeu sont d'une grande subtilité, difficiles à démasquer. Ici le magnétoscope fait fonction de microscope.

S'il le faut, la bande vidéo servira par la suite à mettre le couple irrévocablement face à ses manœuvres et à son comportement général. Par exemple, si le mari nie avoir souri pendant que sa femme parlait de ses propres problèmes, je peux aussitôt lui montrer le contraire à l'écran.

Je suis arrivé à la conclusion qu'après quelques moments d'embarras, les couples s'habituent bien à la présence de la caméra. Ils agissent avec le même naturel que si elle était absente car dans le rapport étroit et foisonnant qui se noue, les schémas comportementaux habituels reprennent immédiatement le dessus.

Au cours de la séance suivante j'expose un diagnostic, mettant à nu les caractéristiques conjugales du système que l'on m'a demandé d'étudier, à l'aide d'une technique qu'il serait trop long d'expliquer ici. Puis j'établis le nombre des séances à venir : pas plus de dix généralement.

Comme d'autres thérapeutes, je pense qu'il est bon de se fixer une limite dans le temps. C'est plus stimulant. On évite les réflexions telles que : « Ouf ! Est-ce que ça va encore durer longtemps cette histoire ? » ou inversement, « Docteur, nous avons encore besoin de vous ! ».

Au cours des séances ultérieures je demande aux conjoints de m'exposer leurs problèmes à travers l'histoire de leur couple, avec tous les détails nécessaires, en clarifiant à leurs yeux les concepts de *Système* et *d'Équifinalité*, afin de bannir définitivement les notions de « tort » ou de « raison ». Si certains couples tendent à maintenir le jeu de « Regarde un peu ce que tu m'as fait faire... » ou de « Tout est entièrement de ta faute... », j'impose la règle suivante : chacun ne doit parler que de ce qui le concerne personnellement et les commentaires ne doivent s'adresser qu'à moi. D'autre part j'interdis presque toujours que l'un s'exprime à la place de l'autre.

Me basant sur les conclusions de la séance de diagnostic, j'essaie de mettre en évidence les règles particulières au Système et j'examine soigneusement les méta-règles en tentant de situer les conflits à ce niveau.

Je prête une attention toute particulière à la manière dont ils vivent leurs rôles de mari et de femme et s'il y a conflit à ce sujet. Puis j'observe leur mode de communication verbale ou autre en tenant compte de la manière dont ils envoient les messages et comment ils sont reçus. J'essaie de voir quels malentendus subsistent entre eux et dans quelle mesure ils se voient tels qu'ils sont ou tels qu'ils se l'imaginent.

Je noue parfois des alliances occultes et non exprimées avec l'un ou l'autre des partenaires pour déjouer le Système. J'essaie d'être objectif sans trop faire preuve de neutralité et j'interviens parfois sans le montrer pour soutenir celui qui en a besoin. Exemple : il me faut aider le partenaire maintenu en « position basse » à occuper la « position haute » et d'autres fois faire évoluer un rapport symétrique en rapport complémentaire.

Je veux donner aux couples l'image d'un observateur expérimenté apte à proposer des solutions nouvelles mais aussi celle d'une sorte de standardiste qui assure le bon envoi des messages et qui peut traduire en paroles certaines communications peu claires. Ma manière de m'exprimer doit être un modèle de communication et je dois toujours m'assurer d'avoir été parfaitement clair. Je fais d'emblée l'hypothèse qu'ils ne savent pas certaines choses et qu'ils ignorent quoi, tout comme moi. Mais, contrairement à eux, je suis conscient de ne pas savoir. Dans la mesure où je sais que leur meilleur mode de résistance à la thérapie est de maintenir l'homéostasie en me cachant certaines choses, je demande aux conjoints de prendre conscience qu'il existe deux sortes de faits pour eux : ceux qu'ils désirent me révéler et les autres. Puis, j'affirme admettre qu'ils refusent de me dire certaines choses. Ainsi ils perdent la faculté de me cacher quoi que ce soit. Avec l'appui de cette prescription, je rends inauthentique leur volonté de dissimulation.

Quand un ami vous dit : « Je sais une chose que je ne peux te confier... » et que vous lui répondez : « Je t'en prie, ne me le dis pas », ne brûle-t-il de vous confier son secret ?

Je pose souvent des questions provocatrices et de préférence à des moments où la lassitude se fait sentir. C'est ainsi que les schémas comportementaux apparaissent le mieux... « Comment se fait-il que vous soyez choisis l'un l'autre parmi toutes les personnes que vous connaissiez ? » ou bien : « Comment imaginiez-vous votre vie commune ? ».

Si j'estime opportun de les bloquer, je peux dévoiler certaines manœuvres ou stratégies que l'un des conjoints inflige à son partenaire.

Mais la partie la plus importante et la plus créative de cette forme de thérapie consiste dans l'élaboration et l'application des stratégies qui me feront aboutir aux buts fixés ensemble. Certes, il est entendu d'emblée que les couples doivent changer les normes réglant leurs rapports et leur mode de communication. Mais je ne leur demande jamais expressément de le faire. Je ne songe pas à exiger la sobriété du mari alcoolique, ni que la femme volage devienne un modèle de vertu. Ces phrases leur sont trop familières et leur sont certainement venues à l'esprit sans mon intervention. S'ils n'ont pas résolu ces problèmes auparavant, c'est que c'est bien plus difficile qu'il ne semble.

J'accepte toujours ce qu'avancent mes patients et je vais jusqu'à les gratifier d'une connotation positive. Si le mari boit, bat sa femme, refuse de lui donner l'argent du ménage : « C'est bien ». Il le fait pour la rapprocher de lui, par peur de la perdre, pour endosser le rôle du « méchant » par désir d'auto-punition... Si la femme a une aventure extra-conjugale, si elle est dépensière, se dispute avec sa belle-mère : « Encore mieux ! ». J'explique qu'elle se comporte ainsi pour attirer l'attention de son mari, par peur d'être abandonnée, par esprit de sacrifice pour sauvegarder l'unité de la famille...

En réalité je ne cherche pas à connoter positivement le comportement du couple, mais la tendance homéostatique du Système. C'est la seule stratégie efficace pour éviter de se faire rejeter et ne pas provoquer l'interruption brusquée de la thérapie.

L'absurdité est bien présente dans cette manière de tout connoter positivement. Si la situation était aussi idyllique que je le laisse entendre, les couples ne se retrouveraient sans doute pas là, devant moi. C'est le moment de souligner que malgré leurs bonnes intentions, quelque chose semble tout de même aller de travers.

Pour faire éclater le Système, il faut que j'offre aux membres du couple une nouvelle définition de leurs rapports.

Face au tyran domestique qui maintient sa femme en « position basse », je laisse entendre qu'elle accepte cette situation pour lui éviter une crise d'identité très pénible, inévitable s'il prenait conscience de ses propres lacunes, tout en suggérant que ses exigences écrasantes cachent un désir d'intimité. Comme mes interprétations sont fausses, le mari affirme aussitôt pour se défendre qu'il n'a pas besoin d'être protégé et qu'il ne rêve nullement d'intimité. Il se trouve donc contraint de réviser son comportement envers sa femme pour s'opposer à cette définition.

Si je m'aperçois qu'une femme a tendance à dominer son mari et le maintient adroitement en « position basse » par un recours systématique à la somatisation : migraines, maux d'estomac, etc., alors que le pauvre homme n'en peut visiblement plus de la soigner, je me montre apitoyé par tous les maux dont elle souffre et je la félicite pour son courage exemplaire. Cela ne doit pas être drôle en effet d'être malade tous les jours et d'affronter en même temps toutes les tâches quotidiennes : travailler, entretenir la maison, laver, repasser, etc. Puis, j'essaie de débloquer la situation en déclarant que tous ces symptômes sont message symbolique d'adoration pour son mari et façon de lui communiquer son désir d'être totalement dominée.

Ainsi d'un côté je minimise le poids de sa symptomatologie et d'autre part je la pousse à l'abandonner sans le lui demander dans la mesure où, précisément, je sais qu'elle déteste être dominée. Par la même occasion je demande au mari de se montrer dur et tyrannique au point de se désintéresser de la santé de sa femme par respect de ses « désirs inconscients ».

En redéfinissant leurs rapports je propose donc de nouvelles règles.

Je me présente aux couples qui viennent me consulter comme l'inventeur de Systèmes Conjugaux. Ma seule exigence est qu'on obéisse « sine qua non » à toutes mes prescriptions aussi insensées, étranges, absurdes ou paradoxales qu'elles paraissent. Mon discours part des règles et des méta-règles, et a priori si le Système a mal fonctionné c'est que ces dernières, telles que nous les avons mises en évidence ensemble, étaient mal adaptées et/ou parce qu'il existe un conflit au sujet de qui a le droit de les établir. Je soulage les couples de cette charge en posant les règles à leur place au cours des « séances législatives » déjà évoquées.

Très schématiquement, ma technique consiste à prescrire au couple son propre problème. Il est évident que leur conseiller de le dépasser est inutile, car ils l'auraient sans doute fait si c'était possible. D'autre part, chercher à reconstruire de nouvelles bases serait trop long et l'amélioration peu probable.

Il me semble plus utile d'essayer de rendre tous ces comportements « inauthentiques » afin qu'ils soient inutilisables à leurs yeux et qu'ils finissent par les abandonner. C'est pour cela que la prescription consiste à pousser l'un des partenaires jusqu'aux conséquences les plus extrêmes de sa stratégie favorite contre l'autre.

Pour éclairer tous ces propos, voici comment je réagis au symptôme le plus courant dans les couples : la dispute.

Si les disputes sont fréquentes et peu explosives, je prescris que l'on rentre chez soi et que l'on se dispute frénétiquement, si possible en enregistrant la performance à l'aide d'un magnétophone afin que nous puissions tout entendre ensemble à la séance suivante.

Si les disputes sont violentes, je leur demande au contraire de les éviter, sinon en ma présence. S'il le faut j'impose même une séparation momentanée. Puis, le plus souvent, je requalifie leurs altercations en insistant sur le fait qu'ils ne s'y expriment pas suffisamment. J'affirme que leur véritable cause n'est pas celle qu'ils croient mais une autre que je leur révèlerai éventuellement plus tard.

Chacun de mes messages est basé sur deux plans antinomiques et donc absurde. N'oublions pas que je suis leur thérapeute. Mon rôle est de rétablir leur entente et pourtant je les pousse aux disputes, au désaccord et à la séparation en aggravant un comportement que les conjoints souhaitent voir changer. Alors que je leur demande de m'obéir, tout semble suggérer le contraire.

Cette tactique aboutit à un double résultat. D'une part, elle démontre que les conflits et les symptômes qui apparaissent dans la vie du couple ne sont pas immuables, puisque j'arrive à les aggraver. D'autre part, les disputes perdent de leur authenticité grâce à ma prescription paradoxale de type : « Vous devez faire preuve de plus de spontanéité ». En effet, comment faire pour se disputer sur commande ? Il n'y a plus aucun plaisir à se disputer sans le feu de la spontanéité, et encore moins sur la recommandation d'un tiers. Si quelqu'un d'autre l'induit artificiellement, la situation devient absurde.

Notons que la situation est insoutenable aux conjoints même s'ils ne se plient pas à ma prescription. Le seul moyen à leur disposition pour me désobéir est de ne plus se disputer : et c'est en réalité le but de la thérapie. Or, à partir du moment où ils suivent mes instructions ils tombent fatalement dans l'inauthenticité que j'ai préméditée.

Examinons quelques autres cas. Si le mari sort sans sa femme trois fois par semaine et que cette dernière se montre terriblement irritée, je lui suggère : « Chère madame, il faut que vous poussiez votre mari à sortir chaque soir, sans exception ! ». Si ce dernier sort pour assouvir son besoin de liberté, comme cela arrive souvent, il sera désorienté par l'attitude de sa femme et aura moins envie de sortir. Il n'est pas bien agréable de se distraire par obligation. S'il sort pour retrouver une maîtresse (essaie-t-il de se venger de sa femme ou aime-t-il simplement changer de partenaire de temps en temps ?) il lui sera tout aussi pénible de jouer au célibataire contraint et forcé par sa femme. La liberté sur commande n'est plus la liberté.

J'exploite donc les résistances dont les patients usent contre moi et entre eux en réutilisant leurs méthodes dans le contexte thérapeutique. Comme au judo, où au lieu de s'opposer à l'agression de l'adversaire on l'exploite en la modifiant d'un simple croc en jambe qui fait perdre pied. ERIKSON compare ce procédé à la volonté de modifier le cours d'un fleuve : à contre-sens ses flots vous emporteront mais en suivant le sens du courant, vous le détournerez là où vous le désirez.

Les prescriptions absurdes du thérapeute-stratège déclenchent finalement la réaction prévue et souhaitable : l'alliance du couple contre lui. « Mais pour qui se prend-il ? », « Comment s'attend-il à nous aider de cette manière ? », « Ce type est cinglé ! », « Pourquoi nous sommes-nous embarqués dans cette histoire ? ».

Le moment est délicat : la coalition des conjoints contre l'ennemi commun doit être exploitée au bon moment. Il faut que naisse en eux le besoin de démontrer l'absurdité des prescriptions de se disputer davantage, de prolonger les silences, de se délaisser, en adoptant les comportements inverses qui en fait sont le but de la thérapie.

Il n'est pas toujours facile de donner une raison d'être à l'absurde et je dois une justification de mes prescriptions à mes patients. Me présenter comme un inventeur de Systèmes Conjugaux ne suffit pas pour être écouté. Il faut que thérapeute et couple soient sur la même longueur d'onde. Il est indispensable de s'entendre sur les termes. Parfois il suffit d'expliquer qu'essayer d'aggraver le problème est pénible mais utile pour prendre conscience de l'étendue du conflit.

Si les patients sont quelque peu sophistiqués, je prétends prescrire leurs propres conflits et symptômes en tant qu'expressions de sentiments de culpabilité non résolus et j'affirme qu'il est indispensable de les rendre conscients pour les surmonter.

Faisant bon usage du jargon psychanalytique, je n'hésite pas à accomoder l'« inconscient » à toutes les sauces : il justifie mes diagnostics et sert de stratégie idéale pour faire digérer sereinement mes prescriptions les plus extravagantes.

Malheureusement tout se complique devant les patients plus sceptiques et ils sont nombreux. Il faut les stimuler de diverses manières. Parfois, je leur dis qu'il y a une solution simple, mais d'apparence absurde à leurs problèmes... Puis j'ajoute qu'ils ne me semblent pas le genre de personnes indiquées pour ces thérapies. Généralement cela fait naître en eux l'irrésistible envie de démontrer au thérapeute qu'il a tort. D'autres fois, il convient de se montrer plus pessimiste que le patient, affirmer que tenter de résoudre son problème est inutile, qu'il est le cas le plus désespéré que l'on ait jamais rencontré et qu'au mieux on parviendra à l'aider à vivre avec ses problèmes en les acceptant. Ainsi, j'évite au patient d'avoir à me dire que la thérapie est inutile. Placés dans cette situation, même les patients les plus sceptiques, méfiants ou peu motivés (s'ils ne renoncent pas à la thérapie) ou bien abandonnent leurs scepticisme, ou cherchent à me démontrer mon erreur. Le plus souvent pourtant, j'obtiens le résultat escompté de cette manière.

Si le patient nie les effets bénéfiques de la thérapie alors qu'ils paraissent évidents, la meilleure stratégie est de le prier de ne pas parler de ses progrès en lui fixant un terme, le plus bref possible qui corresponde au terme des séances.

Si par contre les progrès du couple sont trop rapides et que j'ai la sensation d'être en présence d'une « fuite en avant dans la guérison », celle-ci présage habituellement une rechute servant à démontrer au thérapeute l'inutilité de son intervention. J'essaie de bloquer cette manœuvre en feignant d'accepter l'amélioration comme un fait établi. Puis, je demande au couple d'essayer de se replacer dans la même situation émotionnelle qu'au début de la cure lorsque tout allait encore mal : « C'est le seul moyen de s'assurer que rien ne nous a échappé... » La demande de régression prévient la rechute et vient consolider les progrès effectifs. Cette prescription est utile mais d'autres fois inévitable : « Vous monsieur, recommencez à insulter votre femme », « Vous madame, il est indispensable que vous recommenciez à faire la coquette avec les collègues de votre mari ! ».

Les couples qui suivent mes prescriptions se prouvent qu'ils sont capables de guider leur propre conduite selon leur volonté, ce qui est déjà tendre vers l'objectif de la thérapie.

J'ai tenté ici de décrire de manière synthétique et simplifiée, je dirais même simpliste, le jeu et les stratégies du thérapeute avec les couples en conflit. Au départ je ne connais pas davantage les règles de leur jeu qu'ils ne connaissent les miennes et chacun joue pour soi, ignorant ce que fait l'autre. De leur côté les couples posèdent une certaine expérience de leur propre jeu d'équipe. Ils forment une « mini-équipe » et je suis seul. De plus, par sa nature, leur relation tend à la constance et moi j'essaie de la faire évoluer. Il arrive souvent que ces forces reprennent le dessus et dans ce cas la thérapie échoue.

Un seul fait joue en ma faveur : ces couples se sont adressés à moi car ils me reconnaissent la capacité de les aider à résoudre leurs problèmes. C'est à moi de renverser les règles du jeu.

Je suis désolé de répondre à la confiance de mes patients par tant de ruses, mais mon jeu est dirigé contre le Système conjugal et non contre les individus. Dans le jeu de la thérapie, je me bats contre les règles qui font souffrir et non contre ceux qui souffrent.

Références bibliographiques

BERGER (M.). – *Videotape Techniques in Psychiatric Training and Treatment,* Brunner-Mazel, New York, 1970.

BERNE (E.). – *Des Jeux et des Hommes,* Stock, 1975. *Que dîtes-vous après avoir dit bonjour ?* Tchou, 1983.

BERTALANFFY (L. von). – *Théorie Générale des Systèmes.* Dunod, 1972. *Des robots, des esprits et des hommes,* Éditions ESF, 1981.

HAYLEY (Jay). – *Nouvelles Stratégies en Thérapie Familiale,* Éditions Universitaires, Jean-Pierre Delarge 1973. *Un Thérapeute Hors du Commun, Milton H. Erickson,* EPI, 1984. *Tacticiens du pouvoir, Jésus-Christ, le psychanalyste, le schizophrene et quelques autres,* Éditions ESF, 1983.

LAING (R.). – *Nœuds,* Stock, 1971.

SATIR (V.). – *Pour Retrouver l'Harmonie Familiale,* Ed. J.-P. Delarge, 1972.

SELVINI (M.), BOSCOLO (L.), CECCHIN (G.), PRATA (G.). – *Paradoxe et Contre-paradoxe.* Éditions ESF, 4e édition, 1983.

WATZLAWICK (P.), WEAKLAND (J.), JACKSON (D.). – *Logique de la Communication,* Le Seuil, 1979.

WATZLAWICK (P.). – *Le Langage du Changement,* Le Seuil, 1980.

Lexique proposé par l'éditeur

Auto-régulation : Fonction cybernétique caractérisant un système dont les éléments interagissent régulièrement les uns avec les autres pour maintenir l'équilibre stabilisé de l'ensemble. A distinguer de l'*auto-organisation* où le système a la capacité de se fixer à lui-même des buts et des règles pour atteindre ceux-ci.

Causalité circulaire : Dans la perspective systémique, qui s'applique tout particulièrement aux organismes vivants, compliqués et complexes, la prise en considération d'ensembles et de globalités fait abandonner la causalité linéaire classique (cause ⟶ effet, dans des liens A ⟶ B ⟶ C) au profit de modèles d'interaction circulaire. Ici les éléments agissent successivement ou simultanément les uns sur les autres dans des chaînes circulaires ou en réseaux. Le point de départ a moins d'importance que la succession même ou la simultanéité des interactions (C ⟶ A ⟶ B ⟶ C ⟶ A, etc.).

Confirmer - disconfirmer : Selon le philosophe existentialiste Martin BUBER, les échanges interpersonnels assurent aux participants la reconnaissance réciproque de leur identité. Chacun se trouve ainsi confirmé par l'autre et le confirme à son tour. Lors des conflits graves, les participants peuvent se dénier réciproquement leur valeur ou leur identité. La disconfirmation courante s'intitule *disqualification* : « Tu as tort ! », « Tu es mauvais ! ». La *disconfirmation* majeure comporte la négation de l'identité de l'autre : « Tu n'existes pas ! », « Tu es fou ! ». On note des formes d'auto-disqualification dans les névroses et d'auto-disconfirmation dans les psychoses.

Cybernétique (raisonner sur le mode) : Science d'apparition récente, la cybernétique décrit les faits de contrôle dans les ensembles compliqués ou complexes. La globalité des parties et de leurs interactions se soumet à l'introduction d'informations issues de l'environnement au moment de l'action. L'œuvre d'un système est freinée par des rétro-actions négatives (« corrections par l'erreur ») ou accélérée par des rétro-actions positives (« emballement »). Dans cette perspective un système se montre en réalité sous-système disponible pour les consignes issues d'un niveau d'organisation supérieure (Cf. le thermostat... et son propriétaire).

Disfonctionnel : Les groupes sociaux dits « naturels », comme les couples et les familles, possèdent une double tâche : stabilité dite homéostasie et croissance dite auto-poïèse. Lorsque l'une de ces tâches, la sécurité ou l'autonomisation, l'emporte excessivement sur l'autre, l'ensemble du processus manifeste des signes de dysharmonie. Le couple ou la famille se montrent disfonctionnels (apparition de symptômes relationnels). On observe également ceci dans les institutions.

Equifinalité : La Théorie Générale des Systèmes, due à L. von BERTALANFFY s'applique en particulier à la croissance des organismes ou à l'atteinte des buts maturatifs. Une nouvelle définition de la finalité permet de décrire comment un organisme vivant peut remplir les mêmes tâches par des voies et par une histoire différentes.

Interpersonnel : Cet adjectif s'emploie souvent en psychologie. Longtemps considérée sous ses aspects individuels, la relation interpersonnelle prend des aspects spécifiques dans les groupes « naturels » (couples ou familles). On note la fréquence des triades et des triangles interpersonnels dans les manipulations réciproques et les troubles comportementaux (CAPLOW).

Intra-psychique : Faisant allusion aux théories psychologiques classiques ou psychanalytiques, ce terme s'oppose à celui d'*interactionnel.* Il évoque des descriptions psychologiques appliquées à l'individu isolé de son milieu.

Intra-familial : Les conceptions systémiques, qui ont fondé pour une bonne part le mouvement international des thérapies familiales et conjugales, insistent sur la richesse et l'organisation spécifiques des relations présentes à chaque moment dans le groupe familial concerné. Une famille peut se définir, en un sens étroit, comme un ensemble de co-habitants unis en général par les liens du sang ou de sexe.

Jeu : Les jeux font l'objet de théories mathématiques (von NEUMANN). Pour la théorie moderne de la communication (G. BATESON), le terme de jeu peut être utilisé pour décrire l'ensemble des interactions d'un groupe « naturel » (couple ou famille) avec leurs règles, leurs valeurs, leurs répétitions et leur problématique du pouvoir (Jay HALEY). Les compétitions symétriques et les rôles complémentaires doivent être étudiés si l'on veut comprendre les règles implicites.

Métacommunication : Terme créé par l'anthropologue Gregory BATESON pour décrire « la communication sur la communication », c'est-à-dire les indications concernant le type de relation en cause (instinctuel, institutionnel, ludique, etc.). La métacommunication se réalise souvent dans le langage non-verbal (mimiques, ton, allusion au contexte, etc.) qui s'ajoute chez l'homme constamment au langage verbal.

Métarègles : Règles concernant les règles, pour un ensemble d'interactions. Il existe en particulier des règles qui facilitent le changement des règles dans les relations en cours. Leur absence crée la disfonctionnalité du groupe « naturel » en cause.

Positions haute et basse : Lors des inter-actions au niveau d'un groupe « naturel » (couple ou famille) se pose constamment la question, explicite ou implicite, des pouvoirs réciproques. Le jeu inter-actionnel peut comporter une position de force, dominante, haute et une position de faiblesse, soumise, basse. Jay HALEY a insisté sur l'emploi fréquent de la position basse pour la recherche d'un pouvoir paradoxal dans les groupes humains disfonctionnels. Il s'agit là de « la toute puissance des faibles ».

Prescription : Les thérapeutes conjugaux et familiaux demandent souvent aux participants la réalisation de tâches inter-actionnelles dans l'intervalle des séances. On étudie ensuite les rétro-actions relationnelles.

Pseudo-mutualité : Ce terme concerne des milieux familiaux sérieusement perturbés (WYNNE). Les partenaires simulent l'accord et la compréhension mais en réalité vivent l'angoisse et le blocage relationnels.

Système : A.D. HALL et R.E. KAGEN optent en 1956 dans le « *General System book I* » « Definition of System », pour l'explication suivante : « Un système est un ensemble d'objets et les relations de ces objets et de leurs attributs ». Par objets il faut entendre les éléments de ce système, par attributs, leurs propriétés, et par leurs relations, ce qui assure la cohésion de ce système. Le propre d'un système est que lorsqu'un changement se produit dans l'un de ses éléments, un changement se produit aussitôt dans chacun des éléments dont il est composé.

DANS LA MÊME COLLECTION *

ACKERMANS Alain et Van CUTSEM Chantal, sous la direction de, *Histoires de familles*, Scènes de familles simulées.

ANDOLFI M., ANGELO C., NICHILO ANDOLFI (de) M., *Temps et mythe en psychothérapie familiale.*

BENOIT Jean-Claude, *Changements systémiques en thérapie familiale*, Textes classiques et actuels.

BENOIT J.-C., ROUME D.., *La désaliénation systémique*, Les entretiens collectifs familiaux en institution.

BLANCHARD F. , CASAGRANDE E. ET McCULLOCH P. (coordonné par), *Échec scolaire*, nouvelles perspectives systémiques.

BORDELEAU D., *L'expérience suicidaire*, Choix de vie ou de mort.

BOSCOLO L., CECCHIN G., HOFFMAN L., PENN P., *Le modèle milanais de thérapie familiale*, Théorie et pratique.

BOWEN Murray, *La différenciation du soi,* Les triangles et les systèmes émotifs familiaux.

BROUSTRA Jean, *L'expression. Psychothérapie et création.*

CAILLÉ Philippe, *Familles et thérapeutes*, Lecture systémique d'une interaction.

CAILLÉ Philippe, *Un et un font trois,* Le couple révélé à lui-même.

CAILLÉ Philippe et REY Yveline, *Il était une fois*, Du drame familial au conte systémique.

CAILLÉ Philippe et REY Yveline, *Les objets flottants,* Au-delà de la parole en thérapie systémique.

CANCRINI Luigi, *La psychothérapie : Grammaire et syntaxe*, De l'initiation à la redécouverte d'une pratique.

CAPLOW Théodore, *Deux contre un*, Les coalitions dans les triades.

CIRILLO Stefano, *Familles en crise et placement familial*, Guide pour les intervenants.

CIRILLO Stefano, Di BLASIO Paola, *La famille maltraitante.*

CIRILLO Stefano, BERRINI Roberto, CAMBIASO Gianni, MAZZA Roberto, *La famille du toxicomane.*

DEFRANK-LYNCH Barbara, *Thérapie familiale structurale*, Manuel des principes et des éléments de base.

DOLLÉ-MONGLOND Brigitte, *Introduction aux thérapies familiales*, Une pensée, des pratiques.

* Fondée par le Professeur Paul Sivadon en 1964 et dirigée par le Docteur Jean-Claude Benoit jusqu'en 1990 avec le concours du Docteur Jean Guilhot et du Docteur André Mathé. Reprise aujourd'hui par le Docteur Philippe Caillé et le Docteur Robert Neuburger.

ELKAÏM Mony, sous la direction de, *Formations et pratiques en thérapie familiale.*

ERICKSON Milton H., *L'hypnose thérapeutique*, Quatre conférences.

GOLDBETER-MERINFELD Edith, *Le deuil impossible*, Familles et tiers pesants.

GUITTON-COHEN ADAD Catherine, *Instant et processus*, Analogies en thérapie familiale systémique.

GULOTTA Guglielmo, *Comédies et drames du mariage*, Psycho-guide illustré de la jungle conjugale.

HALEY Jay, *Changer les couples*, Conversation avec Milton H. Erickson.

HALEY Jay, *Leaving home*, Quand le jeune adulte quitte sa famille, Psychopathologie et abord psychothérapique.

HALEY Jay, *Tacticiens du pouvoir*, Jésus-Christ, le psychanalyste, le schizophrène et quelques autres.

HEIREMAN Magda, *Du côté de chez soi*, La thérapie contextuelle d'Ivan Boszormenyi-Nagy.

LACROIX Jean-Luc, *L'individu, sa famille et son réseau*, Les thérapies familiales systémiques.

LEBBE-BERRIER Paule, *Pouvoir et créativité du travailleur social*, Une méthodologie systémique.

LECOURT Édith, *Analyse de groupe et musicothérapie*. Le groupe et le sonore.

McGOLDRICK Monica, GERSON Randy, *Génogrammes et entretien familial.*

MADANES Cloé, *Derrière la glace sans tain*, L'art du superviseur en thérapie familiale stratégique.

MADANES Cloé, *Stratégies en thérapie familiale.*

MALAREWICZ Jacques-Antoine, *Comment la thérapie vient au thérapeute.*

MALAREWICZ Jacques-Antoine, *Cours d'hypnose clinique*, Études éricksoniennes.

MALAREWICZ Jacques-Antoine, *Quatorze leçons de thérapie stratégique.*

MALAREWICZ Jacques-Antoine, *La stratégie en thérapie*, Ou l'hypnose sans hypnose de Milton H. Erickson.

MALAREWICZ Jacques-Antoine, *Supervision en thérapie systémique*. Le thérapeute familial et son superviseur.

MALAREWICZ Jacques-Antoine et GODIN Jean, *Milton H. Erickson*, De l'hypnose clinique à la psychothérapie stratégique.

MAUREY Gilbert, *Le rêve éveillé en psychanalyse*, De l'imaginaire à l'inconscient.

MIERMONT Jacques, *Psychoses et thérapie familiale.*

MUGNIER Jean-Paul, *L'identité virtuelle*, Les jeux de l'offre et de la demande dans le champ social.

MUGNIER Jean-Paul, *Les stratégies de l'indifférence*. Le poids du secret dans le discours familial.

NEUBURGER Robert, *L'autre demande*, Psychanalyse et thérapie familiale systémique.

NEUBURGER Robert, *L'irrationnel dans le couple et la famille*, À propos des petits groupes et de ceux qui les inventent.

NEUBURGER Robert, *Le mythe familial.*

ONNIS Luigi, sous la direction de, *Les langages du corps,* La révolution systémique en psychosomatique.

PERRONE Reynaldo, NANNINI Martine, *Violences et abus sexuels dans la famille*, Une approche systémique et communicationnelle

PETIT Marie, *La Gestalt,* Thérapie de l'ici et maintenant.

PRIEUR Bernard, sous la direction de, *L'anorexique, le toxicomane et leur famille.*

REY Yveline, sous la direction de, *La thérapie familiale telle quelle...*, De la théorie à la pratique.

REY Yveline et PRIEUR Bernard, sous la direction de, *Systèmes, éthique, perspectives en thérapie familiale.* Textes extraits du congrès « Système et thérapie familiale », 4, 5, 6 octobre 1990.

ROGERS Carl, *La relation d'aide et la psychothérapie.*

SELVINI Matteo, *Mara Selvini Palazzoli, histoire d'une recherche*, L'évolution de la thérapie familiale dans l'œuvre de Mara Selvini Palazzoli.

SELVINI PALAZZOLI Mara et collaborateurs, *Le magicien sans magie.*

SELVINI PALAZZOLI M., BOSCOLO L., PRATA G., *Paradoxe et contre-paradoxe.*

SELVINI PALAZZOLI M., CIRILLO S., SELVINI M., SORRENTINO A.M., *Les jeux psychotiques dans la famille.*

SINELNIKOFF Nathalie, *Les psychothérapies*, Dictionnaire critique.

TOMAN Walter, *Constellations fraternelles et structures familiales,* Leurs effets sur la personnalité et le comportement.

DANS LA COLLECTION PSYCHOTHÉRAPIES - MÉTHODES ET CAS *

DAIGREMONT A., GUITTON C., RABEAU B., *Des entretiens collectifs aux thérapies familiales en psychiatrie de secteur.*

GARNIER Philippe, BONNOT-MATHERON Sylviane, *Le psychodrame*, Une psychothérapie analytique.

GUILHOT Marie-Aimée et Jean, *Psychothérapie de groupe pour les couples.*

ONNIS Luigi, *Corps et contexte*, Thérapie familiale des troubles psychosomatiques.

REVERCHON François et MEYER Monique, *Psychanalyse et relaxation*, Autour de la chronique d'un groupe.

* Collection fondée par le Professeur Paul Sivadon en 1964 et dirigée par le Docteur Jean-Claude Benoit jusqu'en 1990 avec le concours du Docteur Jean Guilhot et du Docteur André Mathé.

DICTIONNAIRE CLINIQUE DES THÉRAPIES FAMILIALES SYSTÉMIQUES

Sous la direction de Jean-Claude BENOIT et Jacques-Antoine MALAREWICZ, avec le concours de Jacques BEAUJEAN, Yves COLAS, Serge KANNAS et de nombreuses collaborations françaises et étrangères.

Préface du professeur Paul SIVADON.

CET OUVRAGE A ÉTÉ ACHEVÉ D'IMPRIMER EN SEPTEMBRE 1999
SUR LES PRESSES DE L'IMPRIMERIE DE L'INDÉPENDANT
À CHATEAU-GONTIER - FRANCE
DÉPOT LÉGAL : 3e TRIMESTRE 1999

N° D'ÉDITION 2612 ED 2412

BJÖRN LARSSON

Der böse Blick

Buch

Unter der Oberfläche von Paris befindet sich eine gigantische Großbaustelle: Hier entsteht das kilometerlange Tunnelsystem für Eole (Est-Ouest Liaison Express), die neue Metrolinie, die den Gare Magenta mit dem Gare St-Lazare verbinden soll. Einer, der in dieser modernen chaotischen Unterwelt arbeitet, ist Ahmed, ein algerischer Einwanderer. Den fast täglichen rassistischen Anfeindungen begegnet er nie mit Aggression. Ahmed, der in seiner Heimat oft mit Gewalt konfrontiert wurde, will mit seiner Familie in der fremden Stadt endlich ein ruhiges Leben führen.

Doch dann trifft er auf den Sprengstoffexperten Rachid. Der fanatische Islamist hat von seinem Imam den Auftrag erhalten, eine Bombe in der Metrobaustelle zu zünden, eine Bombe, die nicht nur die Tunnels der neuen Linie, sondern auch den über der Baustelle liegenden Stadtteil der »Ungläubigen« zerstören soll. Rachid braucht die Hilfe eines Kollegen unter Tage. Er weiß, dass ihm niemand freiwillig helfen wird – aber er weiß auch, dass sein Kollege Ahmed eine Tochter hat, die er über alles liebt. Und Ahmed muss sich entscheiden, was ihm wichtiger ist: das Leben seiner Tochter oder das unzähliger anderer Menschen …

Der bereits 1999 im Original erschienene atemberaubende Roman schildert mit fast hellseherischer Kraft Vorbereitung und Hintergründe eines islamistischen Terroranschlags.

Autor

Björn Larsson wurde 1953 in Jönköping, Schweden, geboren, verbrachte mehrere Jahre in Paris und England und lebte lange Zeit mit seiner Frau auf seiner Yacht »Rustica«. Heute lehrt er französische Literatur an der Universität Lund.

Von Björn Larsson außerdem bei Goldmann lieferbar:

Long John Silver. Roman (43778)
Der Keltische Ring. Roman (44692)
Träume am Ufer des Meeres. Roman (44718)

Björn Larsson

Der böse Blick

Roman

Aus dem Schwedischen
von Knut Krüger

GOLDMANN

Die Originalausgabe erschien 1999 unter dem Titel
»Det onda ögat«
bei Norstedts Förlag, Stockholm.

Umwelthinweis:
Alle bedruckten Materialien dieses Taschenbuches
sind chlorfrei und umweltschonend.

1. Auflage
Deutsche Erstausgabe Juni 2004

Umschlaggestaltung: Design Team München
Umschlagfoto: Zefa/Rasche
Satz: deutsch-türkischer fotosatz, Berlin
Druck: GGP Media, Pößneck
Titelnummer: 45702
BH · Herstellung: Heidrun Nawrot
Made in Germany
ISBN 3-442-45702-5
www.goldmann-verlag.de

Am Tag der Auferstehung sollen sie gefragt werden nach dem, was sie erdichteten.

Koran, Sure 29/12

Fatima
Eine von Mohammeds Töchtern aus der Ehe mit Chadidscha. Verheiratet mit Ali und Mutter von Hasan und Husayn. Von Sunniten und Schiiten gleichermaßen verehrt. Zum Schutz vor Dämonen oder dem »bösen Blick« wird ihre Hand oft an Türen, auf Amuletten oder Halsschmuck abgebildet. Fatima ist in der gesamten islamischen Welt ein geläufiger Name.

Jørgen Bæk Simonsen, *Lexikon des Islam*

1

Rachid schaute auf die Uhr. Genau zwölf Minuten vor sechs, so wie an jedem Morgen der letzten drei Monate, betrat er den Fahrstuhl, der ihn zur Sohle des Victoriaschachts brachte.

Bevor er die Fahrstuhltüren zuzog, ließ er seinen Blick über den Bauplatz schweifen, um sich zu vergewissern, dass niemand in der Nähe war. Er sah die Baracken der Arbeiter, die man in sieben Etagen übereinander geschichtet hatte, um Platz zu sparen; den vierzig Meter hohen Kran, der eine Kapazität von sechzig Tonnen besaß, um Bagger und Betonelemente hinabzusenken; die vier Zementsilos, deren Inhalt unter Hochdruck durch meterdicke Schläuche gepresst wurde; die Belüftungsrohre, deren Ventilatoren unablässig surrten; die Berge von Armierungseisen und Baugerüsten, die auf ihren Einsatz warteten, und viele andere Dinge, deren Verwendungszweck Rachid nicht kannte.

Wie an jedem anderen Morgen der letzten Monate war er allein. Um den Nachtschlaf Tausender von Menschen nicht zu stören, ruhte der lärmende Vortrieb zwischen acht Uhr abends und sieben Uhr morgens. Nachtwächter, Techniker und Ingenieure arbeiteten währenddessen in zwei Schichten, waren entweder schon gegangen oder noch nicht da, als Rachid kam. Eine knappe Stunde, zumindest eine gute halbe Stunde würde er mit großer Wahrscheinlichkeit ungestört sein.

Aber Wahrscheinlichkeit war etwas anderes als Gewissheit. Als Ingenieur wusste er, wie gefährlich es war, aus einer begrenzten Anzahl von Beobachtungen auf eine Gesetzmäßigkeit zu schließen. Deshalb blieb er für einen Moment ruhig stehen, blickte in den Abgrund und lauschte, bevor er auf den Fahrstuhlknopf drückte. Durch das Stahlgitter des Aufzugskäfigs hindurch konnte er den Boden in dreißig Metern Tiefe erahnen und die Sprossen der Leiter, die an die Oberfläche führten, deutlich erkennen. Niemand war zu sehen. Völlige Stille.

Als sich der Fahrstuhl ratternd in Bewegung setzte, zog er seinen Notizblock hervor und kontrollierte ein weiteres Mal, ob alle Angaben stimmten. Er prüfte, wie lange er brauchte, um die Sohle zu erreichen und danach zu Schacht Nummer elf zu gelangen, wo von den Hauptkabeln aus der Strom auf mehrere kleinere Leitungen verteilt wurde. Genau hier, am Verteilerkasten, fünf Meter unter der Oberfläche, sollte eine kleine Sprengladung platziert werden, um die Stromversorgung außer Kraft zu setzen. Da er bereits wusste, wie viel Zeit er für diesen Vorgang veranschlagen musste, begab er sich von Schacht elf unverzüglich durch die südliche Tunnelröhre in den zukünftigen Zentralbereich der Station namens »Condorcet«. Mit raschen Schritten lief er zum anderen Ende, das über zweihundert Meter entfernt war. An einigen Stellen musste er Umwege in Kauf nehmen, weil ihm Bohrmaschinen, Baugerüste oder andere Gegenstände den Weg versperrten.

Am anderen Ende des Zentralbereichs nahm er den Aufzug bis zu einer Tiefe von zehn Metern unter der Oberfläche, dem Grundwasserspiegel. Er stieg aus dem Käfig und bog unmittelbar nach links in eine der kleineren Tunnelröhren ab, die ausschließlich Belüftungs- und Sicherheitszwecken dienten. Weil diese Röhren nach Fertigstellung der Arbeiten ohnehin zugeschüttet werden sollten, hatte man sich nicht die Mühe gemacht, den Boden von Lehm und Gesteinsbrocken zu befreien. Entsprechend lange dauerte es, um die ungefähr achtzig Meter zurückzulegen.

Am Ende bog er ein weiteres Mal nach links ab und erreichte einen Hohlraum, in dem sich dicke Schläuche befanden, die in ein Betonrohr von zwei Metern Durchmesser mündeten. Durch dieses Rohr leiteten fünfzig Pumpen das Grundwasser ab, das unablässig in den Untergrund sickerte. Abgesehen von einigen Verbindungstunneln zur Metro, entstand die gesamte Station im Bereich des Pariser Grundwassers.

Er kletterte über einige kleinere Schläuche hinweg und ging hinter dem Betonrohr in die Hocke. Er hob eine Sperrholzplatte an und vergewisserte sich, ob der trockene Hohlraum, den er vor einigen Wochen gegraben hatte, immer noch vorhanden war. Er schaute auf die Uhr und danach in sein Notizbuch. Die Zeitangaben stimmten auf die Minute. Danach ging er denselben Weg zurück, den er gekommen war. Mitten im Haupttunnel blieb er unterhalb der Rohrkonstruktion stehen, die sein eigener Arbeitsplatz war: Hunderte von Stahlrohren waren zu einem zehn Meter hohen Gerüst zusammengefügt, das die Decke abstützte, während man mittels einer Technik, die »lining« genannt wird, die Betonarbeiten durchführte. Hatte man sich drei Meter weiter in das Gestein vorgearbeitet, wurde die Fläche mit massivem Kunststoff verschalt, damit das Grundwasser nicht durchsickern konnte, wenn der Beton eingespritzt wurde. Über dem Stahlrohrgerüst befand sich eine zwanzig Meter breite, gewölbte Schalungsform aus Stahl, die hydraulisch gegen die Decke und den Kunststoff gepresst wurde. Dann wurde der Beton unter Hochdruck hineingespritzt und füllte den Hohlraum zwischen der Form und dem Gestein, während das austretende Grundwasser die Tunnelwände hinunterlief und abgepumpt wurde. Bevor das Unternehmen sich für die Lining-Technik entschied, hatte es verschiedene Injektionsmittel getestet, eines giftiger als das andere. Doch bei dem gleichmäßig strömenden Grundwasser hatte keines richtig aushärten können.

Rachid wusste das technische Know-how zu schätzen, das dem Bau der Station zu Grunde lag. Doch für sein Vorhaben spielte dies keine Rolle. Entscheidend war vielmehr, dass der Ort, an dem er jetzt stand, die Achillesferse des Projekts war. Genau hier, an der Nahtstelle zwischen dem freigelegten Gestein und dem noch nicht ausgehärteten Beton, konnte sich die Station von einem Meisterstück der Ingenieurkunst in ein Mahnmal für die Hybris der westlichen Welt verwandeln. An diesem Ort musste die größte Sprengladung platziert werden.

Die Vorbereitungen würden noch weitere Monate in Anspruch nehmen. Um die praktischen und technischen Fragen machte er sich keine Gedanken mehr. Die Ladung zu präparieren, erforderte genaue Planung und Fingerfertigkeit – und auf diesen Gebieten war er Experte. Das einzige unkalkulierbare Problem war der Faktor Mensch. Seine Lehrmeister hatten stets hervorgehoben, wie wichtig es war, auch mit dem Unerwarteten zu rechnen, wenn man es mit Menschen zu tun hatte. Obwohl Rachid die Arbeitspläne und Bewegungsströme genauestens analysiert hatte, reichte es aus, dass jemand zurückkehrte, um ein vergessenes Werkzeug zu holen, und der ausgetüftelte Plan war hinfällig. Er brauchte also jemanden, der Wache hielt. Zum

Schacht elf und dem Pumpenraum kam selten jemand, das wusste er. Doch im Zentralbereich, besonders unter der Schalungsform, konnte man stets Leuten begegnen, selbst außerhalb der üblichen Arbeitszeiten. Hilfe von außen gab es nicht. Weil die Unternehmensleitung Terroranschläge befürchtete, wurden alle neuen Mitarbeiter einer gründlichen Personenkontrolle unterzogen.

Trotz mehrerer Versuche war er selbst der Einzige, den die Bewaffnete Islamische Gruppe, genannt GIA, hatte einschleusen können.

Natürlich hatte er keine Angst vor dem Sterben. Alles lag in Allahs Hand. Ob er heute oder morgen starb, war gleichgültig. Er hätte die Aktion auch ganz allein durchführen können, doch ihm war strikt untersagt, sein eigenes Leben aufs Spiel zu setzen. Es gab andere in der GIA, die keine besonderen Fähigkeiten besaßen und sich daher besser zum Märtyrer eigneten. Sich gemeinsam mit einem Dutzend Christen oder Juden in die Luft zu sprengen, war nicht der einzige Weg zu einem Platz an Allahs Seite. Genauso wertvoll war es, der wichtigste Bombenexperte der Bewaffneten Islamischen Gruppe zu sein. Für Allah zu sterben war keine Kunst. Die Kunst bestand darin, zu überleben.

Deshalb hatte man ihn ausgewählt. Er war der Einzige, der beweisen konnte, dass der Heilige Krieg nicht beendet war, bevor der Islam triumphiert hatte. Das Regime in Algerien und die Regierungen in Europa, die es unterstützten, glaubten, der Krieg sei gewonnen und die Lage unter Kontrolle. Die Industriestaaten pumpten Milliarden ins Land, um die Regierung sowie die Ausrottungsfront innerhalb der Streitkräfte zu stützen. Vor dem Terror und der Korruption der Armee verschlossen sie die Augen, weil sie

Feinde des Islam waren. Viele der heiligen Krieger der GIA hatten ihr Leben im Kampf für Allah und den Islam gelassen. Rachid sollte zeigen, dass es nicht vergeblich gewesen war. Außerdem würde ihm die Aktion ewigen Ruhm einbringen. Der edle Schreiber an Allahs Seite, der alle guten Taten eines Menschen notierte, sollte mit Freude zur Feder greifen. Und niemand auf der Welt würde jemals vergessen, dass es Rachid war, der hinter der Auslöschung stand; ein ganzes Wohnviertel mit Tausenden von Menschen sollte auseinander gesprengt und in den Abgrund gerissen werden, um schließlich in der Sintflut des Grundwassers zu ertrinken – ein unvergleichliches Symbol für die Niederlage der westlichen Welt. Nachdem er alle Details überprüft hatte, ging er zum Victoriaschacht zurück. Dort hielt er inne und blickte durch den langen Trichter, der sich weit über seinem Kopf befand, zum schwarzen Morgenhimmel empor. Er hatte seinen kommenden Triumph vor Augen. Das Paradies war nah, so nah, dass er fast meinte, es berühren zu können: *Für den aber, der seines Herrn Rang gefürchtet, sind der Gärten zwei. Beide mit Zweigen. In ihnen sind zwei eilende Quellen. In ihnen sind von jeder Frucht zwei Arten. Sie sollen sich lehnen auf Betten, mit Futter aus Brokat, und die Früchte der beiden Gärten sind nahe. In ihnen sind keusch blickende Mädchen, die weder Mensch noch Dschānn zuvor berührte. Als wären sie Hyazinthe und Korallen. In ihnen sind gute und schöne Mädchen. Hūris, verschlossen in Zelten. Die weder Mensch noch Dschānn zuvor berührte.*

Sein Herz pochte so heftig, dass er sich in der unterirdischen Stille einbildete zu hören, wie das Echo zwischen den Tunnelwänden hin und her sprang. Er sah, wie der Imam ihn empfing und Hunderte jubelnder Mudschaheddin ihm zu Ehren Gewehrsalven in die Luft schossen. Er sah, wie die schönen Jungfrauen im Paradies ihn erwarteten.

Inmitten der Euphorie zuckte er zusammen. Hatte er ein Geräusch gehört? Er rieb sich die Augen und schlug sich ins Gesicht. Was fiel ihm nur ein! Er hatte sich von seiner Fantasie mitreißen lassen. Das war eine unverzeihliche Sünde. Seine Lehrmeister hatten ihn gewarnt: Nichts dürfe sich zwischen Allah und die Wirklichkeit drängen, keine Fantasie, keine Träume, keine Geschichten. Denn diese waren Trugbilder, die von der einzig wahren Erzählung ablenkten: *Wer ist sündiger, als wer wider Allah eine Lüge ersinnt oder Seine Zeichen der Lüge zeiht? Der Wahn nützt nichts gegen die Wahrheit.*

Ein beträchtlicher Teil seiner Ausbildung zielte darauf ab, sich niemals in das Leben eines Menschen hineinzuversetzen, auch nicht in sein eigenes und vor allem nicht in das eines Ungläubigen. *Helft mir mit Kräften, und ich will zwischen euch und zwischen sie einen Grenzwall ziehen.* Einfühlung war Verständnis, und Verständnis bedeutete zu akzeptieren, dass Menschen das Recht hatten, ein gottloses Leben zu führen. Doch es gab nur eine Wahrheit, die Wahrheit Allahs, so wie sie sich im Koran und in der Sunna, den Sprüchen des Propheten, offenbarte. Alles andere war Lüge.

Er durfte sich nicht vorstellen, wie es sein würde, in wenigen Monaten Rachid der Held zu sein. Unter keinen Umständen durfte er an die Menschen denken, deren Leben geopfert werden musste. Allah hatte ihn beauftragt, die Gottlosen zu töten. Also war es auch an Allah, zu urteilen und Mitleid zu zeigen. Nicht an ihm. Er diente ausschließlich dem Dschihad und der Wahrheit. Er durfte nicht vom Weg abweichen. Dass viele Mitglieder der GIA Naturwissenschaftler und Ingenieure waren wie er, war kein Zufall. Die wussten, dass man stets mit der notwendigen Präzision arbeiten musste. Die waren sich im Klaren, dass man alle Variablen, inklusive des Menschen, in Betracht ziehen musste, um das Ziel zu erreichen. Doch er begriff, dass diese Eigenschaften es ihm schwer machten, das Vertrauen seiner Kollegen zu gewinnen und jemanden zu finden, der ihm helfen konnte. Dass die meisten von ihnen zu den Einwanderern der ersten Generation gehörten und den Bürgerkrieg noch in frischer Erinnerung hatten, spielte keine Rolle. Das Geld und die westliche Dekadenz hatte sie bereits verdorben. Vor allem waren es Facharbeiter, die besser bezahlt wurden als die meisten anderen Ausländer. Die meisten von ihnen würden ihn bedenkenlos anzeigen.

Nur einer war anders: Ahmed. Wer war er? Er hatte nie von sich selbst gesprochen. Ahmed war nicht so wie die anderen. Er verbarg etwas. Rachid hatte versucht, etwas über seinen persönlichen Hintergrund in Erfahrung zu bringen, doch ohne Erfolg. Als existierte Ahmed nicht. Oder wäre ein anderer, ein Rätsel, das es zu lösen galt, ein nicht entzifferbarer Code. Wenn er Ahmed sah, musste Rachid an eine große Raubkatze denken, einen verwundeten Tiger, der nachts herumstrich und angriff, wenn man am wenigsten damit rechnete. Rachid wünschte sich, Ahmeds Geheimnis zu kennen. Er brauchte jemanden, der so war wie dieser: wachsam, verschwiegen und stark. Mit Ahmed wäre das menschliche Problem gelöst. Doch bisher hatte Ahmed alle Versuche Rachids, mit ihm in Kontakt zu treten, abgewehrt und selbst auf Fragen kaum etwas geantwortet.

Es brauchte Geduld und Vertrauen. Früher oder später würde sich mit Allahs Hilfe eine Tür öffnen. Irgendjemand würde eines Tages Rachids Hilfe in Anspruch nehmen, was diesen in die Lage versetzte, eine Gegenleistung zu fordern. Man musste nur auf die richtige Gelegenheit warten. Bis dahin ging es nur um eines: die Aktion minutiös vorzubereiten, um jederzeit zuschlagen zu können.

2

»Dreckiger Araber!«

Ahmed schaute aus den Augenwinkeln zu Fatima, die ungerührt vor sich hin sah. »Kanake!«

Jetzt blickte Fatima rasch zu ihm auf. Er erwiderte ihren Blick und lachte. Das waren hässliche Wörter, aber sie töteten nicht. Zumindest nicht auf der Stelle.

Doch dann kam der Stein. Er traf Fatima am Hinterkopf. Sie wankte und stieß einen Schrei aus. Sie wusste, dass man keine Angst zeigen durfte. Genau wie bei bissigen Hunden. Ahmed sah, wie das Blut zwischen ihren pechschwarzen Haaren hervorsickerte, es rot färbte und langsam den Nacken hinunterlief. Sie drehte sich um. Zwei Männer mit Glatzen und Lederjacken zeigten ihr den Mittelfinger. Ihre Gesichter fraßen sich in ihr Gedächtnis und die Wunden fanden Eingang in die Schreckenskammer, die einen immer größeren Teil ihres Kopfes einnahm.

»Kannst du gehen?«, fragte er.

Fatima nickte. Ihr Gesicht war angespannt. Sie hatte Schmerzen, weinte jedoch nicht.

Plötzlich hatte Ahmed seine Schwester vor Augen. Auch sie war stark gewesen. Allzu stark. Als sie starb, war sie in

Fatimas Alter gewesen. Sie war keine fünfzehn, als sie von der DOP, der Sondereinheit der französischen Armee für operativen Schutz, zu Tode gefoltert wurde.

Als Fatima und er nach Hause kamen, war Mireille bereits da. Ahmed erzählte, was geschehen war. Gemeinsam reinigten sie Fatimas Wunde und legten einen Verband an. Danach setzten sich alle drei auf das Sofa und umarmten sich still. Nachdem Fatima aufgehört hatte zu zittern, stand Ahmed auf.

»Ich habe vergessen, Zigaretten zu kaufen. Ich bin gleich wieder da.«

Mireille schaute ihn an, sagte jedoch nichts.

»Soll ich dir etwas mitbringen?«, fragte Ahmed mit Blick auf Fatima.

»Ein Buch.«

Ahmed nickte. Neben dem Café, in dem er seine Zigaretten kaufte, befand sich eine Buchhandlung. Dort gab Fatima beinahe ihr gesamtes Taschengeld aus.

Ahmed lief die zehn Treppen hinunter und zum Park zurück. Schon aus großer Distanz erkannte er die beiden Männer. Sie standen immer noch an derselben Stelle wie vorhin, als er und Fatima an ihnen vorbeigegangen waren. Sie hatten wohl nichts anderes zu tun, als darauf zu warten, dass irgendein dunkelhäutiger Vater mit Tochter bei ihnen vorbeikam. Nachdem er sich vergewissert hatte, dass niemand in der Nähe war, ging er auf sie zu. Überrascht schauten sie zuerst ihn und dann einander an, bevor sich ein Lächeln auf ihren Lippen abzeichnete. Darauf hatten sie wohl von Anfang an gehofft. Gemeinsam dürften sie keine

Schwierigkeiten haben, einen Ausländer mittleren Alters zusammenzuschlagen.

Ahmed trat einem von ihnen zwischen die Beine, so dass er mit einem Aufschrei zusammensank, dem anderen brach er mit einem Faustschlag das Nasenbein. Danach trat er erst dem einen, dann dem anderen auf die Kniescheibe, womit er sie für mehrere Wochen zu Invaliden machte. Schließlich nahm er einen Stein und schlug damit auf ihre Köpfe ein, bis das Blut über ihre kahlen Schädel lief. Alles war so rasch vorüber, dass sie kaum Zeit gefunden hatten, ihre Angst und ihren Schmerz herauszuschreien, bevor sie das Bewusstsein verloren. Auf dem Rückweg suchte Ahmed die Buchhandlung auf. Er kaufte eine Taschenbuchausgabe von *Tausendundeine Nacht.* Scheherezade hatte ihr eigenes Leben gerettet, indem sie Geschichten erzählte. Er machte sich keine Illusionen: Geschichten konnten nicht verhindern, dass Fatima einen Stein an den Kopf bekam. Doch wenn sie dazu führten, dass sie abgelenkt wurde, war dies auch etwas wert.

Manchmal hatte er sie schon fragen wollen, warum sie sich nicht lieber mit ihren Freundinnen verabredete, anstatt ständig zu lesen, doch wenn er gründlich nachdachte, war er sich keinesfalls sicher, ob die Realität der Fantasie vorzuziehen war. Außerdem hatte er Angst, Fatima würde seine Frage als Vorwurf empfinden. Und vielleicht sogar den Verdacht hegen, er sei im Grunde immer noch der Überzeugung, das Leben einer Frau sei weniger wert als das eines Mannes. Doch er hatte sich vom Islam losgesagt. Sich ein für alle Mal und ausnahmslos von allen Religionen distanziert. Gott, ob man ihn nun Jehova, Allah oder sonst wie nannte, war einfach von Übel.

Und die Imame wussten ganz genau, was sie taten. Sie verboten den Mädchen und Frauen das Lesen von Romanen, weil dies die Freiheit einschloss, sich vorzustellen, dass nicht alles zwangsläufig so sein musste, wie es war. Mit ein wenig Fantasie war es durchaus vorstellbar, dass eine Welt ohne den Koran, ohne die Sunna des Propheten, gar ohne den Propheten selbst existierte, zumindest eine Welt, in der die Männer kein Recht hatten, ihre Frauen mit Allahs Segen zu unterdrücken. Nein, Fatima sollte nicht auf den Gedanken kommen, er habe etwas dagegen, dass sie ihre Nase immerzu in Bücher steckte. Wenn es etwas gab, das Fatima brauchte, dann war es Hoffnung. Doch woraus sollte sie diese schöpfen? Jedenfalls nicht aus der Realität, die sie umgab.

Er beeilte sich, nach Hause zurückzukehren. Er bereute nichts, obwohl er wusste, dass ein Umzug nun unvermeidlich war. Nicht, weil die beiden Männer ihn identifizieren konnten. Rassisten betrachteten Araber niemals als Menschen, sondern immer als graue und formlose Masse. Doch Fatimas Aussehen war zu auffallend, um in der Menge zu verblassen. Manchmal hatte er sich gewünscht, sie wäre nicht so hübsch.

Mireille erzählte er nichts davon, was er getan hatte. Es gab keinen Grund, sie zu beunruhigen, bis alles geregelt war. Sie hatte schon genügend Anlass zur Sorge. Nachdem Mireille zu Bett gegangen war, setzte er sich mit einer Zigarette und einer Tasse Kaffee in die Küche. Er versuchte, an den morgigen Tag zu denken. In wenigen Stunden würde er mit Georges einen Rundgang machen und die Pumpen kontrollieren. Ahmed würde Georges nicht im Stich lassen. Er versuchte, sich mit dem Hohlraum unter der

Erde zu beschäftigen, der seit beinahe fünf Jahren sein Arbeitsplatz und sein Versteck war, und den Gedanken zu verdrängen, dass es vor allem darauf ankam, Fatima und Mireille ein sorgenfreies Leben zu ermöglichen. Das hatte er vergessen, als er die beiden Glatzköpfe zusammenschlug.

3

Der Wecker klingelte um Viertel vor sechs. Georges war bereits wach. Er hatte schlecht geschlafen. Nach dreißig Jahren in derselben Firma, fünfzehn davon als Abteilungsleiter, sollte er sich an solche Situationen gewöhnt haben. Er wusste, was er konnte. Seine Vorgesetzten ebenso. Jedenfalls hatten sie ihm im Laufe der Jahre eine zunehmend größere Verantwortung und schwierigere Aufgaben übertragen, auch wenn sich das beim Gehalt kaum bemerkbar machte. Aber das Vertrauen der Vorgesetzten und seine eigene Erfahrung konnten seine Nervosität nicht mindern. Die stellte sich immer ein, wenn ihm die Bewältigung einer großen und wichtigen Aufgabe bevorstand. Das Adrenalin wurde unter Hochdruck ausgeschüttet.

Er versuchte, sich klar zu machen, dass es genau diese Anspannung war, die ihm seine Stelle – im Gegensatz zu vielen Kollegen – bislang gesichert hatte. Sie sorgte dafür, dass er sich auf alle Eventualitäten einstellte. Die Nervosität war der Preis für die relative Sicherheit seines Arbeitsplatzes.

Er stand auf und stellte den Wecker für Marie, bevor er sich innerhalb von fünf Minuten wusch und anzog. Während er die Nachrichten im Radio hörte, trank er eine Tasse Kaffee. Zwanzig Minuten später saß er zusammen mit ungefähr dreißig übermüdeten Pendlern im Bus, die alle an derselben Station ausstiegen wie er, um fünf Minuten später den Zug nach Paris zu nehmen.

Georges setzte sich auf denselben Platz wie immer. Normalerweise hatte er keine Schwierigkeiten, die Dreiviertelstunde bis zum Gare Montparnasse vor sich hin zu dösen. Zehn Minuten mit dem Bus, fünfundvierzig mit dem Nahverkehrszug, dreißig mit der Metro zuzüglich der Fußstrecken ergaben eine Fahrzeit von einer Stunde und fünfundvierzig Minuten. Dreieinhalb Stunden hin und zurück. Fünf Tage in der Woche. Er ging um Viertel nach sechs aus dem Haus und kehrte um halb acht zurück. Während der Fahrt zu schlafen war die einzige Gelegenheit, ein wenig Zeit für sich selbst zu finden.

Doch an diesem Morgen versuchte er gar nicht erst, die Augen zu schließen. Stattdessen dachte er an die heute bevorstehende Inspektion der Pumpen und den Probelauf der Generatoren. Er vergegenwärtigte sich die möglichen Fehlerquellen und eventuellen Gegenmaßnahmen. Zumindest in einer Hinsicht, dachte er, war ihm seine Zeit auf der Klosterschule von Nutzen gewesen. Sie hatte seine Fantasie angeregt. Um die sechs Jahre durchzustehen, hatte er sich oft ausgemalt, dass ein besseres Leben außerhalb der Mauern des Internats existierte.

Nun diente seine Vorstellungskraft vor allem der Arbeit und nicht dazu, sich ein anderes Leben zu erträumen. Gedankenspiele, die sich um das reibungslose Funktionieren von Menschen und Maschinen drehten, waren seine Spezialität geworden. Konnte es beispielsweise Probleme mit den Generatoren geben, wenn nachts die Elektrizität unterbrochen wurde, um einen Stromausfall zu simulieren?

Nein, die Generatoren wurden routinemäßig einmal in der Woche hochgefahren. Außerdem waren sie parallel geschaltet. Wenn der eine ausfiel, übernahm automatisch der andere die Arbeit. Das Risiko, dass beide gleichzeitig ausfielen, ging gegen null. Um die Maschinen brauchte er sich also keine Gedanken zu machen. Blieben das Stromnetz, die Sicherungen und Kabel. Was geschah bei einem Kurzschluss? Was passierte, wenn ein Bagger aus Versehen das Hauptkabel durchtrennte? Dann würde das Grundwasser mit derselben Geschwindigkeit eindringen, mit der die Pumpen es normalerweise hinausbeförderten, was Hunderttausenden von Kubikmetern pro Stunde entsprach.

Er versuchte zu überschlagen, wie viel Zeit ihnen zu Gegenmaßnahmen blieb, bis es nur noch darum ging, sein Leben zu retten. Der Hohlraum, den sie geschaffen hatten, war so groß wie zwei Fußballfelder. Das Grundwasser befand sich in einer Tiefe zwischen zehn und zwanzig Metern. Die Aufzüge und Sprossen des Schachts waren der einzige Weg an die Oberfläche. Die Kathedrale von Notre-Dame hätte bequem unter der Erde Platz gefunden. Es handelte sich, mit Ausnahme des Eurotunnels, um die größte unterirdische Baustelle aller Zeiten, beträchtlich größer als die, auf der man »Les Halles« errichtet hatte, was zudem unter freiem Himmel geschehen war. Das so genannte Eole-Projekt hatte gigantische Ausmaße: zwei unterirdische Bahnstationen in dreißig Metern Tiefe, »Condorcet« am Gare St Lazare und »Magenta« am Gare du Nord, eine doppelte Tunnelröhre, die das gesamte nördliche Paris durchquerte, ungefähr dreißig Schächte, die sich über die Strecke verteilten, kilometerlange Schläuche, die das Grundwasser abpumpten, meterdicke Rohre, um den angemischten Beton in die Tiefe zu leiten, Extratunnel für die Ventilatoren und den Abtransport der weggesprengten Gesteinsmassen. Dennoch gab es nur wenige Menschen, die genau wussten, was sich unter der Erde abspielte. Passierte man die Baustelle an der Rue de Caumartin oder der Rue Joubert, machte sie keinen Aufsehen erregenden Eindruck. Das Konsortium hatte natürlich nicht ein ganzes Viertel abreißen oder Tausende von Menschen und Büros umsiedeln können, nur um eine oberirdische Arbeit zu ermöglichen. Stattdessen waren zunächst vertikale, dreißig Meter tiefe Schächte geschaffen worden, die, abhängig von ihrer Funktion, einen Durchmesser von zehn bis zwanzig Metern hatten. Der weitere Abbau in horizontaler Richtung wurde von der Sohle der Schächte aus durchgeführt. Die benötigte Ausrüstung beförderte ein Kran, der über der Erde stand, in die Tiefe.

Tatsächlich war oberhalb des gigantischen Hohlraums ein ganzes Geschäfts- und Wohnviertel für ungefähr zehntausend Menschen neu entstanden, das durch nichts anderes als Beton, Stahl und Zement abgestützt wurde. Damit die bestehenden Häuser nicht einstürzten, waren deren Fundamente erneuert und verstärkt worden. Wenn die Bewohner der Appartements gewusst hätten, was mit ihren Häusern geschah, wären viele sicher nicht dort wohnen geblieben.

Jeden Tag wurde gemessen, ob die Häuser sich nicht absenkten. Toleriert wurden maximal zehn Millimeter. Bislang befand man sich innerhalb dieses Spielraums, wenngleich in mehreren Wohnungen Risse entstanden waren, die behoben werden mussten. Die Arbeiten waren zumindest besser verlaufen als die an der künftigen Station »Magenta« beim Gare du Nord. Dort hatte man die Arbeiten monatelang unterbrechen müssen, weil einige Häuser sich plötzlich um vierzig Zentimeter abgesenkt hatten. Bei der Station »Condorcet« hatte es allenfalls Probleme mit einem benachbarten Gymnasium gegeben, nachdem ein Teil der Decke eingestürzt war und die Schüler aus Protest gestreikt hatten. Ein Bistrobesitzer hatte sich beschwert, dass die Gläser in den Regalen klirrten und herunterfielen, wenn direkt unterhalb des Bistros gebohrt und gegraben wurde. Außerdem hatten einige Friseure den Schock ihres Lebens bekommen, als sich der Fußboden ihres Salons plötzlich um zwei Zentimeter anhob, weil man zur Verstärkung des Fundaments zu viel Beton eingespritzt hatte. Aber das waren im Grunde Bagatellen, die man später den Enkeln erzählen konnte, und nichts im Vergleich zu den Schreckensszenarien, die von der Bauleitung hin und wieder den Vorarbeitern vor Augen geführt wurden, damit diese penibel auf Qualität und Gründlichkeit achteten, die notwendig waren, um ernste Unglücksfälle oder gar Katastrophen zu vermeiden.

Am Anfang hatte es immer wieder Momente gegeben, in denen ihm alles so unüberschaubar vorgekommen war, dass er Magenschmerzen und hämmerndes Kopfweh verspürt hatte. Er sollte die Stabilität von zehn siebenstöckigen Häusern gewährleisten. Er war es, der die Tragfähigkeit der Stahlrohrgerüste berechnet hatte, die sowohl die Decke als auch die Schalungsform abstützen sollten, während der Beton eingespritzt wurde. Er war es, der für die Sicherheit sämtlicher Arbeitsvorgänge verantwortlich war.

Eine halbe Stunde! Eine halbe Stunde war ungefähr die Zeitspanne, die ihnen blieb, um eventuelle Fehler zu beheben. Fielen alle Pumpen gleichzeitig aus, würde sich der Hohlraum innerhalb eines Tages mit Wasser füllen. Doch eine Evakuierung aller dreihundertfünfzig Menschen, die unter der Erde arbeiteten, brauchte seine Zeit. Die Aufzüge konnten maximal zehn Personen zur selben Zeit befördern, und der Weg über die Sprossen, die sich an den Schachtwänden befanden, nahm mindestens zwanzig Minuten in Anspruch. Eine halbe Stunde. Wer würde in Anbetracht solch einer Galgenfrist ruhig schlafen können?

Als er am Gare St Lazare die Oberfläche erreichte, begegnete er Dumas.

»Wie geht's, Georges? Läuft alles nach Plan?« Diese Frage stellte Dumas jedes Mal, wenn sie sich begegneten.

»Alles in Ordnung. Heute werden die Pumpen kontrolliert und die Generatoren getestet. Morgen werden wir einen ganzen Abschnitt ausschalen und uns drei Meter weiter in das Gestein vorarbeiten. Im Großen und Ganzen läuft alles wie geplant.«

»Im Großen und Ganzen?«

Obwohl Dumas ihm vertraute, war er doch Vorgesetzter genug, um nichts dem Zufall zu überlassen. »Ich habe ein paar Probleme mit Alain gehabt. Er ist nicht gerade ein idealer Vorarbeiter, schon gar nicht, wenn eine Arbeitsgruppe nur aus Algeriern besteht.«

»Ich kann im Moment nicht viel tun.«

»Er hasst die Araber.«

»Das ist seine Privatsache. Solange sie seine Arbeit nicht beeinträchtigt. Ich werde mit ihm sprechen.« Georges konnte sich einen besseren Beginn des Tages vorstellen, als ihn in der Gesellschaft Alains zu verbringen.

4 Jean-Louis Dumas begrüßte seine Sekretärin. Er erkundigte sich nach ihrem Befinden und sagte etwas Freundliches über ihre Arbeit.

Zumindest ein Grund zur Freude, dachte er beim Betreten des Büros. Dominique war nicht nur kompetent. Sie war auch außergewöhnlich attraktiv. Sie besaß einen Körper, der die Männer zum Träumen brachte. Es schadete nicht, dass sie eine Mulattin war. Das machte sie nur noch anziehender.

Schon bald wollte er sie in eines der schicksten und teuersten Pariser Restaurants einladen. Doch es lag unter seiner Würde, sie mit billigen Tricks oder simpler Bestechung rumzukriegen. Die Initiative sollte von ihr ausgehen. Sie selbst sollte begreifen, was er von ihr erwartete. Dass es nicht ausreichte, ihre Arbeit tadellos zu erledigen, war ihr sicherlich klar. Für einen Mann in seiner Position war Zerstreuung außerordentlich wichtig; das musste sie doch verstehen, wenn er ihr das auf nette Weise zu verstehen gab.

Im Übrigen war es an der Zeit, dass etwas passierte. Seine Geliebte langweilte ihn. Es fehlte ihr einfach an Fantasie. Außerdem hatte sie begonnen, ihn selbst, doch vor allem seine Brieftasche als ihr Eigentum zu betrachten. Die Arbeit in seiner Abteilung lief wie am Schnürchen, was vor allem Georges' Verdienst war. Georges aus dem Ausland zurückzuholen und zum Abteilungsleiter zu machen, war ein Geniestreich gewesen, der nicht zuletzt seine eigenen Führungsqualitäten unter Beweis stellte. Der Vorstandsvorsitzende sowie die gesamte Konzernleitung hatten die Augenbrauen gehoben. Sie waren davon überzeugt gewesen, dass Georges' Entwicklungspotenzial an seine Grenzen gestoßen und es nur eine Frage der Zeit sei, wann er gegen einen jüngeren und dynamischeren Mitarbeiter ausgetauscht werden musste. Niemand bezweifelte, dass Georges seinen Auftrag erfüllt hatte, doch es mangelte ihm an Respekt gegenüber seinen Vorgesetzten. Die Konzernleitung schien sich allerdings nicht darüber im Klaren zu sein, dass ein Haus von Menschen und nicht von Maschinen gebaut wurde.

Darum hatte Georges auch das Problem mit Alain zur Sprache gebracht. Georges hatte Recht, obwohl er mehr mit dem Herzen als mit dem Kopf dachte.

Manchmal fragte sich Dumas, warum er sich eigentlich erbarmt hatte, Alain einzustellen. Die Antwort war leicht. Es konnte Dumas eines Tages von Nutzen sein, zu beweisen, dass er seine alten Freunde aus Algerien nicht im Stich gelassen hatte. Es war der Front National zu verdanken, dass so viele rachedürstende und verbitterte Verlierer jetzt aus ihren Löchern krochen und einem Mann wie ihm ernste Probleme bereiten konnten. Die Station »Condorcet« musste in jedem Fall rechtzeitig fertig gestellt werden, um eventuelle Schadensersatzansprüche der Staatlichen Bahngesellschaft SNCF zu vermeiden. Um dieses Ziel zu erreichen, war ihm jedes Mittel recht.

Das Konsortium wusste seit geraumer Zeit, dass das Projekt mit nominellen Verlusten abgeschlossen werden würde, die ihm jedoch nicht zur Last gelegt werden konnten. Das millionenschwere Defizit sollte auf die sechs Unternehmen des Konsortiums verteilt werden. Dumas sollte ausschließlich dafür Sorge tragen, dass der Eigenanteil am Verlust die 30-Millionen-Grenze nicht überschritt. Dreißig Millionen waren keine Kleinigkeit. Wenn er klug agierte, sollte er die Kosten noch um einige Millionen drücken können, von denen ein Teil direkt in seine Tasche wanderte. Eine gewisse Entschädigung für seinen undankbaren und harten Job in der am wenigsten glamourösen aller Branchen sollte ihm wirklich zustehen. Wen kümmerte es schon, dass er eines der spektakulärsten Pariser Bauprojekte leitete? In den Etagen der Macht hörte man auf die Bosse der Ölindustrie, der Fluggesellschaften und des Militärs, vom Banken- und Versicherungssektor ganz zu schweigen. Selbst simple Autohändler von Renault oder Citroën besaßen mehr Macht und Einfluss als er, der aus einer Branche kam, die keine Gewinnspannen kannte. Und da wunderte man sich noch über die verbreitete Korruption in der Bauindustrie! Eine andere Möglichkeit gab es doch gar nicht, wollte man überhaupt etwas zu Stande bringen. Wie sollte man überhaupt kompetente Führungspersönlichkeiten wie ihn gewinnen, wenn man ihnen nicht ermöglichte, ein paar Groschen dazuzuverdienen? Die Journalisten, die voller Empörung über Schmiergeldaffären berichteten, vergaßen die Hauptsache: die Dinge *mussten funktionieren.* Wenn dieses Projekt scheiterte, würde das ganze Pariser Verkehrssystem eines schönen Tages kollabieren. Dann konnten diese Moralapostel mit gekonnten Formulierungen über die Regierung und die Bauunternehmer herziehen. Das war die Realität. Schöne Worte hatten noch nie etwas von bleibendem Wert oder praktischem Nutzen für die Menschen geschaffen. Die Frage war, ob sie die Menschen überhaupt ein wenig glücklicher gemacht hatten. Mit einer schönen Frau zu schlafen, war in jedem Fall befriedigender, als mit ihr zu sprechen, wie intelligent und redegewandt sie auch sein mochte.

Und eines stand für ihn fest: Wenn das Projekt in zwei Jahren abgeschlossen war, würde er die Branche wechseln. Er hatte es satt, bautechnische Wunderwerke zu errichten, in deren Glanz sich andere sonnten, vor allem die Vorsitzenden der übrigen fünf Gesellschaften, die an dem Konsortium beteiligt waren. Mit einigen Millionen extra in der Tasche sollte es ein Leichtes sein, sich zu gegebener Zeit Einfluss zu verschaffen.

Es waren die finanziellen Möglichkeiten, nicht die Fähigkeiten, die Vertrauen schafften. Und Vertrauen hieß Macht, und Macht hieß noch mehr Geld. So war die Welt nun mal.

5

Alain wurde um sechs Uhr morgens durch das Läuten des Telefons geweckt. Wer zum Teufel rief denn um diese Zeit an? Zuerst wollte er gar nicht rangehen. Aber dann dachte er daran, dass sein letztes Telefongespräch schon Wochen zurücklag. Ein Meinungsforschungsinstitut hatte angerufen und ihn zu Vorurteilen gegenüber Farbigen befragt. Da waren sie an den Richtigen geraten. Er hatte losgelegt: Alles, was in den Zeitungen stehe, sei frei erfunden und Teil der Verschwörung, die sich gegen unbescholtene französische Staatsbürger wie ihn richte. Die Journalisten seien nur darauf aus, Leute wie ihn als Nazis und Kommunisten zu diffamieren. Er wolle nichts anderes, als in seinem eigenen Land in Frieden leben.

Das Telefon läutete immer noch. Wenn es nun doch etwas Wichtiges war? Vielleicht jemand aus der Bruderschaft, der Hilfe brauchte. Er nahm den Hörer ab.

»Alain Dubois?«, fragte eine weibliche Stimme.

»Ja, das bin ich. Wer sind Sie?«

»Ich bin eine Krankenschwester vom St Louis Hospital.«

»Hospital?«

»Ihr Sohn hat einen Unfall gehabt. Aber Sie brauchen sich nicht zu beunruhigen, die Verletzungen sind nicht allzu schwer: eine lädierte Kniescheibe, eine gebrochene Nase, eine Platzwunde am Kopf und eine leichte Gehirnerschütterung. In ein paar Wochen wird er wieder auf den Beinen sein.«

»Wie ist das passiert?«

»Es, äh, ... war kein Autounfall oder so was. Dem Bericht zufolge wurde er von vier Männern verprügelt.«

»Von vier Männern? Warum? Von wem?«

»Mehr kann ich Ihnen auch nicht sagen. Alles, was hier steht, ist, dass es sich um vier Nordafrikaner handelte.«

»Nordafrikaner? Ich muss mit ihm sprechen.«

»Tut mir Leid, er hat ein Beruhigungsmittel bekommen und schläft jetzt. Sie können ihn am Nachmittag besuchen. Dann sollte er aufgewacht sein. Aber Sie brauchen sich, wie gesagt, keine Sorgen zu machen. Hier ist er in den besten Händen.«

»Keine Sorgen zu machen? Wenn er von vier Niggern misshandelt wurde. Auf welcher Abteilung liegt er?«

»18 C.«

Alain knallte den Hörer auf die Gabel. Jetzt hatte er endgültig die Schnauze voll. Die Ausländer mussten raus. Sie hatten es gewagt, seinen Sohn zu überfallen. Sollte das denn nie ein Ende nehmen? Sein Großvater war einer der Ersten gewesen, die nach Algerien ausgewandert waren. Als er dorthin kam, gab es nichts anderes als unkultivierte

Erde, Wüste und Krankheiten. Die ersten Kolonisten starben wie die Fliegen an Malaria, Cholera und Tuberkulose. Viele bezahlten ihren Versuch, der kargen Erde etwas abzuringen, mit dem Leben. Doch solche Menschen waren es auch, die das Land aufgebaut und ein Schienennetz, Häuser, Städte, Wege, Landwirtschaft und Weingüter geschaffen hatten. Innerhalb von dreißig Jahren war Franzosen gelungen, was die Araber in Jahrtausenden nicht zu Wege gebracht hatten. Mit fünfzig Jahren war sein Großvater ausgebrannt gewesen und gestorben, worauf sein Sohn, Alains Vater, sich abrackerte, während die Araber untätig zuschauten. Zumindest rührten sie keinen Finger, um ihm zu helfen. Alains Vater erwarb ein bescheidenes Weingut, das sich gut entwickelte. Seine Eltern schufteten rund um die Uhr, um den Betrieb aufrechtzuerhalten, sich ein Haus und einige Annehmlichkeiten der Moderne leisten zu können. Unmittelbar vor Ausbruch des Krieges hatten sie es endlich geschafft: Sie brauchten nicht mehr eigenhändig die Feldarbeit zu verrichten und hatten es sogar zu bescheidenen Ersparnissen gebracht. Wem hatten sie das zu verdanken? Ausschließlich sich selbst. Doch dann kam der Krieg. Die Araber, die nie zuvor einen Finger gekrümmt hatten, wollten jetzt alles an sich reißen, was sein Großvater und Vater mit ihrer Hände Arbeit und im Schweiße ihres Angesichts aufgebaut hatten. Die Araber sprachen von Selbstständigkeit, Unterdrückung und Identität. Unsinn. Sie waren nur hinter dem Geld her und schon damals genauso verlogen und unberechenbar wie heute. Dem Verräter de Gaulle hatten sie es zu verdanken, dass sie ihren Willen bekamen. Alains Vater verlor sein gesamtes Hab und Gut, als er im Zuge der Unabhängigkeit Algeriens das Land verließ. Und

Alain selbst, der vom ersten bis zum letzten Tag am Krieg teilgenommen hatte, was bekam er? Nichts. Niemand wollte etwas mit einem ehemaligen Verhörspezialisten zu tun haben. Als die Familie nach Frankreich zurückkehrte, wurden sie als Ausländer betrachtet, die nicht mehr galten als die Araber. Vielleicht sogar weniger, weil viele von ihnen, die bis zuletzt für ein französisches Algerien gekämpft und am Militärputsch teilgenommen hatten, nun verdächtigt wurden, der fünften Kolonne anzugehören und die Macht in Frankreich an sich reißen zu wollen. Sie wurden wie Aussätzige behandelt, die gekommen waren, um den Franzosen die Arbeit wegzunehmen. Was glaubten sie nur? Dass eine Million *pieds-noirs* Algerien freiwillig verlassen hätte? Sein Vater bekam schwere Depressionen und starb ein Jahr später in völliger Armut. Seine Mutter lebte noch ein paar Jahre, bis auch sie keine Kraft mehr hatte.

Und jetzt begann wieder alles von vorne. Die Araber strömten in Horden über die Grenze. Sie wollten in Frankreich das Ruder übernehmen und eine islamische Diktatur errichten. Sie sprachen von ihren Rechten. Ihre Kinder sollten eigene Schulen besuchen und einen Schleier tragen. Jedes Viertel sollte eine eigene Moschee bekommen. Ein Teil dieses Pöbels forderte die französischen Ärzte sogar auf, ihren Frauen die Klitoris wegzuschneiden, damit diese nicht untreu wurden. Es war wirklich zum Kotzen. Die Menschenrechte galten doch wohl auch für Franzosen, nicht nur für Araber, Juden und Neger. Es war doch ein Menschenrecht, als Franzose in seinem eigenen Land auch wie ein Franzose leben zu können, oder etwa nicht? Es war doch ein Menschenrecht, auf die Straße gehen zu können, ohne zusammengeschlagen zu werden. Es war doch ein Menschenrecht, dass sein Sohn nicht mit kaputter Kniescheibe und gebrochenem Nasenbein im Krankenhaus zu liegen brauchte. Oder etwa nicht?

Als Alain eine Stunde später bei der Arbeit erschien, setzte er sich in der Baracke auf seinen gewohnten Platz, ganz in der Ecke, mit dem Rücken zur Wand. Der Platz neben ihm blieb frei. Das war auch gut so. Heute sollten sie sich vorsehen. Es spielte keine Rolle, wer Thierry misshandelt hatte. Die waren einer wie der andere, das ganze Pack.

6 Ahmed erblickte Alain sofort, als er die Baracke betrat. Etwas in Alains Blick signalisierte ihm, dass er auf der Hut sein sollte. Es war zwar nichts Ungewöhnliches, dass Alain die Araber geringschätzig anschaute, doch normalerweise brauchte man sich darum nicht zu kümmern. Alain war zu feige, um es auf eine Konfrontation ankommen zu lassen. Nicht zuletzt, weil er wusste, dass ein unterirdischer Schacht der ideale Ort war, um einem verhassten Vorarbeiter eine Lektion zu erteilen, die dieser nicht so schnell vergessen würde. Doch es hatte sich etwas Neues in Alains Blick gemischt: Hass, derselbe blinde Hass, den Ahmed so oft während des Krieges gesehen hatte, auf beiden Seiten.

»Wie geht's?«, fragte Ahmed.

Alain schien ihn weder zu sehen noch zu hören.

Ahmed setzte sich ruhig neben ihn, so wie sonst auch. Schon vor langer Zeit hatte er beschlossen, Rassisten niemals zu ignorieren. Zu schweigen und ihnen auszuweichen war das Verkehrteste, was Ausländer tun konnten.

»Was ist los mit dir? Bist du mit dem linken Bein zuerst aufgestanden?«

»Halt's Maul!«

»Warum bist du denn so gereizt?«

»Ach, fahr zur Hölle!«

»Gut gesagt. Heute werden wir nämlich die Pumpen kontrollieren. Näher an die Hölle kommt man in diesem Loch nicht ran. Du, Rachid, Georges und ich werden uns heute durch den Schlamm kämpfen, die Filter kontrollieren und sie reinigen. Wird nicht gerade ein Vergnügen werden.«

»Die Pumpen sind mir scheißegal. Hol euch Araberschweine doch alle der Teufel.«

»Vielleicht solltest du besser auf deine Worte Acht geben. Du kennst doch Georges' Einstellung.«

»Georges hat von der Realität keine Ahnung. War höchste Zeit, dass mal jemand mit ihm geredet hat.«

»Was ist passiert?«

»Thierry ist gestern von vier Arabern zusammengeschlagen worden. Kniescheibe kaputt, Nasenbein gebrochen, schwere Kopfverletzungen. Er hatte keine Chance. Wurde von hinten angegriffen. Vier gegen einen.«

Ahmed starrte Alain unverwandt an. Alain wich seinem Blick aus.

»Thierry?«, fragte Ahmed.

»Wenn ich diese Schweine erwische, mache ich sie fertig, hast du gehört?«

»Ich bin ja nicht taub. Wer ist Thierry?«

»Thierry ist mein Sohn.«

Zehn Millionen, dachte Ahmed. Es wohnen zehn Millionen Menschen in Paris. Fünfzigtausend allein in Saint Denis. Die Chancen standen also eins zu fünfzigtausend, dass es Alains Sohn gewesen war, der Fatima den Stein an den Kopf geworfen hatte. Aber wie viele Rassisten gab es in Saint Denis? Ein paar Tausend? Dass es Alains Sohn war, der im Park gestanden hatte, wäre Pech, doch unwahrscheinlich war es nicht.

»Bist du ganz sicher, dass es sich so zugetragen hat?«

»Was soll die Frage?«

»Warum sollten vier Araber von hinten auf deinen Sohn losgehen? Sie werden doch wohl einen Grund gehabt haben.« Alain kniff die Augen zusammen. Für einen Moment hatte Ahmed das Gefühl, Alain wisse mehr, als er zugab, begriff dann aber, dass es blanke Wut war, die sein Gesicht verzerrte.

»Wenn du glaubst, dass mein Sohn lügt, dann ...«

»Woher weiß Thierry, dass es vier waren, die ihn von hinten attackiert haben?«

»Weil er sie gesehen hat, du Schwachkopf.«

»Dann kann er der Polizei ja sicher eine gute Täterbeschreibung geben.«

»Die Bullen stehen auf Seiten der Araber. Aber glaub ja nicht, dass sie davonkommen werden. Darum werden sich Thierry und seine Freunde schon persönlich kümmern, sobald er wieder auf den Beinen ist.«

Das war typisch. Alains Sohn hatte nicht zugeben wollen, dass er von einem einzigen Araber mittleren Alters verprügelt worden war. Genauso wenig wie sein Vater traute er sich, der Wahrheit ins Auge zu blicken. Ihre Angst und ihr Hass auf das Fremde waren an die Stelle der Realität getreten. Sie sahen nur, was sie sehen wollten, schwarz und weiß. Aber ihre Missachtung der Realität verleitete sie auch zu Fehlern. Deswegen würden die Fanatiker am Ende stets die Verlierer sein. So war es immer gewesen und so würde es bleiben. Es gab keine rassistische Biologie, keine islamische Wissenschaft, keine kommunistische Logik. Richtiges Handeln setzte einen präzisen Blick für die Wirklichkeit voraus. »Welche Freunde?«, fragte Ahmed.

Alain antwortete nicht. Eigentlich hatte er herausschreien wollen, Thierry sei Sergeant der DPS, der Sicherheitstruppe der Front National, und direkt deren Führer unterstellt. Er hätte bis ins kleinste Detail schildern können, wie unliebsame Araber bestraft wurden. Er hätte Ahmed gern in Panik versetzt. Doch in letzter Sekunde besann er sich. Sein Wissen preiszugeben, noch dazu gegenüber einem Araber, wäre ein Verrat gewesen. Und er wusste, wie man mit Verrätern umging. Genauso wie mit Arabern.

Als Rachid in die Baracke kam, um eine Tasse Kaffee zu trinken, spürte er sofort die unterschwellige Spannung, die zwischen Ahmed und Alain herrschte.

Er stellte sich hinter Ahmed.

»Kann ich dir helfen?«, fragte er, während er Alain ansah.

»Du kannst auch zur Hölle fahren!«

Ahmed drehte sich um. Rachid versuchte, ihm in die Augen zu schauen, musste aber schließlich den Blick abwenden.

»Vier Araber haben Alains Sohn zusammengeschlagen«, erklärte Ahmed. »Und Alain scheint zu glauben, dass wir beide unter den Schlägern waren.«

»Ich?«

»Nimm's lieber nicht persönlich«, sagte Ahmed. Rachid erkannte sofort die Gefahr. Wollte er seine Aktion nicht gefährden, musste er unbemerkt bleiben, beinahe unsichtbar, einer, den niemand zur Kenntnis nahm. »Alain meint, dass die Araber an allem Unglück der Welt die Schuld tragen. Er glaubt, es sitzt in unseren Genen.«

»Hör zu: Ich habe deinen Sohn nicht verprügelt.« Alain starrte vor sich hin.

Rachid hob den Arm und wollte Alain eine Ohrfeige geben, damit dieser zur Besinnung kam.

»Das ist keine gute Idee«, sagte Ahmed. »Und Worte gehen bei ihm zum einen Ohr rein und zum anderen wieder raus.«

»Ich akzeptiere einfach nicht, für etwas beschuldigt zu werden, das ich nicht getan habe. Andere glauben vielleicht, dass er Recht hat.«

»Schon möglich.«

Rachid blickte verstohlen zu Ahmed. Wie konnte er nur so ruhig bleiben? Alain hatte schließlich auch ihn verdächtigt. Ahmed war ihm ein Rätsel. Er war eine Führungspersönlichkeit, kein Handlanger, so wie er. Woher stammte Ahmed? Warum hatte der Imam, der über vielfältige Kontakte verfügte, nichts über ihn herausbekommen können?

»Damit Alain seine Meinung ändert, braucht er schon eine Gehirntransplantation«, sagte Ahmed.

Rachid versuchte es mit einem Lachen. Ahmed war scharfzüngig. Rachid konnte sich nicht helfen, aber schon Ahmeds Gegenwart brachte ihn aus dem Gleichgewicht. War Ahmed überhaupt Moslem? Rachid hatte ihn nie über Allah oder den Islam reden hören.

Alain spürte, dass etwas in der Luft lag. Er versuchte, sich zu beruhigen und nachzudenken. Warum sprachen Ahmed und Rachid überhaupt miteinander? Er hatte zu beiden gesagt, sie sollten sich zum Teufel scheren, aber sie reagierten gar nicht darauf. Sollte er es ihnen etwa direkt ins Gesicht schreien, damit sie ihn verstanden? Doch halt! Was hatte Ahmed zu Rachid gesagt? Dass er, Alain, sie beschuldigte, Thierry misshandelt zu haben? Ja, das hatte er gesagt. Die Angst kroch langsam in ihm empor. Er war allein. Niemand würde ihm beistehen.

»Vergiss es!«, stieß er hervor.

»Was soll ich vergessen?«, fragte Ahmed.

»Alles.«

»Was meinst du mit ›alles‹?«

Alain blickte auf. Er wollte nicht klein beigeben. Eine Entschuldigung würden sie nicht aus ihm herausbekommen. Wenn die Front erst an der Macht war, dem Führungsquartett ein Ende bereitete und alle Ausländer rauswarf, würde Thierry mit an der Spitze stehen. Dann musste er dafür sorgen, dass sein Vater Genugtuung erhielt.

Warum konnte er Ahmed und Rachid nicht mehr klar erkennen? Er rieb sich die Augen und schaute verblüfft auf seinen Handrücken. Er war feucht.

»Du weinst«, sagte Ahmed.

Weinte er? Ja, tatsächlich. Er heulte vor Wut. Er hasste Ahmed und Rachid. Er hasste sie, weil er ihnen nicht gewachsen war. Er hasste sie, weil er sich ihnen unterordnen musste, weil er Angst vor ihnen hatte, weil Georges sie nicht entbehren konnte, weil sie ihn wie einen Waschlappen behandelten, weil sie ihn kaum beachteten. Sie sollten ihn kennen lernen! Sobald Thierry wieder gesund war, würde Alain ihnen zeigen, dass man nicht ungestraft auf ihm herumtrampelte. Warum sollte er sich von Typen wie ihnen schikanieren lassen?

»Wir vergessen alles«, wiederholte er.

»Vergessen was?«

»Ich meinte nicht, dass ihr persönlich Thierry verprügelt habt.«

Ahmed streckte die Hand aus. Alain schaute sie an. Einem dreckigen Araber würde er ums Verrecken nicht die Hand geben.

Er drückte Ahmeds Hand, während sich sein Gesicht zu einem Lächeln verzerrte.

»Du wirst doch Georges nichts davon erzählen?«

In diesem Augenblick öffnete sich die Tür, und Georges kam herein.

»Wovon erzählen?«, fragte Georges.

»Alain ist mit dem linken Bein zuerst aufgestanden«, sagte Ahmed.

In diesem Moment fiel Georges' Blick auf Rachid, der direkt hinter Ahmed stand. Ahmed und Rachid hatten nie den Anschein erweckt, als seien sie befreundet. Eher im Gegenteil. Zumindest hatte Georges nie gehört, dass sie über etwas anderes als über ihren Job gesprochen hatten. Ahmed und Rachid kamen Georges fast wie zwei Feinde vor, die zum Waffenstillstand gezwungen worden waren. Jetzt standen sie zweifellos auf derselben Seite.

»Ich will eine Erklärung haben«, sagte Georges.

Wenn er eines vermeiden wollte an einem Tag, an dem ihnen eine so wichtige Arbeit bevorstand, dann war es Streit.

Ahmed berichtete, was vorgefallen war.

Georges schaute Alain an.

»Was, glaubst du, ist das für ein Gefühl, wenn der eigene Sohn mit gebrochener Nase, zertrümmerter Kniescheibe und einer klaffenden Kopfwunde im Krankenhaus liegt?«

Georges wandte sich zu Rachid um.

»Noch irgendwelche Fragen?«, erkundigte sich Georges.

»Alains Sohn ist Sergeant bei der Sicherheitstruppe der Front National«, sagte Rachid nach einer Weile.

Alain und Ahmed starrten ihn an. Sie waren offensichtlich gleichermaßen verblüfft.

»Das ist nicht wahr!«, rief Alain erregt.

Georges wusste, dass es durchaus möglich war, dass Rachid die Wahrheit sagte, woher auch immer er diese Information besaß. Es war höchste Zeit, sich um Alain zu kümmern. So konnte es nicht weitergehen. Es war untragbar, einen Rassisten als Vorarbeiter für ungefähr sechzig Algerier zu beschäftigen. Dumas hatte argumentiert, die Konzernleitung würde einen Araber als Vorarbeiter nicht akzeptieren. Alle die Moslems, die ständig infiltrierten, stellten ein zu hohes Risiko dar. Georges war sicher, dass Dumas ihn anlog. Dumas hatte am Algerienkrieg teilgenommen, und Alain war ein *pied-noir*, einer von neunhunderttausend Franzosen, die voller Bitterkeit Algerien verließen, als das Land die Unabhängigkeit erreichte.

Sie hatten geglaubt, in Frankreich als Helden empfangen zu werden, weil sie ihr Leben riskiert hatten, um die äußerste Bastion des französischen Staates zu verteidigen. Doch sie hatten einsehen müssen, dass die öffentliche Meinung sich geändert hatte und sie nun als reaktionäre Extremisten und unliebsame Einwanderer betrachtet wurden. Womöglich stand Dumas seit dieser Zeit in Alains Schuld. Falls Dumas nicht gar selbst Mitglied der Front National war. Bei den gegenwärtigen Verhältnissen war nichts ausgeschlossen.

»Ich kann verstehen, dass die Sache mit deinem Sohn dir

nahe geht«, sagte Georges. »Aber du weißt genauso gut wie ich, dass keiner von uns etwas damit zu tun hat. Das war die letzte Warnung. Beim nächsten Mal fliegst du raus.«

»Das kannst du ja mal versuchen.«

»Ja, das kann ich. Dumas kann wählen. Du oder ich.«

Georges spürte, dass seine Worte Eindruck gemacht hatten. Selbst Alain wusste, dass Georges bis auf weiteres unentbehrlich war.

»Von jetzt an will ich kein Gerede mehr über Ausländer hören, von niemandem. Die Anzahl von Dreckskerlen und Schwachköpfen ist überall ungefähr gleich groß. Das ist beim Bau nicht anders.«

Georges blickte Ahmed und Rachid an.

Ahmed nickte. Rachid verzog keine Miene.

»Ach, du hast doch keine Ahnung!«, brach es aus Alain hervor. »Du wohnst in einem noblen Vorort, in dem es keine Ausländer gibt.«

Georges machte einige Schritte nach vorne.

»Meine Mutter war sechsunddreißig, als sie mit ihren vier Kindern nach Frankreich flüchtete. Hatte sich Frankreich nicht immer damit gebrüstet, das Heimatland der Menschenrechte zu sein? Meine Mutter kam ins Lager. Meine zwei Brüder landeten im Kinderheim. Meine Schwester und ich hatten das Glück, adoptiert zu werden. Ich verlange nicht, dass du dich in meine Lage versetzen kannst. Dein Einfühlungsvermögen scheint ohnehin gleich null zu sein. Aber eines solltest du wissen: Solange ich dein Chef bin, tust du, was ich dir sage.«

Alain starrte schweigend auf die Tischplatte.

Georges schaute sich um.

»Ihr wisst, was heute ansteht. Die Inspektion der Pumpen. Gleichzeitig werden wir einen Stromausfall simulieren und die Generatoren testen. Unsere Aufgabe ist es, uns an Ort und Stelle davon zu überzeugen, dass alles nach Plan verläuft. Und diese Aufgabe werden wir gewissenhaft erfüllen. Es geht um unsere eigene Sicherheit.«

7

Georges stieg als Erster aus dem Aufzug. Ihm folgten Rachid und Ahmed. Dann kam ein mürrischer Alain. Georges schloss die Türen und schickte den Fahrstuhl zurück an die Oberfläche. Die letzten fünf Meter bis zur Sohle des Victoriaschachts gingen sie in einer Reihe. Es nieselte. Alle vier legten die Köpfe zurück, um einen letzten Blick auf den bedeckten Himmel zu werfen, bevor sie im Untergrund verschwanden. An diesem Mittwoch im November um neun Uhr morgens war Paris regenverhangen. Der obere Teil des achtstöckigen Wohnblocks, der sich an der Ostseite des Schachts befand, verschwamm im Nebel. Das Gebäude schien auf einem schmalen Grat zu balancieren, als würde es jeden Moment in die Tiefe stürzen.

Die vier Männer begaben sich in einen kurzen Verbindungsgang und hatten rasch ihren Abschnitt der südlichen Tunnelröhre erreicht. Das Bohraggregat befand sich in einem Kilometer Entfernung. Der Durchbruch sollte irgendwann im nächsten Frühjahr erfolgen. Auf dem Weg zum Zentralbereich mussten die vier einigen Raupenfahrzeugen Platz machen, die in ihren großen Eisenbehältern Kies und Gesteinsbrocken abtransportierten und auf ein kilometerlanges Förderband kippten. Zu diesem Zeitpunkt hatten sie nahezu achthunderttausend Kubikmeter Gestein aus dem

Weg geräumt. Am Ende sollten es 1,2 Millionen Kubikmeter sein. Würde man alles auf einen einzigen Zug laden, wäre dieser so lang wie die Strecke Paris–Nizza.

In der Tunnelröhre wölbte sich die Decke glatt und weiß. Zum ersten Mal wurde eine Technik angewandt, die dasselbe Finish ergab wie der beste Betonguss beim Hochbau. Man hatte viel experimentieren müssen, um die Feuchtigkeits- und Temperaturbedingungen kompensieren zu können. Es musste immer noch geschliffen werden, um die Oberfläche völlig glatt zu bekommen, aber Georges war stolz auf das Resultat. Das ließ sich mit den rauen und grauen Wänden der Metro doch gar nicht vergleichen.

Der Boden war immer noch ein einziger Matsch. Die vier Männer versuchten, dem tiefsten Schlamm auszuweichen, indem sie einen neuen Verbindungstunnel benutzten, den man geschaffen hatte, um die Arbeit zu erleichtern und die Belüftung zu verbessern. Wenn alles fertig gestellt war, sollte er zugeschüttet und verplombt werden. Am anderen Ende des Tunnels bogen sie erneut nach links ab und gingen weitere fünfzig Meter geradeaus, bis sie den Ort erreichten, der später einmal die eigentliche Station »Condorcet« werden sollte und bereits als Kathedrale bezeichnet wurde, obwohl sie erst ein Drittel ihrer endgültigen Länge erreicht hatte.

Dort, wo die Männer standen, war die Halle dreißig Meter breit und fünfundzwanzig Meter hoch. Auf Grund der Einsturzgefahr ging man in verschiedenen Etappen vor. Hatte man sich drei Meter weiter in das Gestein vorgearbeitet, goss man die Stelle mit Beton aus, bevor die Arbeiten fortgesetzt wurden. Gleichzeitig wurden in gleichmäßigen Abständen meterdicke Betonpfeiler errichtet, die halbhoch zur Decke der Kathedrale emporragten. Die Pfeiler sollten später die Betonplatte tragen, die als Boden für Millionen von Zugreisenden diente. Man hatte sich frühzeitig dafür entschieden, diesen Deckel nicht völlig zu schließen. Die Architekten hatten darauf bestanden, den Fahrgästen der Zukunft das Schwindel erregende Raumgefühl beim Blick in die Tiefe nicht vorzuenthalten. Auch sie sollten Gelegenheit erhalten, vor Bewunderung für dieses bautechnische Meisterwerk auf die Knie zu sinken. Viele Reisende jedoch, die keine genauen Kenntnisse von der tatsächlichen Belastbarkeit dieses Bauwerks hatten, würden sich bestimmt fragen, wie es nur möglich war, unterhalb eines Wohnviertels mit achtstöckigen Häusern einen Hohlraum in der Größe der Kathedrale von Notre-Dame zu schaffen. Einige mochten sich auch überlegen, was wohl geschehen würde, wenn ein Terrorist unter den tragenden Elementen eine Bombe zündete.

Die Führungsriege des Eole-Projekts hingegen wusste ganz genau, was dann geschehen würde. Sie war sich darüber im Klaren, dass die Detonation einer Sprengladung, platziert an der richtigen Stelle, noch bevor alle Verstärkungs- und Stützmaßnahmen abgeschlossen waren, zu einer Katastrophe führen musste, und zwar nicht nur für die dreihundertfünfzig Arbeiter, die sich ständig unter Tage befanden, sondern für alle Menschen, die sich in den Wohnungen über der Erde aufhielten. Würde dies tagsüber geschehen, rechnete man mit bis zu zehntausend Opfern. Nachts mit ungefähr der Hälfte. Und was das Schlimmste war: in jedem Fall würde kaum Hoffnung bestehen, Überlebende aus den versunkenen Ruinen zu befreien, weil das Grundwasser zehn Meter hoch in der Halle stehen würde.

Daher war es nicht verwunderlich, dass Sicherheitsvorkehrungen höchste Priorität besaßen, nicht nur was den Schutz vor Terroranschlägen betraf, sondern auch hinsichtlich der Vermeidung von Fehlern und Unfällen. Alles wurde routinemäßig mehrmals die Woche inspiziert und kontrolliert: Aufzüge, Pumpen, das Stromnetz, die Belüftungsanlagen, die Sprossen im Schacht, das Abwasserrohr, das Hunderttausende von Kubikmetern Wasser in die Seine leitete, sowie das Gerüst, das während der Verschalung der Decke als Fundament diente. Abteilungsleiter und Vorarbeiter waren angewiesen, die Arbeiter nicht anzutreiben. Deren Anzahl war von den sechs Gesellschaften des Konsortiums mit Bedacht ausgewählt worden. Größte Angst hatte man von Anfang an vor einem Terroranschlag gehabt. Besonders Algerier wurden einer eingehenden Prüfung unterzogen, bevor man sie einstellte.

Dies alles wusste Rachid. Er wusste, was für Probleme die GIA gehabt hatte, jemanden unter der Erde einzuschleusen. Doch jetzt war er hier und durfte nicht versagen. Der Imam hatte Rachids Situation mit unangreifbarer Logik geschildert. Glückte seine Mission, erwarteten ihn ewiger Ruhm und ein Platz an Allahs Seite. Scheiterte er, mussten er und seine Familie sich auf Tod und Erniedrigung einstellen. Die schlimmste Drohung war nicht die Ausrottung seiner Familie, sondern dass sie vor Allah als Verräter dastehen würden, auf die das ewige Feuer der Verdammnis wartete. Rachid gab dem Imam Recht. Sie verdienten nichts Besseres, wenn er scheiterte. Doch er konnte nicht scheitern.

Georges blieb am westlichen Ende der Halle stehen, die

einmal der Bahnhof »Condorcet« sein würde, 228 Meter lang und 58 Meter breit, inklusive der beiden Seitentunnel. Unweit entfernt lärmte eine Gesteinsbohrmaschine. Georges winkte die anderen näher zu sich heran, damit sie hören konnten, was er sagte.

»Du, Rachid, nimmst dir die Pumpen an diesem Ende vor, Alain die da drüben und Ahmed die im mittleren Abschnitt. Sobald ihr euch davon überzeugt habt, dass alle einwandfrei funktionieren, gebt ihr mir Bescheid. Danach werde ich den Kontrollraum anweisen, den Strom zu unterbrechen, und sehe mir den ersten Generator an. Wenn ich bestätigt habe, dass das Notstromaggregat funktioniert, prüft ihr nochmals alle Pumpen und gebt mir dann Bescheid. Alle Betriebsstörungen auf Grund des Stromausfalls müssen gemeldet werden. Wenn ihr einen Filter entdeckt, der mit Lehm verstopft ist, reinigt ihr ihn, bevor ihr euch bei mir meldet. Danach gehen wir zum Generator Nummer zwei.«

Alle nickten. Georges sah sie verschwinden. Zwanzig Minuten später führten sie das erste Gespräch. Rachid teilte mit, dass alle Pumpen in seinem Bereich einwandfrei funktionierten und er einen Filter gereinigt habe. Kurz darauf meldete Ahmed den Ausfall einer Pumpe. Er gab die Nummer der Pumpe durch. Georges nahm Kontakt zu dem Mitarbeiter auf, der für die Pumpen verantwortlich war. Dieser sah keinen Anlass, die Überprüfung abzubrechen. Die defekte Pumpe könne man später reparieren. Der Bericht von Alain ließ auf sich warten. Das war typisch. Schließlich versuchte Georges, zu ihm Kontakt aufzunehmen, erhielt aber keine Antwort. Fünf Minuten später meldete sich Alain. Er teilte mit, dass alles in Ordnung sei, er hatte allerdings eine Weile gebraucht, um sich aus dem Schlamm zu befreien, als er einen verstopften Filter reinigte. Georges sagte dem Ingenieur im Kontrollraum, er könne jetzt den Strom unterbrechen. Eine halbe Minute später wurde das Licht schwächer, bevor es wieder mit voller Kraft erstrahlte. Das war ganz normal. Mit einem kurzzeitigen Stromausfall musste gerechnet werden, ehe die Generatoren die Versorgung übernahmen. Georges meldete sich bei den drei Männern und ordnete eine weitere Inspektion an. Wie beim ersten Mal gab Rachid als Erster Bescheid: Alles funktioniere einwandfrei. Bei Ahmed dauerte es etwas länger, bevor auch er mitteilte, dass, abgesehen von der defekten Pumpe, alles in Ordnung sei. Erst eine Viertelstunde später ließ Alain von sich hören. Er war außer Atem. Georges bat ihn, sich zu beeilen. Er nahm erneut Kontakt zum Kontrollraum auf und wies an, den Generator Nummer eins abzuschalten. Wie beim ersten Mal gab es eine kurzzeitige Stromunterbrechung, bevor der zweite Generator automatisch ansprang. Georges rief alle drei an und sagte, sie könnten jetzt mit der letzten Kontrolle beginnen.

Dieses Mal erhielt er gar keine Rückmeldung. Nach ungefähr zehn Minuten erloschen plötzlich sämtliche Lichter. Für kurze Zeit war alles dunkel, bevor die batteriebetriebenen Notlampen den Tunnel in ein trübes Licht tauchten. Nach und nach blieben die Grab- und Bohrmaschinen stehen. Georges rief sofort den Kontrollraum an.

»Was ist passiert?«

»Keine Ahnung. Die Generatoren laufen volle Kraft und erzeugen Strom. Kann nur ein Kabelbruch sein. Wir melden uns wieder.«

Dreißig Sekunden später schallte aus den Lautsprechern

eine Durchsage: »An alle Mitarbeiter. Wir haben einen Stromausfall und versuchen, den Schaden zu beheben. Alle nehmen ihre Evakuierungsplätze ein. Wenn der Schaden nicht innerhalb von zwanzig Minuten behoben ist, beginnen wir mit der Evakuierung. Warten Sie auf weitere Anweisungen.«

Von allen Seiten tauchten Schatten auf, die sich auf die verschiedenen Schächte zubewegten. Sie bildeten schweigende Gruppen unter den Sprossen, die nach oben führten. Die Aufzüge funktionierten auch dann, wenn sie nur von den Notstromaggregaten mit Strom versorgt wurden. Eine größere Gruppe begab sich in Richtung Victoriaschacht, wo sie ein Kran in großen Behältern an die Oberfläche hieven sollte. Zweimal zuvor waren große Evakuierungsübungen der gesamten Mannschaft unter realistischen Bedingungen durchgeführt worden. Alles war nach Plan verlaufen. Georges hatte keine Zweifel, dass die Arbeiter rechtzeitig an die Oberfläche gelangen würden, bevor das Wasser den Hohlraum flutete. Mehrere Löschzüge befanden sich schon auf dem Weg. Sie konnten zwar nicht verhindern, dass das Grundwasser Tunnel und Schächte füllte, verschafften ihnen jedoch mehr Zeit für die Evakuierung und die Suche nach dem Fehler. Wo lag er und was hatte ihn verursacht? Georges hatte nur eine vage Vorstellung von der elektrischen Versorgung. Die gehörte nicht zu seinem Aufgabenbereich. Doch es musste etwas absolut Unvorhergesehenes passiert sein, dessen war er gewiss. Kabel brachen oder lösten sich nicht einfach von allein. Er musste immer wieder an Alain denken. Seine Stimme hatte am Telefon so merkwürdig geklungen. Er hätte auch nicht so viel Zeit benötigen dürfen, bevor er sich gemeldet hatte.

Nur wenige Minuten nach der Lautsprecherdurchsage tauchte Rachid aus dem Zwielicht auf. »Was ist los?«, schrie er.

»Reg dich ab!«, sagte Georges scharf. »Du wirst schon nicht sterben. Im Notfall haben wir genug Zeit zur Evakuierung.«

»Sterben?«

Rachid brach in Hohngelächter aus.

»Glaubst du etwa, ich habe Angst zu sterben? Ich? Ich will nur wissen, warum der Strom ausgefallen ist.«

»Ich habe auch keine näheren Informationen. Am Telefon sprachen sie von einem möglichen Kabelbruch. Das Netz und die Generatoren sind in Ordnung.«

In diesem Augenblick bemerkte Georges, dass auch Ahmed schon bei ihnen war. Georges hatte ihn nicht kommen gehört, obwohl völlige Stille herrschte.

»Wo ist Alain?«, fragte Ahmed.

»Der ist wohl direkt zu seinem Evakuierungsplatz gegangen«, sagte Georges. »So wie vorgeschrieben.«

»Wir müssen rauskriegen, was los ist«, sagte Rachid. »Die Pumpen müssen schnellstens wieder anfangen zu arbeiten.«

»Schon, aber unsere persönliche Sicherheit geht vor. Du kennst die Vorschriften genauso gut wie ich.«

Rachid entgegnete nichts, sondern begann zu laufen. Was war los mit ihm? Ahmed setzte ihm nach.

»Wo wollt ihr hin?«, rief Georges, bevor er sich an ihre Fersen heftete.

Wenige Minuten später standen sie in dem kleinen Schacht Nummer elf, der in das Foyer eines Kinos mündete.

Rachid zog eine kleine Lampe hervor, befestigte sie rasch

oberhalb der Stirn an seinem Helm und begann die Sprossen hinaufzuklettern.

»Da geht's nicht lang!«, rief Georges ihm nach. »Der Ausgang ist verplombt.«

»Ich folge ihm«, sagte Ahmed.

»Bleib hier! Ihr seid nicht rechtzeitig wieder unten, falls evakuiert werden muss.«

»Rachid weiß schon, was er tut«, sagte Ahmed und begann die Sprossen hinaufzuklettern.

Georges ging zum nächsten Telefon und rief den Kontrollraum an. Er sagte, einer seiner Leute glaube zu wissen, wo der Fehler steckt, und versuche ihn zu beheben.

»Ihr habt zwölf Minuten Zeit«, sagte eine gepresste Stimme. »Dann müsst ihr eure Plätze einnehmen.«

Zwölf Minuten! Wenn Rachid und Ahmed wirklich ganz nach oben wollten, hatten sie keine Chance zurückzukehren, bevor es zu spät war. Sie würden in ungefähr zehn Metern Höhe über dem Grundwasserspiegel eingeschlossen sein. Wie lange würde ihr Sauerstoff ausreichen? Wie lange würden sie sich an den schmalen Sprossen festklammern können? Es würde seine Zeit brauchen, bis man den Schacht von oben wieder geöffnet hatte. Sie konnten die Plombe ja nicht einfach sprengen, solange sich Ahmed und Rachid im Schacht befanden.

»Habt ihr was rausgekriegt?«, fragte Georges den Mann im Kontrollraum.

»Unsere Leute überprüfen gerade die Kabel der Generatoren. Halte mich auf dem Laufenden.«

»Mach ich. Aber bereitet euch darauf vor, dass wir den Schacht Nummer elf noch mal öffnen müssen. Zwei meiner Männer sind dort auf dem Weg nach oben.«

»Wirklich? Das Rohr mit den Hauptkabeln läuft quer durch Schacht elf.«

Georges legte auf und starrte hinauf ins Dunkel. Weil der Schacht Nummer elf nur vorübergehend benutzt und später geschlossen worden war, hatte man sich nicht die Mühe gemacht, ihn mit einer Notbeleuchtung auszustatten. Weit über seinem Kopf sah Georges den flackernden Lichtkegel der Lampe an Rachids Helm. Wenige Minuten später war er verschwunden. Was taten sie nur da oben? Georges schaute auf die Uhr. Er schrie hinauf, dass die Hälfte der Zeit um sei. Wenn sie nicht unverzüglich umkehrten, sollten sie bleiben, wo sie waren. Er würde dafür sorgen, dass der Schacht von oben geöffnet würde. Das könne aber ein paar Stunden dauern. Er bekam keine Antwort. Erneut blickte er auf die Uhr. Jetzt war es zu spät. Er musste anfangen, an sich selbst zu denken. Oder sollte er ihnen hinterherklettern? Nein, es war besser, an die Oberfläche zu gelangen und dafür zu sorgen, dass der Schacht geöffnet wurde, bevor ein Unglück geschah.

Er hatte sich gerade umgedreht, als das Licht im Tunnel zurückkehrte. Er rief sofort den Kontrollraum an. »Sieht so aus, als wäre der Fehler behoben«, sagte er erleichtert.

»Ja«, jubelte die Stimme. »Alle Lampen stehen auf Grün. Waren das deine Leute?«

»Ich weiß nicht. Sie sind noch nicht zurück.« Wenige Minuten später kam eine weitere Nachricht aus den Lautsprechern: »Durchsage an alle Mitarbeiter. Der Fehler ist behoben. Die Evakuierung kann in aller Ruhe durchgeführt werden. Die Arbeiten werden für heute beendet, bis die Ursache des Fehlers überprüft ist und wir uns vergewissert haben, dass keine Gefahr mehr besteht.«

Georges hörte einen Jubelsturm durch die Schächte und Tunnel brausen. Er wusste, dass er nichts damit zu tun hatte, dass die Arbeiter für den Rest des Tages frei bekamen, sondern damit, dass ihr Lebenswerk außer Gefahr war. Das war ein schlagender Beweis für die Existenz dessen, was man als den besonderen Geist dieses Projekts bezeichnete: den gemeinsamen Stolz auf die Durchführung eines der anspruchsvollsten Bauvorhaben, die jemals in Frankreich realisiert worden waren.

Einige Minuten später waren Rachid und Ahmed wieder zur Sohle des Schachts zurückgekehrt. »Erzählt!«

»Ein Stromkabel hatte sich gelöst«, sagte Rachid.

»Warum hast du vermutet, dass das Kabel nicht in Ordnung war?«

»Ich war vor ein paar Monaten bei den Arbeiten in diesem Schacht dabei. Mir ist eingefallen, dass das Rohr mit den Hauptkabeln dort oben mündet.«

Rachid war ein helles Köpfchen. Aber das erklärte nicht alles.

»Aber wie konntest du wissen, dass es sich um Schacht elf handelte? Es gibt noch ein Dutzend andere Schächte.«

»Schacht elf war am vielversprechendsten.«

»Wie meinst du das?«

»Es gibt keinen besseren Platz für eine Sabotage.«

»Sabotage?«

»Jemand hatte das Hauptkabel gelöst, das zum Verteiler führt.« Erneut dachte Georges an Alains sonderbare Stimme und Kurzatmigkeit am Telefon. Plötzlich war Georges sicher, dass Alain hinter dem Vorfall steckte, auch wenn es nicht den geringsten Beweis dafür gab.

»Danke für die Hilfe«, sagte Georges. »Sie soll nicht umsonst gewesen sein. Ich werde dafür sorgen, dass der Chef davon erfährt.«

Ahmed schwieg immer noch. Was für eine merkwürdige Geschichte: Rachids hysterische Reaktion, als hinge sein Leben davon ab, dass die Baustelle nicht im Grundwasser versank. Ahmeds Schweigen. Alains Stimme am Telefon. Später kam Georges noch etwas anderes in den Sinn: Woher wusste Rachid, dass es die Hauptkabel waren, die in diesen Schacht mündeten? Um sich vor Terroranschlägen zu schützen, kannten nur die Vorarbeiter und Abteilungsleiter den genauen Verlauf der Kabel. Hatte Rachid einfach richtig geraten?

8

Georges bat Ahmed und Rachid, draußen zu warten. Er selbst ging gleich hinein. Vor langer Zeit hatte Dumas gesagt, seine Tür stehe ihm stets offen.

»Ihr seid es, die alles am Laufen halten«, hatte er später bei verschiedenen Gelegenheiten geäußert und meinte es auf seine pragmatische Art vermutlich ernst.

Allerdings war sich Georges darüber im Klaren, dass Dumas ihn ohne weiteres vor die Tür setzen konnte, sobald er seine Schuldigkeit getan hatte. Doch würde Dumas sich zum jetzigen Zeitpunkt von ihm trennen, hätte er gleich mehrere Millionen wegen der unumgänglichen Bauverzögerung in den Wind schreiben können. Mehrere Millionen, die Georges' Worten Nachdruck verleihen konnten.

»Hallo, Georges. Na, wie geht's? Alles in Ordnung?«

»Nein.«

Georges erzählte, was vorgefallen war.

»Wenn Ahmed und Rachid nicht gewesen wären, hätte es eine Katastrophe gegeben.«

»Hätte der Fehler vermieden werden können?«

»Sie meinen, ob ich mir etwas vorzuwerfen habe? Ich hätte natürlich die Elektriker anweisen können, alle Kabel zu kontrollieren, bevor wir angefangen haben. Alain sagte erst kürzlich, dass dieselben Vibrationen, die Risse in den Häusern verursachen, auch Kabelschuhe lockern könnten. Vielleicht hat er Recht. Dann wäre es meine Schuld, weil ich versäumt habe zu überprüfen, ob mit den Kabeln alles in Ordnung ist.«

»Aber?«

»Das Kabel, das sich gelöst hatte, war eines der Hauptkabel, das sowohl vom Netz als auch von unseren eigenen Generatoren gespeist wird. Wie Sie vielleicht wissen, befindet es sich in einem Rohr, das vom Kontrollraum zu einer Verteilertafel läuft, die sich fünf Meter über dem Grundwasser in der Wand von Schacht Nummer elf befindet. Dass sich durch die Vibrationen Kabel lösen können, die sich weiter unten befinden, kann ich nachvollziehen. Aber nicht so weit oben und schon gar nicht im Elfer, der plombiert ist und seit Monaten nicht mehr benutzt wurde. Da müsste es sich schon um eine Verkettung unglücklicher Umstände handeln.«

»Es sei denn …«

»Es sei denn, jemand hat nachgeholfen.«

Zunächst blieb Dumas stumm.

»Wer?«

»Alain.«

»Gibt es Beweise?«

Dumas schien verärgert.

»Nein.«

Georges berichtete, was am Morgen vorgefallen war. Er verheimlichte auch nicht, dass er Alain mit Kündigung gedroht hatte.

»Alain war sehr erregt. Dass sein Sohn im Krankenhaus liegt, machte ihn nur noch wütender.«

»Beweise, Georges! Wir brauchen Beweise! Sonst ist alles reine Spekulation.«

»Als ich nach oben kam, saß Alain in der Baracke, hatte sich schon umgezogen und machte einen ziemlich entspannten Eindruck, trotz der Geschichte mit seinem Sohn und dem Stromausfall. Ungefragt äußerte er sogleich, dass sich das Kabel auf Grund der Vibrationen gelöst haben müsse.«

»So ganz abwegig scheint dieser Gedanke ja auch nicht zu sein.«

»Schon möglich. Aber die Sache hat einen Haken. Bislang wissen nur ich selbst, der Mann im Kontrollraum, Rachid und Ahmed, dass der Ausfall auf einen Kabelbruch zurückzuführen ist. Ich habe jemanden von Alains Leuten gefragt, ob sie ihn nach dem Stromausfall gesehen hätten. Die Antwort war nein. Aber einer der Portugiesen hat beobachtet, wie er durch den Victoriaschacht nach oben geklettert ist, und das ist der Schacht, der dem Elfer am nächsten ist.«

»Verstehe, aber woher wollen Sie wissen, dass es nicht doch ein anderer war?«

»Das ist natürlich nicht völlig ausgeschlossen. Die anderen Vorarbeiter, die den Verlauf der Kabel kennen, waren zum Zeitpunkt des Stromausfalls alle an verschiedenen Orten beschäftigt. Ich habe das nachgeprüft.«

»Was schlagen Sie vor? Eine polizeiliche Ermittlung käme höchst ungelegen.«

»Ungelegen?«

»Das Konsortium besteht aus sechs Unternehmen. Fünf von ihnen würden mich gerne durch jemand anderen ersetzen. Meine Kompetenz wird zwar nicht öffentlich angezweifelt – schließlich bin ich es gewesen, auf den sich alle verständigen konnten –, doch wenn mir auch nur ein schwer wiegender Fehler unterläuft, bin ich weg vom Fenster. Und Sie auch. Wir sollten in unserem eigenen Interesse keine schlafenden Hunde wecken.«

»Das kann schon sein. Aber wir können Alain doch nicht einfach so weitermachen lassen, als sei nichts geschehen, und zwar unabhängig davon, ob er es war, der das Kabel gelöst hat. Er vernachlässigt seine Arbeit. Für mich ist die Sache ganz einfach. Wenn Alain Vorarbeiter bleibt, dann gehe ich.«

Dumas lächelte.

»Ist das eine Drohung?«

»Eine Tatsache. Wenn ich von heute auf morgen aufhöre, verliert das Unternehmen auf Grund der Bauverzögerung mehrere Millionen. Ist Alain das wert?«

»Ich werde mit ihm reden. Wen wollen Sie stattdessen?«

»Ahmed.«

»Einen Araber?«

»Er ist tüchtig und zuverlässig, sowohl privat als auch beruflich.«

»Verstehen Sie mich nicht falsch, aber ich bin Realist. Einem Araber eine doppelte Loyalität aufzubürden, ist immer ein Risiko, besonders in Zeiten wie diesen.«

»Wir haben zweihundertvierzig Algerier unter Tage, in

vier Arbeitsgruppen zu je sechzig Männern. Keine von ihnen wird von einem Landsmann geführt. Im Gegensatz zu den portugiesischen und französischen Arbeitsgruppen. Selbst die Türken haben einen türkischen Vorarbeiter. Ich weiß, dass alle Algerier als Sicherheitsrisiko betrachtet werden. Aber es geht doch ausschließlich darum, dass sie ihre Arbeit ordentlich machen. Unsere Baustelle ist doch nicht Ali Babas Schatzkammer. Im Gegenteil, die Arbeit ist hart, schmutzig und gefährlich. Will man aus den Algeriern das Beste herausholen, muss man ihnen auch einen Landsmann als Vorarbeiter zugestehen. Ein Rassist wie Alain treibt sie nur in die Hände von islamischen Extremisten. Auf Ahmed hingegen kann man sich hundertprozentig verlassen.«

»Was wollen Sie also?«

»Dass Ahmed Vorarbeiter wird. Außerdem will ich, dass er und Rachid für ihren heutigen Einsatz angemessen belohnt werden.«

»Mehr nicht?«

»Doch, dass Sie sich persönlich bei ihnen bedanken. Die beiden warten draußen vor der Tür.«

»Sie sind wirklich ein ungewöhnlicher Mann, Georges. Macht und Karriere scheinen Sie nicht zu interessieren. Sie sind loyal und erledigen pflichtbewusst Ihre Aufgaben. Gleichzeitig leisten Sie sich den Luxus einer Moral.«

»Ich kümmere mich ausschließlich darum, was getan werden muss, damit alles so gut wie möglich funktioniert. Wenn Sie das nicht nachvollziehen können, betrachten Sie es als reinen Egoismus. Je reibungsloser die Arbeit vonstatten geht, desto besser für mich.«

»Also herein mit den Helden! Und sagen Sie Alain, dass ich ihn sofort sprechen will.«

Georges ging hinaus und sagte zu Ahmed und Rachid, dass der Chef mit ihnen sprechen wolle. Nachdem sie hineingegangen waren, wandte er sich an Dominique.

»Es tut mir Leid, dass ich Sie noch gar nicht begrüßt habe«, sagte er. »Ich war zu sehr mit anderen Dingen beschäftigt. Sie haben wohl mitbekommen, was sich ereignet hat?«

»Sie müssen sich doch nicht entschuldigen. Sie sind im Grunde der Einzige, der mich wie einen Menschen behandelt.«

»Wie sollte ich Sie denn sonst behandeln?«

Georges schaute sie verwundert an. Sie lachte.

»Wie eine Frau, eine Farbige oder potenzielle Geliebte, so wie alle anderen. Sie können es sich aussuchen.«

Georges wusste nicht, was er sagen sollte.

»Farbige wie ich sollten besser keine Chefsekretärinnen sein. Ich habe mir den falschen Beruf ausgesucht. Ich hätte eine Edelprostituierte werden sollen. Dann wären alle zufrieden.«

»Nur ich nicht«, entfuhr es Georges.

»Nicht?«

Georges senkte die Stimme.

»Wenn es Sie nicht gäbe, wären die ständigen Besuche bei Dumas wirklich unerträglich.«

Dominique lächelte und schaute ihn lange an.

»Darf ich das als Kompliment auffassen?«

»Das ist die Wahrheit.«

Georges war verlegen. Was hatte er da gesagt? Erst jetzt wurde ihm bewusst, dass er Dominique nie als Frau betrachtet hatte, vor allem nicht als die attraktive Frau, als die sie sich bei näherem Hinsehen entpuppte. Am Tag seiner

Hochzeit mit Marie hatte er aufgehört, andere Frauen als Frauen zu betrachten. Für ihn war es einem Wunder gleichgekommen, dass überhaupt eine Frau dazu bereit war, ihn zu lieben. In erster Linie hatte er sich nach Liebe gesehnt, nicht nach Frauen.

»Brauchen Sie nicht vielleicht eine Sekretärin?«, fragte Dominique.

»Wenn ja, dann kämen nur Sie in Frage.«

Georges hätte sich auf die Zunge beißen können.

»Jetzt habe ich mich sicher so angehört wie alle anderen«, sagte er.

»Das gelingt Ihnen nicht«, antwortete Dominique und legte ihre Hand auf seine.

Georges schüttelte den Kopf. Er wagte nicht, den Mund zu öffnen, aus Angst, was dabei herauskäme. Auf dem Rückweg zu seinem Büro dachte er unentwegt an ihre Worte. Er fühlte sich beschwingt. Und es fiel ihm auf, dass er dieses Gefühl schon früher empfunden hatte, nachdem er mit ihr gesprochen hatte. Beschwingt.

Die Freude schlug in ihr Gegenteil um, als er die Tür zur Baracke öffnete.

»Ich hätte da unten krepieren können«, sagte Alain aggressiv, sobald er Georges zu Gesicht bekam.

»*Wir* hätten krepieren können. Du warst schließlich nicht allein dort unten, falls du das glauben solltest. Dumas will mit dir reden. Und zwar sofort.«

»Worüber?«

»Das weißt du selbst am besten.«

Ahmed ließ Rachid zuerst eintreten. Wie würde Rachid seinem Chef gegenübertreten? Wie die meisten Ausländer, mit am Boden festgenageltem Blick, um die Aufmerksamkeit nicht auf sich zu lenken? Doch Rachid verzog keine Miene, als er Dumas' Büro betrat. Ahmed war sich gewiss: Hier handelte es sich nicht um einen x-beliebigen Immigranten oder Bauarbeiter. Wer war er? Warum lag es in seinem Interesse, die Baustelle vor einer Überschwemmung zu bewahren? Hatte er sich nur seinen Job erhalten wollen? Vielleicht. Für einen Ausländer mit gefälschten Papieren konnte der Verlust des Arbeitsplatzes eine Katastrophe bedeuten.

»Kommen Sie herein«, sagte Dumas. »Ich vermute, Sie verstehen Französisch?«

Weder Ahmed noch Rachid antworteten.

»Georges hat mich gebeten, Ihnen für Ihren heutigen Einsatz zu danken. Er hat mich auch gebeten, Ihnen eine kleine Anerkennung zukommen zu lassen. Ich habe daher beschlossen, jedem von Ihnen zehntausend Francs zu zahlen. Sie brauchen mir nicht zu danken. Das Unternehmen ist Ihnen zu Dank verpflichtet. Ihr Eingreifen hat uns beträchtliche Unkosten erspart.«

Dumas zog ein Scheckheft hervor.

»Wie sind Ihre Nachnamen? Georges hat mir ausschließlich Ihre Vornamen genannt.«

Rachid antwortete als Erster.

»Wäre es nicht besser, das über den Lohnzettel laufen zu lassen?«, schlug er vor.

»Dann müssten Sie es versteuern.«

»Als Ausländer möchte ich mich lieber an die Gesetze halten.«

Gute Antwort, dachte Ahmed.

»Was ist mit Ihnen, Ahmed. Nehmen Sie es mit dem Gesetz auch so genau?«

»Derzeit nicht. Ich werde umziehen und brauche Geld. Sie können den Scheck auf Ahmed Layada ausschreiben.«

Aus dem Augenwinkel heraus ahnte Ahmed Rachids Blick. Rachid kannte also Addelhak Layada alias Abou Adlare. Layadas Spezialität war die Ermordung von Intellektuellen. In Layadas Spatzenhirn wurde man zum Intellektuellen, sobald man in der Lage war, hinter seine Worte oder Gedanken ein Fragezeichen zu setzen. Layada besaß ein simples Credo: Wer den *Taghout*, den Tyrannen, nicht bekämpfte, war dessen Verbündeter und ein Feind des Islam. So wie viele der blutdürstenden Fanatiker war Layada Analphabet und stolz darauf. Hatte nicht Mohammed die unverfälschte Wahrheit offenbart, gerade weil er Analphabet gewesen war? In Wirklichkeit war Layada zum Denken nicht in der Lage. Und er war nicht allein.

Jetzt fragte sich Rachid bestimmt, ob Ahmed mit Layada verwandt war. Das sollte er ruhig tun. Zweifel zu säen, auch wenn kein unmittelbarer Anlass dazu bestand, war bislang Ahmeds Überlebensstrategie gewesen.

Dumas gab ihm den Scheck.

»Was, glauben Sie, könnte den Zwischenfall verursacht haben?«

»Ich weiß es nicht«, sagte Ahmed. »Es war Rachid, der die Ursache entdeckte und mir Anweisungen gab, was zu tun war.«

»Es war kein Zufall«, sagte Rachid.

»Woher wissen Sie das?«

»Jemand hatte den Kabelschuh gelöst. Die Muttern waren mit Loctite verschlossen.«

»Loctite?«

»Ein Epoxidkleber, mit dem man die Schrauben fixiert.«

»Haben Sie einen Verdacht, wer es gewesen sein könnte?«

Rachid antwortete nicht.

»Ich verstehe. Sie wollen nicht als Denunziant dastehen. Sie beide sind loyale Angestellte des Unternehmens. Auf Georges' Vorschlag hin übernehmen Sie, Ahmed, den Posten des Vorarbeiters von Alain, der eine andere Aufgabe bekommen wird. Ich möchte, dass Sie die Augen offen halten und mir alle ungewöhnlichen Vorgänge sofort melden. Weitere Verzögerungen können wir uns nicht leisten. Was glauben Sie, was ein halber Tag Stillstand kostet? Über eine Million Francs. Ich brauche wohl nicht zu betonen, dass Sie vor allem Alain im Auge behalten sollen.«

»Was für eine Arbeit soll er übernehmen?«, fragte Ahmed. »Als Vorarbeiter sollte ich seinen Aufgabenbereich kennen. Er wird über meine Beförderung nicht gerade begeistert sein.«

»Alain wird als normaler Arbeiter weitermachen und bleibt in Ihrer Truppe. Wenn er gezwungen ist, mit sechzig Algeriern zusammenzuarbeiten, wird ihn das schon zur Raison bringen. Außerdem ist es gut, ihn unter Aufsicht zu haben, bis wir Näheres herausgefunden haben. Ich denke, die Sicherheitsabteilung wird eine rasche Untersuchung durchführen. Man wird sich an Sie wenden.«

Dumas stand auf.

»Und noch etwas. Ich hoffe, Sie haben nichts dagegen, dass die Hauszeitung von Ihrem Eingreifen berichtet, sobald die Untersuchungen abgeschlossen sind. Ihre Mitarbeiter sollen ruhig zur Kenntnis nehmen, dass man loyal zu seinem Unternehmen stehen kann, unabhängig von Rasse oder Religionszugehörigkeit.«

Dumas war kein Dummkopf. Gab es eine bessere Gelegenheit, sie auf die Probe zu stellen und ihre Zuverlässigkeit zu testen? Wie würde Rachid reagieren?

»Lieber nicht«, sagte er rasch.

»Warum nicht?«

Rachid schwieg.

»Und Sie, Ahmed? Wollen auch Sie Ihre Ruhmestat lieber für sich behalten?«

»Rachid muss für sich selbst sprechen, aber ich will der Geschäftsleitung nicht als Alibi dienen. Das hat nichts damit zu tun, dass ich Ausländer oder Algerier bin. Unter Tage bin ich Betonarbeiter. Wenn Sie Ihren Angestellten beweisen wollen, dass Sie keine Vorurteile besitzen und alle gleich behandeln, begrüße ich die Initiative. Aber lassen Sie meinen Namen besser aus dem Spiel.«

»Abgemacht. Doch Sie müssen damit rechnen, dass sich das Gerücht von allein verbreitet.«

»Wenn es um Ausländer geht, zählen doch immer nur Gerüchte. Wer interessiert sich heutzutage schon für die Wahrheit? Die verkauft sich doch nicht.«

Dumas warf ihm einen kurzen Blick zu. Ahmed fragte sich, ob er nicht zu weit gegangen war. Er hatte sich die Bemerkung einfach nicht verkneifen können. Erst als er das Büro wieder verließ, dachte er daran, dass der Skinhead aus genau demselben Grund den Stein nach Fatima geworfen hatte. Er hatte sich einfach nicht mehr beherrschen können.

Auf dem Weg zu Georges' Büro überlegte Ahmed, ob er Rachid vertrauen konnte. Eines stand fest: Wäre Rachid ein religiöser Fanatiker, hätte er unter keinen Umständen sein Leben aufs Spiel gesetzt, um das Bauprojekt zu retten. Zwar existierten die absonderlichsten Wege, um zum Märtyrer zu werden und ins Paradies zu gelangen, doch Gott fern stehende kapitalistische Konzerne vor Millionenverlusten zu bewahren, dürfte kaum dazugehören. Rachid konnte eine Möglichkeit sein, wenn Ahmed seine Sicherheitsvorkehrungen traf.

»Was ist herausgekommen?«, fragte Georges.

»Ab morgen bin ich Vorarbeiter.«

»Gut. Und eure Belohnung?«

»Zehntausend für jeden von uns.«

»Ziemlich mickrig. Die Sanierung nach einer Überschwemmung hätte mehrere Millionen gekostet. Was ist mit Alain?«

»Alain bleibt als normaler Arbeiter in meiner Gruppe. Wenn er dazu bereit ist.«

»Ist das die Strafe? Ihn mit den Arabern zusammenarbeiten zu lassen?«

»Dumas bat uns, Alain im Auge zu behalten«, schaltete Rachid sich ein. »Ich glaube, Dumas will einen Beweis haben, bevor er ihn rausschmeißt.«

»Was meinst du dazu?«, fragte Georges mit Blick auf Ahmed. »Jemand in Dumas' Position braucht einem Angestellten doch wohl keine Straftat nachzuweisen, um ihn loszuwerden.«

»Nein, es sei denn, er hat seine besonderen Gründe. Alain hat am Algerienkrieg teilgenommen und ist Mitglied der Front National. Sein Sohn vermutlich auch. Schwachsinn vererbt sich nun mal. Woher wusstest du eigentlich, dass Alains Sohn Angehöriger der Sicherheitskräfte der Front National ist?«

Georges schaute Rachid an.

»Alain hat vor seinen Kumpeln mit seinem Sohn angegeben. Ich war zufällig dabei.«

Ahmed fragte sich, ob Rachid die Wahrheit sagte. Vielleicht. Vielleicht nicht.

»Wir müssen es wohl noch ein bisschen mit Alain aushalten«, sagte Georges. »Aber leicht wird das nicht.«

Niemals war Rachid dem Ziel so nahe gewesen. Alles war gut gegangen. Nicht auszudenken, wenn Alain erfolgreich gewesen wäre! Fünf Monate intensiver Vorbereitung wären nutzlos gewesen. Allah hatte Rachid auf den rechten Weg geleitet. Er hatte keine Sekunde daran gezweifelt, wo der Schaden lag. Es war eine Offenbarung gewesen. Er hatte genau gewusst, was er tun musste. Er war ein Auserwählter Allahs. Rachid hatte nicht nur das Bauprojekt gerettet, sondern sich zudem Vertrauen erworben. Wer sollte ihn jetzt noch verdächtigen, der zu sein, der er in Wirklichkeit war? Nie zuvor hatte er sich so stark gefühlt. Nicht einmal Ahmed konnte ihn aus dem Gleichgewicht bringen.

Rachid wunderte sich auch nicht, als Ahmed vorschlug, eine Tasse Kaffee zusammen zu trinken. Sie gingen in das nächste Bistro. Rachid sorgte dafür, dass er mit dem Rücken zur Wand in der Ecke saß und den Eingang im Auge behielt. Die Lektionen seiner Lehrmeister vergaß er nie. Sie hatten ihm stets eingeschärft, sich so unauffällig wie möglich zu verhalten.

»Ich muss mich wohl bei dir für meinen neuen Job bedanken«, sagte Ahmed, nachdem ihnen zwei Espressi serviert worden waren. »Wie bist du nur so schnell auf die Ursache gekommen?«

Ahmeds Stimme klang ganz natürlich, als sei er bloß neugierig.

»Das war doch keine Kunst. Wir hatten keinen Strom,

also konnte etwas mit den Kabeln nicht stimmen. Es ist doch kaum möglich, dass die Stromversorgung zusammenbricht und gleichzeitig auch noch beide Generatoren ausfallen. Ich habe nur etwas schneller geschaltet als du.«

»Du schienst genau zu wissen, wo du suchen musstest.«

»Ich hätte es nicht gewusst, wenn ich nicht selbst den Elfer ausgeschachtet hätte. Ich habe die dicken Kabel doch mit eigenen Augen gesehen. Die Vermutung lag nahe, dass es sich um die Hauptkabel handelte.«

»Ja, wenn man etwas von Elektrizität versteht. Aber welcher gewöhnliche Arbeiter tut das schon?«

Man durfte sich nie sicher fühlen. Feinde lauerten überall. War Ahmed ein Feind?

»Wir brauchen uns doch nichts vorzumachen«, fuhr Ahmed fort. »Du hast deine Gründe, unter der Erde zu arbeiten. Mir ist das egal. Über meine Gründe brauchst du dir auch keine Gedanken zu machen.«

»Ich verstehe nicht.«

»Jeder geht seinen eigenen Weg, um ins Paradies zu gelangen. Du gehst deinen, ich gehe meinen. Pfarrer und Imame in allen Ehren, aber ich kann mir für das Jenseits schon eine amüsantere Gesellschaft vorstellen.«

»Du sprichst wie ein Ungläubiger!«

»Tue ich das? Das war nicht meine Absicht. Aber du brauchst dir keine Sorgen zu machen. Schließlich bin ich es, der in der Hölle braten wird, und nicht du.«

Rachid wusste, dass er sich auf keine Diskussion über religiöse Fragen einlassen durfte. Die würde unweigerlich sein Wesen offenbaren. So *ihr die Zeichen Allahs hört, wird man sie nicht glauben, sondern verspotten. Sitzet drum nicht mit ihnen, ehe sie nicht zu einem andern Ge-*

spräch übergehen. Siehe, ihr würdet dann ihnen gleich werden. Manche Mudschaheddin hatten Geschmack am Unglauben und an dem gefunden, was die westliche Welt als Freiheit bezeichnete. Aber ihre Freiheit bestand ausschließlich darin, ein sündiges und gottloses Leben zu führen. Ahmed hatte gesagt, er brauche sich keine Sorgen zu machen, weil Ahmed die Strafe empfangen würde. So redeten sie alle. Ihre Freiheit war Einsamkeit, nichts anderes. Sie verstanden nicht, dass Rachid sie strafen würde, weil Allah ihn dazu auserwählt hatte. Er war nur Allahs Werkzeug: *Nicht erschlugt ihr sie, sondern Allah erschlug sie.* Verstand Ahmed das nicht? Dass Allah größer war als jeder von ihnen. Es spielte überhaupt keine Rolle, was er, Rachid, dachte.

»Meine größte Sorge gilt nicht Allah oder dem Paradies«, sagte Ahmed. »Ich brauche eine neue Wohnung.«

»Willst du dafür die zehntausend Francs verwenden?«

»Ja, aber mit meinem arabischen Namen ist das kein Kinderspiel. In diesem Land nutzt es nichts, auf Allahs Hilfe zu vertrauen. Der hat hier wenig Einfluss.«

»Noch nicht. Aber der Tag wird kommen.«

»So lange kann ich nicht warten.«

»Was meinst du damit?«

»Ich könnte Hilfe brauchen.«

Rachid hätte seine Hände zum Himmel erheben können, um Allah zu danken. Das war die Möglichkeit, auf die er gewartet hatte.

»Wie sollte ich dir helfen können?«, fragte Rachid vorsichtig. »Ich bin genauso auf mich allein gestellt wie du.«

»Bist du absolut sicher? Hast du keine Freunde oder Bekannten mit Beziehungen?«

»Ich kenne ein paar Algerier, aber ob die eine Wohnung organisieren können, weiß ich nicht.«

»Wenn du mir hilfst, eine neue Wohnung zu finden, dann schwöre ich bei meiner Mutter, dass du ein normaler algerischer Bauarbeiter bist. Schon möglich, dass Gautrot, der Sicherheitschef, einige Fragen stellen wird.«

»Warum gerade ich?«

»Selbst wenn ich eigene Kontakte hätte, die ich nicht habe, wäre nicht gesagt, dass ich sie auch nutzen würde. Ich muss diskret vorgehen und mich an jemanden wenden, der nicht mit mir in Verbindung gebracht wird. Ich brauche jemanden, der in meinem Namen eine Wohnung oder ein Haus mietet.«

»Ich verstehe nicht.«

»Wie solltest du auch. Ich bin dafür verantwortlich, dass Alains Sohn und sein Kumpel mit verschiedenen Verletzungen im Krankenhaus liegen.«

»Du? Ich dachte, die Angreifer wären zu viert gewesen?«

»Nein, ich war allein. Ich habe einen Stein an den Kopf bekommen, weil ich etwas zu nah an zwei Skinheads vorbeigegangen bin. Einer von ihnen war Alains Sohn. Leider wohne ich in derselben Vorstadt wie Alain. Ich wusste auch nicht, dass Alains Sohn und sein Kamerad bei den Sicherheitskräften der Front National sind. Diese Information verdanke ich dir.«

»Wir befinden uns im Krieg«, sagte Rachid. »Dschihad.«

»Was ich tat, habe ich in meinem eigenen, nicht in Allahs Namen getan. Wenn Allah gewollt hätte, hätte er sicher verhindert, dass der Stein meinen Kopf traf. Aber vielleicht hat Allah ja eine Sehschwäche. Das würde vieles erklären.«

»Allah wollte, dass der Stein dich trifft, damit du Gelegenheit zur Rache bekamst. *Hätte Allah gewollt, wahrlich, Er hätte selber Rache an ihnen genommen; jedoch wollte Er die einen von euch durch die andern prüfen.* Wir Menschen sind nur Allahs Werkzeug.«

»Meinst du etwa, ich solle Allah bitten, eine Wohnung für mich zu finden? Meines Wissens hat Allah keinen Nebenjob als Immobilienmakler. Ich frage dich noch einmal: Bist du bereit, mir zu helfen?«

»Ich kann es versuchen.«

»Es muss schnell gehen.«

»Vielleicht werde ich gezwungen sein zu erzählen, warum du umziehen musst.«

»Das kannst du gerne tun, solange du keine Namen nennst.«

»Und wenn sie danach fragen?«

»Dann erklärst du ihnen, warum ich anonym bleiben muss und was geschehen kann, wenn Alains Sohn mich aufspüren sollte.«

Rachid streckte ihm seine offene Hand entgegen. Ahmed schlug ein.

9

Alain wusste, dass er zu Dumas gerufen wurde, weil dieser ihm die Leviten lesen wollte. Georges hatte ihm sicherlich von dem morgendlichen Streit berichtet.

Konnte es auch etwas mit der Sabotage zu tun haben? Nein, niemand hatte ihn gesehen. Dass er so viel Zeit für die Kontrolle der Pumpen benötigt hatte, ließe sich damit erklären, dass ihn Thierrys Unfall sehr beschäftigte. Es war verdammtes Pech gewesen, dass sie den Schaden so schnell behoben hatten. Damit hatte Georges in letzter Minute den Kopf aus der Schlinge gezogen. Einige Minuten später wäre seine Karriere im Grundwasser ersoffen. Und Dumas wäre mit in die Tiefe gezogen worden. Aber noch war es nicht zu spät. Georges und Dumas durften nicht ungestraft auf ihm herumtrampeln. Vor allem nicht ein Verräter wie Dumas.

Alain lächelte Dominique strahlend an. Er starrte auf ihre Brüste. Hatte Dumas sie etwa schon ins Bett gekriegt? Daran würde er gegebenenfalls nicht mehr viel Freude haben. Wenn Alain mit ihm fertig war, würde Dumas' Glorienschein ziemlich verblasst sein. Ihm ging durch den Kopf, dass er Dumas bei dieser Gelegenheit noch ein hübsches Sümmchen abpressen könnte. Mit ein paar Tausendern in der Tasche konnte er vielleicht auch Dominique einladen. Nichts schien unmöglich.

»Der Chef erwartet Sie«, sagte Dominique, ohne aufzublicken.

Schwarze Schlampe! Sie sollte ihn gefälligst ansehen, wenn sie mit ihm sprach. Typisch für Dumas, eine Farbige als Chefsekretärin einzustellen. Er hatte einfach keine Scham im Leibe. Das war die Crux bei den Franzosen, im Bett waren ihnen Rasse, Religion oder Hautfarbe völlig gleichgültig. Nicht einmal bei Arabern konnten sie ihre Finger im Zaum halten. Hätten sie nicht so große Angst davor, ein Messer in den Rücken oder die Kehle durchschnitten zu bekommen, hätte sich schon ganz Algerien mit ihnen vermischt. Ganz anders bei den englischen oder deutschen Kolonien. Dort herrschte Ordnung. Wenn die Weißen heimkehrten, blieben ausschließlich Schwarze zurück. In den französischen Kolonien hingegen gab es bald nur noch *Café au lait*. Sie besaßen einfach keine Moral, diese Franzosen. Dumas war genauso, war es immer gewesen.

Alain ging hinein, ohne anzuklopfen.

»Hallo, Bernard«, sagte Alain.

»Setz dich!«

Alain nahm Platz. Dumas hatte keine Miene verzogen, als Alain seinen alten Decknamen aus dem Algerienkrieg verwendet hatte.

Dumas ging um den Schreibtisch herum und stellte sich hinter Alain.

»Georges war vorhin bei mir. Er hatte schlechte Nachrichten. Ich denke, du weißt, wovon ich rede.«

»Mein Sohn liegt mit gebrochenem Kiefer und zertrümmerter Kniescheibe im Krankenhaus. Er wurde von vier Arabern angegriffen. Von hinten.«

»Das meinte ich nicht.«

Alain drehte den Kopf, um Dumas in die Augen zu schauen, doch Dumas ging hinter seinem Rücken auf und ab. Alain konnte doch nicht wie bei einem Tennismatch ständig hin und her blicken, also starrte er schließlich geradeaus auf die leere Tischplatte.

»Georges meint, du würdest deine Arbeit vernachlässigen und Konflikte vom Zaun brechen.«

»Georges lügt. Die Araber machen ständig Ärger. Es ist doch wohl nicht meine Schuld, wenn sie nicht tun, was ich ihnen sage.«

»Das ist der Punkt. Du bist dafür verantwortlich, dass sie tun, was du sagst. Das gilt für Araber und Franzosen.«

»Du verstehst nicht, worum es geht.«

»Nicht?«

Alain wusste, dass er einen Fehler begangen hatte. Dumas kannte die Araber in- und auswendig. Er hatte vom ersten bis zum letzten Tag am Krieg teilgenommen. Was wollte er von ihm? Warum strich er fortwährend hinter seinem Rücken herum?

»Leider verstehst *du* nicht, worum es geht«, fuhr Dumas fort. »Es geht darum, dass die Dinge funktionieren. Dieses Projekt muss in zwei Jahren fertig gestellt sein, wie geplant. Alles, was dieses Ziel gefährden könnte, muss aus dem Weg geräumt werden.«

»Da bin ich ganz deiner Meinung. Die Araber müssen weg, damit hier endlich Ordnung herrscht.«

»Die Araber haben dieses Land aufgebaut. Sie haben gemauert, Beton gegossen, Armierungseisen zusammengeschweißt und Löcher gegraben. Nicht die Franzosen. Aber die Einwanderer der zweiten Generation sind sich für solche Drecksarbeiten zu schade. Wollen sich nicht die Finger schmutzig machen. Sind schon zu französisch geworden. Ich habe dir mit der Anstellung einen Gefallen getan. Ich dachte, du wächst mit den Aufgaben. Das tun die meisten. Ich dachte, du hättest aus sechs Jahren Krieg etwas gelernt, vor allem, die Araber nicht zu unterschätzen. Jetzt weiß ich, dass ich mich geirrt habe. Alle haben ihre Mängel und Fehler, auch ich. Doch ich habe aus meinen Fehlern gelernt. Deswegen habe ich es so weit gebracht. Du hingegen hast nichts gelernt. Du glaubst immer noch, wir hätten den Krieg gewinnen können, wenn de Gaulle nicht gewesen wäre. Härtere Folter und ein paar Fallschirmsoldaten mehr hätten deiner Meinung nach schon ausgereicht, nicht wahr? Der Unterschied zwischen uns ist, dass ich Realist bin, während du deinen Fantasien nachhängst. Von morgen an bist du nicht mehr Vorarbeiter, kannst aber in deiner

Sektion bleiben, wenn du willst. Dann musst du machen, was Ahmed dir sagt.«

Dumas wollte ihn vernichten. Die Araber sollten Gelegenheit bekommen, ihm im Tunnel den Garaus zu machen.

»Ich lasse mir weder von Ahmed noch von irgendeinem anderen Araberschwein etwas sagen.«

»Wie du willst. Du bist fristlos entlassen.«

»Du dreckiger Verräter!«

»Ich glaube, du solltest mit der Wahl deiner Worte etwas vorsichtiger sein. Ich bin kein Araber.«

»Wie viele Franzosen hast du auf dem Gewissen, Bernard? Ein Dutzend? Hundert? Wie viele mussten sterben, damit du deine Haut retten konntest? Was, glaubst du, würde die OAS oder die Front National dazu sagen, wenn sie wüssten, dass du dir freies Geleit erkauft hast, indem du die ans Messer geliefert hast, die den Kampf gegen die FLN fortsetzen wollten? Du, der immer damit angegeben hat, dass die FLN ein Kopfgeld auf dich ausgesetzt hatte! Du, der von so vielen für seine Kaltblütigkeit während der Strafaktionen in Casbash bewundert wurde! Wie viele hast du an Malik verraten?«

Alain schrie vor Schmerz auf. Dumas hatte seinen Kopf nach hinten über die Stuhllehne gebogen.

»Ich könnte dir genauso leicht das Genick brechen, wie ich eine Fliege erschlage. Du weißt, dass ich ohne weiteres dazu in der Lage wäre, noch dazu, weil es in meinem Interesse liegt. Und damit eins klar ist: Niemand wird auch nur einen Finger für dich krümmen, um mir etwas nachzuweisen. Einer wie ich ist für deine Freunde Millionen wert. Ich kann mir ihr Wohlwollen erkaufen, wann immer es mir passt. Du hingegen bist entbehrlich, bist Kanonenfutter.

Daran solltest du denken, bevor du Drohungen ausstößt, denen ja doch keiner Glauben schenken wird. Die Welt wird nicht durch Worte vorangebracht, Alain, sondern durch Taten. Wie ich schon sagte: Die Dinge müssen funktionieren. Das tun sie nicht, wenn Typen wie du zu viel Macht erhalten. Hitler bediente sich mittelmäßiger Spießer, wie du einer bist, um an die Macht zu gelangen. Nur um sie später zur Infanterie zu schicken und abschlachten zu lassen. Lies, was Le Pen und Mégret schreiben. Weißt du, was du in ihren Augen bist? Ein Papiertaschentuch. Etwas, womit man sich schnäuzt, um es dann wegzuwerfen.« Dumas löste den Griff um Alains Hals. Der Schmerz pulsierte. Alain zitterte am ganzen Körper. Er konnte nichts dagegen tun.

»Feigheit«, sagte Dumas. »Dieselbe Feigheit wie früher. Und du hast dir eingebildet, mich einschüchtern zu können? Du hast dir doch schon in die Hose gemacht, wenn Leute der FLN in der Nähe waren. Warum, glaubst du eigentlich, habe ich diese Position? Weil ich mir einen nüchternen Blick bewahrt habe. Weil ich mich nicht von Gefühlen leiten lasse. Alles, was ich tue, ist gründlich durchdacht und wohl kalkuliert. Meine Äußerungen zum Krieg genauso wie alles andere. Als Salan die Armee nicht auf seine Seite ziehen konnte, war die Sache für mich entschieden. Die OAS bestand aus einem Haufen Narren, die plötzlich den Verlockungen der Macht erlagen. Aber sie verkannten die Realität und dachten nur an den eigenen Ruhm.«

Alain versuchte aufzustehen. Dumas half ihm auf die Beine.

»Du kannst mit demselben Gehalt als Bauarbeiter weitermachen. Denk bis morgen darüber nach.«

Alain sah Dumas' eiskaltes Lächeln. Wie war er dazu nur in der Lage?

Dumas geleitete ihn zur Tür und öffnete sie mit höflicher Geste.

»Dominique, wären Sie so freundlich, ein Taxi zu rufen und Alain zum Fahrstuhl zu begleiten. Er hat einen Migräneanfall. Der Arme. Es muss sehr schmerzhaft sein. Außerdem ist ihm schwindlig.«

Dominique rief ein Taxi und packte Alains Arm. Der Duft ihres Parfüms und ihrer Weiblichkeit kitzelte Alain in der Nase. Er versuchte, sie abzuschütteln, doch dazu fehlte ihm die Kraft.

Dominique gab dem Taxifahrer Alains Adresse. Aber sobald das Auto außer Sichtweite war, bat Alain, ins Krankenhaus gefahren zu werden. Nach einer Viertelstunde waren die Kopfschmerzen so gut wie verschwunden. Gedankenspiele über die Art der Rache waren effektiver als die stärksten Kopfschmerztabletten.

Als das Taxi vor dem Krankenhaus stehen blieb, wusste er sofort, was zu tun war, obwohl er sonst stundenlang grübelte, um die geringsten Probleme zu lösen. Er wollte an seinen Arbeitsplatz zurückkehren. Er wollte auftreten wie ein geprügelter Hund, damit die anderen dachten, dass er klein beigab. Wenn sie am wenigsten damit rechneten, würde er zuschlagen, mit der Hilfe von Thierry und einigen anderen. Georges, Ahmed, Rachid und Dumas sollten sehen, dass er nicht ungestraft auf sich herumtrampeln ließ. Georges hatte keine Eltern. Na gut, dann sollten seine Kinder auch keine haben. Die anderen sollten so gepeinigt werden, bis sie ihn auf allen vieren um Gnade anflehten. Sie sollten im Staub kriechen und an seinen Stiefeln lecken. Genau wie die

Araber, die er im Krieg verhört hatte. Er war der geschickteste Vernehmungsleiter der DOP gewesen. Für seine Tüchtigkeit im Dienst war er mehrfach ausgezeichnet worden. Niemand besaß so viel Talent wie er, die Moral und Widerstandskraft der Araber zu brechen, das konnten viele bezeugen. Durch die Informationen, die er auf diese Weise bekommen hatte, war es ihm gelungen, das Leben Tausender Wehrpflichtiger zu retten. Und was war der Lohn? Undankbarkeit. Dreißig Jahre lang hatte man ihn wie einen Aussätzigen behandelt, vor allem diejenigen, die früher seine Vorgesetzten gewesen waren und jetzt ihre Hände in Unschuld wuschen. Ausländer sollten unter allen Umständen integriert werden, ob sie wollten oder nicht. Dafür wandte man viel Geld und Energie auf. Aber wer kümmerte sich um ihn? Wo gab es Gerechtigkeit? Nirgends.

10

Mireille drehte sich um und versuchte wieder einzuschlafen. Doch sobald sie die Augen schloss, sah sie die Albtraumbilder der Männer, die den Stein auf Fatima geworfen hatten. Mireille stand auf und ging zu ihr hinein. Sie hatte sich zu einem kleinen Ball zusammengerollt, als wollte sie sich selbst im Schlaf unsichtbar machen. Ihre Hand ruhte auf der Wunde am Hinterkopf, als versuchte sie, sich gegen die Steine zu schützen, die durch die Luft flogen. Fatima hatte nie etwas Böses getan. Sie musste dafür büßen, dass sie Mireilles Tochter war. Es verging kein Tag, an dem sich Mireille deshalb keine Vorwürfe machte, aber wozu? Sie konnte ihr Leben nicht noch einmal leben.

Mireille war achtzehn, als sie ihre Eltern verließ, die durch das Erstarken der Front National plötzlich den Mut aufbrachten, sich zu ihrem Fremdenhass zu bekennen. In Paris begann sie Geschichte zu studieren, während sie nebenher in einem Café arbeitete. Jahrelang verschlang sie ein Buch nach dem anderen, um zu ergründen, wie es möglich sein konnte, dass die Welt so eingerichtet und sie die Tochter ihrer Eltern war.

Nachdem sie ihr Examen zum *agrégé* abgelegt hatte, bewarb sie sich an der *École Nationale d'Administration* und wurde aufgenommen. Sie betrachtete die ENA als eine Möglichkeit, die Welt zu verändern. Aber nach nur einem Jahr hatte sie genug von den verstiegenen Gedankenspielen und intellektuellen Spitzfindigkeiten. Sie verließ das Institut und nahm eine Stelle als Lehrerin an einem Vorortgymnasium an. Dort hatte sie das Gefühl, der Wirklichkeit zu begegnen: Schulklassen, in denen die Mehrheit der Kinder ausländische Eltern hatte. Unter den Schülern befanden sich viele Mädchen, die auf Grund von Rassismus und Unterdrückung keine Möglichkeit hatten, sich frei zu entwickeln.

Die Mädchen fassten Vertrauen zu ihr, und es dauerte nicht lange, bis Mireille ebenso viel Zeit damit verbrachte, ihnen durchs Leben zu helfen wie sie zu unterrichten. Nach und nach scharten sich weitere Menschen um sie, die von Erklärungen und Versprechungen ebenfalls genug hatten. Ohne zu wissen, wie ihr geschah, stand sie plötzlich an der Spitze einer Bewegung, der sich Menschen verschrieben hatten, die gegen jede Art des Fanatismus aufbegehrten und unter Umständen sogar bereit waren, ihr Leben einzusetzen. Die meisten von ihnen waren Angehörige oder

Freunde von Menschen, die in Frankreich oder Algerien Opfer von Rassisten und islamischen Extremisten geworden waren.

Schon bald sah sich Mireille den Drohbriefen und dem Telefonterror von Rechtsextremisten und militanten Muslimen ausgesetzt. Schließlich gab es keinen anderen Ausweg mehr, als mit der Organisation in den Untergrund zu gehen. Gleichzeitig hörte sie auf, sich persönlich um hilfsbedürftige Mädchen zu kümmern, und begann, sich bei ihrer Arbeit das Internet zu Nutze zu machen. Sie baute eine horizontal gegliederte Organisation auf, deren autonome Gruppen nichts voneinander wussten, genau wie bei vielen terroristischen Vereinigungen. Der Unterschied bestand darin, dass eine klare Kommandostruktur erhalten blieb und das Leben der Mitglieder als ebenso wichtig betrachtet wurde wie das der Opfer. Bei den meisten Fanatikern hingegen handelte es sich um junge Männer, denen ihr Leben, in Erwartung des Paradieses, gleichgültig war. Ihre Führer betrachteten die Aktivisten als Menschenmaterial oder glaubten, die Märtyrer hätten im Jenseits ohnehin ein schöneres Leben als auf Erden. Mireille fragte sich oft, was wohl ihre Dozenten von der Universität und der ENA sagen würden, wenn sie wüssten, wie sie die Kenntnisse auf ihrem Spezialgebiet »Alternative Organisationsformen« einsetzte. Bis zu ihrem Abgang vom Institut hatte sie an einer Abhandlung über Francis Jeansons Geheimorganisation gearbeitet, die während des Algerienkriegs Geld und Ausrüstung gesammelt hatte, um die FLN in ihrem Kampf gegen Frankreich zu unterstützen.

Bei dieser Vita war es wohl nicht verwunderlich, dass sie früher oder später einem Mann wie Ahmed begegnete. Sie war eines Tages nach Marokko gereist, um ein Mädchen zurückzuholen, das von ihrem algerischen Vater entführt worden war, weil sich die französische Mutter weigerte, zum Islam zu konvertieren. Mireille und Ahmed waren sich frühmorgens am Strand des Atlantiks begegnet. Sie grüßten einander, wechselten ein paar Worte, setzten sich und begannen zu erzählen. Sie entdeckten rasch, dass sie einander ähnelten. Zwei Einzelgänger, die zwar desillusioniert waren, aber den Kopf nicht in den Sand steckten. Ahmed half Mireille, das Mädchen zu finden und außer Landes zu schmuggeln, worauf er sie nach Frankreich begleitete.

Ein Jahr später wurde Fatima geboren. Sie wussten beide, dass sie im Grunde kein Kind in diese Welt hätten bringen sollen. Aber was blieb ihnen übrig? Auch sie hatten schließlich das Recht auf ein normales Leben. Nach einem Jahr mit wechselnden Jobs ließ sich Ahmed als Betonarbeiter für das Eole-Projekt anstellen. Mireille arbeitete weiter als Lehrerin an ihrem Vorortgymnasium, während sie im Verborgenen das Netzwerk der Organisation dirigierte.

Jahrelang hatten sie in einem Getto am Rande der Stadt gewohnt, das zunehmend verarmte, in dem sie jedoch unbehelligt leben konnten. Hin und wieder hatte sie gehofft, ihre kleine Familie könne ein mehr oder weniger normales Leben führen. Aber wenn sie jetzt Fatimas Hand betrachtete, die auf der Wunde des Hinterkopfs ruhte, begriff sie, dass dies nur Wunschdenken war.

Sie strich Fatima über die Wange. Würde sie irgendwann verstehen, warum sich Mireilles Leben so entwickelt hatte? Mireille konnte nur hoffen, dass Fatima ihr eines Tages Recht geben würde. Aber nicht einmal das war gewiss. Und was wäre das Ganze dann wert gewesen?

Nachdem sie geduscht hatte, ging Mireille in ihr Arbeitszimmer, schloss die Tür und schaltete den Computer ein. Sie hinterließ die verschlüsselte Botschaft, sie sei bis neun Uhr erreichbar, für den Rest des Tages jedoch beschäftigt. Fatima sollte jedenfalls heute nicht in die Schule.

Mireille hoffte, dass sie an diesem Morgen nirgends Feuerwehr spielen musste. Aber nur zehn Minuten später erhielt sie die Nachricht, ein siebzehnjähriges ausländisches Mädchen sei aus dem Fenster gesprungen. Das Mädchen erwartete ein Kind von einem Franzosen. Der Vater des Mädchens hatte gedroht, sie umzubringen. Man hatte sich des Mädchens bereits angenommen und sie zu einem sicheren Versteck gebracht. Mireille organisierte die Hilfsmaßnahmen. Der Organisation waren im Laufe der Zeit auch Psychologen und Ärzte beigetreten, die erste Hilfe leisten konnten.

Nachdem Mireille ihre Arbeit am Computer beendet hatte, kochte sie Kaffee. Während des Frühstücks las sie ein Buch über die Islamische Heilsfront von Rachid Boudjedra, der sich entschieden hatte, auch angesichts des schlimmsten Terrors und eines halben Dutzend gegen ihn verhängter Fatwas in Algerien zu bleiben. Zwei Jahre lang hatte er niemals zwei Nächte hintereinander im selben Bett verbracht und sich häufig als Frau verkleidet, um zu überleben.

Vor langer Zeit war Mireille auf einen Roman des norwegischen Autors Jens Bjørneboe gestoßen. Er hieß *Der Augenblick der Freiheit* und handelte von einem Mann, der Material für eine »Geschichte der Bestialitäten« sammelte, eine zehnbändige Auflistung menschlicher Grausamkeiten. Als Mireille einige Jahre später erfuhr, dass sich Bjørneboe nach Abschluss seines Meisterwerks das Leben genommen hatte, beschloss sie, dort weiterzumachen, wo dieser aufgehört hatte. Irgendjemand musste sich doch die Mühe machen, Vorfälle zu registrieren, zu archivieren und zu veröffentlichen, so wie auch Boudjedra es getan hatte:

Das erste Opfer eines Verbrechens der Islamischen Heilsfront war ein Säugling, der bei lebendigem Leib verbrannte, nachdem fanatische Aktivisten die Wohnung in Brand gesteckt hatten, in der eine geschiedene Frau mit ihrem wenige Monate alten Kind lebte. So geschehen 1989 in Quargla. Die Fundamentalisten der Islamischen Heilsfront, welche die Frau der Prostitution anklagten, legten das Feuer mitten in der Nacht, während sie schlief. Der Säugling wurde auf dem Altar des islamischen Fanatismus und der Inquisition geopfert. Die Mutter überlebte, wurde durch Verbrennungen dritten Grades jedoch nachhaltig geschädigt. Ein solches symbolisches Verbrechen, begangen an einem unschuldigen Geschöpf, einem wenige Monate alten Säugling, sagt viel über die psychopathische Natur der Heilsfront, die sich ganz und gar dem Terror verschrieben hat. Zwischen dem Reichstagsbrand 1933 und dem Brand dieser kleinen Wohnung in Quargla in Südalgerien 1989 besteht mehr als eine Gemeinsamkeit. Beide offenbaren die ganze Barbarei und den Irrsinn dieser Welt.

Mireille heftete eine Büroklammer an die Seite. In allen ihren Büchern steckten solche Klammern und markierten die Abscheulichkeiten, deren sich Menschen im Namen Gottes, der Rasse, der Nation, des Geldes oder Egoismus schuldig gemacht hatten. An Material fehlte es nicht. Vielleicht hatte Bjørneboe sich deshalb das Leben genommen. Er musste begriffen haben, dass zehn Bände nur einen Bruchteil menschlicher Niedertracht dokumentieren konnten. Was hätte er gedacht, wenn er von den Dingen erfahren hätte, die nach seinem Tod allein in Bosnien, Algerien, dem Kosovo und Kambodscha geschahen? Vermutlich hatte er sich zu Recht das Leben genommen, um diese Dinge nicht mehr erleben zu müssen. Wie lange würde sie durchhalten?

11

Fatima sah die Kinder aus großer Distanz, vier Jungen und ein Mädchen in einem rot-weiß karierten Kleid. Das Mädchen stand abseits und hielt sich die Augen zu. Spielten sie Verstecken? Nein, die Jungen riefen Schimpfwörter und verhöhnten das Mädchen. Fatima ging näher heran. Sie hörte, was die Jungen riefen: »Kanake, Araberfotze!« In diesem Augenblick hob der größte Junge den Arm. Was hatte er vor? Ein Stein, so groß wie ein Tennisball, flog durch die Luft und traf das Mädchen am Kopf. Sie sank zu Boden; das Blut lief ihr über Gesicht und Hände, die sie immer noch vor die Augen presste. Die anderen Jungen folgten dem Beispiel ihres Kameraden und ließen einen wahren Steinhagel über dem Mädchen niedergehen. Fatima wollte hinlaufen, aber ihre Muskeln gehorchten nicht. Ohnmächtig sah sie mit an, wie die Jungen das Mädchen erschlugen, wie sich der weiße Stoff ihres Kleids nach und nach rot färbte.

Auch Fatima presste die Hände vor die Augen. Sie weinte. Als sie die Augen wieder öffnete, waren die Jungen und das Mädchen verschwunden. Stattdessen erblickte sie eine Gruppe erwachsener bärtiger Männer, ungefähr ein Dutzend, die knöchellange weiße Gewänder trugen. Es waren

Geistliche. Vor ihnen, zehn Meter entfernt, stand eine vollständig verschleierte Frau. Ihr einziges Fenster zur Welt war ein transparentes Stück Stoff vor ihren Augen, wie Fatima es auch bei den Frauen der Taliban in Afghanistan gesehen hatte. Fatima ging näher heran. Dann hörte sie die Männer schreien: »Ungläubige! Hure! Lügnerin! In der Hölle sollst du braten!« Im selben Augenblick hob einer der Männer den Arm und warf den ersten Stein. Er traf die Frau an der Stirn. Sie fiel nicht um, doch es dauerte nicht lange, bis sich ein roter Fleck auf dem Schleier ausbreitete. Als der Geistliche sah, wie sich das Gesicht der Frau in einen roten Fleck verwandelte, wie der Mittelpunkt einer Zielscheibe, stießen die Männer ein Geschrei aus, hoben ihre Arme und begannen Steine auf die Frau zu werfen. Sie hörten erst auf, als sie leblos am Boden lag. Dann dankten sie Allah.

Fatima wollte weglaufen. Sie wollte fort, aber ihre Beine trugen sie nicht. Sie sank zu Boden und weinte so sehr, dass sie zitterte.

Als sie nach langer Zeit aufblickte, sah sie andere Männer und eine andere Frau, als ob es von ihnen beliebig viele gäbe. Die Männer hatten geschorene Köpfe, trugen Lederjacken und schwere schwarze Militärstiefel. Das Mädchen war halbwüchsig und von arabischem Aussehen. Ihre Augen waren rabenschwarz. Die Lippen braunrot, wie verbrannte Wüstenerde in der Abendsonne. Doch die Haut war kreideweiß, wie frisch gefallener Schnee. Fatima trat näher. Dann hörte sie die Männer schreien: »Bastard! Araberfotze!« Im nächsten Augenblick hob einer der Männer den Arm und warf mit voller Kraft einen Stein nach dem Mädchen. Fatima schrie auf und begann zu laufen. Sie war schneller als der Stein und stellte sich zwischen das Mädchen und die Männer. Der Stein traf Fatima. Sie spürte, wie ihr warmes Blut über den Hals lief. Doch sie sank nicht zu Boden, sondern starrte die Männer unverwandt an. Die schauten verwundert zu Fatima. Dann fingen sie an zu brüllen und ließen einen Steinhagel über Fatima niedergehen. Sie fing jeden einzelnen Stein, schleuderte ihn mit doppelter Kraft zurück und schlug die Männer in die Flucht. Als sie verschwunden waren, drehte Fatima sich um. Das Mädchen stand an derselben Stelle wie am Anfang.

»Danke!«, sagte sie. »Du hast mir das Leben gerettet.«

Da sah Fatima, dass sie selbst das Mädchen war.

Im nächsten Augenblick erwachte sie. Zuerst wusste sie nicht, wo sie war. Sie atmete schwer. Das Laken war durchgeschwitzt. Ihre Muskeln schmerzten von dem vergeblichen Versuch zu laufen. Dann begriff sie, dass sie geträumt und was den Traum ausgelöst hatte. Sie hatte zunächst einen Albtraum gehabt, wie so oft, nachdem sie ferngesehen und die grässlichen Geschichten gelesen hatte, die Mireille in ihrem Arbeitszimmer versteckte. Fatima erkannte den ersten Traum wieder: Es waren die Kinder, die andere Kinder getötet hatten. Es waren die Kinder, die sich eingebildet hatten, dass es in der Wirklichkeit keine Gewalt gebe, dass echte Menschen nicht wirklich starben, wenn sie einen Stein an den Kopf bekamen. Es waren die Kinder, die glaubten, dass die Realität nur ein Spiel sei. Auch den zweiten Traum erkannte sie wieder. Er ging auf ein Buch zurück, in dem sie gelesen hatte, wie eine Frau in ihrem iranischen Dorf zu Tode gesteinigt worden war. Die Frau hatte sich geweigert, einen Geistlichen zu heiraten, der sich ihrer annehmen wollte, nachdem ihr Mann sie verlassen hatte. Der Geistliche hatte dem Ehemann zugesagt, dass er für seine Diebstähle nicht zur Rechenschaft gezogen werde, wenn er sich scheiden ließe. Als die Frau sich später weigerte, den Geistlichen zu heiraten, klagte er sie der Gotteslästerung an und erwirkte, dass sie zum Tod durch Steinigung verurteilt wurde.

Der dritte Traum handelte von ihr selbst. Sie befühlte mit der Hand ihren Hinterkopf. An ihren Haaren klebte immer noch geronnenes Blut, obwohl Mireille die Wunde so gut ausgewaschen hatte, wie sie konnte. Doch der dritte Traum war kein Albtraum. Sie war nicht hilflos gewesen. Sie hatte gehandelt. So wie ihre Mutter.

Vor einer Woche hatte sie von einem Mädchen aus der Schule erfahren, dass Mireille jungen Immigrantinnen geholfen hatte, die von ihren Vätern und Brüdern drangsaliert und misshandelt worden waren. Malika hatte gesagt, einige hätten Mireille ihr Leben zu verdanken. Zunächst war Fatima von Stolz erfüllt gewesen. Doch später fühlte sie sich betrogen. Warum hatte Mireille ihr nie davon erzählt? Warum war sie nie eingeweiht worden? Jetzt begriff Fatima auch, warum sie das Arbeitszimmer ihrer Mutter nie hatte betreten dürfen.

Seit sie ein kleines Mädchen war, hatte sie zu hören bekommen, Mama brauche absolute Ruhe, um ihre Schulstunden vorzubereiten und die Klassenarbeiten zu korrigieren. »Mama arbeitet« hatte stets bedeutet, dass sie alleine spielen oder mit Papa zusammen sein sollte. Es war ihr nicht leicht gefallen, Mama in Ruhe zu lassen. Fatima hatte sich immer vorgestellt, dass im Arbeitszimmer ihrer Mutter sehr spannende und geheimnisvolle Dinge vor sich gingen, wenn sie »arbeitete«. Fatima wollte wissen, was dort passierte. Es war immer ein geradezu feierlicher Moment gewesen, wenn sie hin und wieder ins Arbeitszimmer kommen und auf Mamas Knien vor dem Laptop sitzen durfte, der immer auf dem Schreibtisch stand. Aber was tat die eigentlich, wenn sie arbeitete? Nirgends konnte Fatima irgendwelche »Arbeit« erblicken. Papa baute Häuser, das hatte sie mit eigenen Augen gesehen, wenn er ihr seine verschiedenen Baustellen zeigte. Aber Mama? Wenn sie den Computer einschaltete, erschien auf dem Bildschirm eine graue Fläche, auf der man Striche zeichnen konnte, oder es gab Bilder von Elefanten und anderen Tieren, die sich mit verschiedenen Farben ausfüllen ließen. Mama hatte ihr erklärt, man benutze den Computer, um Buchstaben zu schreiben und Briefe zu verschicken, aber Fatima wusste noch nicht mal genau, was Buchstaben waren. Mit den Buchstaben auf dem Computer konnte man auch Bücher schreiben. Fatima wusste, dass es in den Büchern Geschichten gab, denn Mama und Papa lasen Geschichten, wenn sie in die Bücher schauten, doch sie verstand nicht, was das Schreiben von Buchstaben mit Arbeit zu tun hatte. Bevor sie lesen konnte, versuchte sie oft zu »arbeiten«, genau wie ihre Mama. Sie nahm ein Buch aus dem Regal im Wohnzimmer und blätterte darin. Wenn Mama und Papa fragten, was sie tue, antwortete sie, sie »lese Buchstaben«.

Daher war es vielleicht nicht verwunderlich, dass Fatima früher lesen konnte als die meisten anderen Kinder und dass Bücher für sie wichtiger wurden als die Wirklichkeit selbst. Im Grunde hatte Fatima so früh lesen lernen wollen, um ihrer Mutter helfen zu können. Aber so gut sie auch im Lesen wurde, sie durfte Mamas Arbeitszimmer immer noch nicht betreten. Sie hatte dies immer als ungerecht empfunden und sich nicht verstanden gefühlt. Daran hatte sich bis heute nichts geändert. Deshalb empfand sie wohl auch kein Schuldbewusstsein, wenn sie sich in das Arbeitszimmer schlich und in den Büchern las, die Mama hinter anderen versteckt hatte. Fatima wollte ihre Fähigkeiten beweisen und der Mutter zeigen, dass es ein Fehler war, sie von der Arbeit auszuschließen.

Aber die Bücher waren abscheulich und hatten ihr Albträume beschert. Mama und Papa hatten sie getröstet und mit ihrer Lehrerin gesprochen. Doch die Albträume hatten nichts mit der Schule zu tun. Im Gegenteil. Fatima hatte geglaubt, sie würde in der Schule erfahren, warum Menschen sich so furchtbare Dinge antaten. Sie machte gewissenhaft ihre Aufgaben und wurde Klassenbeste, um ihre Albträume loszuwerden. Erst als es zu spät war, wurde ihr klar, warum die Mutter sie von diesen Büchern fern halten wollte. Manchmal war sie wochenlang bedrückt, wie sehr Mama und Papa Fatima auch ihre Liebe zeigten. Das machte alles nur noch schlimmer, weil sie sich dann nicht traute zu sagen, warum sie so traurig war. Doch jetzt hatte sie einen Beschluss gefasst. Sie wollte mit Mireille reden. Auf der Stelle. Sobald sie sich dazu durchgerungen hatte, fühlte sie sich wie von einem langen Albtraum befreit. Vielleicht war es sogar gut gewesen, dass sie den Stein an den Kopf bekommen hatte. Jetzt konnte Mireille sie nicht länger von ihrer Arbeit ausschließen und wie ein Kind behandeln.

Fatima schaute auf die Uhr. Es war schon neun! Sie hätte längst in der Schule sein müssen. Sie sprang aus dem Bett, zog sich an und lief in die Küche.

12 Mireille hörte, dass Fatima aufgestanden war. Rasch legte sie das Buch von Boudjedra beiseite. Fatima verschlang die Bücher und las alles, was sie in die Hände bekam. Sicherheitshalber hatte Mireille die schrecklichsten Berichte hinter Geschichtsbüchern und Lehrmitteln versteckt. Doch seit einigen Wochen hatte sie Fatima im Verdacht, dennoch in ihnen zu lesen. Sie hatte mit Ahmed gesprochen, und sie hatten beschlossen, so bald wie möglich mit Fatima darüber zu reden. Aber nicht heute. Nicht einen Tag nach dem Überfall.

»Warum hast du mich nicht geweckt?«, fragte Fatima.

»Weil ich der Meinung war, dass du nach dem gestrigen Tag ausschlafen solltest. Ich habe in der Schule angerufen und gesagt, dass du krank bist.«

»Ich bin nicht krank. Ich versäume einen Schultag.«

»Was macht das schon? Du kommst doch gut zurecht. Bist immer die Beste in der Klasse gewesen.«

»Ich gehe nicht zur Schule, um Klassenbeste zu sein. Ich gehe in die Schule, um zu lernen, wer ich bin. Bald werde ich fünfzehn. Ich bin kein kleines Mädchen mehr. Ich lebe mein eigenes Leben. Aber manchmal weiß ich nicht, wer ich bin und wohin ich gehöre.«

»Hier ist dein Zuhause.«

»Aber du und Papa, wo gehört ihr hin?«

»Wo wir hingehören?«

Mireille hatte Angst, etwas zu sagen, das Fatima vielleicht noch trauriger machte – nach allem, was gestern vorgefallen war.

»Das ist nicht leicht zu beantworten«, entgegnete Mireille ausweichend.

»Da siehst du's. Woher soll ich wissen, wo ich hingehöre, wenn nicht einmal ihr es wisst. Du bist zumindest Französin, so wie Oma und Opa. Ich bin weder das eine noch das andere.«

»Dass ich Französin bin, bedeutet gar nichts, genauso wenig wie für Oma und Opa. Du weißt, wie ich zu ihnen stehe, und du weißt auch, was sie von deinem Vater halten.«

»Und was ist mit mir?«

»Du hast sie vor das größte Problem ihres Lebens gestellt. Mich betrachten sie nicht einmal mehr als ihre Tochter, seitdem ich mit deinem Vater verheiratet bin. Aber natürlich lieben sie dich. Du bist ihr einziges Enkelkind. Ohne dich gäbe es in ihrem Leben überhaupt keine Liebe.«

»Wie können sie mich lieben, wenn sie Papa hassen und dich behandeln, als wärst du nicht mehr ihre Tochter?«

»Es gibt Menschen, aus denen man einfach nicht schlau wird.«

»Menschen wie mich?«

»Wie meinst du das?«

»Verstehst du denn nicht, dass ich wissen muss, wer ich bin und wo ich hingehöre?«

»Aber natürlich tue ich das.«

»Warum heiße ich dann Fatima? Ich bin keine Araberin und will auch keine sein. Warum habt ihr mich nicht Amelie oder zumindest Veronique genannt?«

»Dein Vater wollte, dass du Fatima heißt. So wie seine Schwester.«

»Das weiß ich. Aber *warum?*«

»Die Hand Fatimas ist ein schönes Symbol. Sie schützt vor Bosheit. Fatima ist in den islamischen Ländern ein häufiger Name.«

»Aber ich heiße doch nicht deswegen Fatima, sondern wegen seiner Schwester. Warum?«

»Warum?«

Mireille sah ein, dass Fatima keine Ausflüchte mehr akzeptierte.

»Bisher wollten wir nicht mit dir darüber reden, weil du noch zu jung warst. Aber jetzt ist vielleicht der richtige Zeitpunkt gekommen. Papas Schwester ist während des Bürgerkriegs von Franzosen zu Tode gefoltert worden, weil sie sich weigerte, sein Versteck zu verraten. Dein Vater war Mitglied der FLN und kämpfte für die Unabhängigkeit und Freiheit Algeriens. Die Schwester deines Vaters nahm den Tod in Kauf, damit er leben konnte. Ohne sie gäbe es dich nicht.«

Fatima saß eine Weile schweigend da und starrte aus dem Fenster. Als sie Mireille wieder anschaute, lagen sowohl Trauer als auch Entrüstung in ihrem Blick.

»Findest du das gerecht?«, fragte sie. »Es ist genauso, wie ich gesagt habe: *Mich* gibt es nicht. Sogar mein Name gehört einer anderen.«

»Warum sagst du das?«

»Weil es wahr ist.«

»Für Papa und mich gibt es dich, da kannst du ganz sicher sein.«

»Kann ich das?«

»Fatima!«

»Ich weiß, dass ihr mich liebt. Aber ihr behandelt mich, als wär ich noch ein Kind.«

»Bist du das denn nicht? Kein Erwachsener erzählt seinen Kindern alles.«

»Warum hat Papa Algerien verlassen? Er war doch Offizier, oder? Ich will es jetzt wissen. Sag mir die Wahrheit.«

»Im Krieg geschehen schreckliche Dinge. Ich glaube, er will uns die Einzelheiten ersparen. Er will das alles vergessen.«

»Warum heiße ich dann Fatima? Doch wohl, um ihn zu erinnern.«

»Vielleicht um seiner Schwester – nicht dem Krieg! – ein ehrendes Andenken zu bewahren.«

»Warum hast du Papa nie gefragt, was er während des Krieges getan hat? Ich könnte nie jemanden heiraten, ohne zu wissen, wer er eigentlich ist.«

Mireille verspürte ein wachsendes Unbehagen. Sie wagte nicht, den Blick von Fatima abzuwenden, aus Angst, diese könne glauben, dass sie log oder die Wahrheit verschleierte. Mireille hatte das Gefühl, Fatima verfolge eine bestimmte Absicht.

»Wie soll ich dir das nur erklären? Man kann einen Menschen auf verschiedene Arten kennen lernen. Die Liebe ist eine von ihnen. Bei einigen Menschen wird die Liebe vor allem durch den Kopf gesteuert: Sie wollen alles voneinander wissen und reden unaufhörlich miteinander, um sich zu versichern, dass sie dasselbe denken und fühlen. Andere lieben vor allem mit dem Herzen: Sie haben beinahe Angst, zu viel zu sprechen. Sie haben Angst davor zu entdecken, dass die Liebe womöglich das Einzige ist, das sie verbindet. Dein Vater und ich haben uns wohl irgendwo in der Mitte getroffen. Wir haben über alle möglichen Dinge gesprochen, aber nur wenig von unserem früheren Leben. Wir wollten beide von vorne anfangen. Dein Vater und ich waren beide in eine Außenseiterposition geraten. Als wir uns begegneten, hatten wir uns beide bereits von unseren Familien, unserer Religion und unseren Heimatländern distanziert. Wir hatten vielleicht dasselbe Gefühl wie du heute: dass wir nirgends richtig hingehörten. Wir waren Nomaden geworden, die sich weder in Frankreich noch in Algerien zurechtfanden. Aber die Menschen hassen Nomaden. Denk nur an die Zigeuner, Einwanderer, Juden, Palästinenser. Heimatlose und Umherziehende sind die Parias unserer Zeit.«

»Was heißt das?«

»Dass niemand etwas mit ihnen zu tun haben will.«

»Und ich? Zähle ich auch dazu? Will auch mit mir niemand etwas zu tun haben?«

»Du bist wohl genauso ein Paria wie wir. Der Unterschied besteht darin, dass wir es freiwillig geworden sind. Das ist schrecklich, aber es ist die Wahrheit.«

»Wenn man keine Wahl hat, ist alles sinnlos, oder?«

»So etwas darfst du nicht sagen!«

»Was soll ich denn sonst sagen? Ich empfinde es so. Was hat mein Leben für einen Sinn, wenn ich nicht einmal darüber entscheiden kann, wer ich bin? Und sag jetzt nicht, ich könnte mir aussuchen, ob ich Ärztin oder Lehrerin werden wolle! Darum geht es nicht.«

Nein, darüber war sich Mireille im Klaren. Aber was sollte sie sagen? Jedes Wort konnte für Fatima in diesem Moment von entscheidender Bedeutung sein. Mireille hatte Fatima nie zuvor so erlebt.

»Es gibt mehr Menschen als man glaubt, denen es so geht wie dir«, sagte sie bedächtig. »Das darfst du nie vergessen. Du kannst in jedem Fall frei entscheiden, ob du die Rolle annehmen willst, die dir aufgezwungen worden ist. Du kannst ein Nomade sein wie ich und dein Vater. Und versuchen, die Menschen zu finden, die so sind wie du. Es gibt sie.«

»Woher weißt du das?«

»In beinahe jeder meiner Klassen gibt es Schüler, die so sind wie du und ich. Die sich weder in Frankreich noch an irgendeinem anderen Ort zu Hause fühlen. Und es handelt sich dabei nicht nur um Ausländer, nicht nur um Mädchen, die sich von ihren Familien befreien wollen, um ein einigermaßen selbstbestimmtes Leben führen zu können. Entwurzelte Menschen sind aufeinander angewiesen. Für dich kommt es darauf an, aus der Notwendigkeit eine Tugend zu machen.«

»Was bedeutet das?«

»Dich bewusst für ein Leben als Fremde und Nomadin zu entscheiden. Das ist nicht leicht, aber es kann deinem Dasein ebenso viel Sinn und Glück verleihen wie das sesshafte Leben, das alle die anderen führen. Vielleicht sogar noch mehr.«

»Bist du glücklich?«

»Ich?«

Glücklich? War sie glücklich? Die Frage an sich war ihr völlig fremd, als hätte sie nichts mit ihr zu tun.

»Ja, du. Bist du glücklich?«, sagte Fatima mit derselben Entschiedenheit wie zuvor.

»Wenn islamische Fundamentalisten und Rassisten dich und die anderen Mädchen so leben ließen, wie ihr wollt, dann wäre ich wunschlos glücklich. Mit dir und Ahmed.«

»Ich bin fast immer unglücklich.«

»Fatima!«

»Kannst du mir nicht helfen?«

»Dir helfen?«

Plötzlich begriff Mireille, was Fatima im Sinn hatte. Fatima wusste Bescheid.

»Ich weiß, dass du anderen Mädchen aus dem Ausland hilfst.«

»Wer hat das gesagt?«

»Ein Mädchen aus meiner Schule, die Malika heißt. Sie sagt, du hättest ihrer großen Schwester das Leben gerettet.«

»Das ist schon lange her.«

Das war es tatsächlich. Das war zu der Zeit gewesen, als Mireille noch persönlichen Kontakt zu den Mädchen pflegte. Das war zu der Zeit gewesen, in der sie noch geglaubt hatte, anderen Menschen helfen zu können, ohne sich verstecken zu müssen.

»Malika sagt, du hättest vielen Mädchen geholfen. Sie sagt, du wärst ihre Heldin und viele von ihnen würden ihr Leben für dich geben, wenn du es verlangen würdest. Ist das wahr?«

»Das liegt schon Jahre zurück, Fatima.«

»Warum kannst du mir nicht helfen, wenn du ihnen helfen konntest?«

»Versteh doch, Fatima. Ich versuche, euch allen zu helfen. Je mehr von euch ein selbstbestimmtes Leben führen können, desto größere Möglichkeiten hast auch du. Es ist ein langer und beschwerlicher Weg. Jede Form von Rassismus und männlicher Unterdrückung muss beseitigt werden, damit es besser wird in dieser Welt.«

»Ich will dabei helfen, anstatt bloß darauf zu warten, dass es besser wird.«

»Das geht nicht. Das ist zu gefährlich.«

»Du gibst also zu, dass du dich immer noch für die Mädchen einsetzt?«, sagte Fatima.

»Ich kann dich nicht anlügen.«

»Lass mich dir helfen! Ich bin fast erwachsen.«

»Du bist erst vierzehn.«

»Papas Schwester war nicht älter als ich, oder? Außerdem werde ich bald fünfzehn.«

Fatima hatte Recht, nur allzu Recht. Ahmeds Schwester war nicht älter gewesen als Fatima zurzeit. Es war ein fürchterliches Argument. Fatima war ihre einzige Tochter.

»Wie könnte ich zulassen, dass du dich in Gefahr begibst?«, sagte Mireille. »Die Mädchen, denen ich zu helfen versuche, riskieren, misshandelt, getötet, vergewaltigt oder ausgestoßen zu werden, wenn ihre eigenen Väter sie nicht entführen und nach Nordafrika schicken, wo sie nie zuvor gewesen sind. Die meisten von ihnen wären glücklich, wenn sie ein Leben führen könnten wie du.«

»Aber ich bin es nicht. Ich kann doch nicht zulassen, dass Rassisten Steine auf mich werfen und meinen Papa demütigen.«

»Dein Vater lässt sich von niemandem demütigen.«

»Ich seh fern, ich les Zeitungen und Bücher, so wie du. Ich weiß, dass Polizisten Dutzende von Arabern in die Seine geworfen haben, obwohl sie nichts getan hatten. Ich habe die Berichte über Rassisten gelesen, die Ausländer quälen und umbringen. Ich weiß, wie manche Väter ihre Töchter behandeln. Wär's dir lieber, wenn ich in die Moschee ginge? Nur um jemand zu sein? Ich will ein Ziel haben, für das es sich zu leben lohnt.«

Zeit gewinnen! Mireille musste Zeit gewinnen. Sie durfte Fatima nicht ohne weiteres nachgeben. Aber dann erinnerte sich Mireille an das, was ihr am Morgen durch den Kopf gegangen war. Genau das hatte sie sich doch gewünscht. Dass Fatima sie unterstützte, den Kampf fortzusetzen. Sie versuchte zu lächeln. Fatima hatte sie in die Ecke gedrängt. Aller Angst zum Trotz freute sie sich darüber, dass Fatima so entschieden ihre Interessen vertrat.

»Ich hätte vermutlich genau dasselbe zu meiner Mutter gesagt, wenn ich in deiner Situation gewesen wäre«, sagte sie. »Aber über eines musst du dir im Klaren sein: Du wirst sicher enttäuscht werden. Wir demonstrieren nicht und teilen auch keine Flugblätter aus. Im Gegenteil, je unauffälliger wir arbeiten, desto besser.«

»Ich werd schon nichts ausplaudern.«

»Da bin ich ganz sicher. Du wirst auch nicht viel auszuplaudern haben, selbst wenn man versuchen sollte, dich dazu zu zwingen. Je weniger einer vom anderen weiß, umso besser. Wir alle sind nur kleine Rädchen, die ihre bescheidenen Aufgaben erfüllen. Du wirst zum Beispiel nie erfahren, wer eine Hilfsaktion leitet oder wie die gesamte Organisation aufgebaut ist. Ich kann dir allenfalls erklären, wofür wir uns einsetzen und warum wir es tun. Das ist alles. Außerdem musst du mir blind vertrauen. Bist du dazu bereit?«

»Ja, das bin ich.«

Fatima und Mireille umarmten sich lange.

»Es gefällt mir zwar nicht«, sagte Mireille schließlich lächelnd. »Aber ich habe wohl keine Wahl.«

»Nein, das nennt man Liebe, oder?«

Wie glücklich Fatima aussieht!, dachte Mireille, nachdem sie Fatima alles anvertraut hatte, was diese wissen durfte. Mireille konnte sich ihres Stolzes nicht erwehren. Fatima hatte den festen Willen, ihr Leben in die eigene Hand zu nehmen. Vielleicht war sie zuweilen unsicher und zweifelnd, wie so viele ihrer Schüler, doch Fatima wollte leben, etwas erreichen, von Nutzen sein, kämpfen und Widerstand leisten. War es da verwunderlich, dass Mireille stolz auf sie war? Mireille begriff auch, vielleicht zum ersten Mal, wie wichtig es für Kinder war, dass ihre Eltern ihnen vertrauten, anstatt sie von allem fern zu halten, um sie zu schützen. Natürlich war es auch eine Frage des Alters. Aber vielleicht hatten Ahmed und sie zu lange gewartet. Sie hätten daran denken sollen, dass Kinder wie Fatima, die nirgends richtig zu Hause waren, sich früher mit sich selbst beschäftigten als andere. Kinder wie Fatima wurden früher erwachsen. Oder gingen unter, wenn sie nicht rechtzeitig etwas fanden, für das es sich zu leben lohnte.

Alles war also in bester Ordnung. Doch gleichzeitig verspürte Mireille eine große Unruhe und Besorgnis. Sie hatte vielleicht keine andere Wahl gehabt, als Fatima an ihrer Arbeit teilhaben zu lassen. Aber wie konnte sie diesen Gedanken überhaupt aushaken? Sie musste unter allen Umständen Aufgaben für Fatima finden, die ungefährlich waren, ohne sinnlos zu sein. Denn das würde Fatima durchschauen, das war Mireille klar geworden.

Ahmed kam um halb sieben, eine Stunde später als gewöhnlich, nach Hause. Er drückte Fatima an sich. Dann küsste er Mireille.

»Tut mir Leid, dass ich so spät komme«, sagte er. »Ich hatte noch was zu erledigen.«

»Was zu erledigen?«, fragte Mireille.

»Wir ziehen um.«

»Wir ziehen um?«

Mireille kannte Ahmed zu gut, um sich zu ärgern. Er

würde seine Gründe haben. Dennoch ging ihr das Mädchen durch den Kopf, das sich zurzeit in der Obhut der Organisation befand und sich in einer ihrer Wohnungen aufhielt. Mireille dachte an ihren Informanten aus dem Führungskreis der Front National. Und an den jungen Algerier, der Organisationen aus dem Umkreis der GIA in Paris unterwandert hatte.

»Müssen wir umziehen, weil ich den Stein an den Kopf bekommen habe?«, fragte Fatima.

»Ja.«

»Ich hab keine Angst. Jetzt nicht mehr.«

Sie schaute Mireille an.

»So einfach ist die Sache nicht«, sagte Ahmed. »Ich habe erfahren, dass die beiden Steinewerfer der Front National angehören. Der Vater von einem ist Vorarbeiter beim Eole-Projekt: Alain, ein richtiger Rassist.«

»Was spielt das für eine Rolle?«, sagte Fatima.

»Ich glaube, du verstehst das nicht richtig. Die DPS, die Abteilung für Schutz und Sicherheit bei der Front National, besteht nicht nur aus einzelnen Leibwächtern. Sie ist eine paramilitärische Organisation mit fast zweitausend fanatischen, durchtrainierten Mitgliedern.«

»Die Steinewerfer haben uns bestimmt längst vergessen. Sie haben uns ja gar nicht richtig erkannt, weil wir uns nicht umgedreht haben.«

»Doch, ich habe mich umgedreht.«

Mireille spürte eine neue Unruhe in sich aufsteigen, eine Unruhe, die mit dem unbekannten Kapitel in Ahmeds Leben zu tun hatte, bevor dieser seinem Land, seinem Volk und seinem Gott den Rücken gekehrt hatte.

»Es tut mir Leid«, sagte er. »Ich dachte, der Krieg hätte

mich gegen jede Form der persönlichen Rache geimpft. Wenn ich selbst den Stein an den Kopf bekommen hätte, hätte ich mich wahrscheinlich beherrschen können.«

Ahmed erzählte die ganze Geschichte. Auch, dass er Rachid um Hilfe gebeten hatte, eine neue Wohnung zu suchen, damit sie niemand aufspüren konnte.

»Ich habe mich euch gegenüber verantwortungslos benommen«, sagte er.

»Nein!«, rief Fatima und warf sich ihm in die Arme.

»Wer ist Rachid?«, fragte Mireille. »Kann man ihm vertrauen?«

»Ich glaube, das kann man. Sonst hätte er heute die Baustelle nicht vor einer Überschwemmung bewahrt. Rachid ist gläubig, aber vermutlich nicht mehr als die meisten Araber. Ich vermute, dass er ein illegaler Einwanderer ist und Angst davor hat, seinen Job zu verlieren.«

Ahmed erzählte von der Sabotage und dem Gespräch, das er später mit Rachid geführt hatte.

»Ich bekomme in ein paar Tagen Bescheid. Bis dahin brauchen wir uns keine Sorgen zu machen. Die beiden, denen ich einen Denkzettel verpasst habe, werden noch mindestens eine Woche oder vierzehn Tage im Krankenhaus liegen. Und Alain hat keine Ahnung, dass ich es war, der sie so zugerichtet hat.«

Später am Abend, nachdem Fatima eingeschlafen war, setzten sich Mireille und Ahmed in Mireilles Arbeitszimmer. Mireille goss sich ein Glas Whisky ein. Ahmed hatte seine Tasse Kaffee mitgenommen.

»Ich habe so ein schlechtes Gewissen«, sagte er, während er einen Blick auf Mireilles Glas warf. »Ich hätte nicht zum

Park zurückgehen dürfen. Aber ich konnte mich einfach nicht beherrschen.«

»Das macht nichts. Ich meine, natürlich ist es nicht gleichgültig, aber früher oder später musste es ja so kommen. Das haben wir doch immer gewusst.«

»Ja, das stimmt.«

»Aber im Moment scheint alles auf einmal zu kommen.«

»Was meinst du?«

»Es geht nicht nur darum, dass Fatima einen Stein an den Kopf bekommen hat und wir jetzt umziehen müssen.«

Mireille nahm einen Schluck Whisky.

»Die Organisation?«

Mireille nickte. Ahmed fragte nicht weiter. Sie hatten prinzipiell vereinbart, dass Ahmed keine Details über ihre Arbeit erfuhr. Sollte Ahmed eines Tages aufgespürt und inhaftiert werden, würde man ihn mit Sicherheit foltern. Aber gerade am heutigen Tag hatte sie ihm alles berichten wollen. Es sah so aus, als habe die Organisation plötzlich die Möglichkeit erhalten, zum entscheidenden Schlag auszuholen, anstatt sich mit Nadelstichen und der Betreuung der Opfer begnügen zu müssen.

»Da ist noch etwas«, sagte Mireille. »Ich hatte heute ein langes Gespräch mit Fatima. Sie will mich bei der Arbeit unterstützen.«

»Dich unterstützen?«

»Eines der Mädchen aus ihrer Klasse hat offenbar eine ältere Schwester, der ich vor langer Zeit geholfen habe. Damals, als ich mich noch selbst um die Opfer gekümmert habe. Fatima will endlich in alles eingeweiht werden. Sie meint es ernst. Wenn ich mich weigern würde, käme sie sich völlig verlassen vor.«

»Aber das geht doch nicht!«

»Ich weiß. Aber dir wären an meiner Stelle auch keine Gegenargumente eingefallen. Mir blieb keine andere Wahl, als ihr den wahren Grund dafür zu sagen, dass sie Fatima heißt. Weißt du, was sie mir geantwortet hat, als ich ihr sagte, sie sei zu jung und es sei auch zu gefährlich, mir zu helfen?«

»Nein.«

»›Papas Schwester war nicht älter als ich, oder?‹ Genau das hat sie gesagt.«

Ahmed blickte aus dem Fenster.

»Auch das musste früher oder später passieren«, sagte er nach einer Weile.

»Deine Tochter ist zumindest ein helles Köpfchen. Sie wusste genau, wie sie ihren Willen durchsetzen konnte.«

Ahmed zeigte den Anflug eines Lächelns. »Wie die Mutter, so die Tochter. In Maghreb wird ein Mann nur dann als Mann betrachtet, wenn er die Frauen dazu bringt, ihm blind zu gehorchen. Gott sei Dank leben wir nicht dort, sonst würde man mich für den größten Waschlappen aller Zeiten halten. Du und Fatima habt mich schon immer um den kleinen Finger gewickelt. Was willst du jetzt tun?«

»Ich muss ihr den Ernst der Lage vor Augen führen. Leider bin ich mir ziemlich sicher, dass es nichts ändern wird. Fatima ist starrköpfig und willensstark. Genau wie ihr Vater.«

»Was für Aufgaben willst du ihr anvertrauen?«

»Ich weiß es noch nicht. Vielleicht gibt es etwas, das sie nicht in Gefahr bringt und ihr trotzdem klar macht, was für schreckliche Dinge um sie herum geschehen.«

»Glaubst du, sie weiß das noch nicht?«

»Doch.«

In diesem Augenblick signalisierte der Computer, dass eine Nachricht eingetroffen war. Ahmed stand auf und ging aus dem Zimmer. Mireille öffnete die E-Mail und las die Mitteilung ihres Kontaktmanns bei der GIA:

Die Führungspersonen haben offensichtlich Verdacht geschöpft, dass es irgendwo eine undichte Stelle gibt. Das Misstrauen greift schnell um sich. Einige sind auf Grund von Denunziation und Gerüchten bereits eliminiert worden. Alle sind in heller Aufregung. Das Vertrauen in mich scheint nicht erschüttert, aber ich muss äußerst vorsichtig sein. Es ist jederzeit möglich, dass ich einen Verräter hinrichten soll, um die Stärke meines Glaubens unter Beweis zu stellen. Ich denke ununterbrochen an meine Eltern und Geschwister. Erwarte keine Nachrichten zu den verabredeten Zeiten. Alles hängt von den Umständen ab.

Mireille las die Nachricht zweimal und löschte sie dann. Sie sah Mhedi vor sich, einen jungen Algerier, dem die Flucht nach Frankreich gelungen war, nachdem man seine gesamte Familie vor seinen Augen abgeschlachtet hatte. Man hatte seine Eltern und drei Geschwister gezwungen, sich hinzuknien, ihnen mit Stahldraht die Hände auf den Rücken gebunden, damit sie sich in ihrer Todesangst nicht losreißen konnten, und einen nach dem anderen die Kehle durchgeschnitten. Für solche Tätigkeiten besaß die GIA eigene Henker, die nur dazu da waren, die Menschen zu Schweigsamkeit und Gehorsam zu zwingen, indem sie die Feinde des Islam exekutierten. Die Organisation hatte Mhedi eine Unterkunft, einen Job und neue Papiere besorgt. Jetzt war er ihre wichtigste Informationsquelle im Herzen der GIA. Es durfte ihm nichts geschehen. Er hatte niemals die Chance gehabt, sein eigenes Leben zu leben.

Aber Mireille konnte nicht viel für ihn tun. Sie sandte eine Nachricht aus, um die Organisation in höchste Alarmbereitschaft zu versetzen. Sollte Mhedi gezwungen sein abzutauchen, brauchte er sofort Hilfe. Er wusste, wie er zur Organisation Kontakt aufnehmen konnte, wenn es erforderlich war. Aber er wusste auch, dass er über diese Kontaktaufnahme, vielleicht die letzte und entscheidende, selbst unter Folter Stillschweigen bewahren musste. Keine geheime Organisation konnte ohne einen gewissen Kontakt zur Umwelt bestehen. Doch genau dieses Guckloch machte sie auch verwundbar.

Als Mireille den Computer ausschaltete, war es schon ein Uhr. Sie ging in Fatimas Schlafzimmer, blieb im Türrahmen stehen und schaute sie lange an. Sie sah sofort, dass sich etwas verändert hatte. Fatima lag ausgestreckt auf dem Rücken, hatte die Arme ausgebreitet und ihr Gesicht der Decke zugekehrt. Sie hatte sich nicht einmal zugedeckt. War es nur ein Zufall, dass sie sich nicht mehr zusammenrollte wie ein Ball? Mireille verstand, welche Bedeutung das heutige Gespräch für sie gehabt hatte.

13

Georges schaute auf die Uhr. Zwölf! War es wirklich noch nicht später? Nach den Geschehnissen des Vormittags hatte er das Gefühl, tagelang gearbeitet zu haben. Er sollte ein paar Grafiken am Computer fertig stellen. Dass die Arbeiter auf Grund des Stromausfalls nach Hause geschickt worden waren, hieß noch lange nicht, dass die Verantwortlichen Däumchen drehen konnten.

Er setzte sich vor den Monitor. Er war müde. Immer öfter hatte er das Gefühl, das Leben bestehe nur aus Arbeit. Er erinnerte sich daran, wann er dies zum ersten Mal empfunden hatte. Es war an dem Tag vor knapp vier Jahren gewesen, an dem seine Tochter von zu Hause ausgezogen war. Den halben Vormittag hatte er vor dem Bildschirm gehockt und das Leben als ziemlich sinnlos empfunden. Der nächste dieser »Anfälle« hatte zwei Jahre auf sich warten lassen, aber seitdem waren die Intervalle immer kürzer geworden.

So erging es sicherlich vielen in seinem Alter. Je älter man wurde, desto fragwürdiger schien es, unentwegt zu arbeiten, um sich schließlich, wenn die Kräfte verbraucht waren, pensionieren zu lassen. Im Grunde stimmte etwas mit der menschlichen Software nicht: Stets waren es die Jungen, die so lebten, als wäre jeder Tag ihr letzter. Aber gerade die Älteren sollten wie Bohemiens und Rebellen leben, nicht die Jüngeren. Die Leute in seinem Alter hatten doch so wenig zu verlieren, streng genommen nichts anderes als ihre Bequemlichkeit.

Warum sollte er sich nicht für den Rest des Tages freinehmen? Sich vorzustellen, ein paar Stunden zur eigenen Verfügung zu haben! Was sollte er mit ihnen anfangen? Zunächst ein Mittagessen, das verstand sich von selbst. Aber nicht an dem üblichen Ort. Vielleicht mit jemandem zusammen. Er musste an Dominique und ihr Gespräch von heute Morgen denken. Sollte er sie zum Lunch einladen? Warum nicht.

Er rief sie an. Sie schien sich über seine Einladung wirklich zu freuen. Wenige Minuten später stand er vor ihrem Schreibtisch. Er schlug ein kleines Restaurant in der Nähe des Tour Montparnasse vor.

»Reicht dafür die Zeit?«

»Ich hab mir für den Rest des Tages freigenommen.«

»Ich weiß nicht, ob ich das kann.«

»Ein Versuch kann doch nicht schaden.« Dominique ging zu Dumas hinein.

»Er hat Ja gesagt«, teilte sie ihm mit, als sie aus dem Zimmer kam. »Unter der Bedingung, dass *er* mich morgen zum Mittagessen einladen darf.«

»Und?«

Dominique lachte.

»Obwohl es Erpressung war, bin ich darauf eingegangen. Der guten Sache wegen.«

Eine Viertelstunde später saßen sie im *l'Opportun*, einem kleinen Restaurant am Boulevard Edgar Quinet, im Schatten des Tour Montparnasse. Georges wunderte sich darüber, wie ruhig es hier war. Zwischen dem Gare St Lazare und der Oper ging es immer sehr hektisch zu, es wimmelte von Menschen und Autos. Hier konnte man beinahe glauben, sich in einem kleinen Provinzstädtchen zu befinden.

Georges schielte zu Dominique hinüber, die neben ihm saß und die Speisekarte studierte. Sie war wirklich sehr hübsch. Wieso hatte er das nicht schon früher bemerkt? Wenn sie von der Karte aufsah, trafen sich ihre Blicke. Er fühlte sich durchschaut, besaß jedoch Geistesgegenwart genug, ihrem Blick nicht sogleich auszuweichen. Sie lächelte. Spürte sie, dass er Schwierigkeiten hatte, sie nicht unentwegt anzustarren? Vielleicht war es seinen Augen abzulesen.

»Weißt du, was du nehmen möchtest?«, fragte sie.

»Ich glaub, ich nehm einfach das Tagesgericht«, sagte er, ohne zu wissen, worum es sich handelte.

»Innereien!«

Sie verzog das Gesicht.

»Magst du das?«

»Ich hasse Innereien.«

Er schaute auf die Karte. Das Tagesgericht war *Tripes de Normandie*, so ziemlich das Schlimmste, was er sich vorstellen konnte.

»An deiner Stelle würd ich lieber was anderes nehmen.«

Dominique lachte. Sie hatte ihn bestimmt durchschaut. Sie musste ihn für ziemlich unbeholfen halten, und das mit Recht. Er war es ja auch nicht gewohnt, allein mit Frauen essen zu gehen, und schon gar nicht mit einer Frau wie Dominique.

»Ich muss etwas gestehen«, sagte er, nachdem der Kellner ihre Bestellung aufgenommen und den Wein serviert hatte. »Das ist das erste Mal seit zehn Jahren, dass ich in Paris ausgehe, ohne dass es etwas mit der Arbeit zu tun hat. Es kommt mir wie ein Abenteuer vor, gemessen an meinem bescheidenen Maßstab. Neben Familie und Kindern, einem Fulltimejob und täglich über vier Stunden Fahrzeit ist für so etwas einfach kein Raum. Du kennst Paris sicherlich besser als ich.«

»Das bezweifle ich. Ich bin erst seit vier Jahren hier. In den ersten beiden Jahren war ich damit beschäftigt, eine Bleibe zu finden und mich an die Verhältnisse zu gewöhnen. Von Guadeloupe bis nach Paris ist es ein weiter Weg. Vor allem, wenn man, wie ich, unter einem Wellblechdach aufgewachsen ist.«

Georges schaute sie ungläubig an.

»Ich bin in einer Barackensiedlung außerhalb von Pointe-à-Pitre aufgewachsen. Ich kenne die Armut. Aber in Paris hat mir das anfangs wenig genützt. Das war für mich eine völlig neue Welt.«

»Aber du bist doch sicher nicht direkt von der Barackensiedlung nach Paris gekommen?«

»Fast. Ich hab dort gelebt, bis ich zwanzig war. Zu diesem Zeitpunkt hatte ich begonnen, in Pointe-à-Pitre zu arbeiten, und studierte nebenher Wirtschaft an der Universität. Ich glaube, ich bin die Einzige aus unserer Siedlung, die jemals den Fuß in eine Universität gesetzt hat. Und weißt du, wie das überhaupt möglich wurde? Weil die Leute zu Hause für mich Geld gesammelt haben, damit ich die Studiengebühren bezahlen konnte. Sie waren so stolz darauf, dass ich das Abitur geschafft hatte, und wollten unbedingt, dass ich studierte. Später hab ich begriffen, dass es ihnen auf eine Demonstration ankam. Sie wollten der Welt oder zumindest den Behörden in Pointe-à-Pitre beweisen, dass wir keine Schwachköpfe sind, nur weil wir in ärmlichen Verhältnissen leben.«

»Das hätte in Frankreich niemand getan. Meine Pflegeeltern zum Beispiel hatten nicht genug Geld, um mich auf die Universität zu schicken. Nach dem Gymnasium erhielt ich eine kurze Ausbildung als technischer Zeichner, das war alles.«

»Pflegeeltern?«

»Meine Mutter ist mit vier Kindern vor Franco geflüchtet. Sie hätte uns allein nicht durchbringen können, also hat sie uns fortgegeben.«

»Und dein Vater starb im Krieg?«

»Nein, er war Berufssoldat und einer der Ersten, die sich

in den Dienst Francos gestellt haben. Am Ende ist er Oberst gewesen. Soviel ich weiß, erreichte er beim Papst, dass die Ehe mit meiner Mutter geschieden wurde. Später heiratete er eine erzkatholische Frau und zeugte weitere Kinder.«

»War das schlimm für dich?«

»Ich bin mir da nicht so sicher. Was wäre aus mir geworden mit einem Oberst und Faschisten als Vater? Das habe ich mich oft gefragt. Ich habe geholfen, zwei tolle Kinder großzuziehen, und niemandem etwas zu Leide getan. Mit der persönlichen Bilanz kann ich durchaus zufrieden sein. Wenn es eine Lotterie des Lebens gäbe, bei der man tippen müsste, wer einmal als Verlierer und wer als Gewinner dastehen würde, hätte ich keinen Pfifferling auf den jungen Georges gesetzt. Ich …«

Er brach mitten im Satz ab. Warum redete er so viel von sich selbst? Das interessierte Dominique doch alles gar nicht. »Entschuldige«, sagte er. »Ich hatte dich eigentlich nicht zum Essen eingeladen, um dir meine Lebensgeschichte aufzudrängen.«

»Doch wohl auch nicht, um über die Arbeit zu reden, oder?«

»Alles, nur das nicht. Ich will dich doch nicht langweilen.«

»Das tust du auch nicht. Ich würde gern mehr von dir erfahren. Ich verstehe dich vielleicht besser, als du glaubst.«

»Meinst du wirklich?«

»Meine Mutter hat mich allein aufgezogen und starb, als ich zwölf war. Seitdem habe ich mich allein durchgeschlagen. Dort, wo ich aufgewachsen bin, ist so was die Regel, wenn man nicht völlig elternlos ist. In unserer Barackensiedlung kümmerte sich jeder um jeden. In Pointe-à-Pitre war es schon schwieriger, aber nirgends ist man so einsam wie in Paris. Vor allem als Ausländerin und Farbige.«

»Eine Frau wie du hat doch sicher keine Schwierigkeiten, andere Leute kennen zu lernen.«

»Andere Leute? Du meinst wohl Männer, die es auf mich abgesehen haben, wie zum Beispiel Dumas. Manchmal frag ich mich wirklich, warum Gott den Mann geschaffen hat.«

Dominique lachte auf.

»Das war natürlich nicht persönlich gemeint«, sagte sie. »Ich bin verheiratet und habe Kinder.«

»Bist du dir darüber im Klaren, dass so gut wie alle männlichen Angestellten Frauen und Kinder haben, ohne sich darum zu scheren?«

»Ich wollte damit nur sagen, dass ich dich nie als Frau betrachtet habe, bis du ... ich meine ... bis du selbst gesagt hast, dass ...«

Georges verhedderte sich in seiner eigenen Formulierung und wusste nicht mehr weiter.

»Versteh mich nicht falsch«, fügte er hastig hinzu. »Ich hatte keine besonderen Absichten, als ich dich zum Essen einlud. Mir ist nur aufgefallen, dass wir uns schon seit zwei Jahren täglich sehen, aber noch nie über etwas anderes als die Arbeit gesprochen haben.«

»Du musst dich nicht rechtfertigen. Es ist doch kein Fehler, sich für eine Frau zu interessieren, weil sie eine Frau ist. Bei Leuten wie Dumas ist das was ganz anderes; denen geht es doch nur darum, einen ins Bett zu kriegen. In ihren Augen sind Frauen Gebrauchsware, bestenfalls Statussymbole, schlimmstenfalls Wegwerfartikel. Für die spielt es überhaupt keine Rolle, wer ich bin oder wo ich herkomme, Hauptsache, ich mach das mit.«

Georges hätte am liebsten das Thema gewechselt. Er war froh, dass der Kellner in diesem Moment das Essen brachte. »Wie hat es dich eigentlich nach Paris verschlagen? Und dann ausgerechnet zu einem Bauprojekt wie dem Condorcet?«

»Das war wohl eine Mischung aus unglücklichen Zufällen und Neugier. Von Kindheit an hab ich immer viel gelesen, in erster Linie Romane. Auf diese Weise findet man am ehesten heraus, was man mit seinem Leben eigentlich anfangen will. Viele Romane, die ich las, spielten in Paris. Und wenn man den Büchern glauben schenkte, war dort das Leben schlechthin. Manchmal bekamen wir auch Postkarten von denen, die ihr Glück auf der anderen Seite des Atlantiks gesucht hatten. Sie malten das Bild eines Lebens im Überfluss, obwohl sie in ärmlichen Verhältnissen lebten, in kleinen Kammern, in denen sich nur eine Waschschüssel, aber weder Herd noch Kühlschrank befanden. Die Toilette war draußen auf dem Gang. Kein Wort von Rassismus und kargen Löhnen, von Lärm, Abgasen oder Gleichgültigkeit. Wir verschlangen jedes einzelne Wort. Wir glaubten, wie so viele Einwanderer vor uns, auf der anderen Seite sei alles besser. Erst später fanden wir heraus, dass das meiste erfunden war. Am schwersten hatten es die Frauen. Damals besaß ich viel zu wenig Erfahrung, um die westlichen Verhaltensweisen richtig einzuschätzen. Ich begegnete einem Kerl, der mir das Blaue vom Himmel versprach. Ich ging mit ihm nach Paris. Er war es auch, der mir den Job als Sekretärin bei Dumas verschaffte.«

Dominique lachte erneut.

»Vom Regen in die Traufe. Macht, Geld und Frauen – in dieser Reihenfolge – sind die einzigen Dinge, die Dumas interessieren. Doch inzwischen weiß ich, welche Sprache solche Typen verstehen.«

»Welche Sprache? Jetzt klingst du wie Dumas, wenn er von den Arbeitern spricht.«

»Ich weiß, aber was soll ich tun? Die Leute halten mich wegen meines Aussehens für blöd. Hinzu kommt, dass ich Mulattin bin. Da denken die Männer doch erst recht nur an das eine. Und wenn sie merken, dass ich in der Lage bin, meinen Kopf zu benutzen, sind sie unangenehm überrascht.«

»Ich schätze intelligente Frauen und nehme jede Hilfe dankbar an.«

»Du bist ein fähiger Zeichner und Abteilungsleiter. Das hab ich von vielen gehört, sogar von Dumas.«

»Meine zeichnerischen Fähigkeiten haben nichts mit Intelligenz zu tun. Für mich ist das, als würde ich mit Farbstiften spielen. Vielleicht eine angeborene Begabung. Mit meiner Intelligenz ist es nicht weit her. Das mein ich ernst.«

»Dafür bist du sehr nett!«

»Nett und dumm! Gibt es eine schlimmere Kombination?«

Dominique lachte erneut. Georges lachte mit, nicht weil er sich so komisch fand, sondern um das Lachen mit ihr zu teilen.

»So hab ich das nicht gemeint«, sagte sie. »Du weißt sicher, dass du sehr beliebt bist.«

»Schon möglich, aber deshalb werd ich nicht klüger und mein Leben nicht interessanter. Wie gut, dass ich nicht die

Hauptfigur in einem deiner Romane bin. Du würdest dich zu Tode langweilen.«

»Aber warum denn? Ich finde es sehr spannend zu erfahren, wie du nach so einer Kindheit überhaupt Wurzeln schlagen konntest.«

»Es ist die Frage, ob ich das konnte. Möglicherweise, wenn auch nicht voll und ganz. Wenn die Kinder unterwegs sind, könnte ich vor Unruhe die Wände hochgehen. Dann bin ich überzeugt, dass sie nicht wiederkommen. Weiter hinab reichen meine Wurzeln nicht. Das hab ich sogar schriftlich.«

»Wie meinst du das?«

»Als meine Tochter von zu Hause auszog, hab ich solche Depressionen bekommen, dass meine Frau mich zu einem Psychologen geschickt hat. Er stellte fest, dass ich *Verlustangst* habe.«

»Was heißt das? Hört sich nicht gut an.«

»Ich weiß es auch nicht genau. Aber es bedeutet, dass ich krankhafte Angst davor habe, verlassen zu werden. Als wenn ich das nicht schon vorher gewusst hätte.«

»Hat er dich geheilt?«

»Er hat mich von Psychologen geheilt. Das ist zumindest etwas. Wenn dir einmal die Zähne mitsamt den Wurzeln herausgerissen wurden, ist eine Wurzelbehandlung nicht mehr möglich. Dann brauchst du ein Gebiss.«

Dominique schaute ihm lange in die Augen und sah dieses eine Mal vollkommen ernst aus.

»Ich weiß, was das für ein Gefühl ist«, sagte sie.

»Ja?«

»Das wissen alle, die keine Eltern haben. Aber in der Barackensiedlung habe ich eines erfahren: dass es Menschen gab, die ihre Lebensfreude nicht verloren, obwohl es ihnen weitaus schlechter ging als mir selbst. Ich werde immer irgendwie zurechtkommen.«

»Vermisst du nicht die Karibik? Träumst du nicht davon, zurückzukehren?«

»Ich habe niemals richtig gewagt zu träumen.«

»Weißt du, was ich gelernt habe, als ich sechs Jahre auf eine Klosterschule gegangen bin?«

»Nein.«

»Meine Fantasie zu benutzen. Ich habe diese Zeit nur durchgestanden, weil ich mir ein besseres Leben außerhalb der Internatsmauern ausgemalt habe. Ich war niemals Klassenbester, höchstens wenn es darum ging, geistesabwesend zu sein und meinen Gedanken nachzuhängen.«

»Wovon hast du am meisten geträumt?«

»Jemandem zu begegnen, der mich liebt.«

»Ist der Traum in Erfüllung gegangen?«

»Ich denke schon. Anfangs durch meine Frau, später durch meine Kinder.«

»Anfangs?«

»Wir arbeiten zu viel. Das ganze Leben dreht sich nur darum, den Kindern eine Zukunft zu ermöglichen. Wenn man das erreicht hat, ist es zu spät, um in der Liebe von vorne anzufangen. Dann lässt man sich entweder scheiden oder beschließt, gemeinsam alt zu werden.«

»Du wirkst nicht verbittert.«

»Warum sollte ich? Mein Traum hat sich zumindest erfüllt.«

Georges hatte den Satz kaum zu Ende gesprochen, als ihm klar wurde, dass er nicht die volle Wahrheit gesagt hatte. »Aber natürlich«, fuhr er fort, »habe ich manchmal das Gefühl, dass mir etwas fehlt.«

So wie in diesem Moment, hätte er beinahe hinzugefügt.

»Ich hätte niemals gewagt, einen so großen Traum zu träumen«, sagte Dominique. »Mein Prinz müsste ein Narr mit einem guten Herzen sein, so ähnlich wie Don Quichotte. Aber wo begegnet man so jemandem noch heutzutage? Nein, mein einziger richtiger Wunsch ist es, in meiner alten Barackensiedlung eine Schule zu errichten, damit die Kinder dort lesen und schreiben lernen. Sicher ist es naiv, zu glauben, dass damit alle Probleme gelöst wären. Ich nehme an, dass auch Hitler Romane gelesen hat. Shakespeare war angeblich sogar einer der Lieblingsautoren von Göring. Es würde mich auch nicht wundern, wenn Mussolini Dante gelesen hätte. Aber dennoch: Eine Schule auf meiner eigenen Insel, am Meer, im Schatten von Palmblättern und umweht von Passatwinden. Das wäre mein Traum, wenn ich wählen könnte.«

»Und wie steht es mit Mann und Kindern?«

»Käme Don Quichotte vorbeigeritten, würde ich ohne zu zögern zuschlagen. Auf Dauer möchte ich nicht alleine leben. Das hab ich lange genug getan.«

Natürlich war es lächerlich, aber Georges fragte sich im Stillen, ob er nicht gewisse Gemeinsamkeiten mit Don Quichotte hatte. Doch mit lebhafter Fantasie und einer Portion Naivität kam man nicht weit, zumindest nicht so weit, dass Dominique »zuschlagen« würde, wie sie sich ausgedrückt hatte.

Er hatte den Gedanken kaum zu Ende gedacht, als er sich bereits wunderte, was bloß in ihn gefahren war. Sich überhaupt vorzustellen, Dominique könne in ihm etwas anderes sehen als einen netten und dummen Kollegen. Das war absurd.

Als Georges sich mehrere Stunden später von Dominique verabschiedete, war ihm sonderbar leicht und beschwingt zu Mute. Er hatte gar nicht bemerkt, wie die Zeit verstrich. War dies nicht das eigentliche Ziel des Lebens: weder an die vergehende Zeit zu denken noch daran, was man mit ihr anfangen sollte, sondern einfach zu leben?

Es war lange her, dass er mit jemandem ein solches Gespräch geführt hatte, über Träume und über den Sinn des Lebens. Georges hatte ein schlechtes Gewissen, einerseits weil er so selten über das Leben nachdachte und niemals ein Buch las – Dominique war viel belesener als er, obwohl sie zwanzig Jahre jünger war –, andererseits weil er den gesamten Nachmittag in Gesellschaft einer Frau verbracht hatte. Und was für einer Frau! Sie hatten stundenlang nebeneinander gesessen, und obwohl sie sich nicht vom Platz bewegt hatten, schienen sie sich näher und näher gekommen zu sein.

Während der Heimfahrt dachte er an Marie. In den letzten Jahren hatten sie nichts anderes getan als gearbeitet, ihre Bekannten getroffen und sich um die Familie gekümmert. Jetzt hatten wenige Stunden mit Dominique ausgereicht, seine Lust auf das Leben neu zu entfachen. Was bedeutete das? Ohne Marie wäre er vermutlich nie ein einigermaßen gesunder und tatkräftiger Mensch geworden, der mit beiden Beinen fest auf der Erde stand. Er würde sie nie verlassen können. Wirklich nicht? Nein, aber es war nicht sie, die ihn zum Träumen brachte.

14

Alain stieg aus dem Taxi und eilte ins Krankenhaus. Zum ersten Mal seit dem Algerienkrieg wusste er, was er zu tun hatte. Er wollte sich nicht damit abfinden, wie ein Hund behandelt zu werden. Er war kein Hund.

Der Vorhang hinter dem Fenster zum Empfang war vorgezogen. Alain klopfte energisch gegen die Scheibe und rüttelte am Türgriff. Er schaute sich um und erblickte eine Klingel. Er drückte sie so lange, bis sich der Vorhang bewegte. Seine Irritation schlug in Zorn um, als das Gesicht einer Farbigen zum Vorschein kam.

»Was wollen Sie?«, fragte die Krankenschwester.

»Ich will zu meinem Sohn, Thierry Dubois.«

»Tut mir Leid, aber Sie müssen sich an die Besuchszeiten halten. Kommen Sie in einer Stunde wieder.«

Alain lehnte sich nach vorne.

»Jetzt hören Sie mal gut zu. Mein Sohn ist von vier Ausländern zusammengeschlagen worden. Ich werde mich nicht von einer Schwarzen daran hindern lassen, ihn zu besuchen. Haben Sie mich verstanden? Wenn Sie mich nicht sofort zu ihm lassen, dann weiß ich nicht, was ich tue.«

Alain registrierte zu seiner Befriedigung, dass er die Krankenschwester eingeschüchtert hatte. Ein weiterer kleiner Sieg. Das Einzige, was bei diesen Ausländern half, war Terror. Das war die einzige Sprache, die sie verstanden. Durch ihren Terror hatten die Fallschirmjäger Algier gesäubert und den von der FLN inszenierten Volksaufstand gestoppt. Auf lange Sicht führte nur Terror zum Erfolg. Mit Terror musste Frankreich wieder französisch werden. Das ganze Gerede von Assimilation und Integration war einfach verlogen. Doch zurückschicken ließen sich die Araber auch nicht. Es war doch sonnenklar, dass sie um keinen Preis zurückwollten, selbst wenn man ihnen eine Prämie auszahlte und das Flugticket schenkte. Außerdem wollten selbst ihre Heimatländer nichts mit ihnen zu tun haben. Für die Islamisten waren Auswanderer potenzielle Verräter mit dekadenter Gesinnung. Die Regierungen wollten sie auch nicht zurückhaben. Wo sollten sie also wohnen? Es gab keine Arbeitsplätze. Und die Sprache? Die meisten sprachen doch nur Französisch. Außerdem konnten die Regime der arabischen Länder das Geld gut gebrauchen, das die Auswanderer ihren Familien zukommen ließen. So kamen Jahr für Jahr mehrere Milliarden Francs zusammen. Milliarden, die eigentlich in Frankreich bleiben sollten. Das war sicherlich mehr Geld, als die Franzosen aus den Ölfeldern herausholten. Das war reiner Diebstahl. Nein, es gab nur eine Möglichkeit, sich von diesem Pack ein für alle Mal zu befreien: Man musste ihnen Angst machen. Terror war das einzige Mittel. Terror, das hieß, gegen jedermann vorzugehen, ohne den geringsten Anlass, ohne jede Vorwarnung. Terror bedeutete nicht, einen Schuldigen aufzuspüren und zu bestrafen, sondern, im Gegenteil, sich jeden Einzelnen vorzuknöpfen, um allen zu zeigen, dass sich niemand in Sicherheit wiegen konnte. Terror war etwas anderes als Krieg. Das hatte er in Algerien gelernt.

»Du musst mir helfen.«

Thierry schaute von seinem Buch auf. Las er Bücher? Das war etwas Neues, ausgerechnet Thierry, der in der Schule völlig versagt hatte. Alain spürte, dass Thierry mit seinem Besuch nicht gerechnet hatte.

»Bist du nicht bei der Arbeit?«

»Nein, und wenn ich dorthin zurückkehre, dann nur, um mich zu rächen. Aber dazu brauche ich deine Hilfe.«

Alain berichtete rasch, was vorgefallen war.

»Nein«, sagte Thierry. »Was soll das heißen, nein?«

»Ich kann dir nicht helfen.«

»Kannst du nicht oder willst du nicht?«

»Was spielt das für eine Rolle?«

»Ich bin dein Vater.«

»Ja, leider.«

»Ich hab mich wohl verhört!«

»Ich sage nur meine Meinung.«

»Ja, und?«

»Ich hab es dir schon hundert Mal gesagt. Aber du hörst einfach nicht zu. Du *willst* nicht verstehen, was ich dir sage. Oder du bist nicht in der Lage dazu. Entweder ist dein Kopf völlig leer oder er ist mit einem Material gefüllt, das alle Laute verschluckt, die durch deine Ohren dringen. Zuhören tust du jedenfalls nicht.«

»Aber natürlich tue ich das! Hältst du mich für bescheuert?«

»Klare Antwort: Ja!«

»So spricht man nicht mit seinem Vater.«

»Warum nicht? Zu einem Vater muss man aufblicken können. Du aber bist nur ein kleiner Scheißkerl ohne Rückgrat. Das Einzige, was du dich getraut hast, ist, mich grün und blau zu schlagen. Mich und meine Mutter. Du hast sie umgebracht. Verstehst du das nicht? Ich hätte schon längst den Kontakt zu dir abbrechen sollen. Aber dazu war ich zu gutmütig. Und wie hast du es mir gedankt? Überhaupt nicht. Für mich hast du nie einen Finger krumm gemacht.

Nur für dich selbst. Und jetzt bittest du mich um Hilfe für deine Rache, weil du selbst zu feige bist.«

War dies ein Albtraum? Zuerst Ahmed, Rachid und Georges. Dann Dumas. Und jetzt Thierry, sein eigener Sohn. Wie konnte er es wagen, sich gegen ihn aufzulehnen? Ihn als Scheißkerl zu bezeichnen!

»Du bist immer noch etwas benommen«, sagte Alain. »Das kann ich verstehen. Ich verzeihe dir.«

»Du verzeihst mir? Ich brauche deine Verzeihung nicht. Außerdem bin ich bei vollem Bewusstsein. Ich bin selten so klar im Kopf gewesen wie in diesem Augenblick. Ich hatte genügend Zeit zum Nachdenken, seitdem ich hier liege.«

»Wir sind doch ein Fleisch und Blut. Wir wissen beide, wer an allem Übel in diesem Land Schuld hat. Und wir wissen beide, was man dagegen unternehmen muss.«

»Mag sein, aber du kennst die Spielregeln nicht und kannst das Risiko nicht einschätzen. Du bildest dir ein, genauso klug zu sein wie unsere Führer. Vergiss es! Für die Strategien und Ziele der Partei ist in deinem Spatzenhirn zu wenig Platz.«

»Ich bin ebenso Mitglied der Partei wie du. Meine Stimme hat dasselbe Gewicht wie deine.«

»Was bildest du dir eigentlich ein? Falls du es noch nicht bemerkt haben solltest, hat die Partei einen Führer und ist straff organisiert. Wann hast du auf einer Parteiversammlung je deine Stimme abgegeben? Wir haben keine Verwendung für rachsüchtige Individualisten, die einen Minderwertigkeitskomplex haben und glauben, dass ihre Meinung irgendeine Bedeutung hat. Gehorsam und Kaltblütigkeit, darauf kommt es an.«

»Du bist noch jung. Wir, die *pied-noirs*, die Kriegsveteranen und die OAS, bilden das Rückgrat der Partei. Wären wir nicht gewesen, könnten Leute wie du jetzt ihre Klappe nicht so weit aufreißen.«

»Das glaubst auch nur du. Hast du schon einmal Le Pen getroffen?«

»Hast du?«

»Ja.«

»Dann hast du doch sicher meinen Namen erwähnt. Ich habe mir große Verdienste um die Partei erworben, das weißt du.«

»Le Pen hasst Leute wie dich, die glauben, die Partei gehöre ihnen, nur weil sie in Algerien gekämpft haben.«

»Du lügst.«

»Nein, ich lüge nicht. Irgendwann musst du dich endlich damit abfinden, dass die Zeiten sich geändert haben. Wir schauen nach vorne, nicht zurück. Weißt du, worüber wir auf unseren Strategietreffen und auf dem Sommerseminar sprechen? Über Semantik. Weißt du, was das bedeutet?«

»Natürlich weiß ich das.«

»Was denn?«

»Es bedeutet … ach, ist mir doch egal.«

»Semantik dreht sich um die Bedeutung von Wörtern und wie man sie benutzen kann. Wörter sind wie Waffen. Einer der größten Siege der Kommunisten war, dass sie ihre Gegner dazu brachten, ihr eigenes Vokabular zu übernehmen.«

»Was haben denn die Kommunisten mit dieser Angelegenheit zu tun?«

»Wir können viel von ihnen lernen. Im Grunde fast alles, abgesehen von der Wirtschaftslehre. Weißt du, warum wir das Wort »Rassismus« in der Öffentlichkeit nie in den

Mund nehmen? Weil es negative Konnotationen hat. Stattdessen sprechen wir lieber vom nationalen Vorrecht der Franzosen. Wir sprechen nicht von Arbeitern, sondern von aktiven Franzosen, nicht von sozialem Fortschritt, sondern von sozialen Vergünstigungen. Wir stellen uns nicht öffentlich hin und fordern, man solle die Ausländer zum Teufel jagen. Wir bieten nur an, bei der Rückkehr der Ausländer in ihre Heimatländer der Dritten Welt behilflich zu sein. Aber natürlich hast du auch keine Ahnung, was Konnotationen sind.«

»Du spuckst hier große Töne. Aber wie kommt es, dass du im Krankenhaus liegst, wenn du so ein cleveres Bürschchen bist? Du gehörst zur Elitetruppe und lässt dich von ein paar dreckigen Arabern verprügeln? Ich hab am Krieg teilgenommen, du nicht!«

»Am Krieg teilgenommen! Das ist genau der richtige Ausdruck. Denn gekämpft hast du nicht. Und damit du es weißt, deine alten Gefährten von der OAS, Sergeant Susini und andere, haben mich ausdrücklich vor dir gewarnt. Die wissen, was du für einer bist. Sie kennen dich als ausgezeichneten Vernehmungsleiter, wissen aber auch, dass man sich nicht auf dich verlassen kann, wenn auch nur die geringste Gefahr im Verzug ist. Glaub mir, du solltest dich lieber zurückhalten. Mit Unterstützung kannst du nicht rechnen. Wenn wir eines Tages an der Macht sein werden, wird sich schon ein Platz für dich finden. Als Lageraufseher. Solche Leute werden gebraucht. Gib dich damit zufrieden. Das ist ein guter Rat.«

»Du hast meine Frage nicht beantwortet: Warum hast du dich von den dreckigen Arabern vermöbeln lassen, wenn du so gerissen bist?«

»Regel Nummer eins: Unterschätze niemals deinen Feind. Oberst Bigeart und seine Fallschirmjäger haben das in Algerien auch nicht getan. Niemals! Die FLN hatte ihre Elitetruppen und hervorragende Guerillasoldaten. Die Islamisten von heute sind nicht schlechter geschult. Viele von ihnen kommen aus den Reihen der FLN und verfügen über eine lange Erfahrung im Guerillakrieg. Die Politiker in Frankreich haben den Feind viel zu lange unterschätzt. Diesen Fehler wollen wir nicht wiederholen. Als ich angegriffen wurde, wollte ich einem Skinhead die Möglichkeit geben, seine Loyalität unter Beweis zu stellen. Bevor wir jemanden aufnehmen, muss dieser beweisen, dass es ihm ernst ist. Eine reine Routinemaßnahme, dachte ich, aber ich hab mich überrumpeln lassen und hab eine Lektion erhalten. Das wird mir kein zweites Mal passieren. Das nächste Mal bin ich besser vorbereitet.«

»Willst du dich nicht rächen?«

»Hast du nicht begriffen, was ich gesagt habe? Le Pen hat keine Verwendung für Heißsporne, die sich nicht strikt an die Befehle halten. Wir können natürlich einen Araber über die Klinge springen lassen, aber niemals so, dass eine Verbindung zur Partei hergestellt werden kann. Verstehst du?«

»Du redest wie einer dieser Scheißintellektuellen. Und bist gerade mal aus den Windeln raus.«

»Muss ich dir eigentlich alles zweimal erklären? Ich bin siebenundzwanzig, solltest du das vergessen haben. In den letzten fünf Jahren hab ich ein hartes Training mitgemacht. Ich bin kein Rotzlöffel mehr. Warum, glaubst du, geh ich wie ein Skin auf die Straße? Um die jungen Wirrköpfe auf den rechten Weg zu führen. Um ihren Zorn in die richtigen

Bahnen zu lenken. Viele von ihnen könnten ebenso gut revolutionäre Marxisten oder religiöse Fanatiker werden. Sie brauchen nur einen Feind, den sie bekämpfen können. Und den liefere ich ihnen.«

»Und du willst mein Sohn sein?«

»Wenn du noch ein Fünkchen Grips hättest, wärst du stolz auf mich und würdest auf mich hören.«

»Stolz! Du verachtest deinen eigenen Vater. Im Interesse der Partei würdest du mich abknallen wie einen Hund.«

»Wenn ich den ausdrücklichen Befehl bekäme, würde ich keine Sekunde zögern.«

Als Alain das Krankenhaus verließ, hatte er das Gefühl, sein Kopf würde zerspringen. Beschimpft und erniedrigt von seinem eigenen Sohn. Mit welchem Recht? Welches Recht stand über dem Recht, das ein Vater gegenüber seinen Kindern hatte? Keines. Er wollte allen beweisen, dass mit ihm zu rechnen war. Sie glaubten, er sei ein feiges Stück Dreck. Dann sollten sie sich mal bei den Leuten erkundigen, die er verhört hatte. Er war einer der besten Vernehmungsleiter der DOP gewesen, dafür gab es Beweise, obwohl heute niemand mehr etwas davon wissen wollte. Alle Dokumente der DOP waren verbrannt worden, als die Armee sich mit eingeklemmtem Schwanz aus Algerien zurückzog und eine Million Franzosen im Stich ließ. Wie sollte er jetzt noch beweisen, dass es ihm geglückt war, aus mehreren Terroristen unschätzbare Informationen herauszuholen, die zahlreichen jungen Wehrpflichtigen das Leben retteten und sie – dank seiner großartigen Verhörtechnik – davor bewahrte, in einen Hinterhalt zu geraten, die Kehle durchgeschnitten oder die Eier in den Mund gestopft zu bekommen?

Er fuhr direkt nach Hause. In einer Bar trank er drei Cognac, um die Nerven zu beruhigen. Dann ging er in seine Wohnung hinauf und rief einen seiner alten Mitarbeiter an. Die würden ihn mit Sicherheit nicht im Stich lassen. Auf die konnte er sich verlassen. Zumindest auf die *Harkis*, die mit ihm zusammengearbeitet hatten. Er rief Alphonse an, einen der drei Araber, die ihm bei den Verhören assistiert hatten.

»Hier ist Ignatius.«

Ignatius war sein Deckname bei der DOP. Nach Beendigung des Krieges hatten die treuen Anhänger der DOP beschlossen, eine Bruderschaft zu errichten und sich nach dem Vorbild der Inquisition und Gesellschaft Jesu Decknamen zu geben.

»Alphonse hier«, antwortete die Stimme. »Worum geht es?«

»Um ein Treffen. In zwei Stunden.«

»In Ordnung.«

Das war alles. Die Bruderschaft verhielt sich äußerst vorsichtig. Trotz der unschätzbaren Dienste, die sie Frankreich geleistet hatten, wollte niemand etwas mit ihnen zu tun haben, ausgenommen der Geheimdienst, der sie weiterhin überwachte. Einige schienen immer noch Angst zu haben, die Bruderschaft könne nach so vielen Jahren ihr Wissen preisgeben. Es gab sogar Menschen, die auf rätselhafte Weise verschwunden und später tot aufgefunden worden waren. Dem Geheimdienst zufolge gingen diese Verbrechen auf das Konto von Arabern, die sich an ihren früheren Unterdrückern gerächt hatten. Aber wie sicher war diese Information?

Thierry verstand nicht, dass sein Vater seit Beendigung des Krieges in Lebensgefahr schwebte! Aber vielleicht war sich Thierry darüber im Klaren. Alain schoss ein schrecklicher Gedanke durch den Kopf: War Thierry womöglich an einer Aktion gegen ihn beteiligt? Alain war klug genug, um zu begreifen, dass es im Interesse der Front National lag, gewisse Vorfälle während des Algerienkriegs geheim zu halten.

Genau zwei Stunden später stand Alain auf dem Place de la Sorbonne, der, so wie alle offenen Plätze, an denen es von Menschen wimmelte, einer der Treffpunkte der Bruderschaft war. Alain ging zunächst um den Platz herum und überquerte ihn dann zweimal, so dass sein Laufweg ein keltisches Kreuz bildete – das Symbol der OAS während des Krieges. Kaum hatte er den Platz ein weiteres Mal überquert, hörte er hinter sich eine Stimme.

»Ignatius?«

»Alphonse.«

Alain und Alphonse begaben sich auf den Boulevard St Michel und mischten sich unter die Leute.

»Wie geht es?«, fragte Alain.

»Könnte besser sein.«

»Bei mir auch. Manchmal kommt es mir so vor, als wäre mein Leben vergeblich gewesen. Nicht einmal die Veteranenvereinigung will etwas mit uns zu tun haben. Sie denken an ihren Ruf. Haben wir etwa die DOP gegründet? Nein, das waren die Politiker und die Armee. Und wen macht man jetzt für alles verantwortlich? Wir haben die Drecksarbeit gemacht. Auch das wird sich ändern, wenn die FN an die Macht kommt.«

»Bist du sicher, dass sie sich an unsere Verdienste erinnern werden? Glaubst du, sie werden sich an *Harkis* wie uns erinnern? Wir sind Araber, vergiss das nicht.«

»Ihr seid Franzosen.«

»Es wirkt aber nicht so.«

Was hatte Thierry gesagt? Dass man sie vielleicht als Lageraufseher verwenden konnte? Thierry war nicht bei Sinnen gewesen. Er wusste nicht, was er da sagte. Unter normalen Umständen würde sein Sohn anders mit ihm sprechen. Vielleicht hatte er unter Drogen gestanden.

»Wir müssen uns in Erinnerung bringen. Unsere Ehre verteidigen, anstatt zu buckeln und uns wie tollwütige Hunde behandeln zu lassen. Bist du dabei? Ich brauche eine Pistole. Kannst du eine besorgen?«

»Bis wann?«

»So schnell wie möglich. Und Munition.«

Um ein Uhr nachts kehrte Alain zum Place de la Sorbonne zurück. Jetzt war es hier bedeutend leerer, und Alain fühlte sich ungeschützter. Dass zwei Polizisten den Platz überquerten, machte ihn auch nicht ruhiger. Der eine blickte ihn an, ging jedoch weiter. Einige Minuten später hörte er wieder die Stimme von Alphonse hinter sich.

»Probleme?«

»Keine. Und du?«

»Ich hab, was du brauchst. Sie ist in meiner gelben Plastiktüte. Wir setzen uns irgendwo an die Theke und trinken einen Kaffee. Du nimmst die Tüte, wenn wir gehen.«

»In Ordnung.«

Eine halbe Stunde später war Alain wieder zu Hause. Sobald er die Tür geschlossen hatte, nahm er die Pistole zur Hand und lud sie. Sofort fiel die Nervosität von ihm ab. Als wäre er von einer schweren Bürde befreit. Er legte das Schulterhalfter an, steckte die Pistole hinein, zog seine Jacke an und stellte sich vor den Spiegel am Eingang. Er streckte den Rücken. Dreißig Jahre lang hatte er ihn gekrümmt, als wollte er sich für seine Existenz entschuldigen. Das sollte ein für alle Mal ein Ende haben. Nun hatte er keine Angst mehr, wenn er nach Einbruch der Dunkelheit hinausging. Jetzt musste er keinen Bogen mehr um die verhassten Ausländer machen, die nur darauf warteten, ihm ein Messer in den Rücken zu rammen. Dumas hatte Recht. Seit dem Ende des Krieges hatte er in ständiger Angst gelebt und um sein Leben gefürchtet. Aber das Wichtigste hatte Dumas nicht verstanden: dass man Furcht empfinden *musste,* um überleben zu können. Man *musste* einen Bogen um die Araber machen, um seine Haut zu retten. Falls man keine Pistole besaß, versteht sich. Und die würde er jetzt immer bei sich tragen.

15

Dumas war nicht überrascht, dass die Führungsriege einen Tag nach dem Vorfall zu einer außerordentlichen Sitzung zusammengerufen wurde. Er hatte den Vorstand bereits über die Ereignisse in Kenntnis gesetzt, damit ihm niemand vorwerfen konnte, etwas verschleiern zu wollen.

Er sah der Sitzung gelassen entgegen, war gut vorbereitet und wusste, dass er sich auf seine rhetorischen Fähigkeiten verlassen konnte. Die Frage war, was die Sicherheitsabteilung im Laufe des Nachmittags herausbekommen würde. Er war sicher, dass sich Georges solidarisch verhalten und seinen Verdacht hinsichtlich Alain für sich behalten würde. Ein Verdacht, der im Übrigen auf wackligen Beinen stand.

Er hatte Rachid und Ahmed ausdrücklich angewiesen, kein Wort über eine mögliche Sabotage verlauten zu lassen. Aus Alain würde man ohnehin nichts herausbekommen.

Der einzige Unsicherheitsfaktor war paradoxerweise die Sicherheitsabteilung mit ihrem Chef, Gautrot, der das Misstrauen in Person war, vor allem, wenn es um Araber ging. Gautrot war früher beim militärischen Abschirmdienst gewesen. Darüber hatte er zumindest Dokumente vorgelegt, bevor er zum Sicherheitschef des gesamten Eole-Projekts ernannt worden war. Das Konsortium war von höherer Stelle mehr oder weniger zu seiner Ernennung gezwungen worden. Angeblich ging es um die Sicherheit des Staates. Dumas hingegen glaubte, man habe jemanden abgeschoben, der in Ungnade gefallen war oder im Namen des Staates irgendwelche Verbrechen verübt hatte. Wer der Ansicht war, dass sich der Geheimdienst strikt an Recht und Gesetz hielt, war wirklich von gestern. Das war Dumas nicht. Hatte Georges nicht gesagt, dass der Anteil an Halunken und Idioten in allen Ländern, Kulturen und Schichten ungefähr gleich groß sei? Der Geheimdienst machte da keine Ausnahme, wofür Gautrot ein leuchtendes Beispiel war.

Als Dumas den Konferenzraum betrat, saßen die anderen bereits auf ihren Plätzen. Alle sechs Unternehmen des Konsortiums waren vertreten, ebenso wie der Auftraggeber, die französische Eisenbahn, der zwei Vertreter entsandt hatte. An einem Ende des Tisches saß Gautrot, der mit unbewegtem Gesicht vor sich hin starrte.

Sogleich fielen Dumas die ernsten Mienen aller Beteiligten auf. Er war froh, einen Joker im Ärmel zu haben, den er ausspielen konnte, falls er in Bedrängnis geriet. In diesem Fall konnte er immer noch betonen, dass er mit großer

Wahrscheinlichkeit wisse, wer für die Sabotage verantwortlich war. Aber es verstand sich von selbst, dass man einen Joker bis zuletzt zurückhielt.

Dumas setzte sich neben Chaulet, der den Vorsitz innehatte. Dumas hatte kaum Platz genommen, als Chaulet bereits das Wort ergriff. Er kam sofort zur Sache.

»Wie Sie bereits wissen, meine Herren, ist das Eole-Projekt zum ersten und hoffentlich auch zum letzten Mal von einem gravierenden Sicherheitsproblem bedroht gewesen. Wir haben heute die Aufgabe, sicherzustellen, dass sich derartige Vorfälle, seien sie menschlicher oder technischer Natur, nicht wiederholen. Lassen Sie uns zunächst von den menschlichen Aspekten reden. Herr Gautrot, wären Sie so freundlich, uns zu berichten, was Sie herausgefunden haben?«

Gautrot stand auf. Das war typisch für ihn. Entweder glaubte er, dadurch Autorität zu gewinnen, oder er nahm aus Gewohnheit Haltung an.

»Ich werde mich kurz fassen. Sie alle wissen, worum es geht. Wir hatten einen Kabelbruch, infolge dessen die Stromversorgung für siebzehn Minuten unterbrochen war. Der Schaden wurde von zwei arabischen Arbeitern aus der Sektion von Alain Dubois entdeckt und behoben. Die Stromversorgung wurde am gestrigen Vormittag um elf Minuten nach zehn unterbrochen, während ein künstlicher Stromausfall simuliert wurde. Ich werde gleich zu einem möglichen Zusammenhang zwischen diesen beiden Vorgängen Stellung nehmen. Lassen Sie mich zuvor eines feststellen: Es deutet alles darauf hin, dass es sich um Sabotage handelt. Die Muttern der Kabelschuhe waren mit Epoxidkleber fixiert und zeigten deutliche Spuren einer Gewalteinwirkung. Es wurde die Vermutung geäußert, dass sich die Kabel auf Grund der Vibrationen gelöst haben könnten. Diese Ansicht vertritt auch der Vorarbeiter Alain Dubois. Diese Theorie ist jedoch sehr unwahrscheinlich. Wir müssen also davon ausgehen, dass jemand das Kabel mutwillig gelöst hat. Wer könnte dies getan haben und warum? Keine terroristische Vereinigung hat sich meines Wissens zu dem Anschlag bekannt. Wir wissen nicht, ob die Täter von außen kamen oder unter den Angestellten zu suchen sind. Wir wissen nur, dass sich Alain Dubois' algerische Sektion in der Nähe von Schacht Nummer elf aufhielt, als der Anschlag verübt wurde.«

»Entschuldigen Sie die Unterbrechung«, sagte Dumas. »Ich möchte da etwas klären.«

Chaulet nickte.

»Korrigieren Sie mich, wenn ich etwas Falsches sage, Herr Gautrot, aber wenn mich meine Erinnerung nicht täuscht, sind Sie für die Implementierung und Überwachung von komplexen Sicherheitssystemen verantwortlich.«

»Das ist richtig.«

»In diesem Fall hätte ich gerne gewusst, ob für einen Außenstehenden die Möglichkeit besteht, in den Untergrund vorzudringen, zum Beispiel über den Aufzug des Victoriaschachts.«

»Alle sind dazu verpflichtet, unsere Overalls zu tragen. Die roten sind für die Angestellten, die weißen für die Gäste bestimmt.«

»Ich bitte nochmals um Entschuldigung, aber danach hatte ich nicht gefragt. Ich wollte wissen, welche physischen Barrieren bestehen, um einen Außenstehenden daran zu hindern, einfach den Aufzug zu nehmen und nach unten zu fahren.«

Gautrot schaute sich um.

»Nun, es bestehen keine direkten physischen Hindernisse, aber ...«

»Der Täter muss also nicht zwangsläufig aus unseren Reihen kommen, sondern könnte ebenso gut von außen eingedrungen sein, ist das richtig?«

»Das ist richtig, allerdings ...«

»Gut. Es wäre unklug, automatisch unsere eigenen Mitarbeiter zu verdächtigen, solange keine gesicherten Erkenntnisse vorliegen. Nichts ist für die Arbeitsmoral schädlicher als ein Klima des Misstrauens. Ich weiß, wovon ich spreche. Ich habe während des Algerienkriegs mit Hauptmann Léger zusammengearbeitet. Sie erinnern sich vielleicht an folgende Episode: Léger hatte mit großer Geschicklichkeit dafür gesorgt, dass sich im feindlichen Lager das Gerücht verbreitete, die FLN sei von Kollaborateuren unterlaufen. Mit welchem Resultat? Es gab eine Welle von Säuberungen. Léger sagte, die FLN habe in dieser Zeit mehrere tausend Mitglieder durch Desertionen und Hinrichtungen verloren. Alles auf Grund einer gezielten Desinformationskampagne. Möglicherweise haben Sie auch gelesen, dass die Armee ihre Soldaten wieder in psychologischer Kriegsführung ausbildet. In diesem Zusammenhang wurde ausdrücklich auf die Erfahrungen aus dem Algerienkrieg verwiesen, die jedoch langsam verloren gingen. Das gezielte Streuen von Gerüchten gehört zum Instrumentarium der psychologischen Kriegsführung. Ich rate also zu größter Zurückhaltung bei der Formulierung von Verdächtigungen in die eine oder andere Richtung. Wir haben hart dafür gearbeitet, dem

Eole-Projekt einen besonderen Geist einzuimpfen. Es ist uns geglückt. Dieser Geist ist der Garant für die Einhaltung des Zeitrahmens und die Vermeidung von Konventionalstrafen. Ich brauche wohl nicht daran zu erinnern, dass uns jeder verlorene Tag eine Million Francs kostet.«

Dumas sah den Gesichtern rund um den Tisch an, dass seine Worte Eindruck gemacht hatten. So einfach war das. Wäre es Gautrot geglückt, das Misstrauen gegen die eigenen Angestellten zu wenden, hätte auch Dumas irgendwann die Konsequenzen zu spüren bekommen.

»Dennoch möchte ich die Erkenntnisse, die Anlass zum Misstrauen geben, weiter ausführen«, sagte Gautrot.

Chaulet schaute Dumas an.

»Ich glaube, Jean-Claude hat Recht. Den Geist des Eole-Projekts aufs Spiel zu setzen, könnte uns unverhältnismäßig teuer zu stehen kommen. Daher muss ich Sie fragen, Herr Gautrot, ob konkrete Beweise vorliegen, dass die Sabotage von einem unserer Angestellten verübt wurde.«

»Es gibt nur Indizien.«

»Indizien reichen nicht.«

»Wir beschäftigen über zweihundert Araber auf der Baustelle. Die Wahrscheinlichkeit spricht dafür, dass es einer von ihnen war.«

Gautrot war sichtlich frustriert. Dennoch wunderte es Dumas, dass Gautrot so unverhohlen seine Vorurteile zum Ausdruck brachte. Keiner der Anwesenden konnte als Freund der Araber bezeichnet werden, aber die anderen waren klug genug, ihren unterschwelligen Rassismus für sich zu behalten. Dumas holte zum entscheidenden Schlag aus.

»In jeder Schicht befinden sich bis zu einhundertdreißig Araber unter der Erde. Alle wurden von Ihrer Sicherheitsabteilung, Herr Gautrot, einer scharfen Kontrolle unterzogen. Also dürfen wir doch wohl voraussetzen, dass sich unter den Arbeitern keine islamischen Fundamentalisten oder potenziellen Terroristen befinden.«

Gautrot starrte unbewegt vor sich hin.

»Ich möchte von Ihnen wissen, Herr Gautrot, ob Sie es für denkbar halten – eine rein hypothetische Frage also –, dass allein die Tatsache, dass sich so viele loyale Araber unter unseren Angestellten befinden, bei ihren eigenen Landsleuten für böses Blut sorgen könnte? Wäre es nicht möglich, dass eine radikal-islamische Organisation es für erforderlich hält, unsere Arbeiter für ihre Loyalität zu bestrafen? Ist es ferner möglich, dass eine paramilitärische Gruppierung der Front National ein ähnliches Vorhaben in die Tat umsetzt? Assimilierte und loyale Ausländer sind doch die größte Bedrohung für deren eigene Existenz.«

»Sicher ist das möglich, aber …«

Dumas fiel Gautrot ins Wort.

»Ich weiß nicht, ob Sie bemerkt haben, dass Le Pen erst vor kurzem als Ehrengast von der iranischen Botschaft eingeladen worden ist, an den Feierlichkeiten zum Jahrestag der islamischen Revolution teilzunehmen. Es ist offensichtlich, dass die Führer der Front National und die islamischen Fundamentalisten gemeinsame Interessen haben. Je stärker der allgemeine Rassismus um sich greift, desto mehr Anhänger werden den islamischen Fundamentalisten in die Arme getrieben. Und umgekehrt: Je mehr Fundamentalisten es gibt, desto größer sind die Möglichkeiten der Front National, die Ängste in der Bevölkerung zu schüren.«

»Worauf wollen Sie hinaus?«, fragte Chaulet. »Wissen Sie etwas, was wir nicht wissen?«

»Nein, ich will nur betonen, wie wichtig es ist, die Realität richtig einzuschätzen. Das gilt für unsere Araber ebenso wie für die Arbeitsbedingungen unter Tage. Auf Grund vager Gerüchte über die Beschaffenheit des Gesteins würde ja auch niemand sogleich mit den Bohrungen beginnen.«

»Ich denke, in diesem Punkt sind wir uns alle einig, nicht wahr, Herr Gautrot?«

Gautrot nickte erneut, wenn auch widerwillig, wie Dumas festzustellen glaubte. Chaulet fuhr fort:

»Ich schlage also vor, dass die Sicherheitsabteilung ihre Recherchen fortsetzt. Gleichzeitig sollten wohl auch die Sicherheitsvorkehrungen verschärft werden, oder was meinen Sie, Herr Gautrot? Es sollte nicht für jeden möglich sein, einfach mir nichts, dir nichts den Aufzug zu benutzen und unter die Erde zu gelangen. Wir können also nicht ausschließen, dass der Täter von außen kam. Die verschärften Sicherheitsvorkehrungen müssen natürlich in aller Diskretion erfolgen, damit sie kein Klima des Misstrauens erzeugen, was wir unbedingt vermeiden müssen. Können wir uns darauf verständigen?«

Eine rhetorische Frage. Alle nickten und murmelten ein Ja.

»Wir bedanken uns für Ihren Bericht, Herr Gautrot. Am besten, Sie machen sich unverzüglich an die Arbeit.«

Gautrot warf Dumas einen Blick zu, drehte sich um und ging.

»Lassen Sie uns in der Tagesordnung fortfahren.«

Dumas nahm zerstreut an der weiteren Diskussion teil. Er hatte sein Ziel erreicht, sogar leichter, als er es sich vorgestellt hatte. Seine eigene Glaubwürdigkeit hatte keinen

Schaden genommen, im Gegenteil, sie war deutlich gestärkt worden, unter anderem auf Kosten Gautrots. Jetzt hatte er einen Feind mehr. Seine Trumpfkarte hatte er gar nicht ausspielen müssen. Sollte er später einmal Probleme bekommen, konnte er jederzeit den Helden spielen und den Schuldigen an Gautrot ausliefern. Er hatte die Situation vollkommen unter Kontrolle.

Nach Beendigung der Sitzung ging Dumas unverzüglich in sein Büro, nicht um zu arbeiten, sondern um Dominique zum Abendessen einzuladen. Er hatte für sein Engagement doch wirklich eine Belohnung verdient.

»Ich möchte Sie an Ihr gestriges Versprechen erinnern«, sagte er. »Sie hatten versprochen, heute mit mir zu Abend zu essen, wenn Sie den Nachmittag freibekämen. Ich gebe Ihnen Recht, dass es wie Erpressung aussieht, aber ich kann Ihnen versichern, dass sie mit den besten Absichten geschieht.«

16

»Madame?«

Mireille zuckte zusammen und blickte auf. Dreißig Gesichter starrten sie an.

»Geht es Ihnen nicht gut?«, fragte ein Mädchen aus der zweiten Reihe.

»Nicht gut? Doch, doch, alles in Ordnung.«

Erst jetzt bemerkte Mireille, dass sie während des Unterrichts ihren eigenen Gedanken nachgehangen hatte. Es war der unerwartete Umzug, der sie beschäftigte. Um das misshandelte Mädchen konnten sich andere kümmern und taten es auch. Viel gefährlicher war die Situation für Mhedi.

Über zwanzig GIA-Aktivisten waren bereits inhaftiert worden, und die Polizei bereitete mehrere Razzien vor. Gegen Verräter ging die GIA mit größter Unnachgiebigkeit vor. Umso wichtiger war es für Mhedi, Kontakt zu Mireille aufnehmen zu können. Warum hatten diese Rassisten gerade jetzt den Stein auf Fatima geworfen?

Doch es war unverzeihlich, dass gerade sie, die sich stets bemühte, allen Schülern ihre volle Aufmerksamkeit zu widmen, diese etwas von ihrer Unruhe spüren ließ. Solch ein Verhalten konnte Gerede nach sich ziehen, und schon das leiseste Gerücht, sie habe private Probleme, konnte sie selbst in Gefahr bringen.

»Macht euch keine Sorgen«, sagte sie, während sie eine Folie auf den Overheadprojektor legte. Es handelte sich um eine kurze Notiz, die vor einigen Monaten von *Le Monde* publiziert worden war.

Die Notiz informierte über sieben algerische Lehrerinnen, die auf eine Straßenblockade islamischer Fundamentalisten gestoßen waren. Die Lehrerinnen waren an Händen und Füßen gefesselt worden, bevor man ihnen die Kehlen durchschnitt. Warum? Weil sie sich gegen die Order der Fundamentalisten, den Unterricht einzustellen und die Schulen zu schließen, zur Wehr gesetzt hatten.

»Ich hatte mich gerade gefragt, wie ich selbst in einer solchen Situation reagiert hätte. Entschuldigt meine Unaufmerksamkeit.«

»Sie müssen sich nicht entschuldigen«, sagte ein Schüler. »Wie hätten Sie denn reagiert?«, fragte ein anderer.

»Es ist schwierig, im Voraus zu sagen, wie man sich in einer extremen Situation verhalten würde, aber ich *hoffe*, ich hätte den Unterricht fortgesetzt. Ich hätte mir vielleicht eingeredet, die Drohung der Fundamentalisten ginge mich nichts an. Das haben die Lehrerinnen möglicherweise auch getan. Im August 1994 gab die GIA ein Kommuniqué heraus, das sowohl Lehrern als auch Eltern untersagte, Schulen und Universitäten zu öffnen, deren Unterricht im September beginnen sollte. Jede Zuwiderhandlung sollte hart bestraft werden. Acht Monate später waren 835 Schulen niedergebrannt oder verwüstet und 120 Lehrer ermordet worden. 1200 Menschen gingen ins Exil. Wenn man dies weiß, ist es umso schwerer vorauszusagen, wie man selbst gehandelt hätte. Das versteht ihr sicher. Ich habe eine Tochter. Sollte ich auch dann den Unterricht fortsetzen, wenn ich befürchten muss, dass sie deswegen ihre Eltern verliert? Andererseits bin ich mir bewusst, dass es irgendjemanden geben muss, der sein Leben aufs Spiel setzt, unter anderem Leute mit Kindern. Es können doch nicht alle einfach die Augen schließen, in der Hoffnung, selbst ungeschoren davonzukommen.«

Unfreiwillig hatte sie die Stimme gehoben. Hatte sie sich damit selbst überzeugen wollen? Das durfte ihr nicht noch einmal passieren. Nichts war verhängnisvoller, als sich von ihren Emotionen mitreißen zu lassen.

»Habt ihr gewusst, dass auf Grund von Drohungen und Attentaten keine einzige Schule geschlossen wurde?«, fuhr sie leise fort. »Und dass alle zerstörten Schulen wieder aufgebaut wurden? Von normalen Leuten. Von Schülern, Lehrern und Eltern. Darüber wird in den Zeitungen natürlich nicht berichtet. Die schreiben nur von Massakern. Die Hoffnung besteht darin, dass ganz normale Leute, Menschen wie wir, Widerstand leisten. Wie, glaubt ihr, hättet ihr euch in dieser Situation verhalten?«

Es dauerte nicht lange, bis die Diskussion im Klassenzimmer voll entbrannt war.

Das war ihre Methode. Sie unterrichtete Geschichte, nahm jedoch immer Bezug auf die eigenen Erlebnisse und Erfahrungen oder die ihrer Schüler. Sie betrachtete Geschichte zunächst von der Gegenwart aus, anstatt sich, wie es die Geschichtsbücher tun, nur mit der Vergangenheit zu beschäftigen. Manchmal nahm sie so einfache Dinge wie einen Gauloises rauchenden Schüler zum Anlass, über Frankreichs keltisches Erbe zu berichten, die Artussage zu schildern, die französische Eroberung der Bretagne und die bretonische Sprachminderheit zu thematisieren oder darzustellen, warum sich die OAS ausgerechnet das keltische Kreuz als Symbol gewählt hatte. Andere Male, so wie heute, waren die Bezugspunkte weitaus tragischer und bedrängender. In der Klasse befanden sich sechs Kinder algerischer Immigranten, aber auch zwei Kinder von *pieds-noirs*.

Eines der algerischen Mädchen rief mit sich überschlagender Stimme aus: »Aber warum? Warum bringen sie unschuldige Menschen um?«

Im Klassenzimmer wurde es still. Mireille wusste, dass die Schüler von ihr eine Antwort erwarteten. Jedes Mal, wenn Mireille zu einer Erklärung ansetzte, kam sie sich hilflos und unzulänglich vor. Unzulänglich, den Schülern ungeschminkt die Wahrheit zu schildern, ihnen andererseits aber auch eine gewisse Hoffnung, den Glauben ans Leben und einen Funken Lebensfreude zu vermitteln. Wie machte man das? Welche pädagogischen Methoden und didaktischen Theorien gab es, um den Schülern das Leben zu erleichtern? Ihr waren keine bekannt.

»Es mag bei den Menschen eine gewisse Veranlagung für

das Gute und das Böse geben. Aber vor allem werden wir durch unsere Kindheit und die äußeren Umstände geprägt. Vor zwanzig Jahren gab es keine Massaker in Algerien oder in Bosnien. Das Böse kommt an verschiedenen Orten der Welt zum Vorschein, aber nicht überall gleichzeitig. Das ist der Beweis, dass es nicht unausweichlich ist. Doch es scheint auch immer wieder zurückzukehren, so als könnte man es nie für alle Zeit ausrotten. Deshalb stellen manche die These auf, der Mensch sei von Natur aus schlecht. Das ist er nicht. Er ist weder von Grund auf gut noch schlecht.«

»Aber warum entwickeln sich dann die Menschen ein und desselben Landes so unterschiedlich?«

Natürlich war es Malika, die gefragt hatte. Sie war das intelligenteste Mädchen der Klasse und stellte immer genau die Fragen, die kaum zu beantworten waren.

»Es tut mir Leid, wenn ich dich enttäuschen muss, aber das weiß niemand so genau. So weit ist die Wissenschaft noch nicht. Es ist nicht leicht, zu gesicherten Erkenntnissen über den Menschen zu gelangen. Das gilt ebenso für mich wie für euch. Trotz aller Forschungen auf diesem Gebiet weiß man immer noch nicht, warum einige sich das Leben nehmen oder andere kriminell werden. Manche sind der Ansicht, dass Menschen, die zu wenig Liebe und Geborgenheit erfahren haben, später eher kriminell werden. Das ist wohl wahr. Aber es erklärt immer noch nicht, warum nur eine Minderheit derer, die zu wenig Liebe bekommen, kriminell wird. Die allermeisten, die eigentlich Probleme haben müssten, kommen im Leben ganz gut zurecht. Werden freundliche und umgängliche Menschen. Der Mensch an sich ist einfach zu kompliziert, um ihn auf eine einfache Formel zu bringen.«

Nach der Unterrichtsstunde fuhr sie direkt nach Hause und setzte sich an den Computer. Es waren keine vierundzwanzig Stunden vergangen, seit sie um Informationen über einen gewissen Rachid gebeten hatte, der unter Tage für das Eole-Projekt arbeitete. Viele Hinweise hatte sie nicht geben können, nur dass er von einem der sechs zum Konsortium gehörenden Unternehmen beschäftigt wurde, vor sechs Monaten als Betonarbeiter eingestellt worden war und darüber hinaus solide Elektrokenntnisse besaß. Das war es, was sie aus Ahmed herausbekommen hatte, ohne allzu viele Fragen zu stellen. Sie wollte nicht den Anschein erwecken, als traue sie Ahmeds Beurteilung von Rachid nicht.

Waren ihre Hinweise ausreichend? Mireille wartete auf eine Nachricht. Die Organisation kommunizierte mittels Verschlüsselungen nach dem Zimmermans Pretty Good Privacy-Programm, das ironischerweise sowohl von Menschenrechtsorganisationen als auch von Terroristen und anderen Kriminellen benutzt wurde, die darauf aus waren, ihre Spuren zu verwischen. Um ganz sicherzugehen, hatte die Organisation ferner das Prinzip der Unmittelbarkeit eingeführt. Keine E-Mail blieb beim Server liegen, ganz gleich, ob sie verschlüsselt war oder nicht. Alle Nachrichten wurden zu einem verabredeten Zeitpunkt übermittelt, unmittelbar auf den eigenen Computer heruntergeladen, gelesen und sogleich wieder gelöscht. Mireille hatte selbst ein Programm entwickelt, das alle Mails nach fünf Minuten automatisch zerstörte, falls der Empfänger plötzlich krank wurde oder andere Probleme bekam. Um den Vorgang zu beschleunigen, reichte ein einfacher Knopfdruck, um alle Spuren sowohl auf dem eigenen Computer als auch beim Server zu löschen. Es wurden keine Adressen gespeichert, und niemand musste sich mehr als fünf Adressen merken, mit Ausnahme von Mireille, die Zugang zu sämtlichen Informationen hatte. Der Informationsfluss sollte ohne sie funktionieren, aber in eiligen und besonders wichtigen Angelegenheiten war es notwendig, dass sie alle kurzfristig erreichen konnte. Man durfte den Feind nicht unterschätzen. Sowohl die islamischen Fundamentalisten als auch die Front National sowie die Antiterroreinheiten des Geheimdienstes bedienten sich des Internets.

Genau um vier Minuten nach eins traf die erste Nachricht ein. Sie kam von einem ihrer Computerexperten, der sich vor ein paar Monaten Zugang zu SIS und SIRENE, den zentralen Datenkarteien der EU in Fragen der Grenzkontrolle und Verbrechensbekämpfung, verschafft hatte. Politikern, der Polizei und Europol zufolge war es unmöglich, an die hochsensiblen Daten heranzukommen. In Wahrheit hatte es den Hackern der Organisation keine Probleme bereitet, in das System einzudringen. Das war auch nicht verwunderlich. Bei Zehntausenden angeschlossenen, über ganz Europa verteilten Terminals ließ sich eine hundertprozentige Sicherheit nicht gewährleisten. SIS und SIRENE hatten sich in kurzer Zeit zu den wichtigsten Informationsquellen der Organisation entwickelt. Außerdem ließ sich auf diese Weise kontrollieren, ob Mitglieder der Organisation in den Registern der EU auftauchten.

Die Mitteilung über Rachid M'Hidi gab darüber Aufschluss, dass er tatsächlich vor gut einem halben Jahr mit einem algerischen Pass nach Frankreich eingereist war. M'Hidi besaß eine unbegrenzte Aufenthaltsgenehmigung und war vor zehn Jahren achtzehnjährig nach Frankreich eingewandert. Über Verbindungen zu islamischen Terrororganisationen oder zur Regierung war nichts bekannt. Seit seiner Einreise nach Frankreich hatte Rachid M'Hidi in La Goutte d'Or gewohnt und zunächst als Lagerarbeiter, später als Angestellter eines kleinen Bauunternehmens sein Geld verdient. Er hatte seine Stelle gekündigt und war nach Algerien zurückgekehrt, wo er sich vermutlich ein Jahr lang aufhielt. Wieder in Frankreich, war er nach Creteil gezogen und hatte rasch eine Stelle als Betonarbeiter am Eole-Projekt angetreten. Über eine Familie in Frankreich oder Algerien war nichts bekannt. Von einer Ausbildung vor oder nach der Immigration ebenfalls nichts. Einmal mehr wurde Mireille bewusst, wie wenig die Aussagen der Polizei mit der Realität zu tun hatten: Europol hatte ein ums andere Mal versichert, unbescholtene Bürger, Immigranten inbegriffen, hätten von dem neuen Datenregister nichts zu befürchten. In Wahrheit wurde der Arbeit der Polizei höchste Priorität eingeräumt. So war es in allen Organisationen, deren Mitarbeiter zu Gehorsam verpflichtet wurden. Wie konnte nur jemand glauben, die Freiheit mit Zwangsmaßnahmen fordern und festigen zu können? Ganz normale Menschen wurden auf Grund von Merkmalen registriert, die eigentlich nicht erfasst werden durften: Rasse, Hautfarbe, politische Anschauung, sogar sexuelle Veranlagung.

Wie Rachid M'Hidi. Möglicherweise sollte Ahmed ihm nicht ohne weiteres sein Vertrauen schenken. Aber dies hatte nichts mit den Daten zu tun, die von der Polizei erfasst worden waren.

Auf den ersten Blick handelte es sich um den ganz normalen Lebenslauf eines Immigranten. Um einen Mann, der schließlich genug von Einsamkeit, Diskriminierung und

Prostituierten hatte und den Versuch unternahm, in sein Heimatland zurückzukehren. Aber wie viele gab es, die ausgerechnet in Zeiten des Krieges nach Algerien zurückkehren wollten?

Mireille bat um zwei Informationen: Erstens, unter welchen Umständen M'Hidi seine Stelle gekündigt hatte, bevor er nach Algerien reiste. Zweitens fragte sie direkt in Algerien an, ob es nicht möglich sei, etwas über seinen Wohnort und familiären Hintergrund in Erfahrung zu bringen.

Schon eine Stunde später wurde die erste Frage beantwortet: Rachid M'Hidi war eines Tages nicht an seinem Arbeitsplatz erschienen. Drei Tage später hatte sein Arbeitgeber M'Hidis schriftliche Kündigung erhalten, in der es hieß, er wolle endgültig nach Algerien zurückkehren. Er hatte sich für seinen kurzfristigen Entschluss entschuldigt und darum gebeten, sein Arbeitszeugnis an eine algerische Adresse zu schicken. Seinem Arbeitgeber zufolge war M'Hidi stets ein zuverlässiger Angestellter gewesen, der nicht zu denen gehört habe, die lieber aus dem Koran zitierten, als sich ihrer Arbeit zuzuwenden. Sein Arbeitgeber war von der Kündigung überrascht gewesen und wunderte sich vor allem darüber, dass M'Hidi nicht gefordert hatte, seinen Restlohn ausgezahlt zu bekommen. Vielleicht hatte er ein schlechtes Gewissen. Andererseits hätte er das Geld für den Beginn eines neuen Lebensabschnitts sicher nötig gehabt. Noch dazu, weil er sich kurz zuvor eine neue Brille hatte anschaffen müssen, nachdem er Probleme mit den Augen bekommen hatte. Leider besaß der Arbeitgeber keine Kopie des Arbeitszeugnisses und konnte auch keine Auskunft über die algerische Adresse geben, an die man es geschickt hatte.

Mireille las die letzten Sätze noch einmal. Wenn Rachid wirklich der war, für den er sich ausgab, musste er eine Brille oder Kontaktlinsen tragen.

Später erhielt sie den kurzen Bescheid aus Algerien, die Recherchen würden ein bis zwei Tage in Anspruch nehmen. Mireille verabredete für übermorgen den genauen Zeitpunkt der Kontaktaufnahme und entschied sich, erst dann mit Ahmed zu sprechen, wenn sie nähere Informationen besaß. Warum sollte Rachid ein anderer sein, als er vorgab? Ihre unerlässliche Achtsamkeit durfte nicht in chronisches Misstrauen gegen alles und jeden umschlagen. An dem Tag, an dem sie einen Unbekannten im Voraus verurteilten, waren sie selbst zu Rassisten geworden – nicht mehr und nicht weniger –, und nichts war gewonnen.

17

Fatima konnte kaum stillsitzen. Sie wartete ungeduldig auf das Läuten der Pausenklingel. Zum ersten Mal, seit sie das Gymnasium besuchte, hatte sie Schwierigkeiten, sich zu konzentrieren. Den ganzen Tag war sie in Gedanken gewesen. Die Lehrerin hatte sie sogar gefragt, ob sie noch krank sei. Fatima war auf ihrem Stuhl zusammengezuckt. Es war wohl das erste Mal, dass sie sich hatte ablenken lassen, anstatt jedes Wort, das vom Katheder kam oder in den Büchern stand, begierig aufzusaugen. Sie wollte schließlich alles lernen, alles wissen, alles verstehen, alles können.

Sie hatte den ganzen Tag an ihre Mutter gedacht und konnte es kaum erwarten, nach Hause zu kommen, um mehr zu erfahren, obwohl Mireille gesagt hatte, sie würde vielleicht enttäuscht sein. Fatima wollte sofort beginnen. Sie wollte aktiv werden, Fakten sammeln, Protestbriefe schreiben oder Flugblätter austeilen. Wenn es das war, was ihre Mutter tat.

»Wo bist du?«, rief Fatima, sobald sie zur Tür hereingekommen war.

»Hier.«

Fatima ging in Mireilles Arbeitszimmer, das kaum breiter war als der Schreibtisch, der an dessen Stirnseite vor dem Fenster stand. Beide Längsseiten waren mit Regalen bedeckt, in denen die Bücher dicht aneinander standen. Bei den meisten handelte es sich um Lehr- und Geschichtsbücher, die Mireille für ihren Unterricht brauchte. Die anderen, in denen zahllose Büroklammern steckten, standen in der zweiten Reihe.

»Mir gefällt das nicht«, sagte Mireille, als Fatima hereinkam.

»Was gefällt dir nicht?«

»Dass du mir helfen willst. Dein Vater und ich haben uns vor langer Zeit darauf verständigt, dass ihr keine Details über meine Arbeit erfahrt. Das hat nichts damit zu tun, dass ich euch ausschließen möchte. Es ist nur eine Frage der Sicherheit, die euch genauso betrifft wie mich. Seit dem Krieg weiß dein Vater, was das bedeutet. Wer zu viel weiß, dreht vielleicht unnötigerweise den Kopf, macht einen Umweg oder äußert sich auf eine Art und Weise, die Misstrauen erweckt. Ich weiß, dass es nicht richtig war, dir etwas zu verheimlichen. Oft habe ich daran gedacht, einfach Schluss zu machen. Aber dann erfuhr ich von den Mädchen, die Hilfe brauchten. Es war für mich keine leichte Entscheidung. Verstehst du das?«

»Ja, jetzt verstehe ich das.«

Mireille lachte.

»Vorgestern hast du mich wirklich überrumpelt. Ich hatte mir solche Sorgen gemacht, nachdem du den Stein an den Kopf bekommen hattest, dass ich nachgegeben habe. Aber es ist mir nicht leicht gefallen. Und das hat nicht nur damit zu tun, dass ich deine Mutter bin. Kannst du das auch verstehen?«

»Ich hab keine Angst. Frag doch Papa! Ich hab keinen Laut von mir gegeben, als ich den Stein an den Kopf bekam.«

»Ich weiß. Aber du musst begreifen, dass ich dich nicht an Dinge heranlasse, die dich in Gefahr bringen könnten.«

»Es können ruhig Kleinigkeiten sein. Ich habe fast alle deine Bücher gelesen. Die aus der zweiten Reihe.«

»Ja, das hab ich bemerkt.«

»Wirklich?«

»Vor gar nicht langer Zeit ist mir ein erster Verdacht gekommen. Früher oder später wärst du ohnehin mit diesen Dingen konfrontiert worden, obwohl ich immer gehofft hatte, dir selbst würden Erfahrungen wie die von vorgestern erspart bleiben. Jetzt warst du zumindest vorbereitet.«

»Also bist du deshalb einverstanden gewesen, dass ich dir helfe. Du kannst dich auf mich verlassen. Ich werde niemals irgendetwas verraten.«

»Genau wie Papas Schwester?«

»Ja, genau wie Papas Schwester.«

Fatima sah Mireille an, wie besorgt sie war.

»Ich werde bald fünfzehn. Irgendwann muss ich doch mein Leben selbst in die Hand nehmen. Es muss dich doch freuen, dass ich in eure Fußstapfen treten will.«

»Ja, natürlich. Aber das kann gefährlich sein.«

»Für dich doch genauso.«

»Das ist nicht dasselbe.«

»Doch, das ist es. Ich könnte dich doch ebenso bitten, meinetwegen damit aufzuhören. Wie würdest du dann reagieren?«

Mireille schwieg eine Weile.

»Du hast gewonnen«, sagte sie schließlich. »Wenn du mich bätest, deinetwegen Schluss zu machen, dann müsste ich es tun. Aber wenn du wüsstest, worum es sich handelt, würdest du mich nicht bitten.«

»Nein, sicherlich nicht.«

Fatima wusste, dass sie ihren Willen durchgesetzt hatte. Sie war sich auch ziemlich sicher, dass Mireille sich entschieden hatte, bevor sie aus der Schule nach Hause gekommen war.

»Hör mir gut zu, Fatima. Ich habe gründlich nachgedacht. Du kannst eine sehr wichtige Aufgabe erledigen. Es wird zwar kein Vergnügen sein, aber du kannst einigen Mädchen eine große Hilfe sein, die ohne dich nicht das durchstehen könnten, was sie erwartet. Es handelt sich um junge Immigrantinnen, die wir manchmal vor ihren Vätern oder Brüdern verstecken. Die Mädchen sind sehr einsam, aber wir können sie nicht rund um die Uhr betreuen. Deine Aufgabe besteht ganz einfach darin, ihnen Gesellschaft zu leisten und sie aufzumuntern. Wärst du dazu bereit? Sei einfach du selbst. Rede über Gott und die Welt, lies ihnen Geschichten vor, tu, was du willst. Nur Ahmed und mich darfst du niemals erwähnen. Erzähl ihnen ruhig von deinen Eltern und was wir zusammen unternehmen, aber erwähn nie unsere Namen, unsere Arbeit oder unseren Wohnort.

Und du darfst zu niemandem außer zu mir etwas über die Mädchen sagen. Schaffst du das? Willst du das?«

»Ja«, sagte Fatima wie aus der Pistole geschossen.

»Bist du sicher?«

»Ja, das bin ich. Wenn es mir zu viel wird, sag ich dir Bescheid.«

»Das musst du mir versprechen. Du darfst nichts tun, was du nicht wirklich willst.«

Fatima nickte. Mireille zog einen Zettel hervor.

»Hier sind die Adressen der Mädchen. Lern sie auswendig und verbrenn den Zettel. Das hört sich vielleicht übertrieben an, aber selbst ein liegen gelassener Zettel kann die falschen Leute auf unsere Spur bringen. Meinetwegen kannst du sofort hinfahren. Aber ich möchte, dass du spätestens um neun wieder da bist. Es ist sehr wichtig, dass du dich an die verabredeten Zeiten hältst. Bei der geringsten Verspätung werde ich glauben, dir sei etwas zugestoßen.«

»Kann ich anrufen, wenn es doch einmal später wird?«

»Nur von einer Telefonzelle aus. Etwas anderes ist auch nicht möglich. In den Wohnungen, die wir als Verstecke benutzen, befinden sich keine Telefone. Telefongespräche können immer abgehört werden. Aber die Wohnungen besitzen eine Sprechanlage. Du sagst einfach, du würdest Blumen bringen. Wenn niemand antwortet oder öffnet, darfst du es nicht noch einmal versuchen, sondern gehst zur nächsten Telefonzelle und rufst zu Hause an. Hast du verstanden?«

Fatima nickte.

Auf dem Heimweg, in der Metro, starrte Fatima aus dem Fenster. Sie hatte getan, was ihre Mutter ihr aufgetragen hatte, und war von einem siebzehnjährigen Mädchen hereingelassen worden, das mit einem Gipsbein und blauen Flecken am ganzen Körper auf einem Bett lag. Sie weinte, als Fatima hereinkam. Es hatte eine Weile gedauert, bis sie miteinander ins Gespräch kamen. Fatima hatte ihr ein Glas Wasser gegeben und einige Bücher dagelassen, die sie womöglich auf andere Gedanken bringen konnten. Das Mädchen hatte ihr erzählt, sie habe einen Selbstmordversuch begangen, nachdem sie feststellte, dass sie von einem französischen Jungen schwanger war. Ihr Vater hatte gedroht, sie und das Kind umzubringen. Jetzt wusste sie nicht, welcher Ausweg ihr noch blieb. An wen sie sich jetzt noch wenden sollte. An wen?

Fatima hörte zu und versuchte ihr zu sagen, dass es immer eine Hoffnung gäbe, solange man lebe. Sie merkte, dass viele ihrer Worte von ihren Eltern stammten. Sie erzählte von sich, ihrem Lesehunger und festen Willen, sich nicht unterkriegen zu lassen.

Als Fatima ging, hatte das Mädchen zumindest aufgehört zu weinen. Fatima versprach, am nächsten Tag wiederzukommen.

»Erst musst du wieder gesund werden«, sagte sie. »Versuch dich ganz darauf zu konzentrieren und dir keine anderen Gedanken zu machen.«

»Ich werde es versuchen. Der Arzt und die anderen, die sich um mich kümmern, sagen dasselbe. Wenn du sie triffst, sag ihnen, wie dankbar ich bin. Ohne sie wären ich und mein Kind nicht mehr am Leben.«

Fatima wusste, dass ihre letzten Worte die wichtigsten des ganzen Abends gewesen waren. Fatima war traurig, spürte jedoch, dass sie ein wenig geholfen hatte. Wenn Mireille glaubte, dass sie die Arbeit nicht verkraftete, täuschte sie sich. Fatima wollte beweisen, dass sie mindestens genauso stark war wie Papas Schwester.

18

Schon am Morgen nach dem Gespräch mit Ahmed erhielt Rachid eine kurze Nachricht, wann und wo er den Imam treffen könne. Zum ersten Mal freute sich Rachid auf eine Begegnung. Er hatte die Situation unter Kontrolle und kam nicht, wie früher, nur mit Absichten und Versprechungen. Die Arbeit des Tages war ihm mit spielerischer Leichtigkeit von der Hand gegangen. Seine Arme ermüdeten kaum, während er den Beton unter der Decke schliff. Während einer seiner obligatorischen Verschnaufpausen suchte er Ahmed auf und sagte, er würde jemanden treffen, der ihnen vielleicht helfen könne. Wenn alles nach Plan ginge, müsste Ahmed schon in der nächsten Woche eine Wohnung haben, lange bevor Alains Sohn wieder gesund sein würde. Ahmed hatte genickt, ohne eine Form der Dankbarkeit zu zeigen. Das war auch nicht nötig.

Rachid verließ seine Zweizimmerwohnung in der Rue Raynouard im sechzehnten Arrondissement am folgenden Nachmittag gegen vier Uhr. Er brauchte kaum darüber nachzudenken, was er tun müsste, um sicherzugehen, dass ihm niemand folgte. Das Wichtigste war, sich ganz natürlich zu verhalten, wenn man im letzten Augenblick den Bus oder die Metro wechselte. Es waren immer die Jüngeren, die Verdacht erregten, weil sie es nicht lassen konnten, sich umzuschauen, und stets erstarrten, wenn sie an einem Polizisten vorbeigingen. Sie begriffen nicht, dass das Leben in einer Großstadt von Anonymität und Gleichgültigkeit geprägt war. Er selbst hatte gute Lehrer gehabt, die sich mit der Realität auskannten. Unmittelbar nach seiner Ankunft hatten sie ihn aufgefordert, einen ganzen Tag durch Paris zu streifen und sich so viele Menschen wie möglich einzuprägen. Er hatte geglaubt, sie wollten sein Gedächtnis auf die Probe stellen. Seine Lehrer hatten ihm die Augen geöffnet. Als sie ihn nach seiner Rückkehr befragten, stellte er fest, dass er sich an fast keines der Gesichter erinnern konnte, die er sich hatte einprägen wollen. So war das in einer Stadt wie Paris. Keiner beachtete den anderen.

Rachid hatte seine Lektion gelernt. Niemals fühlte er sich ruhiger, als wenn er zu einem wichtigen Treffen unterwegs war oder aufs Geratewohl irgendeinen Weg einschlug. Warum sollte jemand Notiz von ihm nehmen? Er lebte seit einem halben Jahr in der Stadt und ging als ganz normaler Bauarbeiter seiner Beschäftigung nach. Seine Anführer hatte er nur selten und immer an anderen Orten getroffen. Vor allem die Gettos, Vorstädte, Moscheen und Plätze, an denen sich die Algerier trafen, hatten sie gemieden. Er trat vielmehr wie ein Bankangestellter oder Diplomat auf: mit Aktentasche und Anzug. Manchmal blieb er vor einem Schaufenster stehen und wunderte sich über sein Aussehen. War das wirklich Rachid, der von Allah und der GIA beauftragte Bombenexperte?

Die Polizei und Antiterroreinheiten hatten mittlerweile die Taktik der islamischen Terroristen begriffen: Die Bombenleger selbst reisten am selben Tag nach Frankreich ein und hatten das Land bereits wieder verlassen, wenn die

Bombe explodierte. Hunderte passiver Hilfsgruppen wurden für eine einzelne Aktion aktiviert und begaben sich danach wieder in Wartestellung. Eine effektive Taktik. Der Polizei blieben nur wenige Möglichkeiten herauszufinden, wer den Anschlag ausführen und wer ihn unterstützen sollte. Doch selbst die passiven Zellen kamen nicht ohne Außenkontakt aus. Bei den meisten Mitgliedern handelte es sich um einfache Leute ohne besondere Ausbildung. Sie waren stark im Glauben, hatten es aber zu eilig, ins Paradies zu gelangen. Als ob sich das Paradies plötzlich in Luft auflösen konnte.

Deshalb hatte der Imam diesmal die Strategie geändert. Während Antiterroreinheiten die Grenzübergänge und moslemischen Gruppen in Paris überwachten, konnte Rachid, der Auserwählte, der die Welt verändern sollte, in aller Ruhe durch die Straßen flanieren. Jetzt, da er Ahmed in der Hand hatte, war alles ganz einfach. Zunächst musste die Wohnung beschafft werden. Und sobald Ahmed etwas vor den Wachhunden der Front National zu verheimlichen hatte, konnte er ihn darauf aufmerksam machen, dass er eine Gegenleistung erwartete. Es handelte sich um eine Kleinigkeit: Ahmed sollte bloß Wache stehen, während Rachid die Sprengladung anbrachte. Das Material befand sich bereits an seinem Platz.

Rachid schaute sich um, als er an der Metro-Station »Strasbourg-St Denis« wieder ans Tageslicht trat. In welcher Form würde die Begegnung mit dem Imam stattfinden? Das letzte Mal hatten sie sich im *Plaza Athénée* getroffen, einem der teuersten und traditionsreichsten Luxushotels der Stadt; für jemanden wie Rachid eine völlig ungewohnte Umgebung. Damals hatte es eine Weile gedauert, bis er den Imam wiedererkannte, der tief in ein Ledersofa im Foyer versunken war, glatt rasiert und im dunklen Anzug. Auf dem Tisch lagen eine dunkle Aktenmappe und ein Handy. Erst als Rachid den in Leder gebundenen Koran erblickte, wusste er, dass er am richtigen Ort war.

Rachid wusste, dass es ein Teil der Ausbildung war, auch bei unerwarteten Ereignissen gelassen zu bleiben. Schon das kleinste Zeichen der Verwunderung würde ihm als Schwäche ausgelegt werden. Für gewöhnlich hatte der Imam zu ihm gesprochen, als predige er in einer Moschee.

»Erinnere dich an die Märtyrer in Marseille«, hatte er gesagt. »Vier Mudschaheddin gehen einfach durch den Personaleingang des Flughafens in Algier. Sie kapern einen Airbus der Air France, richten einen Polizisten und einen vietnamesischen Geschäftsmann hin, um der Welt zu zeigen, dass Allah keine Barmherzigkeit gegenüber den Ungläubigen zeigt, die mit der Regierung Geschäfte machen. Wie war das möglich? Warum konnten die Auserwählten Allahs einfach an allen Sicherheitskontrollen vorbeimarschieren, ohne das geringste Misstrauen zu erwecken? Kaltblütigkeit und Maskierung ist die Antwort. Die vier trugen die Uniformen der Air Algerie. Aber in ihren Koffern befanden sich Kalaschnikows. Statt Gürteln trugen sie Halfter mit Handgranaten und Dynamit. Wir lachen über unsere Feinde. Die westliche Welt ist eine einzige Maskerade, in der es nur um das Äußere geht.

Erinnere dich an Jijel! In der Nacht vom sechsten zum siebten Juni lag das italienische Schiff *Lucina* in Djendjen vor Anker. Zehn unserer Leute gehen an Bord. Die Besatzung heißt sie willkommen und lädt sie zu einem Glas

Wein ein. Alle zehn haben zwei Wochen lang am Hafen gearbeitet und die Ladung der *Lucina* gelöscht. Zwanzig Minuten später sind die sieben Besatzungsmitglieder tot, alle mit dem Messer erstochen. Italien hat die Botschaft verstanden. Italien war Algeriens zweitwichtigster Handelspartner und half dem Regime durch den kreditgestützten Export von Getreide. Italien hatte dem Heiligen Krieg schon unzählige Male das Messer in den Rücken gestoßen. Das hört sich nach Auge um Auge, Zahn um Zahn an, nicht wahr? Man könnte uns für rachedürstende Wirrköpfe halten, nicht wahr? So wie in allen westlichen Medien zu lesen ist. Aber sie verschweigen, dass Italien seine Unterstützung des Regimes in Algier nach dieser Aktion tatsächlich einschränkte! Sie vergessen, dass das, was sie Terrorismus nennen, in Wahrheit die einzige Möglichkeit der Ausgeplünderten ist, einen effektiven Krieg zu führen. Sollen sie uns ruhig für primitiv halten!

Erinnere dich an den achten Mai, erinnere dich vor allem an den Tag, an dem die GIA der Welt verkündete, dass jeder Dialog mit den Henkern und Atheisten dieses Regimes gegen den ausdrücklichen Willen Allahs verstößt. An diesem Tag befanden sich die FLN und MDA sowie die regimetreuen radikal-islamischen Organisationen Hamas und Ennahada in vom Präsidenten geleiteten Verhandlungen, um einen so genannten Versöhnungsmarsch vorzubereiten, der in Wahrheit doch nur ein Verrat am Heiligen Krieg war. An diesem Tag entsendet Allah zwei treue junge Männer in die Bibliothek Ben Cheneb, eine der wenigen Bibliotheken, die allen Warnungen zum Trotz immer noch geöffnet war. Die beiden jungen Männer sehen ganz normal aus. Niemand sieht ihnen an, dass sie alle die atheistischen Bücher verabscheuen, die sich in den Regalen dieser Bibliothek befinden. Zur Strafe für ihren Ungehorsam liquidieren *wir* – das heißt du, Rachid, ebenso wie ich – eine Nonne und einen Mönch, die der Bibliothek vorstehen. Die GIA hat sich vor Allah und der ganzen Welt zu den Hinrichtungen bekannt. Wir haben klargestellt, dass wir konsequent alle Fremden liquidieren werden, die sich auf muslimischer Erde in Algerien aufhalten: Juden, Christen und Ungläubige. Die Atheisten und Christen schrien auf vor Empörung. Rabah Kébir, der Vorsitzende des Exekutivkomitees der FIS, verurteilte die Tat und behauptete, sie stehe im Widerspruch zu den islamischen Gesetzen. Niemand erwähnte aber, dass wir unser Ziel erreicht hatten. Am dreizehnten Oktober erklärte Präsident Zeroual, alle Versuche, zu einem Dialog und einer Versöhnung zu gelangen, seien an der Unnachgiebigkeit der islamischen Fundamentalisten gescheitert. Niemand machte jedoch darauf aufmerksam, dass die ausländischen Investitionen beinahe vollständig zum Erliegen kamen. Allah ist groß. Allah ist mit uns. Nicht mit dem, der uns verrät. Nicht mit dem, der den Kampf scheut. Allah ist mit dir, Rachid, wenn du tust, was du versprochen hast. Allah ist mit deiner Familie, wenn du sie nicht verrätst und im Stich lässt.«

So hatte der Imam gesprochen. So sprach er jedes Mal, wenn sie sich begegneten. Die Ungläubigen bildeten sich ein, die GIA bestehe aus wahnsinnigen Mördern, die unfähig waren, ihren Verstand zu gebrauchen. Das sollten sie gerne glauben. Die Anführer der GIA waren gut ausgebildete Akademiker mit messerscharfem Verstand. Als Ingenieur wusste Rachid, was das bedeutete. Von Logik verstand er etwas. Die Logik der GIA war unerbittlich, aber gut durchdacht und brachte den Islam seinem Ziel näher.

Rachid bog in die Rue St Denis ein. Er war noch nicht weit gekommen, als er ein paar leicht bekleidete Frauen in einem Hofeingang erblickte. Eine von ihnen sprach ihn an und bot ihm ihre Dienste an. Er wollte ihr schon eine Ohrfeige geben, konnte sich aber gerade noch beherrschen. Der Imam ließ ihn vielleicht beobachten, um zu sehen, wie er reagierte.

Nach einigen hundert Metern erreichte er die verabredete Hausnummer. Er blieb stehen. Im Hofeingang standen vier Frauen mit kurzen Röcken, Lederstiefeln und weit ausgeschnittenen, eng anliegenden T-Shirts, die sich über ihre Brüste strichen. Sollte er dem Imam wirklich an diesem Ort begegnen? Er starrte vor sich hin und wich den Blicken der Frauen aus, als er in den Hofeingang trat. Der Imam wollte ihn sicher ein letztes Mal auf die Probe stellen. Er wollte sich vergewissern, dass Rachid – im Gegensatz zu so vielen anderen Einwanderern – keinen Pakt mit dem Teufel einging, der ungläubige Frauen entsandte, um die Männer zu verderben.

»Die Frauen sind merkwürdige Wesen, findest du nicht?«, sagte der Imam.

»Ich weiß es nicht.«

»Du weißt es nicht?«

»Nein.«

Der Imam schien sich zu amüsieren. Rachid verstand nicht, was an seiner Antwort so komisch war. Er wusste nicht, was er sagen sollte. Er hatte den Imam doch nicht aufgesucht, um mit ihm über Frauen zu sprechen.

»Nein?«, wiederholte der Imam. »Was meinst du damit? Du hast doch wohl etwas zwischen den Beinen, wie alle anderen Männer auch. Du spürst doch wohl, wenn er steht?«

»Ja.«

»Hast du Lust auf die Frauen im Hofeingang verspürt? Lüg mich nicht an.«

»Nein.«

»Ich glaube, du lügst.«

»Die Frauen sind vom Satan entsandt, um unsere Krieger zu schwächen.«

»Bist du ganz sicher?«

Rachid schwieg. Der Verlauf des Gesprächs bereitete ihm Unbehagen. Er wusste nicht, was das alles mit seinem Auftrag zu tun haben sollte.

»Wie oft onanierst du?«

»Wie bitte?«

»Bist du taub? Bekommst du eine richtige Erektion? Spritzt der Samen ordentlich?«

Rachid zögerte. Was war die richtige Antwort?

»Ich kann nicht klagen.«

»Was ist das für eine Antwort? Ich will genaue Informationen. Fakten. Du bist doch Ingenieur.«

»Schon.«

»Also, wie oft?«

Rachid begriff, dass er wahrheitsgetreu antworten musste. »Ungefähr zweimal die Woche. Manchmal öfter, manchmal gar nicht.«

»Und wie steht's mit den Frauen?«

Rachid zögerte erneut. Was war die richtige Antwort?

»Jeder sexuelle Verkehr außerhalb der Ehe ist *Zinã*, Unzucht«, entgegnete er.

»Glaubst du etwa, ich würde den Koran nicht ebenso gut kennen wie du?«

»Natürlich nicht. Ich bitte um Verzeihung.«

»Dann antworte mir. Wie viele Frauen hast du gehabt?«

»Seit ich in Frankreich bin, keine.«

»Und in Algerien?«

»Ein paar. Bevor ich gläubig wurde.«

»Hat deine Familie keine Frau für dich gefunden?«

»Daraus ist nichts geworden. Zuerst sollte ich mein Studium abschließen. Dann hat mich die Politik ganz in Anspruch genommen. Als die Armee die Wahl annullierte, bin ich in die GIA eingetreten. Ich hatte andere Dinge im Kopf, als zu heiraten.«

»Hatte dein Vater nicht die Absicht, dich zu verheiraten?«

»Das ist schon möglich. Aber er glaubt, dass ich tot bin. Ich war den Sicherheitskräften suspekt und wurde inhaftiert und gefoltert, obwohl ich mich zur damaligen Zeit nur für die FIS engagierte, so wie Tausende anderer Studenten auch. Ich hatte nichts zu gestehen, auch nicht, als man Elektroden an meinen Hoden und im Anus befestigte. Nichts. Nach einem halben Jahr wurde ich freigelassen und suchte sogleich Zuflucht in den Bergen. Dort habe ich mich aufgehalten, seit Sie mit mir in Kontakt getreten sind.«

»Hast du deiner Familie nie ein Lebenszeichen zukommen lassen?«

»Es ist für alle das Beste, wenn ich als tot gelte. Eines Tages werde ich zurückkehren. Aber erst, nachdem wir gesiegt haben.«

Rachid wusste nicht, wie weit er mit seinen Äußerungen gehen durfte.

»Wir sind über alles informiert. Das ist gut. Und du hast wirklich keine einzige Frau gehabt, seit du nach Frankreich gekommen bist? Nicht einmal eine Prostituierte?«

»Ich habe mich ganz auf meinen Auftrag konzentriert. Ich habe begriffen, wie wichtig es für uns ist, wieder die Initiative zu ergreifen.«

»Damit wir erfolgreich sind, müssen sowohl dein Körper als auch dein Geist gesund sein. Du musst stark sein. Darum muss dein Samen mindestens einmal am Tag heraus. Sonst verdirbt er und vergiftet dich von innen. Hast du das nicht gewusst?«

»Meine Kollegen, deren Frauen sich in Algerien aufhalten, sagen dasselbe.«

»Sie haben Recht.«

»Aber manchmal wirkt es so, als hätten sie nichts als Frauen im Kopf. Das ist nicht gut für den Dschihad.«

»Jetzt beginnst du endlich zu verstehen. Als Mudschahed muss dein Samen frisch und rein sein. Die Lust muss befriedigt werden, damit das Herz des Soldaten mit Harmonie erfüllt ist. Darum haben wir allen Mudschaheddin erlaubt, *Mut'a* einzugehen. Die Braut soll aus den Reihen unserer Feinde stammen, und die Ehe darf nicht länger als eine Woche dauern. Das hat unseren Soldaten den Rücken gestärkt. Sie haben etwas, um das sie kämpfen können und das doch nichts mit dem Sieg des Islam und dem Paradies zu tun hat, das einem manchmal weit entfernt zu sein scheint. Bei jedem Angriff werden einige junge Mädchen gefangen genommen. Später verstoßen die Soldaten ihre Ehefrauen, wozu der Koran sie berechtigt. Die Frauen werden getötet oder laufen gelassen. Manche erwarten ein Kind. Das ist gut, weil dann niemand mehr etwas von ihnen wissen will, wenn sie zurückkehren. Nach einer Weile, wenn das Kind auf der Welt ist, begreifen sie, dass ihnen kein anderer Ausweg mehr bleibt, als das Kind und sich selbst zu töten, was manche tun, oder aber sich uns anzuschließen. Auf diese Weise haben wir schon viele Verbündete rekrutiert, die sich zur Infiltrierung verwenden lassen.«

»Aber …«, erlaubte sich Rachid einzuwerfen.

»Was aber?«

»*Mut'a* bedeutet doch Prostitution.«

»Wer behauptet das?«

»Ich habe gelernt, dass die Menschen im Iran in Sünde leben, weil sie *Mut'a* zulassen.«

»Du vergisst, dass sich in unseren Reihen Kriegsveteranen aus Afghanistan und dem Iran befinden. Im Kampf gegen die Feinde des Islam und gegen die Ungläubigen sind alle Moslems unsere Brüder, nicht wahr?«

Rachid nickte, obwohl er zu seiner Zeit in den Bergen den Afghanen nicht über den Weg getraut hatte. Ihre schweigsame Kaltblütigkeit und ihre eiskalte Präzision im Angesicht des Feindes hatten ihn regelrecht abgestoßen. Die Afghanen waren Krieger und würden nie etwas anderes sein. Sie liquidierten die Feinde des Islam, ohne mit der Wimper zu zucken. Sie waren die Söldner des Islam. Nach der Befreiung Algeriens würden sie einfach zum nächsten Schauplatz des Heiligen Krieges weiterreisen, nach Marokko, Tunesien oder Frankreich. Dort, wo der Krieg war, fühlten sie sich zu Hause. »Bevor du gehst«, sagte der Imam, »musst du beweisen, dass du immer noch ein Mann bist. Verstehst du?«

»Nicht so ganz.«

»Solange du unbefriedigt bist, ist es für eine Frau ein Leichtes, dich zu Fall zu bringen. Du glaubst, dass Enthaltsamkeit dich stärker macht, nicht wahr?«

»Ja.«

»Bist du immer noch stark im Glauben?«, fragte der Imam unvermittelt. »Zweifelst du nicht?«

»Nicht im Geringsten.«

»Das habe ich auch nicht erwartet. Obwohl sich ein anderer schon darüber wundern könnte, warum es so lange dauert, eine Sprengladung zu platzieren.«

»Es hat so lange gedauert, weil ich den Auftrag hatte, zu überleben.«

Der Imam winkte ab.

»Ich sagte doch, ein anderer würde sich unter Umständen Gedanken machen. Natürlich habe ich weiterhin uneingeschränktes Vertrauen zu dir. Habe ich dir nicht von Anfang an vertraut? Aber ich gehe davon aus, dass du gute Neuigkeiten hast, nachdem du mich persönlich sprechen wolltest.«

»Wenn ich sterben soll, kann ich die Aktion morgen zu Ende führen.«

»Du wirst nicht sterben. Genug davon. Aber die Zeit wird langsam knapp. Du hast doch bestimmt gehört, was letzte Woche passiert ist?«

»Nein.«

»Antiterroreinheiten der Polizei haben Dutzende unserer Männer inhaftiert, die Geld gesammelt und Waffen und Ausrüstung nach Frankreich geschafft hatten. Auf einen Schlag haben sie drei verschiedene Netzwerke ausgehoben. Die Zeitungen nannten die Aktion der Polizei ein Wunder. Aber ich glaube nicht an Wunder. Hör gut zu, was ich sage: Wir haben einen Verräter unter uns. Und er ist nicht allein. Allein hätte er in so kurzer Zeit nicht so viel ausrichten können. Es muss eine Organisation geben, die ihn stützt.

Aber welche? Wenn es sich nicht um die Polizei oder die Front National handelt, um wen dann? Irgendjemand hat sich bei uns eingeschlichen. Wer? Warum? Du kannst dir nicht vorstellen, um wen es sich handeln könnte?«

»Ich?«

Rachid blickte den Imam entsetzt an.

»Was ist mit diesem Ahmed, auf den du uns vor einer Weile aufmerksam gemacht hast? Du hast dir doch nicht etwa eine Bemerkung entlocken lassen, die sein Misstrauen geweckt haben könnte?«

»Bis vor kurzem hatte ich mit ihm noch kein Wort gewechselt.«

»Hast du auch mit niemandem aus seiner Umgebung gesprochen?«

»Nein, er scheint völlig allein zu sein. Er spricht niemals über Politik.«

»Bist du sicher? Absolut sicher?«

»Ja, absolut sicher.«

»Ich glaube dir. Was nicht ausschließt, dass du dich irrst. Das kann allen passieren. Es gibt nur eine absolute Gewissheit, den Koran. Wir Menschen sind fehlbar.«

»Ich *weiß*, dass Ahmed keinen Verdacht hegt.«

»Und wie steht es mit dir?«

Der Blick des Imam war fest. Rachid traute sich nicht, ihm zu begegnen. Plötzlich bekam er es mit der Angst.

»Mit mir? Wie meinen Sie das?«

»Du bist doch stark. Du würdest uns doch niemals verraten, selbst wenn du gefoltert würdest.«

Rachid spürte, wie ihm der Schweiß ausbrach. Sie wussten Bescheid. Sie waren die ganze Zeit über seine Feigheit, seine Schwäche und seinen Verrat informiert gewesen.

»Ich bin ein Schahid. Für Allah und die GIA gebe ich mein Leben.«

»Das ist gut. Wir werden sowohl Ahmed als auch dich überprüfen, so wie wir es zurzeit mit allen tun.«

Der Blick und die Stimme des Imam normalisierten sich wieder.

»Im Gegensatz zu anderen hast du jedenfalls die Möglichkeit zu beweisen, dass du kein Verräter bist. Wenn du die Sprengung durchführst, wird niemand an dir zweifeln. Heute müssen wir mehr denn je zeigen, dass wir nicht besiegt sind. Unsere Taktik basiert auf Furcht und Schrecken, nicht auf Tod und Zerstörung. Was sind schon die wenigen Menschen, die bei unseren Attentaten ums Leben kamen, verglichen mit den Hunderttausenden, die während des Golfkriegs von den Amerikanern massakriert wurden? Ein Tropfen im Ozean. Aber die Leute müssen weiterhin um ihr Leben fürchten. Deine Aufgabe ist es, so lange Furcht und Schrecken zu verbreiten, bis wir uns neu formiert und unsere alte Schlagkraft wiedererlangt haben.«

»Ich verstehe voll und ganz. Das wird kein Problem sein. Jetzt nicht mehr.«

Rachid berichtete, was sich seit Alains Sabotageversuch ereignet hatte.

»Ich hatte um Informationen über Ahmed gebeten, weil ich ihn schon damals als möglichen Helfer in Betracht gezogen hatte.«

»Wir haben nicht das Geringste über ihn herausgefunden. Keine Spur, nicht das leiseste Gerücht. Es ist, als hätte der Mann niemals existiert.«

»Aber das tut er, und jetzt habe ich ihn in der Hand. Ich hatte schon früher das Gefühl, dass er der richtige Mann für uns ist, aber jetzt bin ich hundertprozentig sicher. Als Vorarbeiter wird ihn niemand verdächtigen … und mich auch nicht. Wir beide haben das Projekt schließlich vor einer Überschwemmung bewahrt.«

»Was benötigst du?«

»Eine vorübergehende Bleibe für ihn und seine Familie.«

»Und wenn er ablehnt, obwohl du ihm ein Dach über dem Kopf anbietest?«

»Dann drohe ich ihm damit, dem früheren Vorarbeiter Alain zu verraten, wer seinen Sohn misshandelt hat.«

»Und was soll später mit Ahmed geschehen?«

»Das habe nicht ich zu entscheiden.«

»Entweder er schließt sich uns an oder wir müssen ihn aus dem Weg räumen. Zeugen können wir uns nicht leisten. Ebenso wenig hier wie in Algerien. Morgen bekommst du eine Nachricht und eine Adresse, die du diesem Ahmed nennen kannst. Du hast zwei Wochen Zeit, um die Aktion abzuschließen.«

Zwei Wochen! Rachid fragte nicht, was geschehen würde, wenn er die Frist nicht einhielt. Er wusste es bereits. Falls er versagte, würde es ihm nicht helfen, der größte Sprengstoffexperte der GIA zu sein. Dennoch hatte er eine wichtige Position inne. Er war das einzige Mitglied der gesamten Organisation, das eine Bombe herstellen, sie präparieren und eigenhändig zünden konnte. Dazu war kein anderer in der Lage. Darum waren seinen Aufstiegsmöglichkeiten auch keine Grenzen gesetzt, wenn das Regime erst einmal gestürzt war. Überhaupt keine. Eines Tages würde er mit dem Imam auf Augenhöhe sprechen. Eines Tages.

19 Am Samstagmorgen erwachte Georges nicht vor zehn Uhr. Marie war bereits aufgestanden, und es duftete nach Kaffee. Georges blieb im Bett liegen. Zum ersten Mal seit langer Zeit hatte er keine Lust aufzustehen, obwohl es Samstag war. Er fühlte sich einerseits apathisch, andererseits quicklebendig. Der Gedanke, den gesamten Vormittag für einen Großeinkauf zu benötigen, schien ihm plötzlich unerträglich. Aber sie mussten für die gesamte Woche einkaufen, um einen erträglichen Alltag zu haben. Am Abend kamen sie zu spät nach Hause, um noch Kraft für die Hausarbeit zu besitzen. Die Wochenenden verliefen im Großen und Ganzen immer nach demselben Muster. Er erledigte im Carrefour den Wocheneinkauf, während Marie sauber machte. Um zwei aßen sie zu Mittag. Am Nachmittag hingen sie vor dem Fernseher. Das Abendessen begann um acht und wurde im besten Fall zusammen mit einem der Kinder eingenommen. Manchmal fuhr er zwischen dem Mittag- und Abendessen ein wenig mit dem Fahrrad, um sich zu bewegen. An den Sonntagen schliefen sie aus und nahmen mit einigen ihrer Bekannten einen ausgedehnten Lunch ein. Der Lunch zog sich für gewöhnlich bis in den späten Nachmittag hinein, danach sahen sie fern, bis sie ins Bett gingen, um genug Kraft für die kommende Arbeitswoche zu haben.

So verging die Zeit, Woche für Woche, Jahr für Jahr. Er war fast fünfzig und hatte keine andere Perspektive, als dieses eintönige Leben bis zur Pensionierung weiterzuführen. Solange die Kinder noch zu Hause gewohnt hatten, war zumindest ein wenig Abwechslung in die Monotonie gekommen. Aber jetzt? Jetzt waren er und Marie sich selbst überlassen. Sie waren verstummt, als wäre zwischen ihnen bereits alles gesagt.

Er dachte an Dominique. Wäre er jünger ... Aber das war er nicht. Und wenn er jünger wäre, hätte er sich nicht die Fragen gestellt, die er sich jetzt stellte. Vor dreißig Jahren hatte ihn schon das vage Gefühl der Sicherheit überglücklich gemacht. Damals, vor dreißig Jahren, hatte er nur ein einziges Ziel im Leben gekannt: Sich niemals wieder so verlassen zu fühlen wie damals, als seine Mutter gezwungen war, ihn fortzugeben. Das war wohl auch der eigentliche Grund dafür, dass er niemals auch nur mit dem Gedanken gespielt hatte, sich in eine andere Frau zu verlieben. Er wollte niemandem zumuten, was er selbst hatte durchmachen müssen.

Aber jetzt schien ihn sein bisheriger Lebensstil nicht mehr zufrieden stellen zu können. Was war eigentlich geschehen? Er dachte zurück: an den Job, die Kinder, an Marie. Alles schien unverändert. Also musste er selbst sich verändert haben. Erneut dachte er an Dominique. Es konnte doch wohl kaum an ihr liegen. Er hatte nur wenige Stunden mit ihr gesprochen. Obwohl er jeden Augenblick genossen hatte, konnte das nicht die Erklärung sein. Das hoffte er zumindest.

Aber je mehr der Tag verging, desto klarer wurde ihm, dass es keinen Zweck hatte, sich etwas vorzumachen. Während er im Carrefour herumstreifte, tauchte Dominiques Gesicht ein ums andere Mal vor ihm auf. Er sah ihren lächelnden Mund, ihre weichen Lippen, die sich teilten und ihre kreideweißen Zähne sichtbar machten. Er sah die dunkelbraunen Augen und ihre Haarlocke, die ihr beim Lachen in die Stirn fiel. War sie hübscher als andere Frauen? Er wusste es nicht. Es schien keine Rolle zu spielen. Er konnte sich nur an Details erinnern, hörte den Klang ihrer Stimme, spürte die Berührung ihrer Hand, wenn sie ihm etwas Wichtiges mitteilen wollte, sah ihre lachenden Augen. Waren dies keine Anzeichen der Verliebtheit?

Verliebt? Er? Das war unmöglich. Sie hatten nur ein paar Stunden gemeinsam verbracht. Die prickelnde Freude, die er empfand, hatte keine weitere Bedeutung. Er war einfach froh darüber, dass es immer noch möglich war, das Interesse einer fremden Frau zu wecken. Das war alles.

Doch dann musste er daran denken, dass er Dominique bereits seit zwei Jahren kannte. Ihm kamen verschiedene Situationen in den Sinn, in denen sie miteinander gelacht und Witze über Dumas' Arbeit gemacht hatten. Wenn er zu Dumas ging oder ihn verließ, war er stets bei ihr stehen geblieben, um ein wenig mit ihr zu plaudern. Sie hatte immer gute Laune gehabt, wenn sie sich begegnet waren. Genau wie er selbst. War auch das ein Zufall?

Auf dem Heimweg wurde er unruhig. Würde Marie ihm etwas anmerken? Was sollte er ihr sagen? Er konnte sie schließlich nicht anlügen. Oder doch? Wie machten das all die anderen, die eine Geliebte oder einen Geliebten hatten? Er wünschte sich, er hätte mehr Romane gelesen, so wie Dominique. Dann hätte er womöglich lernen können, wie man mit solchen Situationen umging.

»Hast du alles bekommen?«, fragte Marie, als er zur Tür hereinkam.

»Ja«, sagte er, »ich hab auch eine gute Flasche Wein gekauft.«

»Ist irgendetwas?«

»Nein, ich hatte einfach Lust auf was Besonderes.«

In diesem Augenblick begriff Georges, dass er bereits die Unwahrheit sagte. Er hatte eine Flasche Condrieu für 150 Francs gekauft, weil er an Dominique gedacht hatte. Mit ihr hatte er sie trinken wollen, nicht mit Marie.

»Übrigens hat die Sekretärin von Dumas angerufen.«

»Was?«

Georges blieb mitten im Raum stehen.

»An einem Samstag?«, war alles, was er herausbekam.

»Ja.«

»Was wollte sie?«

Georges wagte kaum die Antwort zu hören.

»Dumas will dich morgen zum Abendessen einladen.«

»Mich zum Abendessen einladen? Ist er verrückt geworden? Das hat er ja noch nie gemacht.«

»Er möchte dich über die Ergebnisse der gestrigen Konferenz unterrichten.«

»Warum denn? Das hat doch sicher Zeit bis Montag.«

»Das sieht er offenbar anders.«

»Hat sie noch was gesagt?«

»Nur den Namen des Restaurants. Ich hab die Adresse notiert.«

Ein Abendessen mit Dumas. Was hatte das zu bedeuten? Er wusste nicht, ob er lachen oder weinen sollte.

»Was ist so merkwürdig daran, dass dein Chef dich treffen will? Du bist doch schließlich sein engster Mitarbeiter. Vielleicht will er dir einen besseren Job anbieten.«

»Das glaub ich kaum. Vermutlich will er sich nur vergewissern, dass ich mich nicht verplapper. Ich hab dir doch von dem Sabotageversuch erzählt.«

»Er hätte doch zumindest selbst anrufen können. Stattdessen lässt er seine Sekretärin am Samstag arbeiten. Also ich hätte mich da geweigert.«

Am Sonntagnachmittag um fünf Uhr nahm Georges den Zug nach Paris. An diesem Sonntag schien er ihm völlig verändert, obwohl er haargenau wie alle anderen Nahverkehrszüge aussah, die er unter der Woche benutzte. Wie schade, dass am Ende der Fahrt ein Abendessen mit Dumas stehen würde. Sie würden über die Arbeit und über Alain sprechen, genau die Themen, die Georges am liebsten vergessen hätte. Er ärgerte sich, dass er keine Zeitung gekauft hatte. Am Morgen war er zum Lesen immer zu müde. Jetzt wusste er nicht, was er anderes tun sollte, als hinauszusehen, obwohl er die im Süden liegenden Vororte von Paris schon unzählige Male gesehen hatte. Vielleicht konnte er ausrechnen, wie oft er diesen Zug schon genommen hatte, seit er begonnen hatte zu arbeiten. Er holte seinen Taschenrechner hervor. Ungläubig starrte er auf das Ergebnis: 18000-mal! Das konnte doch nicht wahr sein. Aber es stimmte. Und die Perioden, in denen er außerhalb von Paris stationiert gewesen war, hatte er noch gar nicht berücksichtigt. Wenn er die Busfahrten zum Bahnhof und die Metro-Fahrten in Paris mitrechnete, kam er auf 31500 Stunden, die er als Pendler verbracht hatte. Er teilte die Zahl durch die sieben Wochentage, multiplizierte die vierundzwanzig Stunden und kam zu einem entsetzlichen Resultat: Er hatte 188 Wochen seines Lebens, beinahe dreieinhalb Jahre, als Pendler verbracht. Das konnte nicht wahr sein, aber die Zahlen sprachen eine deutliche Sprache. Vermutlich war es ein Glück, dass die Leute solche Rechnungen normalerweise nicht anstellten. Man konnte sich aus geringerem Anlass das Leben nehmen.

An der Rue Montparnasse blickte Georges noch einmal auf Maries Zettel. Ja, die Adresse stimmte. Dumas hatte ihn ins *l'Opportun* eingeladen, dasselbe Restaurant, das er zwei Tage zuvor mit Dominique besucht hatte. Vielleicht hatte Dumas sie gebeten, einen Tisch zu bestellen, und so hatte Dominique dasselbe Restaurant ausgewählt. Was konnte das bedeuten?

Georges betrat das Lokal und erkundigte sich nach Dumas.

Der Kellner führte ihn zu einem Tisch, an dem jedoch kein Dumas zu finden war. Stattdessen blickte Georges in Dominiques funkelnde Augen.

»Nein, das ist aber …«, begann Georges. »Was tust du hier? Sollst du etwa Protokoll führen? Was für eine schöne Überraschung! Ich war nicht gerade scharf darauf, den Sonntagabend mit Dumas zu verbringen.«

»Das verstehe ich gut. Gestern war ich mit ihm zusammen, um meinen freien Nachmittag mit dir abzugelten. Es war schrecklich. Dumas hing wie eine Klette an mir. Schließlich musste ich ihn auffordern, ein Minimum an Anstand zu bewahren, wenn er schon kein Gentleman sein könne. Ich habe ihm in aller Öffentlichkeit eine Szene gemacht, damit es auch wirkte. Ich habe seinen Stolz verletzt. Zu seinen Freunden gehöre ich bestimmt nicht mehr.«

Georges schaute sich um.

»Wann kommt er?«

»Wer?«

»Dumas? Wer sonst?«

»Dem ist etwas dazwischengekommen.«

Dominique sah ihn mit breitem Lächeln an.

»Wie meinst du das?«

»Wir sind ganz unter uns. Ich wollte dich wiedersehen. Außer dem Restaurant fiel mir nichts ein. Entschuldige, dass ich dich unter falschen Voraussetzungen hierher gelockt habe.«

Georges spürte, dass er eine Gänsehaut bekam.

»Ich will dir nichts vormachen«, sagte er. »Wenn mich vor wenigen Stunden jemand gefragt hätte, wie ich den Sonntagabend am liebsten verbringen würde, hätte ich mir genau diese Situation ausgemalt. Falls ich überhaupt gewagt hätte, an diese Möglichkeit zu denken.«

Um zweiundzwanzig Uhr rief Georges Marie an, um ihr zu sagen, dass sich das Treffen mit Dumas in die Länge ziehe und er sich für die Nacht ein Hotelzimmer nehme. Erst nachdem er den Hörer aufgelegt hatte, wurde ihm bewusst, dass er Marie mühelos belogen hatte. Aber dieses eine Mal durfte er wohl an sich selbst denken. Vor allem, nachdem er dreieinhalb Jahre seines Lebens in einem Nahverkehrszug verbracht hatte.

20

Alain erwachte am späten Sonntagmorgen mit dröhnenden Kopfschmerzen. Er hatte am Tag zuvor wohl ein Glas über den Durst getrunken. Es war ein schöner Abend gewesen. Keine Araber weit und breit. Er hatte mit seinen Freunden unbehelligt getrunken, gelacht und gequatscht, bis Gégé sie rausgeschmissen hatte, um den Laden zu schließen. So sollte es sein. Gégé war beinhart, aber ein waschechter Franzose. Er achtete strikt auf die Einhaltung seiner Prinzipien. In seinem Café wurden alle gleich behandelt, und Streitereien zwischen Arabern und Franzosen ließ er nicht zu. Das hatten alle zu akzeptieren. Falls er sich gezwungen sah, hin und wieder die Polizei zu rufen, konnte er den Laden dichtmachen. Und wo sollten sie dann hingehen?

Gegen elf hatte sich Alain ein wenig erholt. Er aß ein Butterbrot und trank zwei Espressi. Dann sah er sich einen ausgeliehenen Pornofilm an. Nur mit Mühe bekam er eine Erektion, was nach dem gestrigen Gelage auch nicht verwunderlich war. Als das Bild Dominiques unwillkürlich vor ihm auftauchte, hatte er keine Probleme mehr. Schwarze Fotze! Aber gut zum Wichsen.

Danach war der Druck weg und das Leben ein wenig leichter. Durch Dominique hatte er jedoch an den Job und die Dreckskerle denken müssen, die ihn gedemütigt hatten. Die letzten Tage hatte er sich bedeckt gehalten. Sie dachten sicher, er wäre ein Waschlappen, mit dem man umspringen konnte, wie es einem passte. Genau das sollten sie auch glauben. Nach demselben Prinzip hatte er die Mitglieder der FLN in Algerien verhört. Zunächst hatte er ihnen immer einen Kaffee oder eine Zigarette angeboten. Sprach freundlich zu ihnen. Betonte, dass er sie gegen seinen Willen verhöre und es ihm am liebsten wäre, sie würden von sich aus berichten, ohne dass er zu härteren Mitteln greifen müsse. Einige ließen sich hinters Licht führen und gaben Auskunft. Natürlich begriffen sie nicht, dass er absolut sichergehen musste, dass sie alles sagten, was sie wussten. Dies herauszubekommen, erforderte stets drastische Maßnahmen, und er wusste genau, wie man sie dosieren musste, um das gewünschte Resultat zu erreichen. Die Leute bei der Arbeit durften ihn nicht unterschätzen. Niemand durfte das.

Gegen zwölf ging er aus dem Haus, um bei Gégé einen

Happen zu essen und am Fußballtoto teilzunehmen. Ein paar Gläser genehmigte er sich auch. Es war doch schließlich Sonntag. Draußen konnte man sich nicht aufhalten. Dort hielten die Araber ihren Markt ab und verkauften ihre Fleischfetzen, ihre gefälschten Teppiche und gepanschten Öle. Es stank im gesamten Viertel.

Um drei saß er mit einigen seiner besten Freunde immer noch bei Gégé. Sie spielten am Kicker und am Flipper und gaben sich abwechselnd einen aus. Das war das wirkliche Leben, in Gemeinschaft mit echten Franzosen, die sich gerne einen hinter die Binde kippten. Ein paar Araber kamen herein und bestellten ein Glas Wasser, etwas anderes durften die ja nicht trinken, und gingen rasch wieder. Sie spürten, dass sie nicht willkommen waren, obwohl Alain und seine Freunde darauf achteten, mit Gégé nicht in Streit zu geraten. Doch ein einziger Blick war oft ausreichend. Gégé konnte einem schließlich nicht verwehren, diese Tiere anzuglotzen, wenn sie hereinkamen.

Um vier vergewisserte sich Alain, dass seine Pistole sich noch im Schulterhaltter befand. Die trug er immer bei sich. Solange er die Pistole dabeihatte, konnte er die Ruhe bewahren. Niemand sollte es dann wagen, ihn zu schikanieren. Ab und zu juckte es ihn schon in den Fingern, den Kanaken eine Lektion zu erteilen.

Es war wohl gegen fünf, als draußen vor dem Café ein Streit ausbrach. Es handelte sich um einige junge Araber, die an der Straßenecke herumlungerten, weil sie nichts Besseres mit sich anzufangen wussten. Es waren sicher dieselben, die Autos aufknackten und in die Kellerwohnungen einstiegen. Sie versperrten zwei Franzosen den Weg, die in das Café wollten.

»Was zum Teufel fällt denen ein!«, rief Alain. »Glauben die etwa, sie könnten unsere Freunde schikanieren?«

Er sprang auf, doch noch bevor er die Araber erreichte, hatte die Gruppe sich aufgelöst und die beiden durchgelassen. Das war typisch. Als sie sahen, dass er aufstand, hatten sie kalte Füße bekommen.

Etwas später, nachdem es dunkel geworden war, schlug Alain vor, gemeinsam die Kellergeschosse zu inspizieren und für Ordnung zu sorgen. So konnte es einfach nicht weitergehen mit den Fixern, die stahlen und überall ihre Spritzen herumliegen ließen.

»Was sagt ihr dazu? Andere haben schon Bürgerwehren gegründet. Wir sollten etwas unternehmen. Die Polizei traut sich nicht einmal mehr in diese Gegend.«

»Das stimmt«, sagte Bertrand. »Ich habe in der Zeitung gelesen, dass sie nur noch in großen Gruppen ausrücken, weil es sonst zu gefährlich ist.«

»Worauf warten wir dann noch.«

Sie begaben sich gemeinsam auf die Straße, ein halbes Dutzend ausgewachsene Männer. Auf Grund ihrer Hängebäuche waren sie vielleicht nicht so flink auf den Beinen, aber dafür besaßen sie Kraft und Mut. Wenn nötig, konnte Alain zu seiner Pistole greifen. Auf dem Weg zu den Wohnblöcken bewaffneten sie sich mit Stöcken und Brettern. Einer hatte das Glück, ein ausreichend langes und schweres Armierungseisen zu finden. Alain konnte dessen Tauglichkeit beurteilen.

Sie erreichten ein sechsgeschossiges Haus, das bis unters Dach mit Arabern voll gestopft war.

»Ich gehe zuerst hinunter und fordere die Typen auf, rauszukommen. Ihr wisst, was ihr zu tun habt.«

Alain zog die Pistole und ging in den Keller. Es dauerte nicht lange, bis er ein halbes Dutzend Halbstarke in einem aufgebrochenen Kellerraum entdeckte, fünf Kerle und ein Mädchen. Der gesamte Gang roch bereits nach Haschisch.

»Raus mit euch Scheißjunkies und Nutten!«, schrie er und fuchtelte mit seiner Pistole.

Die Araber stürzten fluchtartig die Treppe hinauf und trafen am oberen Absatz auf Alains Kumpel, die mit Stöcken, Brettern und Eisenstangen auf sie einprügelten. Bertrand verpasste einem Typen mit Lederjacke und pomadisierten Haaren einen Volltreffer, so dass dieser zu Boden sank. Das geschah ihm recht. In der vorigen Woche hatte eine Arabergang vier Autos verwüstet und einen Container in Brand gesetzt. Der Typ in der Lederjacke war einer der Täter gewesen, daran bestand kein Zweifel.

Als Alain hinaufkam, war alles vorüber. Bloß die Araberfotze war noch übrig. Sie beugte sich schluchzend über den Bewusstlosen.

»Was habt ihr getan?«, schrie sie. »Wir sind völlig unschuldig.«

»Kannst du das beweisen?«, fragte Alain gleichmütig, ohne die Stimme zu heben.

Er packte das Mädchen an den Haaren und riss sie von dem Kerl fort.

»Lass den Typen doch krepieren. Ein Araber weniger, um den man sich kümmern muss. Das gilt auch für dich. Du weißt doch, wie die ihre Frauen behandeln, diese Schweine.«

Das Mädchen zappelte wie eine Fliege in einem Spinnennetz. Sie versuchte, ihm in die Hand zu beißen. Er trat ihr ins Kreuz. Daraufhin gab sie Ruhe, hörte zumindest auf zu heulen. Dabei hatte er es doch nur gut mit ihr gemeint! Undank war der Welt Lohn, das wusste er besser als die meisten.

Später gingen sie zu Gégé zurück. Auf dem Weg dorthin leckten sie ihre Wunden. Marcel hatte ein blaues Auge und Robert ein taubes Knie. Einer dieser Teufel hatte ihm mit einem schweren Stiefel gegen die Kniescheibe getreten. Das war alles, aber ausreichend, um sich selbst zu bestätigen, dass sie etwas einstecken und ihren Mann stehen konnten. Sie bestellten eine Runde Bier, das schmeckte gut wie schon lange nicht mehr.

21

Ahmed zog die Stiefel an und setzte den Helm auf. Er nickte Alain zu, der ihm einen mürrischen und demütigen Blick zuwarf. Seit der Sabotage waren vier Tage vergangen. Ahmed hatte sich Mühe gegeben, Alain fair zu behandeln, als wäre er einer von vielen und nicht der kleine Dreckskerl, der er in Wirklichkeit war.

Ahmed verachtete Alain, aber er hasste ihn nicht. Ahmed hatte sich immer gefragt, warum das so war, aber weder liebte er diejenigen, die er verteidigte, noch hasste er die, die er bekämpfte. Es war, als ob auf seiner Gefühlsskala die eindeutigen Emotionen fehlten. Als hätte der Tod seiner Schwester ihn teils gefühllos gemacht. Er hasste nicht einmal die Skinheads, die den Stein auf Fatima geschleudert hatten, nicht einmal die französischen Soldaten, die seine Schwester zu Tode gefoltert hatten.

Er hatte sie zwar getötet, einen nach dem anderen, aber nicht aus Hass. Dazu sah er sich nicht imstande. Er wusste ja gar nichts von ihnen. Einige waren junge Wehrpflichtige, kaum trocken hinter den Ohren, die nur die Befehle ausführten. Andere waren stolz, Berufssoldaten zu sein, wenn auch womöglich nur aus dem Grund, weil sie keinen anderen Job bekommen hatten. Die Offiziere trugen natürlich die Verantwortung und wussten, was sie taten, waren aber auch nicht grausamer und sadistischer als ihre Kollegen auf Seiten der FLN.

Nein, er hatte sie nicht aus Hass getötet, sondern weil er überzeugt war, dass sie ihr Lebensrecht verwirkt hatten. Sie hätten den Befehl verweigern können, ohne ihr eigenes Leben aufs Spiel zu setzen.

Möglicherweise hätte er nachvollziehen können, wenn sie seine Schwester gefoltert hätten, weil sie wussten, dass sie andernfalls selbst mit dem Leben bezahlten. Doch nicht einmal im Dritten Reich oder während des Stalinismus waren Menschen getötet worden, weil sie sich geweigert hatten, Juden zu vergasen und Gefangene in den Lagern zu Tode zu foltern. Das war eine Tatsache. Und keinem Franzosen war der Tod angedroht worden, wenn er der DOP den Dienst verweigerte. Im Gegenteil: Die Folterzentrale setzte ganz auf die Freiwilligkeit der Täter. Sowohl Wehrpflichtige als auch Berufssoldaten brachen psychisch zusammen, wenn sie gegen ihren Willen zur Folter gezwungen wurden. Also gab es für diejenigen, die seine Schwester gefoltert hatten, auch keine mildernden Umstände.

Er hatte beschlossen, Alain im Auge zu behalten. Alain hatte sich ruhig verhalten, vielleicht zu ruhig, als ob er auf Zeit spiele. Ahmed schloss die Tür zur Baracke und ging rasch zum Aufzug. Dort wandte er den Kopf, um zu prüfen, ob Alain ihm folgte, aber niemand war zu sehen.

Einige Minuten stand er auf der Sohle des Schachts, bog in einen Seitentunnel und ging weiter in Richtung Zentralbereich. Rachid ging auf dem Gerüst seinen Schleifarbeiten nach. Ein undankbarer Job, der nur einen Vorteil besaß: lange Pausen. Nach zwei Stunden Arbeit, bei der er fortwährend die Arme nach oben halten musste, durfte Rachid sich eine halbe Stunde ausruhen. Ahmed hatte ihn gefragt, ob er nicht lieber eine andere Arbeit übernehmen wolle, doch Rachid hatte geantwortet, er sei mit seiner Aufgabe sehr zufrieden. Ihm gefielen die Aussicht vom Gerüst sowie die Möglichkeit, sich hin und wieder die Beine vertreten zu können. Das sei besser, als acht Stunden an denselben Ort gebunden zu sein und diesen nur in der Mittagspause verlassen zu können.

Ahmed signalisierte Rachid, dass er mit ihm sprechen wolle.

»Gibt's was Neues?«, fragte er ihn, nachdem Rachid vom Gerüst gestiegen war.

»Man hat mir eine Wohnung in der Nähe von Versailles versprochen. In einem kleinen Haus mit Garten.«

»Ich hätte nicht gedacht, dass es so schnell geht.«

»War reine Glückssache. Ich hab einen entfernten Verwandten angerufen und ihm die Situation erklärt.«

»Ist die Wohnung sauber?«

»Sauber?«

»Ausgeschlossen, dass sie von der Polizei überwacht wird?«

»Vertraust du mir etwa nicht?«

Ahmed antwortete nicht.

»Du weißt genauso gut wie ich, dass es Wohnungen gibt, die in bestimmten Situationen für heimatlose Araber vorgesehen sind. Ich spreche natürlich nicht von Terroristen, sondern gewöhnlichen Einwanderern, von Leuten wie du und ich, die auf ihre Aufenthaltsgenehmigung warten.«

»Wie viel muss ich dafür bezahlen?«

»Nichts.«

»Nichts?«

»Nur die Miete.«

»Wie lange können wir dort bleiben?«

»Bis ihr eine andere Wohnung gefunden habt. Andere suchen ebenfalls eine Bleibe.«

»Ja, natürlich.«

»Rachid hat sein Wort gehalten und eine Wohnung für uns organisiert. Sie liegt allerdings fast am anderen Ende der Stadt, in der Nähe von Versailles.«

»Ist sie auch wirklich sicher?«, fragte Mireille.

»Ich glaube, wir haben keine Wahl«, sagte Ahmed. »Erst mal müssen wir von hier fort, bevor Alains Sohn wieder auf den Beinen ist. Später können wir uns selbst immer noch eine andere Wohnung suchen. Ich will Rachid nicht zu Dank verpflichtet sein. Und anderen Leuten natürlich auch nicht.«

»Wann ziehen wir um?«, wollte Fatima wissen.

»Mittwochnachmittag. Einen Umzugswagen habe ich schon besorgt. Ihr müsst nur unsere Sachen zusammenpacken.«

»Wie ist die Verkehrsanbindung?«

»Zur Schule könnt ihr beide den Lokalzug nehmen. Das dauert nur eine Viertelstunde länger als jetzt.«

Eine Viertelstunde, dachte Mireille. Das war eine verlorene halbe Stunde täglich, Zeit, die sie so nötig für andere Dinge gebraucht hätte. Die musste sie bei der Unterrichtsvorbereitung einsparen. Eine andere Möglichkeit gab es nicht.

22

Es war beinahe halb fünf am Nachmittag, als ein Umzugswagen in die Straße einbog und vor dem Haus stehen blieb. Ahmed sowie zwei Möbelpacker sprangen aus dem Wagen, gingen um ihn herum und öffneten die hinteren Türen. Rachid griff zum Fernglas. Er bemerkte, dass Ahmed stehen blieb und sich nach allen Richtungen umsah, als wollte er sich vergewissern, dass ihn niemand beobachtete. Für einen Augenblick sah Ahmed genau in das Okular des Fernglases. Das überraschte Rachid so sehr, dass er zusammenzuckte. Unnötigerweise. Ahmed konnte ihn auf so große Distanz nicht erkennen. Das wusste Rachid. Es war eine Frage der Optik. Ahmeds Blick wanderte auch gleich weiter.

Die Möbelpacker machten sich sofort daran, den Hausrat und die Pappkartons auszuladen. Rachid wunderte sich, dass Ahmed so viele Möbel besaß. Dann sah er ein Auto direkt hinter dem Möbelwagen halten. Eine Frau und ein junges Mädchen stiegen aus. Als Ahmed sie erblickte, stellte er sofort die beiden Stühle ab, die er getragen hatte. Er küsste die Frau auf den Mund und streichelte dem Mädchen über die Wange. Rachid betrachtete sie näher. Es bestand kein Zweifel: Die Frau war keine Araberin, sondern Europäerin, vermutlich Französin.

Endlich war es ihm gelungen, einen Teil von Ahmeds Geheimnis zu lüften. Er war mit einer Christin verheiratet und hatte ein Kind mit ihr. Das erklärte, warum Ahmed in aller Verschwiegenheit eine neue Wohnung gesucht hatte. Er wollte seine Familie schützen. Das erklärte auch, warum Ahmed immer so schweigsam war. Die algerischen Arbeitskollegen mochten in Sünde leben, ihre Kinder besuchten französische Schulen und sahen fern. Die ledigen Männer gingen zu Prostituierten. Aber die Ehe mit einer Ungläubigen einzugehen! Damit war eine Grenze überschritten, selbst für diejenigen, die nur dem Namen nach Muslime waren. Wie konnte eine Ungläubige die Söhne ihres Mannes nach den Regeln des Islam erziehen?

Rachid sah, wie Ahmed auf das Haus und den Garten zeigte. Das Mädchen drehte sich um. Plötzlich schaute auch sie direkt in das Okular seines Fernglases. Rachid hoffte, sie würde weiterhin in seine Richtung schauen. Stattdessen wandte sie den Blick ab und lief in den Garten. Das Bild ihres Gesichts stand ihm weiterhin vor Augen. Sollte er mit dem Wagen vorfahren und Ahmed begrüßen? Warum nicht? Er hatte ihnen immerhin die Wohnung beschafft.

Doch dann kamen ihm die Worte des Imam in den Sinn, der gesagt hatte, je weniger Menschen Rachids Gesicht kannten, desto besser.

Als Ahmeds Tochter erneut aus dem Haus trat, konnte Rachid ihr Gesicht deutlich erkennen. Sie lächelte ihren Vater an, der zurücklächelte. Ein Zeichen der Liebe, es konnte nichts anderes sein. Das bedeutete Schwäche, genau wie seine Lehrer es ihm einst erklärt hatten. Die Menschen der westlichen Welt waren schwach auf Grund der bedingungslosen Liebe zu ihren Frauen und Töchtern. Auch Ahmed war in diese Falle geraten, das war unübersehbar. Er liebte seine Tochter so, wie man es in der westlichen Welt tat. Er gestattete ihr, ihm direkt in die Augen zu sehen, wenn sie mit ihm sprach. Er ließ sie seine Autorität in Frage stellen. Schwäche. Rachid wusste mit einem Mal, was er zu tun hatte, falls Ahmed sich weigerte, ihm zu helfen.

23

Als Rachid an der Sohle des Victoriaschachts aus dem Aufzug stieg, lehnte Alain vor ihm an der Wand, als hätte er auf ihn gewartet. Rachid trat einen Schritt zurück. Ein Lächeln huschte über Alains Gesicht. Aber Rachid wollte sich mit Alain nicht anlegen. Weder heute noch morgen, sondern erst, wenn alles vorüber war.

Rachid machte einen Schritt zur Seite, um die letzten Stufen bis zum Boden zu nehmen und sogleich an Alain vorbeizugehen, doch Alain bewegte sich in dieselbe Richtung.

»Jetzt müssen wir uns entscheiden«, sagte Rachid und versuchte seiner Stimme einen humorvollen Klang zu geben.

»Ich rühr mich nicht von der Stelle.«

»Aber ich.«

Rachid trat einen Schritt zurück, doch sofort folgte Alain seiner Bewegung.

»Was soll der Quatsch?«, fragte Rachid.

»Das wirst du schon sehen!«

Rachid blieb stehen.

»Was willst du?«, fragte er.

»Dir im Weg stehen.«

»Im Weg stehen?«

»Genau, im Weg stehen. Du hast wohl geglaubt, du könntest mit mir umspringen, wie es dir passt. Aber da irrst du dich.«

Alains Hand glitt unter den Overall. Rachid trat mehrere Schritte zurück. Alains Lächeln wurde noch breiter.

»Du hast Angst!«, sagte Alain und sah sichtbar zufrieden aus.

»Ja«, sagte Rachid, um Zeit zu gewinnen.

In diesem Moment hörte Rachid, wie sich die Aufzugstüren hoch über ihren Köpfen schlossen. Alain blickte auf. Für einen Augenblick überlegte Rachid, ob er Alain in den Schacht stoßen und vom Aufzug zerquetschen lassen sollte.

»Du hast noch mal Glück gehabt«, sagte Alain.

Alains Hand kam wieder zum Vorschein. Sie war leer. Er formte sie zu einer Pistole und tat so, als drückte er ab.

»Ich hätte dich ganz einfach abknallen können«, sagte er.

»Was hättest du davon, mich umzubringen?«

»Geh nach Hause, bevor es zu spät ist. Wir wollen hier keine Araber.«

»Wenn alle Einwanderer nach Hause zurückkehren, bekommt deine Rassistenpartei überhaupt keine Stimmen mehr.«

»Stimmt, Kanake! Aber was bedeuten schon die Stimmen. Hättest du ein Stimmrecht, wenn die Islamisten an die Macht kämen?«

»Über Allah lässt sich nicht abstimmen.«

»Über Frankreich auch nicht.«

Die Fahrstuhltüren öffneten sich. Ahmed stieg aus.

»Noch so ein dreckiger Araber!«, rief Alain in Rage. »Von denen wimmelt es ja nur so hier.«

»Ich gehe davon aus, dass du bloß einen kurzzeitigen Gedächtnisverlust erlitten hast«, sagte Ahmed besonnen. »Ich hab dir schon früher gesagt, dass ich rassistische Äußerungen nicht toleriere.«

»Ich hab ein Gedächtnis wie ein Elefant. Das wirst auch du eines Tages zu spüren bekommen, du Arschkriecher. Ich frage mich, wie du eigentlich Vorarbeiter werden konntest.«

Alain hob die Hand und wollte sie erneut unter den Overall stecken, doch ehe er dazu kam, hatte ihm Ahmed mit der – von jahrelanger Betonarbeit gestählten – offenen Handfläche ein paar schallende Ohrfeigen versetzt. Alain jaulte auf wie ein Hund. Ahmed fuhr methodisch mit den Schlägen fort, während er mit ebenso ruhiger Stimme wie zuvor erklärte, dass er Rassismus am Arbeitsplatz nicht dulde. Dann packte er Alains Ohr und drehte es so weit, bis Alain vor Schmerz in die Knie sank. Ein feuchter Fleck breitete sich in Alains Schritt aus. Er hatte sich in die Hose gemacht.

Rachid sah fasziniert zu. Wie hätte er selbst in dieser Situation reagiert? Den Tod fürchtete er nicht, nur Schmerz und Erniedrigung. Ein Mal war er auf die Probe gestellt worden, als ihn die Geheimpolizei inhaftiert und gefoltert hatte. Er hatte die Probe nicht bestanden. Er hatte geheult und gewinselt wie ein Weib. Sobald sie die Elektroden in seinem Anus befestigt und noch ehe sie den Strom angeschaltet hatten, hatte er alles gesagt, was er wusste. Er hatte Namen preisgegeben. Später war ihm keine Wahl geblieben. Er konnte seinem Vater nicht unter die Augen treten, ehe er nicht seine Scham überwunden hatte. Zuvor musste er zeigen, dass er ein Mann war. Zuvor musste er sich rächen.

Am liebsten hätte er Ahmed zugerufen, er solle Alain totschlagen. Damit ihm der Anblick dieses Häufleins Elend erspart bliebe. Damit er sich nicht vorzustellen brauchte, selbst an Alains Stelle zu sein.

Stattdessen ließ Ahmed dessen Ohr los und half ihm an der Wand auf die Beine. Alain zitterte. Er hatte sicher gar nicht bemerkt, dass er sich in die Hose gemacht hatte. Ahmed hob die Hand. Alain duckte sich in Erwartung des nächsten Schlages. Doch Ahmed rückte nur seinen Helm zurecht.

»Geh rauf und zieh dich um!«, sagte Ahmed. »Du stinkst.«

Er sagte es mit normaler Stimme, ohne Anzeichen von Zorn oder Verachtung.

»Warum hast du ihn nicht totgeschlagen?«, fragte Rachid, als sie die südliche Tunnelröhre erreichten.

Ahmed blickte ihn lange an.

»Meinst du wirklich, ich hätte ihn mir nichts, dir nichts erschlagen sollen?«

»Ich meine gar nichts. Ich will bloß nichts mehr mit Alain zu tun haben. Er ist eine Gefahr für uns alle.«

»Ist das ein Grund, ihn zu töten?«

»Das nicht, aber ich würde keinen Finger rühren, um sein Leben zu retten, wenn ihn jemand umbringen wollte. Würdest du das tun?«

»Ja, das würde ich.«

»Was hättest du davon?«

»Ich weiß es nicht. Früher hab ich geglaubt, die Welt

wäre ein wenig besser, wenn man die schlimmsten Typen umbringen würde. Heute bin ich anderer Meinung.«

Rachid wartete gespannt auf eine Erklärung, ein Zeichen von Ahmeds Vertrauen, das ihm von Nutzen sein könnte.

»War es etwa ein Fehler, dass Algerien zu den Waffen griff, um die Besatzungsmacht und die Kolonisten aus dem Land zu vertreiben?«, fragte er.

»Wer kann darauf schon antworten? Die Geschichte lässt sich nicht mehr ändern. Man bekommt nur eine Chance. Leider. Wir haben für unsere Freiheit gekämpft. Aber was haben wir bekommen? Eine korrupte Militärdiktatur. Eine fanatische und intolerante Religion. Und wer hat den Preis dafür bezahlt? Die Menschen, die versucht haben, das Beste aus den vorhandenen Möglichkeiten zu machen, bis auch das nicht mehr möglich war. Ganz normale Leute also, so wie immer.«

»Das lässt sich ändern. Allah ist groß.«

»Tut mir Leid, wenn ich dir deine Illusionen raube. Aber Allah existiert nicht. Er ist nur eine Ausgeburt unserer Fantasie, die dem Menschen nicht einmal genutzt hat. Der Koran ist Literatur. Genau wie die Bibel.«

Rachid blieb abrupt stehen. Er hatte Schwierigkeiten, seine Gedanken zu ordnen. Er spürte einen Druck über den Schläfen. Ahmed lästerte erneut Gott. Er war ein *Kafir.* Er verleumdete und verleugnete Allah. Meinte er, was er sagte? In diesem Fall verdiente er den Tod. Nicht am Tag des Jüngsten Gerichts, sondern auf der Stelle. *Wer ist sündiger, als wer wider Allah eine Lüge ersinnt oder Unsre Zeichen der Lüge zeiht?*

Aber Rachid musste sich beherrschen. Er durfte Ahmed nicht bestrafen, nicht jetzt. Später. Aber nicht jetzt.

Auf ihrem Weg durch den Schacht mussten sie zwei Bohrmaschinen ausweichen, die ihre meterhohen Bohrer in den Fels gerammt hatten. Der Lärm war ohrenbetäubend.

»Ich muss mit dir reden«, sagte Rachid, als sie in den Zentralbereich gelangten.

»Worüber?«

Rachid schaute sich viel sagend um. Ständig kamen und gingen neue Arbeiter.

»Komm mit rauf«, sagte Rachid.

Ahmed schien einen Augenblick zu zögern, fing dann jedoch an zu klettern. Rachid folgte ihm. Sie setzten sich oben auf das Gerüst und ließen die Beine über die Kante hängen.

»Worüber willst du sprechen?«, fragte Ahmed.

»Du hast doch schon herausgefunden, dass ich kein normaler Bauarbeiter bin«, begann Rachid zögerlich, als suche er nach den richtigen Worten. »Das stimmt. Ich gehöre einer Organisation an, die für die Rechte der Einwanderer kämpft.«

»Im Namen Allahs?«

»Ich bin Moslem. Aber das ist nicht das Wichtigste.«

»Ist nicht Allah immer das Wichtigste?«

»Es handelt sich um eine politische Organisation, nicht um eine religiöse.«

»Soviel ich weiß, ist eine Politik außerhalb des Islam nicht möglich.«

»Nur im Dar al-Islam.«

»Und Frankreich gehört nicht dazu?«

»Noch nicht. Eines Tages vielleicht.«

»Das wollen wir nicht hoffen!«

Rachid spürte, wie seine Gesichtsmuskeln zuckten. Er

konnte es nicht verhindern. Sein Glaube war zu stark, als dass er dessen Verleumdung ein ums andere Mal ertragen hätte. War sich Ahmed eigentlich bewusst, dass er sein eigenes Todesurteil unterschrieb? Wenn Rachid Ahmed nicht noch gebraucht hätte, hätte er ihn vom Gerüst gestoßen.

»Was willst du?«, fragte Ahmed, ohne den Tonfall zu ändern. Rachid holte tief Luft.

»Unsere Organisation will erreichen, dass Einwanderer als Mitbürger und nicht als Menschen zweiter Klasse betrachtet werden. Sie sollen die gleichen Rechte haben wie alle anderen auch.«

»Und wie steht's mit den Pflichten? Zum Beispiel mit dem Respekt gegenüber anderen Religionen? Gegenüber den Rechten der Frau, der Demokratie, der Atheisten?«

»Der Atheisten?«

»Ganz genau. Wie verhält es sich mit dem Respekt gegenüber Atheisten. In diesem Land ist der Atheismus eine legitime Lebenshaltung.«

»Ich sagte doch bereits, dass unsere Organisation keine religiösen, sondern politische Ziele verfolgt. Es geht um die Rechte der Einwanderer und nichts anderes.«

»Und wie wollt ihr dieses Ziel erreichen?«

»Wir haben es mit legalen Mitteln versucht, mit Demonstrationen und Petitionen, haben Flugblätter verteilt, Artikel geschrieben, haben versucht, Einfluss auszuüben, aber nichts ist besser geworden. Im Gegenteil. Der Rassismus greift immer mehr um sich, und die Not der Einwanderer wächst. Darum haben wir beschlossen, unseren Worten Taten folgen zu lassen.«

»So wie in Algerien?«

»Terror führt zu nichts. Das haben wir aus dem Scheitern

der Heilsfront gelernt. Nein, wir wenden uns gegen das Kapital. Wir haben nur eine Chance, wenn die Machthaber Gefahr laufen, ihr Geld zu verlieren. Wenn wir ihnen diese Gefahr vor Augen führen, können wir ihnen Konzessionen abringen.«

»Vielleicht. Vielleicht aber auch nicht.«

»Wir haben die Absicht, die gesamte ›Condorcet‹-Baustelle an strategisch entscheidenden Stellen zu verminen. Danach werden wir damit drohen, alles unter Wasser zu setzen, wenn sie unsere Forderungen nicht erfüllen.«

»Darum hast du also so viel Energie darauf verwendet, Alain Knüppel zwischen die Beine zu werfen. Um selbst derjenige sein zu können, der die Schleusen öffnet und die Sintflut entfesselt.«

»Mit dem Unterschied, dass wir den Plan gar nicht in die Tat umsetzen müssen. Er ist nur ein Mittel, um Zugeständnisse zu erreichen, nichts anderes.«

»Und wenn es keine Zugeständnisse gibt?«

»Dann werden wir beweisen müssen, dass wir es ernst meinen. Die Sanierungsarbeiten sowie die Bauverzögerung werden sicher mehrere Millionen verschlingen. Unsere nächste Drohung sollten sie also sehr ernst nehmen.«

»Warum erzählst du mir das alles? Hast du keine Angst, dass ich den Plan verrate?«

»Ich vertraue dir. Ich arbeite hier allein unter der Erde. Irgendjemand muss Wache halten, während ich die Sprengladung präpariere. Überall laufen Leute herum. Du brauchst dir keine Sorgen zu machen. Ich bin ein Experte auf meinem Gebiet. Menschen werden nicht zu Schaden kommen. Nur das Kapital. Nur die Macht. Nur diejenigen, die nichts unternehmen, um den Rassismus und Faschismus in diesem

Land zu stoppen. Willst du mir helfen? Willst du mir helfen, solche Leute wie Alain zu bekämpfen?«

Rachid blickte Ahmed an. Er brauchte seine Erregung nicht zu spielen.

»Nein«, sagte Ahmed. »Aktionen, wie du sie vorschlägst, treiben die Franzosen nur in die Arme der Front National. Frag doch Le Pen oder Mégret, die würden dir sicher persönlich helfen. Denen wäre solch ein Anschlag hochwillkommen.«

»Ich hab dir schließlich die Wohnung beschafft.«

»Damit ich nicht verrate, dass du kein gewöhnlicher Arbeiter bist? Ich werde dir keinesfalls helfen, die Baustelle zu überschwemmen.«

»Aber ich kann die Aktion nicht alleine durchführen.«

»Umso besser. Dann brauche ich dich auch nicht anzuzeigen. Aber ich werde nicht zulassen, dass du oder irgendein anderer den Rassisten in die Hände spielt, da kannst du sicher sein. Abgesehen davon, dass ich das Ziel der Aktion für absurd halte. Wir bauen diese Station, um den Nahverkehr zu verbessern. Nicht, um den Kapitalisten zu helfen, die Armen und Arbeitslosen zu unterdrücken.«

»Was tust du, wenn ich die Aktion trotzdem durchführe?«

»Dazu wird es nicht kommen. Ich werde dich im Auge behalten.«

»Und mich anzeigen? Zum Verräter werden?«

»Wem gegenüber werde ich zum Verräter? Man kann nur denjenigen verraten, der seine Loyalität bewiesen hat, genau so steht es im Koran.«

»Vergiss nicht, dass ich mich genauso verhalten könnte.«

»Wovon redest du?«

»Wenn du mich verrätst, wird Alain erfahren, was du seinem Sohn angetan hast und wo du dich versteckst.«

Ahmed fixierte Rachid mit dem Blick, dem dieser so schwer standhalten konnte. Rachid versuchte, ihm zu begegnen, musste jedoch bald die Augen abwenden.

»Man lernt doch nie aus«, sagte Ahmed.

Seine Stimme klang ruhig wie immer.

»Von jetzt an ist dies eine Kraftprobe zwischen uns beiden. Zurzeit scheint unsere Position gleich stark zu sein. Ich kann dich verraten und du mich. Niemand von uns weiß, wie das Kräfteverhältnis in zehn Minuten oder morgen aussieht. Aber du solltest mich nicht unterschätzen. Ich rate dir, mich nicht zu verraten, aber ich garantiere dir auch, dass ich deine Aktion unterbinden werde. Für deine Überschwemmung kannst du dir einen anderen Ort suchen. Du hast die Wahl.«

Rachid war erleichtert.

Ahmed hatte nicht vor, ihn anzuzeigen. Vorerst zumindest nicht. Jetzt gab es nur eine Alternative. Jemand anderen um Hilfe zu bitten, ohne ein Druckmittel zu haben, war zu gefährlich. Ahmed würde jede Veränderung registrieren. Er würde sich vielleicht sogar darüber wundern, warum Rachid früher zur Arbeit erschien und später ging als alle anderen. Darum musste er schnell handeln.

Ahmed war unzufrieden mit sich. Er hatte in letzter Zeit zu viele Fehler begangen. Zuerst gegenüber Alain und seinem Kumpel. Dann gegenüber Rachid. Später würde er den Preis dafür zahlen müssen, genau wie er für so vieles andere in seinem Leben einen Preis bezahlt hatte. Er konnte weder die Toten zum Leben erwecken noch auf Knopfdruck an

Allah und das Paradies glauben. Allah war mindestens genauso tot wie die Menschen, denen Ahmed das Leben genommen hatte.

Doch um Mireilles und Fatimas willen musste er in der Lage sein, kleine Fehler wieder auszubügeln. Er machte kehrt und ging zum Victoriaschacht zurück. Vor dem Aufzug stand Alain mit seiner voll gepinkelten Hose und sprach mit Gautrot, dem Sicherheitschef. Sie schwiegen, als Ahmed an ihnen vorbeiging. Durch Gautrots Gegenwart ermutigt, warf Alain Ahmed einen trotzigen und hasserfüllten Blick zu. Jetzt würde Alain so viel Negatives über Ahmed verbreiten, wie ihm mit seiner bescheidenen Intelligenz überhaupt möglich war. Ahmeds einziger Trost bestand in der Erkenntnis, dass Alain zu wenig Einfühlungsvermögen besaß, um sich vorstellen zu können, wie andere Menschen dachten und fühlten; daher wusste er auch nicht, auf welche Weise er den größtmöglichen Schaden anrichten konnte. Er würde Ahmed sicher bezichtigen, für den Sabotageversuch verantwortlich zu sein. Das lag nahe. Ohne sich jedoch klar zu machen, dass Ahmed dank Georges das Alibi besaß, das Alain fehlte.

Ahmed ging unverzüglich in Georges' Büro.

»Könnte ich dich unter vier Augen sprechen?«

»Ja, natürlich.«

Ahmed schloss hinter sich die Tür. Er berichtete, was geschehen war, nachdem er sich an Alains Sohn gerächt hatte, verschwieg jedoch, dass Rachid als Gegenleistung für eine Gefälligkeit Ahmeds Hilfe in einer Angelegenheit erwartete, die am ehesten einem Terroranschlag glich. Ahmed erwähnte auch nicht, dass die »Condorcet«-Baustelle das Ziel des geplanten Attentats war. Ahmed hatte das Vertrauen enttäuscht, das Georges in ihn gesetzt hatte. Also musste er selbst den Schaden wieder beheben.

»Ich habe mir die Suppe selbst eingebrockt«, sagte er. »Wenn es nur um mich selbst ginge, würde das keine große Rolle spielen. Aber ich habe eine Frau und eine vierzehnjährige Tochter. Ihnen darf nichts geschehen.«

»Und du fragst mich, ob ich dir helfen kann?«

»Ja.«

»Du kannst mit deiner Familie bei uns einziehen, bis ihr eine andere Bleibe gefunden habt. Das ist selbstverständlich.«

»Ich danke dir. Aber möchtest du nicht zuerst mit deiner Frau darüber reden?«

»Wir kennen uns jetzt seit dreißig Jahren. Sie wird nichts dagegen haben.«

»Ich möchte dir keinesfalls zur Last fallen.«

»Mach dir darüber keine Gedanken. Wenn ich dazu beitragen kann, Alain das Leben schwer zu machen, dann tue ich es mit größtem Vergnügen.«

»Vor Alain hab ich keine Angst. Er ist ein Schlappschwanz. Aber ich will eine Konfrontation mit seinem Sohn vermeiden.«

»Ich werde zusehen, dass Alain von hier verschwindet.«

»Meinetwegen ist das nicht nötig. Alain weiß nicht, dass ich es war. Ich will nur der Person, die es weiß, nicht zu Dank verpflichtet sein.«

»Ich will sowieso, dass Alain von hier verschwindet. Früher oder später.«

24 Georges saß im Lokalzug vom Gare Montparnasse nach Rambouillet. Dreißig Jahre hin und zurück, immer auf derselben Strecke.

Aber auf einmal schien alles verändert. Das war es natürlich nicht. Er benutzte denselben Lokalzug wie sonst auch. Er kehrte von einem weiteren Arbeitstag nach Hause zurück, so wie immer. Dort wartete Marie auf ihn. Sie war eine Stunde vor ihm nach Hause gekommen. Wie üblich. Er hätte den Verlauf der nächsten Stunden bis ins kleinste Detail vorhersagen können. Aber das wollte er nicht. Stattdessen dachte er an Dominique. Er war klug genug, die Situation zu durchschauen: Er hatte sich ganz einfach verliebt. Was war daran so merkwürdig? Dies geschah täglich Zehntausenden von Menschen, darunter einer stattlichen Anzahl glücklich verheirateter Fünfzigjähriger, die sich einfach überrumpelt fühlten, so wie er selbst. Die Verliebtheit an sich war trivial. Aber wie konnte ein alltäglicher Vorgang so eine große Veränderung hervorrufen? Gaben Dominiques Bücher auch darüber Auskunft?

Hatte es nicht zum Beispiel an ihr gelegen, dass er Ahmed ohne zu zögern seine Hilfe angeboten hatte? Ahmed war immer ein guter Kollege gewesen, der alle ihm übertragenen Aufgaben zuverlässig erledigte. Gleichzeitig war er jedoch verschlossen und unzugänglich. Er sprach nie von sich selbst. Woher stammte er? Wie war sein persönlicher Hintergrund? Georges wusste es nicht, hatte jedoch schon vor langer Zeit begriffen, dass Ahmed kein gewöhnlicher Betonarbeiter war. Aber er vertraute ihm. Das hatte er von Anfang an getan, und dabei würde es sicher bleiben, selbst wenn er eines Tages mit dem Lesen von Romanen beginnen sollte. Wenn es um Menschen ging, verließ er sich voll und ganz auf seine Intuition. Das war vielleicht naiv, aber wonach sollte er sich sonst richten?

In Rambouillet ging er in eine nahe dem Bahnhof gelegene Bar und trank an der Theke ein Bier. Zum ersten Mal seit vielen Jahren. Das Leben schien ihm auf einmal ungeahnte Möglichkeiten zu bieten. Er spürte dies noch stärker, als er nach Hause kam. Zunächst gab er Marie einen Kuss auf die Wange, so wie an jedem Tag in den letzten dreißig Jahren. Aber danach ging er nicht ins Wohnzimmer, um sich vor den Fernseher zu setzen. Stattdessen betrat er das Zimmer seiner Tochter und ging die Taschenbücher durch, die sie dort gelassen hatte, um etwas zu lesen zu haben, wenn sie einmal zu Besuch war. Schließlich nahm er einen Roman zur Hand und versank mit ihm im Wohnzimmersofa. Nach einer Weile steckte Marie ihren Kopf zur Tür herein und schaute ihn an.

»Liest du?«, fragte sie.

»Ja, warum fragst du?«

Natürlich wusste er, warum sie fragte. Dominique hatte gesagt, sie lese Romane, um zu leben. Nicht, um sich in eine andere Welt zu träumen, sondern um über ihr Verhalten als Mensch Klarheit zu gewinnen.

Genauso merkwürdig war es, dass er über die zehnte Seite hinausgelangte. Als Marie rief, das Essen sei fertig, zuckte er zusammen. Er war in Gedanken weit fort gewesen.

Erst beim Kaffee kam er auf Ahmed zu sprechen.

»Wir bekommen Hausgäste«, sagte er. »Eine dreiköpfige Familie, die ein Dach über dem Kopf braucht, bevor sie etwas Eigenes gefunden hat. Er ist ein Kollege von mir. Sie können nicht länger in ihrer alten Wohnung bleiben.«

»Ein Kollege?«

»Ahmed mit Frau und Tochter.«

»Ahmed?«

Marie wirkte nicht gerade begeistert.

»Ahmed ist in Schwierigkeiten geraten. Ich habe dir doch von Alain erzählt.«

»Und du hast diesem Ahmed einfach angeboten, mit seiner Familie bei uns zu wohnen? Ohne mich vorher zu fragen?«

»Ahmed brauchte sofort eine Antwort. Du hast doch nichts dagegen?«

Marie schwieg. Georges spürte, dass etwas nicht in Ordnung war.

»Oder etwa doch?«

»Ich würde lieber davon verschont bleiben.«

»Verschont bleiben?«

Georges schaute sie verwundert an.

»Ich versteh dich nicht.«

»Wirklich nicht?«

»Nein.«

»Ich kenne die doch gar nicht. Das sind wildfremde Menschen.«

»Ich hab dir doch erklärt, dass es sich um einen Kollegen handelt, der Hilfe braucht.«

»Dann lass mich Klartext reden. Ich möchte in meinem Haus lieber keine Araber haben.«

»Was?«

Georges glaubte, er habe sich verhört.

»Ich will hier keine Araber haben. Vor allem nicht, wenn sie sich mit jemandem im Streit befinden. Da kann doch wirklich alles passieren.«

»Was hast du an Arabern auszusetzen?«

Georges versuchte, die Ruhe zu bewahren.

»Nichts. Ich will nur so wenig mit ihnen zu tun haben wie möglich.«

»Weißt du eigentlich, was du da sagst?«

»Ich traue ihnen eben nicht.«

»Du kannst mit deinem Urteil zumindest warten, bis du Ahmed und seine Familie kennen gelernt hast. Außerdem sind es Menschen, die Hilfe brauchen.«

»Du hättest mich trotzdem zuerst fragen sollen.«

Wer redete da? War das wirklich die Marie, mit der er dreißig Jahre lang sein Leben geteilt hatte? Seit wann war sie empfänglich für Lügen und Demagogie? Und wie konnte ihm das entgangen sein?

»Hast du vergessen, dass ich auch ein Einwanderer bin?«

»Das ist was anderes. Die Spanier haben dieselbe Religion wie wir. Sie sind Europäer.«

»Als meine Mutter nach Frankreich kam, sah das anders aus. Damals wurden sie hier genauso als Fremde betrachtet wie die Araber heute. Woher willst du eigentlich wissen, dass Ahmed ein Araber ist, nur weil er Ahmed heißt? Fünf Prozent aller Araber in Frankreich sind Atheisten, wusstest du das? Das stand letzte Woche in der Zeitung. Ahmed ist vielleicht einer von ihnen.«

»Ist er das?«

»Ich weiß es nicht.«

»Du weißt es nicht? Hast du ihn nicht gefragt?«

»Was bildest du dir eigentlich ein? Ein Kollege kommt zu mir und bittet mich um Hilfe. Soll ich zuerst eine Personenbefragung durchführen? Ja, du kannst gerne bei uns wohnen, aber nicht, wenn du an Gott glaubst.«

»Wer weiß, um wen es sich da handelt.«

»Dreckskerle gibt es doch in jedem Land gleich viele. In Frankreich zurzeit wohl mindestens 15 Prozent. Dazu muss man noch die rechnen, die zu Hause ihre Frauen schlagen. Hast du den Artikel im *Nouvel Observateur* nicht gelesen? Jedes Jahr werden eine Million Frauen von ihren französischen Ehemännern misshandelt. Aber natürlich soll man nicht übertreiben. Die wählen sicher alle die Front National. Schweinehunde gibt es in diesem Land mehr als genug. Bei der Hälfte von ihnen handelt es sich bestimmt um gottesfürchtige gute Katholiken.«

»Das kannst du doch nicht vergleichen. Denk nur daran, was in Algerien geschehen ist.«

»Waren es etwa die Araber, die Hitler an die Macht gebracht haben? Haben die Araber den Zweiten Weltkrieg begonnen? Was ist mit den französischen Folterungen in Algerien und Vietnam? Dem Massenmord auf Madagaskar? Hast du das alles vergessen?«

»Das ist doch so lange her.«

»Was glaubst du würde geschehen, wenn die Front National in Frankreich an die Macht käme? Würden sie die Einwanderer etwa besser behandeln als …«

Georges brach mitten im Satz ab.

»Ahmed und seine Familie kommen morgen Nachmittag. Und ich werde mein Versprechen wegen dir nicht brechen. Ich setze voraus, dass du ihnen mit Höflichkeit begegnest, solange sie mit uns unter einem Dach wohnen.«

»Ist dir das etwa wichtiger als meine Meinung?«

»In diesem Fall: ja!«

Georges stand auf und ging ins Wohnzimmer. Er nahm sich den Roman vor und versuchte erneut, in der anderen

Welt zu versinken. Es ging nicht. Der Zauber war verschwunden. Stattdessen machte er Feuer im Kamin. Er setzte sich auf das Sofa und starrte in die Flammen, während er an Dominique dachte. Er hörte, dass sich Marie im Badezimmer befand und später ins Bett ging. Er blieb auf dem Sofa sitzen und schlief schließlich angezogen ein. Zum ersten Mal seit dreißig Jahren schlief er nicht mit Marie in einem Bett. Er empfand es als Befreiung.

25

Erst als er im Zug nach Versailles saß, begriff Ahmed, wie traurig Fatima sein würde, wenn er ihr sagen müsste, dass sie erneut umziehen mussten. Sie hatte sich so darüber gefreut, in das kleine Haus mit Garten zu ziehen.

Die Fenster leuchteten einladend, als er nach Hause kam, sofern der neue Wohnsitz diese Bezeichnung verdiente. Das Essen stand bereits auf dem Tisch. Er gab Mireille einen Kuss und wurde von Fatima innig umarmt. Er wünschte sich, die Zeit würde stehen bleiben, so dass sie bis in alle Ewigkeit um den Abendbrottisch versammelt sein konnten, in einem Haus, das einem bis zum Lebensende ein Dasein in Ruhe und Frieden gewährte. Doch die Zeit stand nicht still, und die Wirklichkeit wartete draußen vor der Tür.

Fatima spürte als Erste, dass etwas nicht in Ordnung war.

»Was ist los, Papa?«

»Wir müssen wieder umziehen.«

»Oh nein!«, rief Mireille aus.

»Es tut mir so Leid. Es tut mir so schrecklich Leid. Rachid, der uns dieses Haus besorgt hat, fordert eine Gegenleistung.«

»Und die wäre …«

Mireille starrte ihn an.

»Ich soll ihm helfen, die Baustelle unter Wasser zu setzen. Er bildet sich ein, das würde die Franzosen dazu bringen, die Einwanderer anständig zu behandeln.«

»Ist er wirklich so naiv?«

»Offensichtlich.«

»Du hast doch wohl abgelehnt.«

Fatima schaute ihn beunruhigt an. Es war merkwürdig, aber sie sah gar nicht so unglücklich aus, wie er erwartet hatte. Ahmed nickte.

»Du brauchst dir um uns keine Sorgen zu machen. Nicht wahr, Mama, wir schaffen das schon.«

»Ja«, sagte Mireille.

»Alles meine Schuld«, sagte Ahmed. »Wenn ich mich beherrscht hätte, als du den Stein an den Kopf bekamst, wären all diese Dinge nicht passiert.«

»Man kann nicht immer die andere Wange hinhalten«, sagte Fatima.

Sie sagte es mit größter Selbstverständlichkeit, so erwachsen. »Vielleicht nicht, aber man muss ja auch nicht mit gleicher Münze zurückzahlen.«

»Was machen wir jetzt?«, fragte Mireille.

»Zuerst sollten wir in Ruhe zu Ende essen. Dann packen wir. Gegen zwölf kommt ein Lieferwagen und holt uns ab. Heute Nacht schlafen wir in einem Hotel. Morgen ziehen wir zu Georges und suchen uns von da aus eine neue Wohnung.«

»Und Rachid?«

»Um den kümmere ich mich selbst. Sollte er mich zur Zusammenarbeit zwingen wollen, kann ich immer noch den Sicherheitschef von seinem Vorhaben unterrichten. Vor allem darf er im Moment nichts von eurer Existenz erfahren. Darum müssen wir umziehen.«

»Wie sollte er dich denn zur Zusammenarbeit zwingen?«

»Das kann er nicht. Aber ich will gar nicht erst riskieren, dass er es versucht.«

Er sah Mireille an, dass sie verstand, dass er Fatima gegenüber nicht den Teufel an die Wand malen wollte. Aber er konnte sich auch nicht überwinden, ihnen seinen folgenschwersten Fehler einzugestehen, nämlich dass er Rachid erzählt hatte, er habe Alains Sohn misshandelt. Es ging auch um seine Selbstachtung. Ohne die war er ein Nichts.

Während er packte, kam Fatima zu ihm.

»Ich möchte dir nur sagen, dass du dir keine Sorgen zu machen brauchst. Ich bin alt genug, um auf mich selbst aufzupassen.«

Er schaute sie an und bemerkte zum ersten Mal, wie sehr sie seiner Schwester glich. Dieselbe Sturheit, dieselbe Opferbereitschaft.

Er nahm Fatima fest in den Arm.

»Ich bin stolz darauf, den Namen deiner Schwester zu tragen«, sagte sie. »Früher hab ich den Zusammenhang nicht verstanden.«

Ahmed entgegnete nichts. Er brachte kein Wort heraus.

26 Alain begriff nicht, warum Ahmed sich mit ihm angelegt hatte. Er hatte doch kaum etwas zu ihm gesagt. Irgendwo lag der Hund begraben, doch er wollte sich nicht ebenfalls beerdigen lassen. Er war kein Hund.

»Wisst ihr schon das Neuste?«, fragte er die Portugiesen, die auf dem Boden der Tunnelröhre Armierungseisen zusammenschweißten.

»Gib uns noch ein Eisen! Wir haben nicht den ganzen Tag lang Zeit.«

Das hatte Ahmed also erreicht. Er war zum Handlanger der Portugiesen geworden.

»Wenn ihr mir nicht zuhört, ist eure ganze Arbeit umsonst.«

»Wie meinst du das?«

»Wisst ihr denn nicht, dass einige Araber einen Anschlag auf das Projekt planen? Sie sind auch für den Stromausfall vor ein paar Tagen verantwortlich gewesen. Ihr Anführer heißt Ahmed. Er ist Vorarbeiter einer algerischen Arbeitsgruppe.«

Alain unterließ es, über die Araber herzuziehen. Das hätten ihm die Portugiesen womöglich übel genommen. Vielleicht konnte er sich nicht so gewählt ausdrücken wie Thierry, aber er wusste seinen eigenen Wortschatz geschickt einzusetzen. Er war doch schließlich Vernehmungsleiter gewesen.

Die Portugiesen schauten sich an.

»Die Information ist absolut zuverlässig. Sie stammt von Gautrot, dem Sicherheitschef.«

»Warum sollte er dir so was erzählen?«

»Weil Ahmed gedroht hat, mich umzubringen, wenn ich ihn verrate. Aber so leicht lasse ich mich nicht einschüchtern. Gautrot hat mich gebeten, die Information weiterzugeben. Alle sollen ihre Augen offen halten. Habt ihr verstanden?«

Die Portugiesen schienen immer noch zu zweifeln, nickten jedoch schließlich.

»Jetzt muss ich mit den anderen reden. Sucht euch einen anderen Handlanger. Ich bin bald zurück.«

Sie protestierten nicht.

Den Rest des Vormittags verbrachte Alain damit, bei den übrigen Portugiesen und Franzosen die Runde zu machen und seine Geschichte – der Glaubwürdigkeit halber mit geringfügigen Abweichungen – zu erzählen. Er wusste, dass Gerüchte nur aus vagen Andeutungen bestehen durften und Widersprüche aufweisen mussten, damit man ihnen weder mit pauschaler Zustimmung noch mit Ablehnung begegnen konnte. Das Streuen von Gerüchten war eine Kunst. Zum Beispiel das Lancieren der Vermutung, Ahmed sei der Chef einer terroristischen Vereinigung, über die, was ebenfalls nicht auszuschließen sei, Georges seine schützende Hand halte. Oder der Andeutung, Dumas besitze eine dubiose Vergangenheit, die ihn zur Nachsicht mit den Arabern verleite, deren Fundamentalisten, wie man seit dem Metro-Attentat bei St Germain wisse, es auf Ziele im Untergrund abgesehen hätten.

Schließlich gelangte Alain an das Ende eines Tunnels, an dem vier Betonarbeiter wie besessen arbeiteten. Zwei der vier Männer standen an ihren Kontrollpaneelen und steuerten die hydraulischen Maschinen, die Wasser und Zement mischten, bevor sie die Mischung mit einem Druck von 20 Bar direkt gegen die Tunnelwände spritzten. Der kräftige Strahl füllte einen Pfeiler nach dem anderen und verwandelte diese in tragende Säulen, wenn der Beton aushärtete. Gleichzeitig dichtete der Zement den Untergrund zum Grundwasser hin ab, so dass sie mit der Ausschalung beginnen konnten.

Er wartete in einiger Entfernung. Wollte er ihre Aufmerksamkeit erlangen, durfte er sie keinesfalls unterbrechen. Abgesehen davon, dass sie ihn nicht hören konnten, solange die Maschinen noch in Betrieb waren, würden sie auf eine Unterbrechung ihrer Arbeit sicherlich gereizt reagieren. Die Betonarbeiter gehörten der Elite ihrer Zunft an und wussten dies ganz genau. Es waren ausnahmslos Franzosen, die mit ihrer Arbeit die Voraussetzungen für eine Verwirklichung des Bauprojekts schufen und eine Sabotage niemals zugelassen hätten.

Nach zehn Minuten nahm der Lärm ab. Der feine Sprühregen aus Wasser und Lehm, der die Luft um die Maschinen herum erfüllte, hörte auf. Jetzt konnten die Maschinen zur nächsten Sektion der Tunnelwände transportiert werden. Alain bahnte sich seinen Weg durch den Wirrwarr von Rohren und Schläuchen hindurch.

Er wollte gerade den Mund öffnen, als einer der Arbeiter zu ihm sagte:

»Wir haben schon davon gehört. So eine Sauerei. Wir werden die Augen offen halten.«

»Gut.«

Wenn das Gerücht bis hierher, zum Ende des Tunnels, vorgedrungen war, dann hatte er ganze Arbeit geleistet.

»Was ist daran so komisch?«, erkundigte sich ein Arbeiter und sah ihn fragend an.

Alain bemühte sich sogleich um einen ernsten Gesichtsausdruck. Er hatte seine Genugtuung nicht verbergen können.

»Nichts«, entgegnete er. »Ich bin zufrieden, dass die Nachricht sich so schnell verbreitet hat.«

Jetzt ging es den Arabern an den Kragen. In wenigen Tagen, wenn man der heiligen Barbara gedachte, würde es Ärger geben, das war so sicher wie das Amen in der Kirche.

Schließlich bat Alain um ein Treffen mit Gautrot. Er habe wichtige Informationen für ihn, sagte er.

Gautrot empfing ihn nach der Mittagspause.

»Was gibt es denn?«

Gautrot war deutlich anzumerken, dass er Alain nicht mochte, aber das spielte jetzt keine Rolle. Mit Gautrot würde er später noch abrechnen, falls dieser sich auf die Hinterbeine stellte.

»Es heißt, wir hätten eine Terrorgruppe unter uns. Islamische Fundamentalisten. Irgendeine Heils- oder Befreiungsfront oder so, die heißen doch alle gleich. Auf jeden Fall handelt es sich um Araber. Ahmed ist ihr Anführer. Wenn das wahr ist, sieht es für Dumas gar nicht gut aus, oder?«

»Nein, das stimmt.«

Alain sah Gautrot an, dass er richtig kalkuliert hatte. Gautrot und Dumas waren Feinde. Das musste er ausnutzen.

»Ich brauche Beweise«, sagte Gautrot. »Gerüchte reichen nicht.«

»Überlassen Sie das mir. Die Ehre können wir uns später teilen, in aller Stille.«

Gautrot ließ sich Alains Worte durch den Kopf gehen.

»Ich gehe davon aus, dass Sie an einer diskreten Lösung interessiert sind«, fuhr Alain fort. »Es ist für die Sicherheitsabteilung ja kein Ruhmesblatt, wenn ihnen ein halbes Dutzend islamischer Fundamentalisten durch die Lappen gegangen ist und jetzt unter der Erde arbeitet.«

Gautrot war sichtlich überrascht. Alain hatte erneut ins Schwarze getroffen. Sie unterschätzten ihn. Das war ihre eigene Schuld. Er war kein kleiner, feiger Dreckskerl, wie Dumas glaubte. Aber er brauchte ein Objekt des Kampfes, um seine Fähigkeiten unter Beweis zu stellen. Das hatte er jetzt bekommen. Genau wie während des Algerienkriegs.

27

Es war Ahmed, der vorgeschlagen hatte, nach der Arbeit einen trinken zu gehen. Georges hatte das Gefühl, Ahmed wolle sich aussprechen. Er wollte sich seinerseits für Maries kühlen Empfang bei ihm entschuldigen. Er hatte sich auf sie verlassen. Das war ein Fehler gewesen.

Ahmed saß bereits an einem abgelegenen Ecktisch, als Georges das Bistro am Gare Montparnasse betrat.

»Was möchtest du?«, fragte Ahmed.

»Ein Glas Sancerre und sechs Austern.«

Ahmed bestellte ein Dutzend Austern, ein Glas Sancerre und eine Flasche Mineralwasser.

»Ich trinke keinen Alkohol«, erklärte Ahmed. »Das ist ein Überbleibsel meiner Erziehung. Es ist nicht so leicht, all die Ohrfeigen im Namen Allahs zu vergessen.«

»Mir geht's nicht anders. Ich bin auf eine Klosterschule gegangen. Sobald ich einen Priester erblicke, habe ich das

Bedürfnis, zu beichten und um die Vergebung meiner Sünden zu bitten. Sogar für die, die ich nie begangen habe. Das Trinken von Wein gehört allerdings nicht dazu. In Anbetracht des Abendmahlsweines können einem die Katholiken ja wohl kaum verwehren, hier und da ein Gläschen zu trinken. Deshalb könnte ich auch nie Moslem werden. Ich würde ja verstehen, wenn Allah das Trinken von schlechtem Wein verboten hätte. Aber doch nicht von Sancerre. Das wäre Frevel.«

»Neben dem Wein gibt es noch andere Gründe, die es einem schwer machen, Moslem zu sein.«

»Na ja, Katholik zu sein, ist auch kein Zuckerschlecken. Allein die Tatsache, dass die Kirche auf Francos Seite stand, macht es mir unmöglich, mich zu ihr zu bekennen. Die Leute haben so ein schlechtes Gedächtnis. Millionen von Menschen sind mit dem Segen der christlichen Kirche abgeschlachtet worden. Das Christentum ist keine Spur toleranter als der Islam.«

»Kann schon sein. Aber zumindest gibt es heute nur sehr wenige Katholiken, die meinen, die Kirche solle die gesamte Gesellschaft steuern. Es ist doch sehr lange her, dass man Menschen gesteinigt hat, weil sie nicht an Gott glaubten. Hier darf man sich sogar zum Atheismus bekennen. Das ist bei uns verboten.«

»Aber es muss doch wohl Menschen geben, die nicht an Allah glauben.«

»Natürlich gibt es die. Ich bin einer von ihnen.«

»Du?«

»Ja, ich bin dazu verdammt, in der Hölle zu schmoren. Wenn ein Moslem mich tötet, wird er zum Helden und kommt ins Paradies. Im Islam gibt es keine größere Sünde, als dem Glauben abzuschwören und Allah zu verleugnen. Die meisten Moslems sind sicherlich der Auffassung, meine Strafe könne warten bis zum Tag des Jüngsten Gerichts. Aber alle Gläubigen sind sich einig, dass ich früher oder später bestraft werden müsse.«

»Doch wohl nicht alle.«

»Alle, die jedes Wort des Korans für wahr halten. Und das tun leider die meisten. Denn wenn man den Koran nicht für wahr hält, ist man auch kein Moslem.«

»Auch in der Bibel ist viel von Wahrheit die Rede. Aber für die Christen gehört der Zweifel zum Glauben.«

»Ein rechtgläubiger Moslem glaubt nicht. Er *weiß*. Lies den Koran, dann siehst du es selbst. Auf jeder Seite ist von Wahrheit die Rede. Das wirft natürlich die Frage auf, woher man die Gewissheit nimmt, dass gerade der Koran die Wahrheit verkündet. Aber auch darauf weiß der Koran die Antwort: *Und dieser Koran konnte nicht ohne Allah ersonnen werden. Vielmehr ist er eine Bestätigung dessen, was ihm vorausging, und eine Erklärung der Schrift – kein Zweifel ist daran – vom Herrn der Welten.* Ein klassischer Zirkelschluss. Es besteht also nicht der geringste Zweifel, dass ich bestraft werden muss, weil ich dem Glauben abgeschworen habe.«

Georges dachte an Marie. Sie hätte Ahmeds Worte hören sollen. Aber vielleicht hätte sie das auch nur in der Auffassung bestärkt, dass man Arabern nicht trauen konnte. Dass Ahmed die Ausnahme war, die die Regel bestätigte.

»Wenn du kein Moslem bist, was bist du dann?«

»Araber, Franzose und Atheist. In dieser Reihenfolge, denke ich. Das ist natürlich eine unmögliche Kombination. Für die Menschen im Westen ist ein Araber ja dasselbe wie ein Moslem, für viele sogar dasselbe wie ein islamischer Fundamentalist. Es sind leider nicht nur die Rassisten, die sich rassistisch verhalten. Wenn's drauf ankommt, tun das doch fast alle. Du gehörst zu den wenigen, die Menschen nicht in Schubladen stecken.«

»Aus irgendeinem Grund widerstreben mir Pauschalurteile. Ich weiß nicht, warum. Vielleicht auf Grund meiner zeichnerischen Begabung. Ich versuche die Dinge immer so zu zeichnen, wie sie sind, und nicht, wie sie sein sollten. Sicher eine Marotte von mir.«

»Eher ein Zeichen für gesunden Menschenverstand, vor allem, wenn du uns deshalb bei dir aufnimmst. Du kennst mich ja kaum. Meine Frau und Tochter noch weniger.«

»Gut genug, um euch gegen Typen wie Alain in Schutz zu nehmen.«

»Bist du sicher?«

»Zweifelst du daran?«

Ahmed schaute ihm direkt in die Augen.

»Nein, das war eine törichte Frage von mir.«

Ahmed drehte sein Glas zwischen den Fingern.

»Mein Leben ist sehr ungewöhnlich verlaufen. Mit ausgeprägten Höhen und Tiefen. Gewisse Dinge würde ich gern ungeschehen machen. Ich möchte dir gerne davon erzählen, damit du weißt, wen du bei dir wohnen lässt.«

Georges nickte. Nicht, weil es für ihn von Bedeutung war, sondern weil er Ahmeds Haltung gut nachvollziehen konnte. Er selbst hätte wohl genauso gedacht.

»Die Geschichte ist schnell erzählt. Mein Vater hatte sich als einer der Ersten der FLN angeschlossen. Als ich vierzehn Jahre alt war, wurde er von Fallschirmjägern, die unter dem Kommando von Bigeart standen, erschossen. Entgegen dem Willen meiner Mutter, die wollte, dass ich bleibe und die Familie versorge, flüchtete ich in die Berge. Zwei Jahre später führten die Franzosen in der Stadt eine Razzia durch. Sie vergewaltigten und folterten meine jüngere Schwester, um herauszubekommen, wo ich mich aufhalte. Sie sagte kein Wort und starb kurz darauf an ihren Verletzungen. Den Rest dieses Krieges verwendete ich all meine Energie darauf, die Franzosen zu bekämpfen und die Soldaten zu finden, die meine Schwester gefoltert hatten. Einen nach dem anderen habe ich liquidiert. Auf Grund meiner Unbestechlichkeit wurde ich für Spionagezwecke verwendet und dem Geheimdienst unterstellt. Meine Aufgabe war einfach und schwer zugleich. Ich sollte den Wahrheitsgehalt aller Gerüchte prüfen, die von den Franzosen in Umlauf gebracht wurden, um uns auseinander zu treiben. Am leichtesten war es, die wahren Informationen herauszufiltern. Am schwersten, die Menschen von der Wahrheit zu überzeugen. Viele Offiziere der FLN waren chronisch misstrauisch. Leute, die der Kollaboration verdächtigt wurden, hat man oft reihenweise hingerichtet. Viele haben versucht, mich in Verruf zu bringen. Niemandem ist es gelungen. Ich wurde zum Experten für die Wahrheit. Nachdem Algerien unabhängig geworden war, wurde ich zum Oberst befördert. Man bot mir einen Job beim soeben gegründeten Geheimdienst des Landes an. In der Euphorie der Befreiung glaubte ich, meine Dienste würden benötigt, um etwas über die neuen Feinde der Republik zu erfahren. Unter ihnen befanden sich einige, die meinten, für ihre Leistungen während des Krieges nicht ausreichend belohnt worden zu sein. Doch es zeigte sich bald, dass ich dazu benutzt werden sollte, falsche Informationen zu streuen. *Ich* sollte mit den vermeintlichen Feinden des Regimes genauso umspringen, wie die Franzosen mit uns umgesprungen waren. Das neue Regime war bald so korrupt, dass es sich nur noch mit Lug und Trug an der Macht halten konnte. Ich betone, dass ich Algerien nicht in besonderem Maße anklage. In jedem Land dient der Nachrichtendienst sowohl dem Machterhalt einzelner Personen als auch der Bewahrung einer bestimmten Staatsform und der Verfassung. Darum will auch kein Politiker die Kontrolle aus der Hand geben, was auch immer sie öffentlich äußern mögen. In Algerien war die Situation nur besonders stark ausgeprägt. Alle, die an der Macht teilhatten, wollten den Geheimdienst für ihre persönlichen Zwecke nutzen. Ein Schicksal wie meines ist typisch für die Zeit vor oder nach einem so genannten Befreiungskrieg. Zahllose Menschen haben ihr Leben aufs Spiel gesetzt, um anschließend feststellen zu müssen, dass die neuen Machthaber genauso verbrecherisch sind wie die alten. Das einzig Besondere an meiner Situation war, dass ich gezwungen wurde, im Dienste der Wahrheit Karriere zu machen, und schließlich erkannte, dass sie es mit all den Lügen nicht aufnehmen konnte. Weißt du, was ich hätte tun sollen, um die Menschen von der Wahrheit zu überzeugen?«

»Nein.«

»Ich hätte Geschichten erzählen sollen. Von der Wahrheit muss man erzählen, wenn die Leute ihr Glauben schenken sollen. Hast du mal was von dem amerikanischen Schriftsteller Tom Wolfe gelesen?«

»Leider nein. Ich lese niemals Romane.«

Georges dachte an Dominique.

»Bevor Wolfe anfing, Romane zu schreiben, war er einer der einflussreichsten Journalisten Amerikas. Er war vor allem für seine Glaubwürdigkeit bekannt. Und jetzt kommt etwas Merkwürdiges ins Spiel, das im Grunde gar nicht so merkwürdig ist. Es wird gesagt, Wolfes Artikel seien so lebendig gewesen, dass alle sie für erfunden hielten. Das ist genau das, was alle großen Schriftsteller schon immer getan haben. Niemand will die Wahrheit in unverstellter Form hören. Entweder ist sie zu langweilig oder sie ist nicht glaubwürdig. Das gilt insbesondere für ein Land wie Algerien, in dem die Wahrheit nie eine Chance hatte. Die Leute glauben Gerüchten eher als Zeitungen oder Politikern. Es ist auch kein Zufall, dass immer noch nicht bekannt ist, wer die Massaker zu verantworten hat, die in den letzten Jahren in Algerien verübt wurden. Vermutlich hat das gegenwärtige Regime genauso viel Blut an den Händen wie die islamischen Fundamentalisten.

Zum Glück habe ich damit nichts mehr zu tun. Als die Anzahl der Morde eskalierte, hatte ich Algerien bereits verlassen. Ich inszenierte meinen scheinbaren Tod, verschaffte mir eine neue Identität als Franzose und flüchtete nach Marokko. Ich lernte Mireille kennen, Fatima wurde geboren, und ich bildete mir ein, ich könnte ein neues Leben beginnen, ein Leben, in dem Politik und Religion keine Rolle spielen. Aber mit Wunschdenken kommt man nicht weit, es sei denn, man heißt Cervantes oder Shakespeare. Als Experte für die Wahrheit hätte mir klar sein müssen, dass man die Vergangenheit nicht abschütteln kann. In meinem Fall reichten zwei Skinheads, die leider sehr real waren, aus, um mein altes Ich wieder zum Leben zu erwecken. Da spielte es auch keine Rolle, dass ich glaubte, meine alte Identität eigentlich längst abgelegt zu haben. Das war und ist ein Trugschluss.«

Ahmed schlürfte eine Auster.

»Jetzt hast du eine Vorstellung davon, was für ein Monster du so großzügig bei dir einquartiert hast. Ich hätte volles Verständnis, wenn du uns bitten würdest, morgen in ein Hotel zu ziehen.«

»Warum sollte ich das tun?«

»Um nicht Gefahr zu laufen, am Ende ein Teil der Geschichte zu werden. Es ist ja nicht gesagt, dass sie glücklich ausgeht. Es gibt da gewisse Risiken.«

»Was für Risiken?«

»Schwer zu sagen. Ich bin immer noch sicher, dass mich alle für tot halten. Von dieser Seite besteht wohl keine Gefahr. Am schlimmsten wäre es, wenn Alain herausfände, dass ich es war, der seinem Sohn eine Lektion erteilt hat.«

»Wie sollte er das herausfinden? Du selbst wirst dich nicht äußern, und mein Mund ist aus nahe liegenden Gründen fest verschlossen.«

»Das versteht sich von selbst, aber die Wahrheit hat eine merkwürdige Eigenschaft. Am Ende kommt sie doch ans Tageslicht, wie sehr man auch versucht, sie zu verbergen. Man kann nur hoffen, dass ihr niemand Glauben schenkt.«

»Ich bin bereit, das Risiko auf mich zu nehmen.«

»Und deine Frau? Ist auch sie dazu bereit?«

»Ich hatte es angenommen. Dreißig Jahre lang bin ich davon ausgegangen, dass sie bereit ist, anderen zu helfen, wenn es darauf ankommt, ungeachtet der Rasse oder Religion. Jetzt bin ich nicht mehr so sicher. Aber in diesem Fall wird sie sich fügen müssen.«

»Es tut mir Leid, wenn wir euch Unannehmlichkeiten bereitet haben.«

»Das habt ihr nicht. Wie du selbst sagst, kommt die

Wahrheit früher oder später ans Tageslicht. So ist es wohl auch mit dem Grundwasser. Man kann es immer wieder abpumpen, aber nie endgültig zum Stillstand bringen.«

28

Nach Beendigung des Unterrichts fuhr Mireille zu einer der drei Wohnungen, die von der Organisation an verschiedenen Orten von Paris angemietet worden waren, um ein paar Stunden zu arbeiten. Weder wollte sie ihren Laptop mit zu Marie nehmen, noch ein paar Stunden allein in ihrer Gesellschaft verbringen, ehe Georges und Ahmed nach Hause kamen. Marie war deutlich anzumerken, dass ihr niemand aus Mireilles kleiner Familie willkommen war. Georges hatte getan, was er konnte, damit sie sich heimisch fühlten, aber gegen den Missmut seiner Frau konnte er nichts ausrichten. Darum hatten sich Fatima und Mireille geeinigt, mit demselben Zug nach Hause zu fahren wie Georges und Ahmed. In der Zwischenzeit konnte Fatima in der Schulbibliothek ihre Hausaufgaben erledigen.

Um halb sieben stand Mireille am Gare Montparnasse und betrat den Wagen, in dem sie sich mit Fatima verabredet hatte. Sie schaute sich um, doch als das Signal erklang und die Türen sich schlossen, war Fatima noch immer nicht da. Vielleicht war sie am anderen Ende in den Zug gestiegen, aus Angst, Mireilles Wagen nicht mehr rechtzeitig zu erreichen. Doch auch in Rambouillet war nichts von Fatima zu sehen. Georges und Ahmed, die aus einem anderen Teil des Zuges ausstiegen, hatten Fatima auch nicht getroffen.

Vom Bahnhof bis zu Georges' Haus waren es nur wenige Minuten zu Fuß. Mireille hoffte, dass Fatima doch einen früheren Zug genommen hatte. Aber das hatte nicht sie, sondern Marie getan, die schon das Essen zubereitet und den Tisch gedeckt hatte.

Da es bereits acht Uhr war, setzten sie sich an den Tisch und begannen zu essen. Die Gespräche verliefen zäh. Georges und Ahmed sprachen ein wenig über ihre Arbeit. Mireille erkundigte sich nach der von Marie, doch diese entgegnete bloß, da gäbe es nicht viel zu erzählen. Bevor der nächste Zug aus Paris in Rambouillet eintraf, waren sie mit dem Essen fertig. Georges erbot sich, Fatima vom Bahnhof abzuholen, damit sie nicht im Dunkeln allein nach Hause gehen müsse. Zehn Minuten später war er ohne Fatima wieder da.

»Legt euch ruhig schon hin!«, sagte Mireille. »Ich warte in der Küche auf sie.«

Georges und Marie wünschten eine gute Nacht und gingen in den ersten Stock, in dem sich ihr Schlaf- und Badezimmer befanden. Ahmed folgte Mireille in die Küche.

»Warum kommt sie bloß nicht?«, fragte Ahmed.

»Ich weiß es nicht. Wir hatten denselben Zug nehmen wollen.«

»Könnte ihr etwas dazwischengekommen sein?«

»Wie meinst du das?«

»Wollte sie sich mit jemandem treffen? War sie mit einem ihrer Klassenkameraden zusammen?«

»Nicht dass ich wüsste.«

»Wie sieht es bei dir aus? Keine auffälligen Drohungen zurzeit?«

»Nicht mehr als üblich. Keine besonderen Vorkommnisse. Und bei dir?«

»Ich mache mir nur Sorgen wegen Rachid. Aber er weiß ja nichts von dir und Fatima.«

»Bist du sicher?«

»Vollkommen sicher. Ich hab euch nie erwähnt, auch nicht anderen gegenüber. Georges ausgenommen.«

»Wir machen uns wahrscheinlich unnötig Sorgen. Fatima ist fast fünfzehn. Vielleicht ist sie in Paris ins Kino gegangen. Warum auch nicht.«

»Ich weiß sehr wohl, dass Fatima bald fünfzehn wird. Ich denke jeden Tag daran. Bald wird sie bestimmt einen pickligen Teenie mit nach Hause schleppen und behaupten, in ihn verliebt zu sein. Ohne vorher mit mir zu reden. Vielleicht ist sie ja schon heute Abend mit so einer Missgeburt zusammen.«

»Ahmed!«

»Ich mach doch nur Spaß. Aber es wird nicht leicht, Fatima loszulassen, auch nicht für dich. Manchmal glaub ich, wir lieben sie einfach zu sehr.«

»Das kann man nicht.«

»Hoffentlich hast du Recht.«

Sie schwiegen und warteten. Die Zeit schleppte sich dahin. Draußen hörten sie immer weniger Autos vorbeifahren. Der Zugfahrplan lag aufgeschlagen auf dem Tisch. Zehn Minuten nach der Ankunft saß Mireille wie auf glühenden Kohlen. Sie starrte Ahmed an, der ihren Blick stumm erwiderte. Um Viertel nach eins mussten sie die Hoffnung aufgeben, dass Fatima mit dem Zug nach Hause kommen würde. Zwanzig Minuten zuvor war der letzte Zug des Tages eingetroffen.

»Wo steckt sie bloß?«, fragte Mireille. »Warum kommt sie nicht? Warum ruft sie nicht an?«

»Vielleicht übernachtet sie bei einer Klassenkameradin oder bei einem Jungen und will uns erst morgen davon erzählen, um ihre Freude jetzt nicht zu beeinträchtigen.«

»Meinst du wirklich?«

»Warum denn nicht? Das ist doch zumindest nicht unwahrscheinlicher als ein Unfall. Vielleicht übernachtet sie einfach bei einem unserer Freunde.«

»Welche Freunde? Die Mitglieder der Organisation sind meine einzigen Freunde, und von denen wissen nur wenige, wer ich bin. Von Fatima weiß niemand etwas. Hast du irgendwelche Freunde?«

Ahmed schwieg einen Augenblick.

»Außer Georges keinen.«

Mireille musste daran denken, was sie vor ein paar Tagen zu Fatima gesagt hatte: dass sie sich ihre Freunde unter den Nomaden und Heimatlosen suchen solle, unter denen, die so waren wie sie. Warum hatten sie selbst nicht dasselbe getan? Weil sie Angst hatten. Weil sie niemandem trauten. Sie hatten geglaubt, es sei für sie das Beste, im Verborgenen zu leben. Das war vielleicht ein Fehler gewesen. Vielleicht aber auch nicht. Vielleicht war Fatima gar nichts zugestoßen. Vielleicht hatte Ahmed Recht mit der Annahme, sie übernachte bei einem Freund und wollte nicht gleich darüber berichten. Womöglich hatte sie den Rat ihrer Mutter befolgt. Womöglich war sie gar nicht so einsam, wie sie es selbst waren. Alle Eltern bildeten sich ein, ihre Kinder hätten keine Geheimnisse vor ihnen. Natürlich hatten sie das. Vielleicht wollte Fatima ihren Eltern nur zeigen, dass sie kein Kind mehr war, sondern so erwachsen, wie sie behauptete. Vielleicht war sie trotzig wie ein Kind, aber selbstständig wie ein Erwachsener.

»Was sollen wir tun?«, fragte Mireille. »Die Polizei verständigen?«

Sie kannte bereits Ahmeds Antwort. Die Polizei verständigen, nur weil ein fast fünfzehnjähriges Mädchen einmal nicht nach Hause kam?

»Lass uns bis morgen warten. Wenn wir morgen Früh nichts von ihr hören und sie auch nicht zur Schule kommt, dann muss ihr etwas zugestoßen sein. Wir sollten versuchen, ein wenig zu schlafen.«

Sie legten sich angezogen aufs Bett. Mireille schloss die Augen, öffnete sie jedoch bald wieder und starrte ins Dunkel. Sie versuchte alle Gedanken, die sie bedrängten, von sich fern zu halten. Sie versuchte, alle Fantasien als bloße Hirngespinste abzutun. Als Hypothesen, die sich weder beweisen noch widerlegen ließen. Deren Wahrheitsgehalt reine Glaubenssache war. So verhielt es sich mit Religion, Astrologie, New Age, Scientology, Aberglaube – mit allen Dingen, die Ahmed und sie ihr Leben lang bekämpft hatten.

Doch wie sehr sie auch versuchte, einen kühlen Kopf zu bewahren, so wenig konnte sie gegen die Bilder ausrichten, die über ihre Netzhaut huschten: Fatima misshandelt, Fatima entführt, Fatima vergewaltigt, Fatima gesteinigt. Mireille setzte sich auf und knipste das Licht an.

»Ich rufe bei den Krankenhäusern an«, sagte sie.

»Gut«, sagte Ahmed. »Oder ist dir lieber, dass ich das mache?«

»Du glaubst doch genauso wenig, dass Fatima bei einem Freund übernachtet.«

»Ich versuche, an gar nichts zu glauben.«

»Aber es gelingt dir nicht.«

»Nein, ich kann den Gedanken nicht loswerden, dass auch das Schlimmste passiert sein könnte.«

»Ich ruf jetzt an.«

Mireille stand auf und ging in die Küche. Eine halbe Stunde später hatte sie bei allen Pariser Krankenhäusern angerufen, die über eine Notaufnahme verfügten. Ohne Resultat. Sie ging zurück ins Schlafzimmer.

»Nichts. Soll ich die Polizei verständigen?«

»Ja, wenn die auch nichts gehört haben, wissen wir zumindest das. Aber erstatte keine Anzeige.«

»Das habe ich auch nicht vor.«

Mireille wusste, dass Ahmed dasselbe dachte wie sie. Falls Fatima entführt und als Geisel genommen worden war, um Mireille und der Organisation auf die Spur zu kommen, durfte keinesfalls die Polizei eingeschaltet werden. Deren Unnachgiebigkeit in Bezug auf alles, was nach Terrorismus roch, nahm keine Rücksicht auf das Leben eines vierzehnjährigen Mädchens, das einzige Leben, das sie hatte und jemals haben würde. Einzelne Leben konnten sehr wohl auf dem Altar der Terrorismusbekämpfung geopfert werden.

Es dauerte eine knappe Stunde, bis sie alle wachhabenden Polizeibeamten im Großraum Paris erreicht hatte. Ahmed schaute sie fragend an, als sie zurückkam.

»Nichts.«

Mireille legte sich aufs Bett.

»Wenn ich doch nur meinen Computer hier hätte, dann könnte ich zumindest Hilfe anfordern.«

»Um diese Zeit? Da schlafen doch wohl alle deine Freunde.«

»Nicht alle. Auch wir haben einen Notdienst, der rund um die Uhr erreichbar ist.«

Sie hätte gerne mehr berichtet, nur um über irgendetwas reden zu können, doch sie wusste, dass Ahmed das nicht zugelassen hätte.

Ahmed nahm ihre Hand und drückte sie fest.

»Erzähl mir etwas!«, sagte Mireille. »Erzähl mir eine von den Geschichten, die du sonst immer Fatima erzählst. Ich halte diese Stille nicht aus.«

Ahmed erzählte, bis der erste trübe Morgenschimmer durch die Fensterscheiben drang.

»Ich versuch's noch mal«, sagte Mireille und stand auf.

»Wieder nichts«, sagte sie, als sie zurückkam. »Gar nichts.« Draußen erwachte langsam der Verkehr. Mireille horchte angespannt. Hörte sie nicht Schritte auf dem Kiesweg? Nein, das hatte sie sich nur eingebildet. Die ersten Geräusche, die sie zweifelsfrei identifizierte, waren die von Georges und Marie aus dem Badezimmer. Mireille und Ahmed standen auf. Sie betrachteten gleichzeitig das Bett, in dem Fatima hätte schlafen sollen.

»Was sollen wir tun?«, fragte Mireille.

Ihre Stimme zitterte. Sie versuchte, die Ruhe zu bewahren und sich zum x-ten Mal einzureden, dass Fatima schon nichts zugestoßen sei. Aber das fiel ihr sehr schwer, unendlich schwerer als bei den anderen Mädchen, um die sie sich kümmerte. Am liebsten hätte sie sich hingelegt und geweint.

»Was sollen wir Georges sagen?«, fragte sie.

»Dass Fatima bei einer Freundin übernachtet hat. Wir können ihn nicht um Hilfe bitten. Am besten, wir fahren ganz normal zur Arbeit. Dort sind wir jedenfalls erreichbar.«

»Erreichbar?«

Mireille musste an den schweren Schlag denken, den die Organisation den Fanatikern der GIA versetzt hatte. Spürte Ahmed, dass etwas Entscheidendes vor sich ging?

»Wenn Fatima bei einem Freund übernachtet und die Telefonnummer vergessen hat, dann wird sie doch sicher versuchen, uns bei der Arbeit zu erreichen, meinst du nicht?«

Mireille nickte. Sie dachte, dass es für solche Fälle Telefonbücher gab, sagte jedoch nichts. Vielleicht wusste Fatima nicht, wie Georges mit Nachnamen hieß. Sie wollte sich gerade bei Ahmed erkundigen, als sie begriff, wie dumm solch eine Frage war. Was sollte Ahmed darauf antworten?

»Du erkundigst dich bei der Schule, ob sie dort ist«, sagte Ahmed. Ich rufe dich dann gegen neun Uhr an.«

»Und wenn sie nicht dort ist?«

Ahmed antwortete nicht. Was sollte er auch sagen?

»Dann schalte ich die Organisation ein«, sagte Mireille mit mühsam beherrschter Stimme.

Ahmed nickte.

»Ich nehme an, du hast sie bereits gebeten, äußerst vorsichtig zu sein und die Augen offen zu halten.«

»Ja.«

»Man kann nicht ausschließen, dass …«

»Ich weiß. Sprich nicht weiter.«

29

Rachid stoppte den Wagen. Er sah sie schon von weitem. Wie alt mochte sie sein? Schwer zu sagen. Alt genug jedenfalls, um die Blicke der Männer auf sich zu ziehen. Sie hingegen schien keine Notiz von ihnen zu nehmen. Sie sah aus, als befinde sie sich in ihrer eigenen Welt. Wie ihr Vater. Aber der Schein konnte trügen. Rachid wusste, dass seine Menschenkenntnis nicht besonders gut war. Die Menschen waren oft unberechenbar, im ursprünglichen Sinne des Wortes. Alle anderen Objekte ließen sich analysieren und kontrollieren, wenn man das richtige Werkzeug einsetzte. Viele Menschen hingegen taten, was ihnen gerade in den Sinn kam. So betrachtet, waren sie verrückt. Verrücktheit war nichts anderes als Unvorhersehbarkeit.

Als sie näher kam, sah er ein Lächeln auf ihren Lippen.

Als sie sich auf der Höhe des Wagens befand, sprach er sie an: »Fatima!«

Sie blieb stehen und schaute ihn an. Dies war der kritische Augenblick. Es war keine Kunst gewesen, Fatima und Mireille beschatten zu lassen und Informationen über sie einzuholen. Doch was mochte Ahmed nach ihrem letzten Gespräch von ihm erzählt haben? Rachid ging davon aus, dass Ahmed so gut wie alles erzählt hatte. Er musste hoffen, dass Ahmed nichts über sein Aussehen gesagt hatte.

»Wer sind Sie?«

»Ich arbeite mit Ihrem Vater zusammen.«

»Woher wissen Sie, wie ich heiße?«

»Von Ihrem Vater. Er ist wirklich sehr stolz auf Sie. Aber deswegen bin ich nicht hier.«

Er sah ihr an, dass sie auf der Hut war. Also hatte Ahmed berichtet.

»Wie haben Sie mich überhaupt erkannt? Hat mein Vater Sie geschickt?«

»Ja, das hat er. Er hat mich gebeten, Sie von der Schule abzuholen.«

»Warum holt er mich nicht selbst ab?«

»Ich weiß es nicht. Aber ich soll Ihnen ausrichten, dass es mit einem gewissen Rachid zu tun hat. Das würden Sie schon verstehen. Er bat mich, Ihnen zu sagen, es sei sehr wichtig, dass Sie nicht auf ihn warten und ihn auch nicht von der Arbeit abholen. Er wird Sie von der Gare Montparnasse abholen.«

Fatima zögerte immer noch.

»Ich glaube, es ist sehr wichtig«, sagte Rachid. »Ihr Vater schien äußerst besorgt zu sein.«

Er öffnete die hintere Wagentür. Fatima zögerte immer noch und schaute sich um, als wolle sie prüfen, ob sie etwas Verdächtiges beobachten könne. Schließlich nahm sie auf dem Rücksitz Platz. Rachid ließ den Motor an und fuhr in Richtung Gare Montparnasse. Dort bremste er, um einen Lieferwagen vorbeizulassen. Als der Wagen stoppte, sprangen zwei seiner Helfer in den Wagen, fesselten Fatima die Hände auf den Rücken, knebelten sie und banden ihr ein Tuch vor die Augen. Rachid fuhr gen Norden. Kurz vor der Autobahnzufahrt ließ er die beiden Männer heraus. Außer ihm sollte niemand wissen, wo Fatima gefangen gehalten wurde. Je weniger jeder Einzelne wusste, desto sicherer war es für alle Beteiligten. Das war ein Grundsatz der GIA, und Grundsätze existierten, um eingehalten zu werden.

Fatima leistete kaum Widerstand, als er sie aus dem Wagen ziehen wollte. Wenige Worte, die ihr den Ernst der Situation klar machten, sowie die Tatsache, dass sich keine Menschenseele in der Nähe befand, reichten aus, um sie zur Ruhe zu bringen. Er sagte, sie brauche sich keine Sorgen zu machen. Einige Tage später werde sie wieder frei sein.

Der erste Teil der Aktion war ein Kinderspiel. Jetzt stand

vermutlich der schwierigere Teil bevor: Ahmed zu erpressen, ohne dass dieser die Beherrschung verlor.

30

Rachid stieg aus dem Aufzug, zog die Türen zu und schickte ihn nach oben. Er hatte nie begriffen, warum das so sein sollte, aber so war die Vorschrift. Wenn der Aufzug nicht benutzt wurde, sollte er sich an der Oberfläche befinden. Er wartete ein paar Minuten in der Hoffnung, der Aufzug würde sich wieder in Bewegung setzen und Ahmed nach unten befördern. Rachid wollte ihn an einem solchen Tag nicht aus den Augen lassen.

Rachid dachte erneut an Fatima. Es gab keinen Anlass zur Besorgnis. Das Versteck war sicher. Niemand würde sie hören, wenn sie um Hilfe rief. Sie konnte nicht fliehen. Sie hatte alles, was sie brauchte. Es gab genügend zu essen. Der Ort war konsequent von allen Gegenständen befreit, die als Waffe oder Selbstmordinstrument dienen konnten. Man ließ so leicht die simpelsten Vorsichtsmaßnahmen außer Acht: Es durfte keine Flaschen aus Glas oder hartem Kunststoff geben. Er hoffte, sie habe ihm geglaubt, dass sie spätestens in einer Woche wohlbehalten wieder zu Hause sein würde.

Das war durchaus möglich. Ihr Schicksal lag in Allahs Hand. Natürlich wollten sie mehr als Ahmeds Einverständnis, an der Aktion mitzuwirken. Ahmed musste dem Imam und Allah Treue schwören. Er sollte eigenhändig eine Handlung vollziehen – ein Attentat ausführen oder einen Verräter liquidieren –, die bewies, dass er den Kampf von ganzem Herzen aufnahm und nicht nur, um das Leben seiner Tochter zu retten.

Sollte er sich weigern, gab es nur eine Lösung. Allah hatte alles so eingerichtet, dass Rachid sich über seine Handlungen nicht den Kopf zu zerbrechen brauchte. Er war frei, weil alle Entscheidungen bereits getroffen waren.

Das war ein Glück, denn der Gedanke, Fatima womöglich eigenhändig töten zu müssen, behagte ihm nicht. Er war kein Mörder, sondern ein Bombenexperte, ein Techniker. Sie war kaum erwachsen. Sie war hübsch. Sie konnte sehr wohl vom Satan entsandt sein. Oder von Allah, um Rachid auf die Probe zu stellen. Fatimas braune Augen waren wie die schwarzen Löcher des Universums: Sie zogen alles an.

Würde Ahmed überhaupt auftauchen? Wenn er Rachid verdächtigte, würde er in jedem Fall bei der Arbeit erscheinen. Möglicherweise glaubte Ahmed jedoch, die Entführung habe etwas mit Alain und Alains Sohn zu tun. In diesem Fall würde er ganz sicher kommen und vielleicht sogar Rachid um Hilfe bitten. Rachid hoffte auf das Letzte. Das würde ihm Zeit geben.

In einigen Tagen sollte das Fest der heiligen Barbara begangen werden. Erst an diesem Tag, während des Abendessens, wollte Rachid zu der neuen Situation Stellung nehmen. Bis dahin sollte Ahmed ruhig glauben, Alain stecke hinter der Entführung. Wenn Ahmed nach Tagen der Angst erfuhr, dass Fatima lebte, würde seine Erleichterung die Wut überwiegen. Rachids Lehrmeister hatten gesagt: Am leichtesten besiegt man die Ungläubigen, die lieben. Sie haben am meisten zu verlieren. Aber die Liebe kann sie auch um den Verstand bringen und damit unberechenbar machen.

Nachdem er fünf Minuten auf der Sohle des Victoriaschachts gewartet hatte, traute er sich nicht, länger stehen zu bleiben. Die anderen würden sich fragen, warum gerade er, der immer überpünktlich war, sich verspätete. Seit er an dem Eole-Projekt beteiligt war, hatte er mit der Präzision eines Uhrwerks gearbeitet. Er wollte zuverlässig sein. Das war das beste Mittel, um nicht aufzufallen. Die Menschen registrierten nur Veränderungen.

Darum wollte er nicht zu spät kommen. Während der Entführung hatte er stets alles unter Kontrolle gehabt, war ruhig und beherrscht gewesen, so wie beim Transport oder Präparieren einer Sprengladung. Doch später hatte er sich im Bett hin und her gewälzt und keinen Schlaf gefunden. Wegen Fatima. Sie brachte ihn aus dem Gleichgewicht. Von zwei Übeln – sich zu verspäten oder übermüdet zu sein – hatte er sich für das zweite entschieden. Aber er durfte Ahmed nicht unkonzentriert gegenübertreten. Seine Gedanken mussten messerscharf sein, so wie die Schatten der kabylischen Bergrücken in der Morgensonne. Ahmed war nicht irgendwer.

Rachid ging die nördliche Tunnelröhre entlang. Er hielt sich in der Mitte. Nach fünfzig Metern musste er das bereits gegossene Gleisbett betreten, um einem tiefen Schlammloch auszuweichen. Erneut blickte er sich um. Am Ende des Tunnels arbeitete sich eine Gruppe weiter in das Gestein vor. Ansonsten war alles ruhig und verlassen. Beide Seitentunnel, die zum Bahnhof abzweigten, waren bereits vor einem Monat fertig gestellt worden. Bis zur Verlegung der Gleise gab es hier nichts mehr zu tun. Fast alle arbeiteten jetzt ausschließlich im Zentralbereich.

Eine der Figuren löste sich aus der Gruppe am Ende der

Tunnelröhre. Ahmed! Rachid bat Allah um Kraft und Mut: *Hätte Allah gewollt, wahrlich, Er hätte selber Rache an ihnen genommen; jedoch wollte Er die einen von euch durch die andern prüfen. Und diejenigen, die in Allahs Weg getötet werden, nimmer leitet Er ihre Werke irre.* Rachids Gedanken klärten sich. Er war bereit, Ahmed gegenüberzutreten. Doch es dauerte nicht lange, bis er erkannte, dass es Alain war, der auf ihn zukam. Alain, der zur Arbeit zurückgekehrt war, nachdem er von Ahmed gedemütigt worden war und noch nicht einmal den Versuch unternommen hatte, sich zu wehren. Alain war kein richtiger Mann. Er war es nicht einmal wert, verachtet zu werden.

Rachid erwartete ihn in aller Ruhe.

»Wo ist Ahmed?«, fragte Alain, als er ihn erreicht hatte. »Ein Vorarbeiter muss auf seinem Posten sein.«

»Ist Ahmed nicht hier?«

»Ich hab ihn nicht gesehen.«

»Vielleicht hat er Wichtigeres zu tun.«

»Was sollte das sein?«

Rachid zuckte die Achseln. Nur mit Mühe unterdrückte er den Drang, Alain zu zeigen, was er von ihm hielt. Zum zweiten Mal sah er, wie Alain seine Hand unter den Overall steckte.

»Sei bloß vorsichtig!«, sagte Alain. »Meine Geduld ist nicht grenzenlos.«

Rachid war plötzlich sicher, dass Alains Drohungen kein leeres Gerede waren. Er musste eine Pistole unter dem Overall tragen. Das erklärte auch, warum er die Degradierung zum einfachen Arbeiter scheinbar widerspruchslos hingenommen hatte. Wieder tat Rachid so, als habe er Angst.

Alain lächelte.

»Mit dir hab ich keine Rechnung zu begleichen«, sagte er. »Obwohl du mich angelogen hast, was meinen Sohn angeht.«

»Ich habe nicht gelogen«, sagte Rachid. »Ich habe nur wiederholt, was ein anderer gesagt hat. Ich dachte nicht, dass es ein Geheimnis ist oder dass du deswegen Probleme bekommst.«

»Das spielt keine Rolle mehr. Du kannst zu deiner Arbeit zurückgehen.«

Rachid betrat den Haupttunnel, ohne Ahmed gesehen zu haben. Das sollte ein gutes Zeichen sein. In der Haupttunnelröhre wurde Rachid gelassener. Hier waren überall Leute. Er nickte einigen bekannten Gesichtern zu. Die meisten nahmen kaum Notiz von ihm. Es gab so viele Arbeiter unter Tage, dass es unmöglich war, den Überblick zu behalten. Darum war es auch so wichtig für ihn, dass ihn jemand unterstützte. Er hatte sich die Einsatzpläne so sorgfältig notiert wie möglich. Doch er konnte nicht völlig sicher sein, dass eine Sektion nicht plötzlich genau in dem Schacht einen Auftrag ausführen sollte, in dem er die Sprengladung platzieren wollte.

Bevor er auf das Gerüst kletterte, ließ er seinen Blick über den Zentralbereich schweifen. Von Ahmed weiterhin keine Spur. Es brauchte seine Zeit, die zehn Meter bis zur Decke der zentralen Tunnelröhre hinaufzuklettern. Die Sprossen erstreckten sich aus dem Wirrwarr von Stahlrohren auf einer Fläche von zwanzig Metern Breite und zehn Metern Länge waagerecht in die Luft. Das Ganze wirkte wie ein gigantisches Klettergerüst für Kinder, mit dem Unterschied, dass jedes Rohr eine Tragfähigkeit von sechs Tonnen besaß. Es handelte sich um das Gerüst, das die Decke abstützte, bevor geschalt wurde. Es hielt außerdem die halbmondförmige Schalungsform, in die der Beton eingespritzt wurde, an ihrem Platz. An der hinteren Kante dieses Gerüsts befand sich Rachids Arbeitsplatz. Während der Beton aushärtete, schliff er den Teil der Decke glatt, der bereits ausgehärtet war. Wenn der Beton eingespritzt worden war und auch er seine Arbeit beendet hatte, wurde ein Teil des Gerüsts abgebaut und unter dem freigelegten Gestein wieder errichtet. Es war eine Kleinarbeit von gewaltigen Ausmaßen. Manchmal musste Rachid daran denken, was für ein Jammer es war, dass die siebenjährige Arbeit tüchtiger Betonarbeiter umsonst gewesen sein würde. Er war schließlich Ingenieur. Hätten Moslems im Dar al-Islam dieses Bauwerk zur Ehre Allahs errichtet, wäre niemand stolzer gewesen als er, an der Fertigstellung teilzuhaben.

In sieben Metern Höhe setzte er sich hin und ruhte sich aus. Niemand durfte unter der Decke arbeiten, ohne ausgeruht zu sein. Die Risiken waren zu groß. Rachid suchte jeden Winkel des Raums mit den Augen ab. Von Ahmed war nichts zu sehen. Wenige Minuten später war Rachid auf seinem Posten. Er setzte die Schutzmaske auf, hakte die Rettungsleine ein und schaltete die Schleifmaschine an. Während seine Beine über dem Abgrund baumelten, begann er mit der mühseligen Schleifarbeit. Zehn Minuten schleifen, fünf Minuten ausruhen, das war notwendig, weil er schräg über seinem Kopf schleifen musste. Das ermüdete die Armmuskeln.

31

Es beruhigte Ahmed, mit Georges zu sprechen, während sie im Nahverkehrszug nach Paris saßen. Ahmed hatte das Gefühl, Georges wolle ihn auf andere Gedanken bringen, nachdem Fatima nicht nach Hause gekommen war. Natürlich hatte Georges seine und Mireilles geröteten Augen und müden Gesichter bemerkt.

So war das mit Georges. Er schien mehr an andere als an sich zu denken. Er hatte eine besondere Fähigkeit, anderen Menschen zuzuhören und auf sie einzugehen. Wann aber dachte er an sich selbst? Gab es keine Erschütterungen in seinem offenbar so wohlgeordneten und sicheren Alltag? Ahmed hatte diesen Gedanken kaum zu Ende gedacht, als Georges ihn fragte, wie lange er Mireille schon kenne.

»Sechzehn Jahre. Wir haben uns zwei Jahre vor Fatimas Tod kennen gelernt.«

»Dann leiste ich ja schon länger Ehedienst als du. Jetzt sind es bald dreißig Jahre. Marie und ich haben geheiratet, als wir zwanzig waren. Ziemlich unvernünftig, dreißig Jahre mit ein und demselben Menschen zu verbringen.«

»Die Zeit vergeht wie im Flug.«

»Wenn man zwanzig ist, liegt das ganze Leben noch vor einem. Mit fünfzig erkennt man langsam, dass einem gar nicht mehr so viel Zeit bleibt.«

Georges schwieg eine Weile.

»Und Mireille und du, ihr liebt euch immer noch? Ich hoffe, du hast nichts dagegen, dass ich frage.«

»Überhaupt nicht. Ja, ich denke, wir lieben uns noch. Aber unser Fall ist auch etwas Besonderes.«

»Etwas Besonderes?«

»Wir waren einmal sehr aufeinander angewiesen. Hätten wir uns nicht kennen gelernt, wären wir wohl beide zu Grunde gegangen. Ist das Liebe? Ich weiß es nicht. Liebe zwischen Mann und Frau bedeutet bei uns etwas ganz anderes als bei euch.«

»Ich habe gedacht, dass auch Marie und ich einander brauchen. Das heißt, ich bin davon ausgegangen. Doch jetzt habe ich leider begriffen, dass wir auch gut ohne einander auskommen. Ich weiß nur noch nicht, wie ich mit dieser Erkenntnis zurechtkomme. Mit Beziehungsproblemen habe ich so gut wie keine Erfahrung. Wie verhält man sich da?«

»Da bin ich wohl nicht der richtige Ratgeber. Um ehrlich zu sein, lebe ich ganz für meine Tochter. Sie ist die Einzige, die wirklich wichtig ist. Ich glaube, Mireille empfindet genauso. Wir wollen Fatima das Leben ermöglichen, das wir selbst gern geführt hätten. Deswegen sind wir auch ...«

Ahmed sprach den Satz nicht zu Ende. Er wusste, dass Georges ihn verstand. Sie liebten Fatima mehr als alles andere, wussten im Innersten aber ganz genau, dass es unverantwortlich gewesen war, sie zur Welt zu bringen. Sie hätten wissen müssen, dass Fatima früher oder später einen Stein an den Kopf bekommen und niemals ein ruhiges und behütetes Leben führen würde.

Vor den Baracken trennte er sich von Georges und ging hinein, um sich umzuziehen. Er sah es auf der Stelle: Ein Brief steckte unter der Tür zu seinem Spind. Er zog ihn heraus und öffnete den Umschlag.

Deine Tochter befindet sich an einem sicheren Ort. Es geht ihr gut. Du wirst bald weitere Anweisungen bekom-

men. Lass die Polizei und andere Leute aus dem Spiel. Arbeite so weiter wie bisher. Sonst wirst du deine Tochter nicht wiedersehen.

So war es also doch geschehen. Er war nicht einmal erstaunt. Es kam ihm vor, als hätte er die ganze Zeit darauf gewartet. Fatima musste seinetwegen leiden, genau wie seine Schwester. Warum nur? Was hatte er getan? Hätte er auf seine Mutter hören und sich nicht der FLN anschließen sollen? Südafrika und Osteuropa hatten auf friedlichem Weg die Freiheit gewonnen. Portugal, Spanien, Griechenland und Argentinien hatten sich ohne Blutvergießen von ihren Generälen befreit. Baute sein Leben auf einem grundlegenden Missverständnis auf? Seine Schwester hatte ihr Leben für eine Freiheit gelassen, die nun mit Füßen getreten und durch Massaker, Fanatismus und Diktatur ersetzt wurde. War jetzt seine Tochter an der Reihe? Welchen Preis musste sie für einen Kampf bezahlen, der so gut wie verloren schien?

Nein, sie sollte nicht bezahlen. Er würde alles wieder gutmachen. Klare Gedanken fassen. Tun, was zu tun war. Er durfte nicht aufgeben. Dann wäre sein Kampf sinnlos gewesen. Dann hätte es keinen Sinn mehr, weiterzuleben.

Er las die Nachricht noch einmal. Warum sollte er so weiterarbeiten wie bisher? Weil es dann leichter war, ihn zu kontrollieren? In diesem Fall waren die Entführer unter Tage oder hatten zumindest Helfer, die ihn im Auge behielten. Alles deutete darauf hin, dass Rachid oder Alain etwas mit der Sache zu tun hatten.

Vielleicht sollte er sie überraschen. Das hatte früher schon funktioniert. Aber das bedeutete auch, dass er alles auf eine Karte setzte. Wenn dies fehlschlug, dann hätte er ihnen zwar bewiesen, dass er bereit war zu handeln, aber er hätte auch seine Schwäche gezeigt.

Er zog Overall und Stiefel an, setzte den Helm auf und ging in normaler Geschwindigkeit die Treppe hinunter. Doch anstatt den Aufzug im Victoriaschacht zu nehmen, wo man ihn vielleicht erwartete, ging er geradeaus weiter. Gegenüber dem Gymnasium bog er nach rechts ab und lief zum Condorcetschacht. Er blickte sich um, sah nichts Auffälliges und betrat den Aufzug. Unten angekommen, eilte er zum nächsten Telefon, rief die Zentrale an und bat darum, mit Mireilles Nummer verbunden zu werden. Unablässig spähte er in alle Richtungen. Bei der geringsten Bewegung würde er sofort auflegen. Wenn die Entführer sahen, dass er unmittelbar nach Erhalt der Nachricht telefonierte, konnten sie wer weiß was denken. Im nächsten Augenblick hörte er Mireilles Stimme. Er gab knapp und präzise den Inhalt der Mitteilung wieder und sagte, er werde gezwungen, weiterzuarbeiten. Daher richte sich auch die Entführung sicher gegen ihn, nicht gegen sie. Mireille schrie auf.

»Sei stark!«, sagte er. »Wir müssen stark sein. Ich versuche herauszukriegen, wer hinter der Sache steckt. Wir sehen uns heute Abend am Gare Montparnasse. Gib Acht, ob dich jemand beobachtet.«

Er legte auf. Niemand war zu sehen. Er nahm die nördliche Tunnelröhre und verschwand im Halbdunkel.

Zwanzig Minuten später erreichte er einen Bauabschnitt, von dem aus eine Verbindung zur Metro geschaffen werden sollte. Zehn Meter entfernt, auf der anderen Seite der Gleise, standen Alain und Rachid, doch er konnte nicht verstehen, was sie sagten. Über seinem Kopf befand sich außerdem ein lärmender Lüftungskanal.

Alain oder Rachid? Ahmed war so gut wie sicher, dass einer von ihnen für die Entführung verantwortlich war. Wer sollte es sonst sein? Jemand aus seiner Vergangenheit? Jemand, der ihn zwingen wollte, nach Algerien zurückzukehren, wo ihm der Tod gewiss war? Sie hätten die Umwege nicht nötig gehabt. Schon gar nicht, wenn sie vorhatten, durch Fatimas Entführung Informationen aus ihm herauszupressen, bevor sie ihn umbrachten. Sie sollten wissen, dass er kein Wort sagen würde, bevor er nicht wusste, dass sie in Sicherheit war. Schon gar nicht, wenn sie Fatima nach Algerien bringen und in seinem Beisein foltern würden. Dann hätten sie ihn gebrochen, doch er wusste, dass sie Fatima in jedem Fall töten würden, um alle Spuren zu verwischen.

In den letzten zehn Jahren hatte es nicht die geringsten Anzeichen dafür gegeben, dass der Geheimdienst in seiner Nähe agierte oder ihm auf der Spur war. Letztlich war er ein Experte darin, ihre Spuren zu lesen: die scheinbar beiläufige Frage eines Passanten, der verstohlene Blick eines Fremden im Treppenhaus, während er zu seiner Wohnung hinaufging, jemand, der sich am Telefon verwählt hatte, ein Gläubiger, der ihm ein Pamphlet verkaufen oder ihn in die nächste Moschee begleiten wollte. Diese alltäglichen Vorgänge bekamen einen besonderen Klang – ein Misslaut in der großen Kakophonie, der, hatte man ihn einmal wahrgenommen, leicht zu identifizieren war. Nein, sie hatten sich nie zu erkennen gegeben. Sie waren von seinem Tod überzeugt.

Alain oder Rachid? Alain, um den Überfall auf seinen

Sohn zu rächen. Warum Rachid? Um ihn zu zwingen, sein Vorhaben in die Tat umzusetzen? Oder wollte er nur sichergehen, dass Ahmed ihn nicht verriet? Beide hatten ausreichende Motive.

An Rachids oder Alains Verhalten war nichts, was sie verraten hätte. Doch er hatte Alains Geste beobachtet und war entschlossen, ihn zu stoppen, sollte er seine Drohung wahrmachen wollen. Wenn Rachid Fatima gekidnappt hatte, musste er ihn schützen, bis er die Wahrheit erfuhr. Wer sind die beiden?, fragte sich Ahmed, als Alain und Rachid kurz darauf im Tunnel verschiedene Wege einschlugen. Wen sollte er sich zuerst vornehmen?

32

Rachid hatte sich kurz ausgeruht und gerade wieder mit dem Schleifen begonnen, als die Maschine plötzlich erstarb. Bevor er sich umdrehen konnte, spürte er die Schneide eines Messers an seinem Hals und hörte Ahmeds Stimme:

»Wo ist sie?«

Die Gedanken wirbelten durch Rachids Kopf.

»Wer?«, keuchte er.

»Was hast du mit ihr gemacht?«

»Ich weiß nicht, von wem du sprichst.«

Rachid spürte, dass die Schneide stärker gegen seinen Hals gedrückt wurde.

»Wo ist sie?«

»Bei Allah, ich weiß nicht, von wem du sprichst.«

Es dauerte eine Ewigkeit, bis Ahmed den Druck langsam verminderte. Angst. Angst würde Glaubwürdigkeit verleihen. Das war kein Problem. Er hatte Angst. Als Ahmed das Messer schließlich entfernte, musste sich Rachid an den Rohren festhalten, um nicht vom Gerüst zu fallen.

»Vielleicht weißt du wirklich nicht, wovon ich spreche«, sagte Ahmed. Aber nur vielleicht. Sollte ich mich getäuscht haben, werde ich mich bei dir entschuldigen. Aber nicht, bevor ich ganz sicher bin.«

»Wovon redest du?«, wagte Rachid zu fragen.

»Darüber brauchst du dir nicht den Kopf zu zerbrechen. Du musst dich nur entscheiden, ob du mich zum Feind haben willst oder nicht.«

»Das will ich nicht. Das hab ich doch gesagt.«

Ahmed verschwand genauso leise und unmerklich, wie er gekommen war.

Das war knapp. Doch Rachid war stark gewesen. Der Imam hätte ihn sehen sollen, mit dem Messer an der Kehle. Sein Vater hätte sehen sollen, wie stark er gewesen war. Sie wären stolz auf ihn gewesen.

Alain schaute sich um. Er wartete darauf, dass Ahmed auftauchte. In der nördlichen Tunnelröhre war er fast fertig damit, über tausend Armierungseisen mit Stahldraht zusammenzuwickeln, bevor sie endgültig zusammengeschweißt werden konnten. Eine Woche todlangweiliger Arbeit. Alleine. Dafür hatte Ahmed sicher mit Absicht gesorgt. Solange Alain alleine arbeitete, konnte Ahmed seine Arbeit leicht überwachen und sich vergewissern, dass er nicht herumstreifte und mit allen möglichen Leuten sprach. Alain lächelte vor sich hin. In dieser Beziehung war es zu spät. Er hatte bereits mit so vielen Leuten geredet, dass sich das Gerücht von alleine weiterverbreitete. Vielleicht entsprach es ja sogar der Wahrheit, wer wusste das schon. Ahmed war genau der Typ, der eine terroristische Zelle leiten konnte. Hier oder woanders.

Alain bückte sich nach einer neuen Eisenstange. Als er sie gerade hochheben wollte, spürte er etwas Kaltes und Scharfes an seinem Hals.

»An deiner Stelle würde ich schön stillhalten.«

Ahmed wollte ihm den Hals durchschneiden! Er durfte sich nicht bewegen. Er begann zu zittern. Er konnte nichts dagegen tun.

»Versuch dich zu beherrschen. Sonst schneidest du dir selbst den Hals durch.«

»Ich habe nichts getan. Ich war es nicht!«

Ahmed lachte.

»Also was jetzt?«

»Ich habe nichts getan. Gott ist mein Zeuge.«

»Gott hat damit nichts zu tun.«

Alain spürte, wie das Messer an seiner Kehle kratzte. Er glaubte, ohnmächtig zu werden.

»Wo ist sie?«

»Sie?«

»Was sagst du?«

»Sie?«, wiederholte er.

»Was hast du mit ihr gemacht?«

Alain schöpfte ein wenig Hoffnung, mit dem Leben davonzukommen.

»Ich weiß nicht, wovon du sprichst!«, schrie er.

»Wirklich nicht?«

»Ich schwöre, dass ich nicht weiß, wovon du sprichst. Ich will nicht sterben.«

Alain spürte, dass die Schneide des Messers nicht

mehr ganz so hart gegen seinen Hals gedrückt wurde wie zuvor.

»Ich gebe zu, dass ich etwas gegen Araber habe. Das weißt du ja. Aber ich habe keiner Frau etwas zu Leide getan. Wirklich nicht.«

»Das wird sich zeigen. Doch damit eines klar ist: Wenn du lügst, wird es keinen Ort auf der Welt geben, wo du vor mir sicher bist. Hast du das verstanden?«

Ahmed entfernte das Messer. Alain wurde schwarz vor Augen.

Als er wieder zu sich kam, lag er ausgestreckt auf dem Haufen mit Armierungseisen. Er setzte sich auf und zündete eine Zigarette an. Ahmed war bereit gewesen, ihn zu töten. Warum? Alain meinte, sich an ein junges Mädchen erinnern zu können, als er und seine Freunde den Halbstarken im Keller eine Lektion erteilt hatten. Er erinnerte sich vage, sie an den Haaren gezogen zu haben. Doch das war alles gewesen. Deshalb konnte Ahmed ihm wohl kaum den Hals durchschneiden wollen. Dann fiel ihm ein, dass er auf Ahmeds Frau und Tochter gezielt hatte. Aber er war sicher, dass ihn niemand beobachtet hatte. Und davon hatte Ahmed auch nicht gesprochen. »Wo ist sie?«, hatte er gefragt. Nicht: »Was hast du getan?« Nein, Ahmed war an den Falschen geraten. Aber irgendwas war faul. Er hatte sicher richtig vermutet: Ahmed war ein Terrorist, ein Fanatiker. Er hatte von Anfang an richtig gehandelt, indem er Gautrot und die anderen warnte. Es war kein Gerücht, das sich verbreitet hatte. Es war die Wahrheit.

33 Mireille legte den Hörer auf. Fatima entführt! Mireille erinnerte sich an den Moment, als Fatima nach Hause gekommen war, nachdem sie dem misshandelten Mädchen Trost zugesprochen hatte. Fatima war traurig gewesen, doch gleichzeitig stolz und glücklich darüber, ihre Aufgabe erfüllt und Mireilles Vertrauen gerechtfertigt zu haben. Das war erst vor wenigen Tagen gewesen. Jetzt schien alles aussichtslos.

So durfte Mireille nicht denken. Sie durfte sich von ihrer Sorge und Angst um Fatima nicht beherrschen lassen. Mireille wusste, wie kopflos Eltern und Angehörige auf Entführungen reagierten. Die meisten waren zu allem bereit, um ihre Kinder zurückzubekommen, selbst zu verzweifelten Zusagen, ohne sich darum zu kümmern, ob die versprochenen Garantien und Gegenleistungen auch realistisch waren. Es geschah nicht selten, dass die Entführer ihre Forderungen erhöhten, wenn sie die Verzweiflung der anderen Seite spürten. Das durfte in diesem Fall nicht geschehen. Mireille musste die Situation nüchtern analysieren, als wäre Fatima nicht ihre eigene Tochter.

Sie schaute auf die Uhr. Zehn Minuten später sollte sie ihre erste Stunde geben. Sie ging direkt zum Büro des Direktors. Mireille bat darum, heute freizubekommen. Sie erklärte, in ihrer Familie sei etwas vorgefallen, sie könne jedoch nicht sagen, worum es sich handele.

»Eigentlich habe ich in zehn Minuten Unterricht.«

»Machen Sie sich keine Sorgen deswegen. Sie können mit gutem Gewissen freinehmen. Ich werde für eine Vertretung sorgen und mit Ihren Schülern sprechen. Es wird ihnen Leid tun. Sie vergöttern Sie ja förmlich.«

»Vielen Dank.«

Sie nahm den ersten Zug nach Rambouillet und packte innerhalb einer halben Stunde. Sie hinterließ eine Nachricht für Georges und Marie, bedankte sich für ihre Gastfreundschaft und schrieb, sie hätten eine andere Bleibe gefunden. Dann bestellte sie ein Taxi und ließ sich zu der Pariser Wohnung bringen, in der sie nachmittags gearbeitet hatte, seitdem sie bei Georges eingezogen waren.

Nachdem sie das Gepäck nach oben getragen hatte, setzte sie sich sofort an den Computer und sandte an alle Mitarbeiter der Organisation einen Hilferuf aus. Sie machte keine Angaben, wann die Antworten eintreffen sollten, und setzte damit ihre eigenen Sicherheitsvorkehrungen außer Kraft. Doch was sollte sie tun? Sie konnte doch nicht einfach tatenlos abwarten, bis Ahmed herausbekommen haben würde, wer Fatima entführt hatte und wo sie gefangen gehalten wurde. Was konnte Ahmed schon ausrichten? Ihm waren Hände und Füße gebunden.

Außerdem war es die Organisation, nicht Ahmed, die Erfahrungen mit Entführungen hatte. Was war die Hauptregel? Nichts zu unternehmen, was das Leben der Geisel in Gefahr bringen konnte. Solange sie am Leben war, gab es Hoffnung. Das war keine neue Erkenntnis, aber trotzdem wahr. Mireille konnte nicht einmal sicher sein, dass Fatima noch am Leben war. Doch jeder andere Gedanke war inakzeptabel.

Die ersten Reaktionen liefen ein. Mireille merkte ihnen deutlich an, dass sie emotionsgeladener waren als gewöhnlich. Zwei Ärzte wollten mit den Kidnappern persönlich verhandeln. Mehrere Immigranten unter den Mitarbeitern sagten ihre Hilfe zu, wenn es darum gehe, jemanden zu beschatten oder die Geisel zu befreien. Diejenigen, die bereits ein Auge auf Rachid und Alain hatten, wollten ihre Anstrengungen intensivieren. Viele der Mädchen, die sich inzwischen in den Dienst der Organisation stellten, boten an, zu tun, was immer von ihnen verlangt werde. Eine schrieb, sie würde zur Not ihr Leben hingeben, denn sie habe es der Organisation zu verdanken, dass sie selbst noch am Leben sei.

Die Sympathiebekundungen gaben Mireille die Kraft, ihre Arbeit fortzusetzen. Aber mit Zusagen allein war ihr nicht gedient. Sie brauchte Fakten.

Die kamen um vier Uhr nachmittags. Ihre Kontaktperson in Algerien meldete, sie habe endlich die wahre Identität von Rachid M'Hidi in Erfahrung gebracht. Er heiße in Wahrheit Hakim Merroud und sei Ingenieur. Alles deute darauf hin, dass er der GIA angehöre und für sie Bomben herstelle. Er besaß den typischen Hintergrund eines GIA-Aktivisten. Er war der Jüngste in einer Reihe von Söhnen und besaß nicht die geringsten Zukunftsaussichten. Er hatte an der Universität studiert, nur um anschließend arbeitslos zu werden, so wie Tausende andere junge Akademiker. Während seines Studiums hatte er sich für die FIS politisch engagiert, die für ihn wie so viele andere die Hoffnung für die Zukunft verkörperte, und das bedeutete Arbeit und Männlichkeit. Ohne Arbeit war an Frau und Kinder nicht zu denken. Ohne Frau und Söhne war man kein Mann. Hakim Merroud war vom Militär festgenommen und gefoltert worden. Unmittelbar nach seiner Freilassung schloss er sich der GIA an, der er bis zum heutigen Tag treu ergeben war. Seit sechs Monaten hatte man ihn in Algerien nicht gesehen und war der Meinung, er befinde sich im Ausland.

Wenn dies der Wahrheit entspreche, sei davon auszugehen, dass die GIA eine größere Aktion plane, ohne jedoch auf die übliche Taktik zurückzugreifen, einzelne Terroristen ins Land zu schleusen, die einen Anschlag verübten und das Land noch am selben Tag wieder verließen. Hakim Merrouds Kontaktperson in Frankreich habe bislang niemand identifizieren können.

Mireille teilte sofort ihren Kontaktleuten mit, Rachid zu überwachen. Sie gab die Personenbeschreibung weiter, die Ahmed ihr übermittelt hatte; informierte darüber, in welcher Sektion Rachid arbeitete und welche Baracke er benutzte.

Um fünf Uhr nahm sie die Metro zur Gare Montparnasse. Sie sah Ahmed vor dem Bahnhofsgebäude. Ahmed folgte ihr und vergewisserte sich, dass ihnen niemand folgte.

Als sie in der Wohnung waren, umarmten sie sich, ohne etwas zu sagen. Dann berichtete Mireille, dass sie die Organisation eingeschaltet und vielleicht schon ein wenig erreicht habe. Ahmed konnte nur von seinen Fehlschlägen bei Alain und Rachid erzählen.

»Rachid war stärker, als ich gedacht habe. Er hat nichts verraten. Wir müssen davon ausgehen, dass er oder seine Freunde hinter der Entführung stehen. Das ist unsere einzige Spur. Alain hat nichts damit zu tun, da bin ich ganz sicher. Er hatte solche Angst, dass er ohnmächtig wurde, als ich ihn befragte. Er ist zu feige, um zu schweigen. Aber Rachid hat seine Sache gut gemacht.«

Den ganzen Abend diskutierten sie, was zu tun war. In regelmäßigen Abständen setzte sich Mireille an den Computer und schaute nach, ob neue Meldungen eingegangen waren.

»Ich will gar nicht wissen, was ihr herausbekommen habt«, sagte Ahmed. »Nicht, bevor klar ist, was sie mit der Entführung bezwecken. Wenn ich Rachid nur dabei helfen soll, die Baustelle unter Wasser zu setzen, dann ist die Gefahr minimal. Dann müssen sie mir beweisen, dass Fatima lebt, bevor ich einwillige. Aber was ist, wenn sie Details aus meiner Vergangenheit erfahren wollen. Ich würde ihnen zur Not jede Information geben, genau wie du.«

»Ja, genau wie ich.«

»Aber alles deutet darauf hin, dass sie etwas von mir wollen. Warum sollte ich sonst weiterarbeiten wie bisher? Das ist unser Vorteil. Die Entführer wissen nicht, dass ich dank deiner Arbeit eine mächtige Organisation im Rücken habe. Wenn Rachid der Täter ist, hat es vielleicht sogar sein Gutes, dass ich ihn bedroht habe. Jetzt muss er glauben, dass er mich hinters Licht geführt hat. Es tut mir Leid, dass ich mich wie ein Idiot aufgeführt habe.«

»Niemand kann alle Konsequenzen seiner Handlungen voraussehen. Wenn wir Fatima zurückbekommen, ziehen wir fort von hier. In ein anderes Land. Ich beende meine Arbeit für die Organisation und lasse andere weitermachen. Nächstes Mal mache ich vielleicht einen Fehler, der Fatima oder dich teuer zu stehen kommt.«

»Wo sollen wir denn hin?«

»Wir müssen es versuchen. Martinique, Reunion, Polynesien, dort, wo alle Einwanderer sind. Unterrichten kann ich überall, und Häuser werden immer gebaut werden.«

Gegen Mitternacht legte sich Ahmed aufs Bett und versuchte zu schlafen, doch Mireille sah, dass er bloß dalag und mit weit geöffneten Augen an die Decke starrte. Was blieb ihm anderes übrig, als die Nacht irgendwie hinter sich zu bringen und am nächsten Tag wieder zur Arbeit zu gehen? Nur dort würden die Entführer Kontakt zu ihm aufnehmen und ihre Forderungen stellen.

Sie setzte sich an den Computer. Dort wollte sie sitzen bleiben, bis sie verlässliche Informationen erhielt. Dass Rachid als GIA-Fanatiker identifiziert worden war, beruhigte sie keineswegs. Im Gegenteil. Die GIA hatte mit aller Deutlichkeit gezeigt, dass sie Menschen nur als Werkzeuge betrachtete. Vielleicht hatte Rachid wirklich nichts anderes im Sinn, als Ahmed zu zwingen, ihm bei der Sprengung der Pumpanlage zu helfen. Es konnte gut sein, dass Rachids Pläne nicht das Geringste mit dem schweren Schlag zu tun hatten, den Mireilles Organisation der GIA vor wenigen Wochen versetzt hatte. Es war sogar gut möglich, dass Rachids Attentat der verzweifelte Versuch war, die GIA-Mitglieder freizupressen, die von Antiterroreinheiten festgenommen worden waren, nachdem Mireilles Informant wertvolle Tipps geliefert hatte. All dies war durchaus möglich. Man konnte auch nicht ausschließen, dass die Entführung die schreckliche Antwort auf die bislang erfolgreichste Aktion der Organisation war. Man konnte nicht völlig ausschließen, dass die GIA sich rächen wollte.

34

Georges hatte Ahmed den ganzen Tag über nicht gesehen. Das war auch nicht merkwürdig. Er selbst war in seinem Büro gewesen, und als Vorarbeiter hatte Ahmed alle Hände voll zu tun. Als Georges Feierabend machte, ging er an der Baracke vorbei. Er wollte Ahmed fragen, ob Fatima sich gemeldet hätte und ob sie zum Abendessen kämen. Aber in der Baracke saß nur Alain auf seinem Stammplatz und starrte wie üblich mürrisch und beleidigt vor sich hin. Georges bekam bei seinem Anblick sofort schlechte Laune.

»Weißt du, wo Ahmed steckt?«, fragte Georges.

»Nein, aber ich warte gerade auf ihn.«

»Was willst du von ihm?«

»Wenn du ihn triffst, kannst du ihm sagen, dass ich ihm den Hals umdrehen werde. Ahmed wollte mich umbringen.«

»Du spinnst.«

»Glaubst du mir etwa nicht? Er hat mir ein Messer an die Kehle gehalten. Sieh her!«

Alain deutete auf einen Punkt direkt unter dem Kinn.

»Ahmed wollte wissen, was ich mit irgendeiner Frau angestellt hätte. Er wollte mich umbringen, wenn ich ihm nicht sage, wo sie ist. Als ob ich das wüsste. So ein Araberflittchen würde ich nicht mal mit der Zange anfassen. Was glaubt er, wer ich bin? Also warte ich jetzt auf ihn. Sag ihm, dass ich auf ihn warte.«

Georges machte auf dem Absatz kehrt und ging. Fatima war nicht aufgetaucht, und Ahmed glaubte, dass Alain etwas mit ihrem Verschwinden zu tun hatte. Georges verstand ihn. Aber diesmal war Alain wirklich unschuldig. Was mochte Fatima zugestoßen sein? Ahmed und Mireille mussten außer sich sein vor Sorge.

Georges nahm den Fahrstuhl in den Untergrund, der still und verlassen war. Er fragte zwei Mechaniker, die gerade ein Raupenfahrzeug reparierten, ob sie Ahmed gesehen hätten. Sie verneinten. Er konnte nichts anderes tun, als nach Hause zu fahren und dort auf Ahmed und Mireille zu warten. Er wüsste zwar nicht, wie er ihnen helfen sollte oder ob sie seine Hilfe überhaupt wollten. Doch er konnte ihnen zumindest zur Seite stehen. Er begriff, dass er Marie in diesem Moment nicht sagen konnte, dass er sich scheiden lassen wollte. Ahmed, Mireille und Fatima zuliebe konnte er sich wohl noch ein paar Tage verstellen. Was bedeuteten seine Beziehungsprobleme verglichen mit dem, was sie durchmachen mussten?

Auf dem Rückweg zum Victoriaschacht schloss sich Rachid ihm an.

»Hast du Ahmed gesehen?«, fragte Georges.

Rachid schaute ihn finster, beinahe hasserfüllt an.

»Nein«, entgegnete er. »Was willst du von ihm?«

»Was ich von ihm will?«

Georges wollte ihm gerade von der Begegnung mit Alain berichten, als er ein ungutes Gefühl in der Magengegend verspürte. Er war sich über dessen Ursache nicht im Klaren, doch irgendwas sagte ihm, er sollte besser den Mund halten.

»Ich wollte ihn nur fragen, wie sein Tag war«, sagte er. »Normalerweise kommt Ahmed jeden Tag vorbei, um Bericht zu erstatten, bevor er nach Hause geht. Er ist doch nicht krank?«

»Nein, ich denke nicht.«

Georges schaute ihm nach, als Rachid sich rasch entfernte, sobald sie die Oberfläche erreicht hatten. Irgendetwas stimmte nicht mit ihm. Was machte er im Übrigen so spät noch unter Tage? Sosehr er Ahmed vertraute, sowenig traute er Rachid über den Weg, obwohl sie bislang kaum ein Wort gewechselt oder etwas miteinander zu tun gehabt hatten. Rachid bereitete ihm einfach Übelkeit.

Als Georges nach Hause kam, wurde ihm sofort klar, dass etwas geschehen war. Mit einem Lächeln empfing ihn Marie an der Tür.

»Sie sind fort«, war ihr erster Satz.

»Fort?«

»Ja, Mireille war hier und hat ihre Sachen geholt.«

»Warum? Hast du nichts zu ihr gesagt?«

»Was sollte ich denn sagen? Als ich kam, waren sie schon verschwunden. Mireille hat eine Nachricht geschrieben. Da ist sie!«

Georges las den Zettel.

Er blickte zu ihr auf.

»Wie kannst du nur so zufrieden aussehen?«

»Jetzt sind wir wieder unter uns. Genauso wie früher.«

»Denkst du denn gar nicht an ihre Situation? Daran, dass sie zu uns kamen, weil sie Hilfe brauchten?«

»Doch, sie tun mir Leid. Aber sie müssen doch verstehen, dass man nicht einfach heiraten und Kinder in die Welt setzen kann, ohne Probleme zu bekommen. Die Situation ist bestimmt nicht leicht für Fatima.«

»Und wessen Schuld ist das?«

»Ich finde nur, sie hätten nachdenken sollen, bevor sie ein Kind zeugen.«

»Wie meinst du das? Sollte es Arabern und Franzosen etwa verboten sein, sich ineinander zu verlieben, zu heiraten und Kinder zu kriegen? Du meinst vielleicht, die Rassen sollten sich gar nicht vermischen?«

Georges dachte intensiv an Dominique, an ihre braune Haut, ihre kastanienfarbenen Augen und die dunkelroten vollen Lippen.

»Auf so eine blöde Frage antworte ich nicht. Können wir

nicht über etwas anderes reden? Das geht uns doch gar nichts an.«

Georges explodierte beinahe. Das ging sie nichts an? Genau das tat es.

Als er ins Esszimmer kam, sah er, dass Marie alles für einen romantischen Abend vorbereitet hatte, einen Abend, an dem sie sich versöhnen und schließlich im Bett landen sollten. Auf dem Tisch standen Kerzen und eine Flasche Rotwein. Im Kamin prasselte das Feuer.

Spürte Marie nicht, was mit ihm passiert war? Merkte man ihm nichts an?

Während des Essens klingelte das Telefon. Es war Ahmed. Er berichtete, dass Fatima entführt worden war und sie eine Wohnung in Paris genommen hätten, um rasch und effektiv handeln zu können.

»Du weißt, dass du dich immer an mich wenden kannst, wenn du Hilfe brauchst«, sagte Georges.

»Ja, ich weiß. Aber es ist das Beste, wenn wir nicht unter vier Augen miteinander sprechen. Du bist mein Vorgesetzter, und alles kann falsch aufgefasst werden, wenn sie mich beschatten. Sie fordern von mir, dass ich weiterarbeite wie bisher und keine Alleingänge starte, wenn ich Fatima lebend wiedersehen will.«

»Ich verstehe. Ich hoffe bei Gott, obwohl ich nicht gläubig bin, dass ihr Fatima wohlbehalten wiederbekommt.«

»Das hoffe ich auch, bei allen Göttern, die es ebenfalls nicht gibt.«

»Wer war das?«, fragte Marie.

»Ahmed. Fatima ist verschwunden. Gekidnappt.«

»Siehst du, was hab ich dir gesagt!«

Da brachen bei Georges alle Dämme, als sei es das ausgehöhlte Kreidegestein des Eole-Projekts, das zerbarst. Ohne Umschweife sagte er ihr, was er von ihrem latenten Rassismus hielt und was er für Dominique empfand. Marie begann zu weinen.

»Du darfst mich nicht verlassen. Du, der du selbst von deiner Mutter im Stich gelassen wurdest. Du solltest wissen, was für ein Gefühl das ist.«

Georges ging unverzüglich ins Schlafzimmer und packte seine Reisetasche. Als er wieder herauskam, stand Marie immer noch da und wartete auf ihn.

»Wenn du mich verlässt, will ich das Haus haben.«

»Behalt es nur! Ich will nichts haben. Gar nichts. Was soll ich noch mit den Dingen anfangen, die dreißig Jahre lang zu meiner Lebenslüge gehörten?«

Marie stand in der Türöffnung, als er die Reisetasche in den Kofferraum schleuderte.

»Und was ist mit unseren Kindern?«, fragte sie, als er sich ins Auto setzte. »Was sollen die denken?«

»Unsere Kinder sind erwachsene Menschen.«

Georges setzte in der Einfahrt zurück. Seine Kinder waren wirklich erwachsen. Sie würden ihn verstehen.

Er parkte vor dem erstbesten Café. Zuerst rief er seine Tochter an. Sie hatten sich immer sehr nahe gestanden. Er erklärte ihr alles, seine Gefühle für Dominique sowie Maries Einstellung gegenüber Ahmed und seiner Familie.

Anne schwieg eine ganze Weile.

»Bist du noch dran?«, fragte Georges.

»Ja, ich bin noch dran.«

»Dann sag doch was!«

»Was denn? Du hast dich doch schon entschieden.«

Anne hatte Recht. Er hatte sich schon entschieden. Das war aber auch nicht der Grund seines Anrufs gewesen.

»Dominique stammt aus der Karibik«, sagte er. »Sie ist eine Farbige.«

»Was hat das mit der Sache zu tun?«

»Danke, Anne«, sagte er. »Das ist alles, was ich wissen wollte. Ich lasse bald wieder von mir hören. Mach's gut.«

Dann rief er seinen Sohn Michel an. Doch Georges kam nicht weit, ehe Michel ihm ins Wort fiel.

»Ich habe schon mit Mama gesprochen. Ich finde, du hast dich wie ein Schwein benommen.«

»Hat sie dir auch den Grund gesagt?«

»Sie sagte, du wärst sauer auf sie, weil sie keine Lust hatte, irgendwelche von deinen Araberfreunden bei sich wohnen zu lassen, nur weil die Probleme hätten.«

»Das ist nicht die ganze Wahrheit.«

»Aber ein Teil davon?«

»Ja, in gewisser Weise. Auch wenn ich es anders ausgedrückt hätte.«

»Du verlässt Mama also, nur weil sie etwas gegen Araber hat?«

»Nicht nur, aber auch deswegen.«

»Dann verhältst du dich wirklich wie ein Schwein.«

»Ich habe eine andere Frau kennen gelernt, eine Farbige.«

»Was für eine?«

Georges legte auf. Er wusste nicht einmal, ob er traurig war. Es war ohnehin nichts zu ändern. Er konnte nicht mehr zurück. Als er die Autobahnzufahrt in Richtung Paris nahm, musste er an seine Mutter denken. Folgte er nicht ihrem Beispiel? Hatte sie nicht ihren Mann und Spanien aus denselben Gründen verlassen? Zum ersten Mal in seinem Leben begriff er, warum sie so handeln musste, wie sie es getan hatte. Gleichzeitig wurde ihm bewusst, dass er ihr niemals richtig verziehen hatte, das Schicksal ihrer Kinder in fremde Hände gegeben zu haben. Er hatte sein ganzes Leben lang das Gefühl gehabt, von seiner Mutter im Stich gelassen worden zu sein.

Jetzt fühlte er sich von einer unsichtbaren Last befreit, die er getragen hatte, seit seine Mutter für immer aus seinem Leben verschwunden war. Vielleicht lag es auch daran, dass er nach einer Weile ein Freiheitsgefühl verspürte wie nie zuvor in seinem Leben. Dass er dafür fünfzig Jahre alt hatte werden müssen! Und wenn er Dominique nicht eingeladen hätte? Hätte er dieses Gefühl dann niemals kennen gelernt? Dann dachte er an Mireille, Ahmed und Fatima. Was war schon Sicherheit? Sicherheit war eine lebensgefährliche und betäubende Illusion. Ein Trugbilder hervorbringendes Schlafmittel. Nichts anderes.

Es war schon nach Mitternacht, als er bei Dominique klingelte. Sie ließ ihn wortlos herein. Georges war glücklicher als je zuvor. Hätte er nicht hin und wieder an Fatima denken müssen, wäre sein Glück vollkommen gewesen.

Später in der Nacht, nachdem er und Dominique sich mehrere Male geliebt hatten, begriff er, dass der Sprache ein Wort fehlte, ein Wort, das ein gleichzeitiges Empfinden von Liebe und Freiheit bezeichnete. Aber vielleicht war es nicht die Sprache, die unvollkommen war. Vielleicht war es das Leben.

35 Fatima hörte, wie ein Schlüssel ins Schloss gesteckt wurde, und sah, wie die Tür sich öffnete. Vor ihr stand der Mann, der sie entführt hatte. Er sah jung aus, jünger als Mama und Papa. Zweifellos ein Araber. Wo mochte er herkommen? Fatima war sich so gut wie sicher, dass er kein Einwanderer der zweiten Generation war. Sein Französisch hatte einen starken Akzent. Sie wartete darauf, dass er etwas sagte. Sie wollte ihm nicht zuvorkommen, nicht weinen, ihn nicht bitten, nach Hause gehen zu dürfen. Mit allem Abscheu, den sie empfand, schaute sie ihm direkt in die Augen. Sein Blick schien ein wenig zu flackern. War das möglich? Ja, das war es. Er wandte den Kopf ab. Vielleicht war er nur ein Helfer, der sie bewachen sollte. In diesem Fall konnte sie ihn vielleicht erweichen. Sie wusste, dass anderen Frauen dies schon geglückt war, wirklichen Frauen, aus Fleisch und Blut.

Der Mann griff in seine Tasche und zog ein Stück Stoff heraus. Er hielt es ihr entgegen, sah sie jedoch weiterhin nicht an.

»Hier ist ein Schleier. Den kannst du benutzen, während ich hier bin.«

»Ein Schleier?«

Sie bewegte sich nicht. Was sollte sie tun? Sie wollte keinen Schleier tragen. Nie im Leben. Aber dann dachte sie an ihre Mutter. Wie konnte sie ihr am ehesten helfen? Vielleicht, indem sie den Schleier trug. Vielleicht, indem sie den Mann nicht provozierte. Oder sollte sie ihn reizen, um seine Reaktion zu testen? Oder den Schleier tragen, um sich zu verbergen? Sie hatte von iranischen Frauen gelesen, die den Schleier trugen, um die Männer nicht zu reizen.

Das war die einzige Möglichkeit, in Ruhe gelassen zu werden, um im Verborgenen für eine größere Freiheit zu kämpfen.

»Warum soll ich einen Schleier tragen? Ich bin keine Muslimin.«

»Du bist eine Frau. Eine Frau hat kein Recht, einen Mann anzuschauen.«

»Wer sagt das?«

»Allah.«

»Hat Allah Angst vor Frauen?«

Der Mann trat einen Schritt nach vorne und gab ihr eine schallende Ohrfeige, so dass sie fast die Balance verloren hätte. Ihre Wange brannte. Sie war auf den nächsten Schlag gefasst, aber der kam nicht. Sie blickte rasch auf.

»Entschuldigung«, sagte er. »Leg den Schleier an.«

Sie tat, was er sagte. Sie musste Zeit gewinnen. Der Schleier fiel vor ihre Augen, und plötzlich befand sie sich in einer anderen Welt, einer Welt des Halbdunkels und der verschwommenen Konturen. Jemand hatte sie ihres Gesichts beraubt. Sie war nicht mehr Fatima. Sie war ein Niemand. Sie wollte schreien und den Schleier herunterreißen. Es war ein Gefängnis. Eine Todeszelle. Ein Grab. Sie schloss die Augen, um nichts sehen zu müssen, obwohl es absurd war. Warum sollte sie hinter einem Schleier die Augen schließen? Hinter den geschlossenen Lidern sah sie ihre Mutter. Ihre roten Augen, ihre Tränen und ihre Angst. Sie sah, wie ihr Vater sie zu trösten versuchte. Fatima hörte den Mann etwas sagen, verstand die Worte jedoch nicht. Dann wurde ihr schwarz vor Augen. Sie glaubte zu sterben, als ein Nichts, ein Niemand, ein Mensch ohne Gesicht, ohne Augen, ohne Namen.

Als sie wieder zu sich kam, spürte sie, wie ein Glas Wasser an ihre Lippen gepresst wurde. Durch den Schleier ahnte sie das Gesicht des Mannes, der sie besorgt ansah. Es schien ihr, als zeichne sich sein Blick in der Struktur des Schleiers ab, direkt vor ihrem Mund, ihrer Haut und ihren Augen.

War das nicht sonderbar? Zuerst zwang er sie, ihr Gesicht und ihre Augen zu verbergen, und jetzt starrte er sie an, als ob er den Schleier am liebsten fortgewünscht hätte. Warum hob er ihn nicht einfach hoch, um nachzusehen, ob sie tot oder lebendig war? Lebendig? Sie lebte also. Der Mann, der beruhigend auf sie einredete, wollte offensichtlich, dass sie lebte. Er hatte sie geschlagen, weil sie Allah verhöhnt hatte, aber nicht, weil er sie quälen oder töten wollte. Sie versuchte zu lächeln, obwohl auch dies sinnlos war. Warum lächeln hinter einem Schleier? Warum weinen? Warum leben, wenn man doch nicht existierte. Sie hatte ihr Gesicht verloren, doch vielleicht etwas anderes gewonnen. Sie sah, dass er um sie besorgt war, doch seinerseits konnte er nicht sehen, was sie wahrnahm. »Was willst du von mir?«, fragte sie so plötzlich, dass er zusammenzuckte. »Warum hast du mich eingesperrt?«

»Du bist aufgewacht. Allah sei Dank. Du musst in Ohnmacht gefallen sein.«

»Ist das so merkwürdig?«

»Ja … nein, vielleicht nicht. Ich weiß nicht.«

»Warum soll ich einen Schleier tragen. Hast du Angst vor meinen Augen?«

»Ich habe gesehen, wie du deinen Vater angeschaut hast. Du hast nicht gelernt, den Blick niederzuschlagen. Du weißt nicht, wie eine Frau ihren Respekt bezeugt.«

»Ich bin keine Muslimin.«

»Nein, aber ich bin Moslem.«

»Du hast kein Recht, mich gefangen zu halten. Ich bin nicht deine Frau. Du hast mich geschlagen. Mein Vater ist Araber. Du weißt, was er mit dir tun wird, wenn er erfährt, was du getan hast.«

»Ich wollte dich nicht schlagen. Es war stärker als ich. Allah wollte, dass ich dich strafe, weil du dich geweigert hast, den Schleier zu tragen. Jetzt trägst du ihn. Jetzt hast du nichts mehr zu befürchten.«

»Nichts zu befürchten? Du hältst mich gefangen. Ich will wissen, warum.«

»Das ist nicht möglich. Noch nicht.«

Fatima zog langsam den Schleier nach oben.

»Tu es nicht. Sei so gut und lass den Schleier unten.«

»Sonst schlägst du mich wieder?«

»Es tut mir Leid, ich weiß nicht, was ich tue, wenn du den Schleier hochhebst.«

»Hör auf, dich zu entschuldigen. Du meinst es ja doch nicht ehrlich.«

Der Mann schwieg.

»Es geht mir gut. Du brauchst mich nicht mehr zu stützen. Ich möchte nicht, dass du mich berührst. Ich kann allein sitzen.«

Der Mann zuckte zusammen, als sei er von einer Schlange gebissen worden. Er stand auf und sah sie mit merkwürdigem Ausdruck an. In einem Augenblick sah es aus, als wollte er ihr den Rücken kehren und aus dem Zimmer stürzen; im nächsten schien es, als wollte er wieder den Arm um sie legen. Als wisse er nicht, was er tun sollte. Sie hatte jetzt weniger Angst vor ihm.

»Hast du alles, was du brauchst? Essen ist im Kühlschrank. Ein Radio gibt es auch.«

»Ich brauche kein Essen. Ich will hier weg. Du hast kein Recht, mich zurückzuhalten.«

»Doch, das habe ich. Allah gibt mir das Recht. Aber es dauert nur ein paar Tage. Dann wirst du wieder frei sein. Falls du dich uns nicht anschließen willst.«

Fatima antwortete nicht. Das konnte nicht sein Ernst sein. Wenn er es auf Mireille abgesehen hatte, dann musste er doch begreifen, dass sie, Mireilles Tochter, sich niemals islamischen Fundamentalisten anschließen würde. Zum ersten Mal schöpfte sie ein wenig Hoffnung. Vielleicht hatte die Entführung ja gar nichts mit ihrer Mutter zu tun. Vielleicht war es nur ein Zufall. Vielleicht hatten sie nur irgendein Mädchen für ihre erpresserischen Zwecke gebraucht. Plötzlich musste sie an ihren Papa denken. Konnte er etwas mit der Sache zu tun haben? Hatte er sich während des Krieges etwas zu Schulden kommen lassen? Vielleicht war ihr Entführer dieser Rachid, mit dem er zusammenarbeitete. Warum hatte sie nicht gleich daran gedacht? Aber was half das schon? Ihre frisch erblühte Hoffnung verflüchtigte sich wieder und schlug schließlich in Verzweiflung um.

»Ich komme morgen Abend wieder. Bist du sicher, dass du nichts brauchst?«

»Bücher. Hier gibt es nur den Koran.«

»Frauen sollen keine Bücher lesen.«

»Zu spät. Ich habe bereits Hunderte gelesen. Kann ich nicht wenigstens *Tausendundeine Nacht* bekommen?«

»Das ist ein gottloses Buch.«

»Hast du es gelesen?«

»Nein.«

»Woher willst du dann wissen, dass es gottlos ist?«

»Es gibt nur ein Buch, den Koran.«

»Steht im Koran, dass es verboten ist, andere Bücher zu lesen? Hat der Prophet gesagt, man solle *Tausendundeine Nacht* nicht lesen? Ich habe das Buch schon halb durch und will wissen, wie es ausgeht.«

»Wir werden sehen.«

»Wenn du mir morgen nicht *Tausendundeine Nacht* mitbringst, dann nehme ich den Schleier ab. Dann kannst du mit mir machen, was du willst.«

Fatima kehrte ihm den Rücken zu. Sie benahm sich wie ein trotziges Kind. Das war sie nicht mehr.

Nachdem die Tür geschlossen und verriegelt worden war, riss sie den Schleier herunter und weinte, wie sie nie zuvor geweint hatte. Sie hatte Stärke gezeigt. Aber sie war nicht stark.

36

Mireille wartete immer noch. Achtundvierzig Stunden lang, seit sie Rachids wahre Identität kannte, hatte sie auf weitere Informationen gewartet. Seit fast einer Woche hatte sie nichts von ihrem Informanten gehört. War er womöglich gefoltert worden und hatte gesagt, was er wusste? Das war nicht auszuschließen. Aber warum sollte die GIA Fatima entführen, um an Mireille heranzukommen? Normalerweise hätten sie ihr direkt den Hals durchgeschnitten, ohne irgendwelche Umwege zu gehen.

Die wahrscheinlichste Hypothese war immer noch Rachid. Diejenigen, die ihn beschatteten, hatten ihn zumindest identifiziert. Sie hatten seine Wohnung gefunden und behielten sie im Auge. Wenn Rachid das Haus verließ, würden sie sich sofort über ihr Handy melden. Sie brauchten also auch nicht zuerst nach einer Telefonzelle zu suchen. Mireille hatte immer dafür gesorgt, dass die Organisation modern ausgestattet war. Aber was half das schon, wenn man nichts als ungewisse Informationen zu übermitteln hatte?

»Schläfst du?«, fragte sie Ahmed, obwohl sie die Antwort schon kannte.

»Nein, ich bekomme kein Auge zu, solange die ganze Sache nicht überstanden ist. Wie spät ist es?«

»Halb zwölf. Ich warte jeden Augenblick auf eine Nachricht über Rachid.«

Sie warteten. Um zehn nach zwölf kam die Mitteilung.

Rachid hat seine Wohnung um acht verlassen. Sind ihm bis zum Industriegebiet in Villejuif gefolgt, konnten ihn aber nicht bis zum Schluss im Auge behalten. Die letzten hundert Meter waren offenes, freies Gelände. Wissen nicht genau, wohin er gegangen ist, nur die Richtung. Morgen platzieren wir einen Mann auf der anderen Seite, damit wir genau sehen können, wo er hingeht. Warten auf weitere Instruktionen.

»Ahmed!«

Sie lasen die Nachricht gemeinsam.

»Wenn Rachid morgen dorthin geht, dann tut er es bestimmt direkt vor oder direkt nach dem Fest. Wir werden bis zwölf Uhr arbeiten, das Fest beginnt dann um sieben. Ich habe das Gefühl, dass sie morgen Kontakt zu mir aufnehmen werden.«

»Du musst mir sofort Bescheid geben. Ich werde den ganzen Tag hier sein.«

»Ich weiß nicht, ob ich die Möglichkeit haben werde, dich anzurufen. Ich muss vorsichtig sein. Wenn sie das Gefühl haben, dass ich ihre Forderungen nicht erfülle und auf eigene Faust handle, dann kann alles passieren.«

»Was soll ich tun, wenn ich heute oder morgen erfahre, wo Fatima versteckt gehalten wird?«

»Das weißt du selbst am besten.«

»Wir müssen davon ausgehen, dass ihre Wächter bewaffnet sind.«

»Ich kann dir nicht helfen.«

»Du warst doch Soldat.«

»Ja, aber was nutzt das jetzt? Ich kann nicht dabei sein. Wir wissen gar nicht, wie das Versteck aussieht. Wir haben keine Ahnung, was für Waffen sie haben. Wie man sich verhält, hängt völlig von den Gegebenheiten ab. Das kleinste Detail kann wichtig sein. Du musst die Entscheidungen treffen, die unumgänglich sind.«

Mireille wollte etwas Tröstliches sagen, aber was sollte das sein?

Ahmed gab sich nicht nur die Schuld an der Entführung. Er litt auch darunter, dass er nichts tun konnte und gezwungen war, Mireille das volle Risiko tragen und alle Entscheidungen treffen zu lassen.

»Das stimmt gar nicht«, sagte Ahmed plötzlich.

»Was?«

»Dass ich nichts tun kann. Warum habe ich daran nicht gleich gedacht?«

»Was meinst du?«

»Ich kann dafür sorgen, dass Rachid mich nicht mit Fatima erpressen kann.«

»Wie denn?«

»Indem ich mir das Leben nehme. Denk doch mal nach. Das ist die einzige Lösung des Problems.«

»Ahmed!«

Mireille merkte ihm an, dass er es ehrlich meinte. Er wirkte plötzlich unbeschwert, beinahe fröhlich.

»Aber verstehst du denn nicht?«, sagte er. »Wenn ich tot bin, hat Rachid keinen Grund mehr, Fatima gefangen zu halten.«

Mireille nahm Ahmeds Kopf in beide Hände und schaute ihm in die Augen.

»So darfst du nicht denken«, sagte sie. »Nie mehr.«

»Meine Schwester hat so gedacht. Du weißt genauso gut wie ich, dass dies eine Möglichkeit wäre, Fatima das Leben zu retten. Würdest du in meiner Situation nicht genauso denken?«

»Ich weiß es nicht. Das ist viel zu hypothetisch.«

»Hypothetisch?«

»Wir wissen doch gar nicht, ob es Rachid ist, der Fatima entführt hat. Wir wissen nicht, ob er dich damit erpressen will. Wir wissen nicht einmal, ob sie im Falle deines Todes freigelassen würde. Bislang wissen wir gar nichts. Oder?«

Ahmed antwortete nicht.

»Weißt du noch, wie viel wir über Wahrheit gesprochen haben, als wir uns begegnet sind? Wir wollten nie so werden wie die Gläubigen, erinnerst du dich daran? Wenn du dir das Leben nehmen willst, um Fatima zu retten, dann musst du dir ganz sicher sein, dass du dein Ziel auch erreichst. Der Glaube daran ist zu wenig.«

Ahmed wandte den Kopf ab, nickte aber schließlich.

»Versprich mir, dass du nichts unternimmst, solange wir nicht wissen, was die Kidnapper wollen. Versprich mir das!«

Ahmed schaute sie lange an.

»Leg dich hin«, sagte Mireille. »Es bringt doch nichts, wenn wir beide hier rumsitzen.«

Ahmed stand auf und ging ins Schlafzimmer. Sobald er den Raum verlassen hatte, schickte sie eine Mail an die Leute, die Rachid beschatteten:

Beschattung fortsetzen. Findet heraus, wo Fatima steckt. Aber seid vorsichtig. Niemand darf euch entdecken. Ohne meine Zustimmung wird keine Aktion gestartet. Gebt mir Bescheid, sobald ihr etwas erfahrt. Das kleinste Detail kann von Bedeutung sein.

Nachdem Mireille die Bestätigung erhalten hatte, dass ihre Nachricht angekommen war, stützte sie die Ellbogen auf die Tischplatte und legte den Kopf in die Hände, während sie auf den Monitor starrte.

Es war drei Uhr nachts, als Mireille von einem gellenden Schrei geweckt wurde. Was war geschehen? Sie musste mit dem Kopf auf der Tischplatte eingeschlafen sein. Woher war der Schrei gekommen? Plötzlich war sie hellwach. Hatte sie nur geträumt?

Aber dann hörte sie Ahmeds Jammern aus dem Nebenzimmer.

»Nein, nein, nein!«

Sie sprang auf. Ahmed saß aufrecht im Bett und wankte hin und her. Er starrte in die Luft. Das Gesicht war angstverzerrt. War er von Sinnen?

Mireille setzte sich aufs Bett und hielt ihn fest. Nach einer Weile hatte er sich beruhigt, und sein Blick wurde klarer.

»Ich hatte einen Albtraum«, sagte er. »Ich muss eingeschlafen sein.«

»Es ist vorbei.«

»Nein, es wird nie vorbei sein. Weißt du, wovon ich geträumt habe? Von allen, die ich im Krieg getötet habe. Sie haben Fatima entführt. Ich habe zwanzig Leichen in einer Reihe gesehen. Viele von ihnen hab ich wiedererkannt, als wär es gestern gewesen. Die Soldaten, die meine Schwester gefangen nahmen, waren auch dabei: vier junge Wehrpflichtige und ein Offizier. Dann waren da die drei, die sie gefoltert haben. Und ihr Chef, der Leutnant, der befohlen hatte, sie mit allen Mitteln zum Reden zu bringen. Insgesamt neun Menschen, die ich ermordet habe, nachdem ich sie zuvor gezwungen hatte, mir in die Augen zu sehen, und ihnen gesagt hatte, wer ich bin. Die anderen Leichen hab ich nicht erkannt. Vielleicht waren es Familienväter, so wie ich, Menschen, die ich aus großer Distanz getötet habe, ohne mir groß Gedanken zu machen, wie das im Krieg eben ist. Während ich die Leichen anschaute, erwachten sie zum Leben, standen auf und setzten sich in Bewegung. Im nächsten Augenblick hatten sie Steine in der Hand und standen vor Fatima, die gefesselt war. Jedes Mal, wenn ich einen Schritt auf Fatima zuging, warf jemand einen Stein. Sie schrie. Sie sah mich und rief, dass ich ihr helfen soll. Doch ich konnte nichts tun. Ich konnte ihr nicht helfen.«

»Ahmed!«

Mireille umklammerte ihn noch fester.

»Wir werden das durchstehen!«, sagte sie. »Wir werden Fatima retten. Wir müssen sie retten.«

Ahmed schwieg. Mireille spürte, dass es richtig gewesen war, Ahmed nichts davon zu sagen, dass Rachid vermutlich ein GIA-Aktivist war. Vor allem durften die Kidnapper unter keinen Umständen Verdacht schöpfen, dass ihnen jemand auf der Spur war. Ahmed hatte bereits die Kontrolle über sich verloren. Wozu wäre er imstande, wenn er erfuhr, dass sich Fatima in den Händen der GIA befand?

37

Rachid zögerte, bevor er den Schlüssel ins Schloss steckte. Er befürchtete, Fatima könnte den Schleier abgenommen haben. Er wollte ihr nicht von Angesicht zu Angesicht gegenübertreten. Er wollte nicht gezwungen sein, ihr in die Augen zu schauen. Sie war eine Frau. Sie war nur ein Kind. Sie war vom Teufel gesandt, um ihn zu verführen. Sie sollte sterben. Sie war hübsch. Sie sollte zum rechten Glauben bekehrt werden. Sie war gottlos, ungläubig. Es gab andere europäische Frauen, die einen Araber geheiratet hatten und nach den Gesetzen des Islam dessen Frau waren. Sie war die Tochter eines Feindes. Doch Feinde ließen sich vernichten.

Rachid dachte an die Worte des Imam: Es gab weibliche Spione, die mit ihren Zauberkünsten die Männer verführten. Um ihnen widerstehen zu können, war es wichtig, nicht enthaltsam zu sein. Fatima war kein Spion. Sie war eine Geisel. Die Soldaten der GIA taten recht daran, sich irgendwelche Frauen zu nehmen, um Körper und Seele gesund zu erhalten. Rachid hatte dasselbe Recht wie die anderen. Warum sollte er es sich nicht nehmen? Fatima war in seiner Gewalt. Er konnte mit ihr tun, was er wollte. Warum sollte er sie nicht einfach nehmen und beweisen, dass er ein Mann war? Was hinderte ihn daran? Aus Rücksichtnahme auf ihr Ziel musste er sie so lange schonen und freundlich behandeln, bis sie ihren Zweck erfüllt hatte. Aber danach? Danach konnte er sie zwingen, seine Frau zu werden. Sie sollte sich einem Helden wie ihm als würdige Ehefrau erweisen.

Sicherheitshalber hatte er *Tausendundeine Nacht* mitgebracht. Er wollte nicht gezwungen sein, sie erneut zu schlagen. Vielleicht würde es notwendig werden, Fotos oder ein Video von ihr aufzunehmen, um Ahmed zu beweisen, dass es ihr gut ging. Blaue Flecken im Gesicht würden da gar nicht gut aussehen. Er hoffte, dass sie immer noch den Schleier trug.

Er drehte den Schlüssel herum und betrat den Raum. Fatima stand unbeweglich inmitten des Zimmers, als habe sie ihn erwartet.

»Guten Tag«, sagte er hastig. »Ich habe dir *Tausendundeine Nacht* mitgebracht.«

Fatima antwortete nicht. Stattdessen begann sie ihre Bluse aufzuknöpfen.

»Was tust du da?«, fragte er.

Fatima ließ ihre Bluse auf den Boden gleiten. Rachid starrte wie verhext auf ihren nackten Oberkörper. Durch ihren transparenten BH hindurch konnte er zwei runde, feste Brüste erahnen. Fatima öffnete den Knopf ihrer Jeans, zog den Reißverschluss hinunter und zog sich die Hose aus. Dann griff sie mit den Händen hinter ihren Rücken. Sie öffnete ihren BH, der über ihren flachen Bauch nach unten glitt.

Das war nicht wahr! Das durfte nicht wahr sein! Rachid begann zu zittern. Warum tat sie das? Er konnte nicht denken.

»Hör auf!«, schrie er.

Aber Fatima schien ihn nicht zu hören. Sie steckte die Finger unter den Bund ihrer knappen Unterhose und zog sie langsam aus. Schließlich stand sie nackt vor ihm. Nur den Schleier trug sie noch.

»Nimm mich!«, sagte sie mit brüchiger Stimme. »Wenn du nur meine Mama und meinen Papa in Ruhe lässt. Du kannst mit mir tun, was du willst. Solange du ihnen nichts antust.« Rachid hielt sich die Hände vor die Augen.

»Nimm mich!«, hörte er sie wieder sagen, jetzt näher an seinem Gesicht.

»Bleib stehen!«, sagte er.

»Hast du Angst vor einem jungen Mädchen?«

Er hatte das Gefühl, explodieren zu müssen. Er nahm die Hände herunter. Sie kam noch näher. Wenn sie noch einen Schritt machte, würde er zerbersten. Denken, er musste nachdenken, ehe die Mauer in ihm einstürzte. Er nahm sich gewaltig zusammen, um das Zittern zu unterdrücken. Nein, sie sollte ihn nicht in die Knie zwingen. Er war ein Held. Er war von Allah beauftragt. Er war ein Soldat im Heiligen Krieg. Plötzlich sah er den Imam vor sich. »Wenn du versagst …«, begann der Imam. Und dann brach es wie eine Flutwelle über ihm zusammen: *Entsandt werden wird wider euch eine Feuersflamme und Erz, und es soll euch nicht geholfen werden. Und wenn der Himmel sich spaltet und rosig wird gleich rotem Leder? Und an jenem Tage wird weder Mensch noch Dschānn nach seiner Schuld befragt. Erkannt werden die Sünder an ihren Merkzeichen, und erfasst werden sie an ihren Stirnlocken und Füßen. Dies ist Dschahannam, welche die Sünder leugneten. Sie sollen zwischen ihr die Runde machen und zwischen siedend heißem Wasser.* Allah ist groß. Allah hatte zu Rachid gesprochen und ihn stark gemacht. Er trat ein paar Schritte nach vorne und begann auf den nackten Körper einzuschlagen.

»Hure!«, schrie er. »Glaubst du etwa, eine Ungläubige wie du kann mich in die Knie zwingen? Glaubst du das?« Er schlug weiter auf sie ein. Plötzlich schien alle Kraft aus Fatima zu entweichen. Zitternd und weinend brach sie zusammen.

»Ich halte das nicht aus«, schluchzte sie.

Ihr Gesicht war zu einer Grimasse verzerrt. Rachid befürchtete, sie könnte erneut ohnmächtig werden. Er packte sie, damit sie aufhörte zu zittern, doch sie schien es nicht zu bemerken.

»Töte mich!«, schrie sie. »Aber rühr meine Eltern nicht an. Verschone sie!«

Rachid spürte eine Welle des Triumphes in sich aufsteigen. Es war knapp gewesen, doch schließlich hatte er gesiegt. Er nahm sie auf die Arme und legte sie auf das Sofa. Er breitete eine Decke über sie und sprach beruhigend auf sie ein.

»Deiner Mutter und deinem Vater wird nichts geschehen. Du brauchst dir keine Sorgen zu machen.«

Aber es dauerte lange, ehe Fatima zu weinen aufhörte.

»Ich habe dich entführt, weil ich die Hilfe deines Vaters brauche. Ich will nur sichergehen, dass ich sie auch bekomme. Er riskiert nichts. Du auch nicht.«

»Und meine Mama?«, fragte Fatima kaum hörbar.

»Deine Mama?«

Warum fragte sie nach ihrer Mutter? Glaubte sie denn, sie sei wegen ihrer Mutter entführt worden? »Warum fragst du nach deiner Mutter?«

»Weil ... ich dachte ... ich weiß nicht. Ich weiß gar nichts mehr.«

»Deine Mutter hat damit nichts zu tun. Gar nichts.«

Fatima schwieg.

»Glaubst du mir nicht?«

Fatima schwieg immer noch.

»Warum solltest du mir nicht glauben?«

»*Taqiyya.*«

»Was weißt du von *taqiyya?*«

»Ich weiß, dass ein Moslem das Recht hat, sich im Dienste des Islam zu verstellen und zu lügen.«

»Woher weißt du das? Hat deine Mutter dir etwa gesagt, dass ein Moslem sich gegenüber den Ungläubigen verstellen darf?«

Auch diesmal entgegnete Fatima nichts.

»Ja, *taqiyya* ist von Allah. Aber das bedeutet nicht, dass alle Moslems lügen müssen, nur weil sie Umgang mit Christen haben. Wir sind nicht unberechenbarer als die Christen. Ich weiß, dass es bei euch ein Gebot gibt, das lautet, ihr sollt die Wahrheit sagen. Aber wie viele befolgen es? Schau nur eure Politiker an! Die Skandale, die Korruption! Kapitalistische Unternehmen lügen ununterbrochen, um die Marktanteile zu erhöhen und die Dritte Welt auszusaugen. Die Christen lügen genauso viel wie alle anderen. Das kannst du mir glauben.«

Fatima schwieg beharrlich. Rachid war plötzlich sicher, das richtige Gespür gehabt zu haben. Warum wollte Fatima die Fragen zu ihrer Mutter nicht beantworten? Weil Fatimas Mutter eine Feindin des Islam war. Er begann zu ahnen, warum Fatimas Mutter und Ahmed zueinander gefunden und geheiratet hatten. Sie hatten dieselbe Anschauung. Sie waren es, die Fatimas Seele verwirrt und sie von Allah entfernt hatten. Sie trugen die Schuld daran, dass Fatima an Lügengeschichten glaubte. Sie waren dafür verantwortlich, dass sie sich Allah nicht öffnen und die Wahrheit nicht empfangen konnte. Fatima verbarg etwas. Sie wusste etwas, worüber sie nicht sprechen wollte, das Rachid jedoch kennen sollte. Ihre Eltern waren nicht nur Mann und Frau. Es waren Ungläubige. Das wollte Rachid dem Imam mitteilen. Sie mussten kontrollieren, ob Fatimas Mutter nicht Kontakt zur Polizei aufnahm oder im Verborgenen etwas anderes in die Wege leitete, während sie Ahmed im Auge behielten. Warum hatte Rachid nicht eher daran gedacht? Ahmed war kein Moslem. Er hatte seine Frau also nicht völlig unter Kontrolle. Selbst wenn er seiner Frau verbot, sich an die Polizei zu wenden, war nicht sicher, dass sie seinem Befehl auch gehorchte.

Rachid schaute Fatima lange an. Die brenzlige Situation war überstanden. Sie war schön in ihrer Verzweiflung. Sie schwieg. Er hätte sie gern in seine Arme genommen, doch er traute sich nicht. Noch nicht. Er hatte Angst. Vor sich selbst. Er war stark, aber nicht stark genug. Der Imam hatte erneut Recht gehabt.

Als Rachid ging, ließ er *Tausendundeine Nacht* zurück. Was spielte es für eine Rolle, ob Fatima solche Geschichten las oder nicht? Allahs Wahrheit würde schließlich über alle Geschichten die Oberhand gewinnen. *Der Wahn nutzt nichts gegen die Wahrheit.* Vielleicht hatte Fatima das nun begriffen.

38

Dumas räusperte sich ins Mikrofon. Es war im Saal deutlich zu hören. Vor ihm, dreißig Meter unter der Erde, saßen fast achthundert Leute an einer langen Tafel, um das Fest der heiligen Barbara, der Schutzheiligen der Grubenarbeiter, zu begehen. Das Unternehmen hatte dieses Fest das dritte Jahr in Folge organisiert. Im ersten Jahr hatte man kaum alle unterbringen können, was damals jedoch keine Rolle spielte, weil die Arbeiter genau zu dieser Zeit ihren bislang einzigen Streik durchführten, um höhere Löhne zu bekommen. Im letzten Jahr hatte es schon mehr Platz und eine höhere Decke gegeben, nachdem sowohl beide Seitentunnel als auch zwei Drittel des Haupttunnels komplett ausgegraben worden waren. Es hatten sich zwar nicht alle an der langen Tafel sehen können, aber ein Fest war es dennoch geworden. In diesem Jahr gab es gar kein Platzproblem mehr. Alle siebenhundertzwanzig Leute, insgesamt zwölf Arbeitsgruppen zu je sechzig Mann, zuzüglich der Techniker und Mechaniker, fanden mit Leichtigkeit Platz in der Kathedrale.

Dumas wusste, welche Bedeutung das Fest für sie hatte: Es war ihr Tag. Ein Tag, an dem sie sich von keinem Chef der Welt irgendetwas sagen ließen. Die heilige Barbara war die Schutzpatronin der Arbeiter, nicht der Vorgesetzten, und so verhielten sie sich auch.

Dumas hatte keine Angst vor der Situation. Aber er wusste, dass es unklug gewesen wäre, das Schicksal herauszufordern. Er wollte seine Rede halten und dann die Arbeiter sich selbst überlassen, damit sie ungestört über das Unternehmen herziehen und auf ihre Chefs schimpfen konnten. Dumas sprach ins Mikrofon.

»Zur Zeit des römischen Kaisers Maxentius war einer der ehrbarsten und angesehensten Bürger ein Mann namens Dioskoros. Dieser Dioskoros hatte eine Tochter, die ein Wunder an Schönheit und Güte war. Der orientalischen Tradition gemäß lebte die Jungfrau im Verborgenen und ständig verschleiert gemeinsam mit ihrer Mutter in einem Turm, der ein Anbau des Hauses war, in dem der Vater sowie der Rest der Familie lebten. In diesem Turm widmete sich das junge und intelligente Mädchen ihrem Glauben und war empfänglich für Gottes Wahrheit und seine Liebe. ›Unsere römischen Götter sind Menschen‹, sagte sie sich, ›also werden sie auch geboren und sterben wie andere Menschen. Doch ein Gott besteht für alle Ewigkeit. Sie sagen, der Mensch sei aus Erde entstanden, aber die Erde entsteht nicht aus sich selbst; sie muss von einem Gott erschaffen worden sein.‹ Barbaras Eltern erlaubten einem jungen christlichen Geistlichen, das junge Mädchen zu besuchen und ihr Gesellschaft zu leisten. Der Geistliche unterwies sie im rechten Glauben und taufte sie. Sobald ihr Vater erfuhr, dass sie eine Christin geworden war, drohte er damit, sie zu ermorden. Sie ergriff die Flucht und versteckte sich auf einem nahe gelegenen Berg. Doch der Vater entdeckte sie und zerrte sie an den Haaren zurück in die Stadt, wo er sie zuerst auspeitschte und dann dem Konsul übergab. Nachdem der Konsul sie aufgefordert hatte, ihrem Glauben abzuschwören, setzte er sie einer fürchterlichen Strafe aus: Mit Ochsensehnen peitschte man sie, mit Eisenmessern schnitt man in ihr Fleisch, mit brennenden Fackeln versengte man ihre Wunden. Beide Brüste wurden ihr abgeschnitten, bevor man sie durch die Straßen der Stadt schleifte; doch sie betete zu Gott, ohne ihn im Mindesten anzuklagen. Ihren Leiden wurde auf einer Anhöhe, die sich außerhalb der Stadt befand, ein Ende gesetzt. Dort wurde ihr der Kopf abgeschlagen. Die Geschichte berichtet, dass ihr eigener Vater den Schlag ausführte und unmittelbar darauf vom Blitz getötet wurde.«

Dumas machte eine kurze Pause.

»So lautet die Geschichte von der heiligen Barbara. Es ist keine fröhliche Geschichte, und ich verstehe, dass sich nicht alle gleichermaßen von ihr angesprochen fühlen. Die Nichtkatholiken unter euch meinen vielleicht sogar, ohne eine katholische Schutzheilige auszukommen. Warum habe ich die Geschichte dann überhaupt erzählt? Nicht wegen der Religion, die ist jedermanns Privatangelegenheit. Es ging mir auch nicht um schöne Frauen, obwohl mir dieses Thema sehr am Herzen liegt.«

Man hörte vereinzeltes Lachen.

»Noch weniger wollte ich mich mit dem Vater und euch mit den Kindern gleichsetzen, die ich bestrafen kann, wenn ihr nicht tut, was ich sage.«

Diesmal erklangen einzelne demonstrative Buhrufe.

»Natürlich gibt es auch bei uns Chefs und Vorarbeiter, aber das Eole-Projekt ist unser gemeinsames Anliegen, und der Einsatz jedes Einzelnen ist gleich viel wert. Jeder von euch ist unverzichtbar, und ihr habt eure Arbeit bisher zu unserer vollen Zufriedenheit ausgeführt. Darum will ich es noch einmal laut und deutlich sagen: Ihr alle habt euch mit eurer Arbeit große Ehren erworben. Wenn es nach mir geht, werden wir eine Tafel anbringen, auf der alle eure Namen zu lesen sind, ohne Ausnahme.«

Nach diesem Satz brach ein allgemeiner Jubel aus, ganz so, wie er es erwartet hatte.

»Ich habe die Geschichte von der heiligen Barbara erzählt, weil es in ihr um Mut und Standhaftigkeit geht. Und wenn wir etwas benötigen, um das Eole-Projekt zu Ende zu führen, dann sind es Mut und Standhaftigkeit. Ihr habt bereits bewiesen, dass ihr zu beidem in der Lage seid. In den vergangenen fünf Jahren habt ihr unter schwierigsten Bedingungen den größten Hohlraum der Welt ausgehoben und abgesichert. Ihr habt Baugeschichte geschrieben. Während dieser Zeit sind wir im Großen und Ganzen von Unglücksfällen verschont geblieben, und keiner der Zwischenfälle hatte mit dem Abbau oder den Betonarbeiten zu tun. Schon diese Tatsache allein stellt eure Fähigkeiten unter Beweis. Ihr seid davon überzeugt gewesen, Gestein und Grundwasser in den Griff zu bekommen. Geologen, Architekten, Beton- und Grubenarbeiter haben zusammengearbeitet, um dieses möglich zu machen. Wie ihr seht, liegt vor jedem von euch ein Geschenk des Unternehmens. Es ist die Festschrift zum fünfjährigen Bestehen des Eole-Projekts, die gestern aus der Druckerei kam. In ihr könnt ihr nachlesen, was ihr bisher zu Stande gebracht habt. Das Vorwort stammt von keinem Geringeren als Michel Tournier, einem der bedeutendsten französischen Schriftsteller und Mitglied der Jury für den Prix Goncourt. Nach einer Führung unter Tage und einem gemeinsamen Mittagessen war es ein Leichtes, ihn für das Vorwort zu gewinnen, so beeindruckt war er. Die Bedeutung dessen, was hier entstanden ist, war ihm sofort klar. Lest sein Vorwort und schaut euch die fantastischen Bilder an. Ihr werdet es nicht bereuen.«

Er machte eine kurze Pause.

»In einem Jahr wird das Projekt im Großen und Ganzen vollendet sein. Dann wird am Tag der heiligen Barbara kein Fest für euch, sondern eine Einweihungsfeier für hohe Herren in feiner Garderobe stattfinden. Deshalb möchte ich die Gelegenheit nutzen, euch allen – den tüchtigsten Bauarbeitern, die in diesem Land zu finden sind – zu danken, bevor Außenstehende das Recht haben, sich unter euch zu mischen. Ich danke euch für die Loyalität, die ihr den verschiedenen Unternehmen des Konsortiums entgegengebracht habt. Ich weiß, dass es euch nicht immer leicht gefallen ist und ihr zum Beispiel um höhere Löhne gekämpft habt. Aber ihr wisst auch, dass wir getan haben, was in unserer Macht stand, und dass sich das Unternehmen nicht an dem Projekt bereichert. Desto mehr Grund habt ihr, stolz auf euren Einsatz zu sein. Ich kann euch versichern, dass der Geist dieses Projekts auf vielen Baustellen als vorbildlich angesehen wird. Ihr habt etwas Einzigartiges geschaffen. Vergesst das nie. Unser Teamgeist treibt uns weiter voran. Ihr gehört verschiedenen Kulturen und Religionen an, unterscheidet euch in Alter und Herkunft, doch eines schweißt uns alle zusammen: der Wille, dieses Projekt mit Bravour zu Ende zu führen. Ich möchte im Namen des Unternehmens das Glas auf euch erheben. Ihr, die geschwitzt und geschuftet habt, sollt sitzen, während ich stehe. Das ist nur gerecht. Auf euer Wohl! Mögen eure verschiedenen Götter euch beistehen!«

Dumas leerte sein Glas und verließ das Rednerpult unter dem Jubel der Arbeiter. Die Rede war ihm geglückt, kein Zweifel. In Situationen wie dieser sah er sich in der Rolle eines Fußballtrainers: Es zählte einzig und allein der Erfolg. Wie man diesen erreichte, war gleichgültig, solange das Resultat stimmte. Er hatte seit langem begriffen, dass Ansporn die effektivste Methode war. Ein einziges lobendes Wort des Chefs reichte manchmal aus, damit die Angestellten über sich hinauswuchsen. Die Peitsche hielt man für Notfälle bereit und griff nur zu ihr, wenn alle anderen Mittel versagten.

Georges beschlich ein flaues Gefühl, sobald Dumas seine Lobeshymne auf den unentbehrlichen Einsatz der Arbeiter anstimmte. Dumas sprach kein einziges ehrliches Wort; das waren nur rhetorische Schachzüge, um aus den Arbeitern Höchstleistungen herauszukitzeln. Die Leute waren Dumas vollkommen gleichgültig. Es hätte sich auch um Affen handeln können, wenn diese nur zu Dumas' voller Zufriedenheit arbeiteten. Was ihn selbst betraf, machte sich Georges keine Illusionen: Dumas hätte auch ihn gegen einen Affen ausgetauscht, sofern dieser in der Lage gewesen wäre, am Computer dreidimensionale Zeichnungen anzufertigen und die Belastbarkeit der Konstruktion zu berechnen. Wenn Dumas jemanden fand, der dieselben Fähigkeiten besaß, aber billiger und vor allem gehorsamer war als er selbst, dann waren seine Tage gezählt.

Das waren sie ohnehin. Er hatte Dominique selbst vorgeschlagen, ihren Traum gemeinsam zu verwirklichen. Warum sollten sie sich nicht in Guadeloupe niederlassen? Dann konnte sie den Kindern in der Barackensiedlung das Lesen und Träumen beibringen. Er würde sicher einen Job in der Baubranche finden. Vielleicht nicht in einer gehobenen Position, doch er hatte schon als Betonarbeiter und Maurer gearbeitet, bevor er sich in Abendkursen zum technischen Zeichner hatte ausbilden lassen. Als Dominique begriff, dass er es ernst meinte, hatte sie einen karibischen Freudentanz aufgeführt, ganz nackt, um den Frühstückstisch herum. Wenn er jetzt daran dachte, spürte er eine sonderbare Wärme durch seinen Körper fluten. Er sah, wie Dumas sein Glas hob und einen Trinkspruch ausbrachte. Georges ließ seines auf dem Tisch stehen. Er schaute sich nach Ahmed um. Schließlich entdeckte Georges ihn. Er saß am Rande der Tafel, im Hintergrund, nicht weit von Rachid entfernt. Auch auf diese Distanz bemerkte er, dass Ahmed erschöpft aussah. Armer Ahmed! Hier saß Georges, erfüllt von seiner neuen Liebe und Freiheit, und dort saß Ahmed, der nichts als Trauer und Verzweiflung fühlte. Die Welt war kein Ort der Gerechtigkeit.

Georges drehte den Kopf und entdeckte zu seinem Leidwesen auch Alain, der inmitten einer kleinen Gruppe grölender Franzosen saß. War dies die Fraktion der Front National unter den Arbeitern? Gewiss. Wer würde ein solches Fest sonst in Alains Gesellschaft verbringen wollen? Doch mehr als ein Dutzend von insgesamt siebenhundert Kollegen waren es nicht, die sich mit Alain abgaben.

Ansonsten war alles wie gehabt: Die Algerier blieben genauso unter sich wie Portugiesen und Franzosen. Innerhalb der einzelnen Nationalitäten saßen die Betonarbeiter beieinander, die Mechaniker hatten ihre eigenen Tische und die Gabelstaplerfahrer ihre Ecken. Das gesamte gigantische Verbrüderungsfest war in verschiedene Reviere aufgeteilt. Georges hoffte, dass es keine Reibereien geben würde. Die Schlägerei des letzten Jahres hatte zwar zunächst zu einem stärkeren Zusammenhalt geführt, nachdem sie gezwungen gewesen waren, die Polizei zu rufen, um die größten Streithähne auseinander zu bekommen. Doch seitdem hatten die Spannungen zwischen Arabern und Franzosen ständig zugenommen. Manchmal hatte Georges das Gefühl, die gesamte Gesellschaft sitze auf einer Zeitbombe. Alle wussten, dass sie jederzeit explodieren konnte, doch niemand machte den Versuch, die glimmende Lunte auszutreten.

Alain hatte Dumas mit wachsendem Widerwillen zugehört. Wenn es nach Dumas ginge, sollten sich alle verbrüdern. Dumas war ein Verräter. Mit einem Araber konnte man sich nicht verbrüdern. Die dachten doch nur an die Ihren, die Familie, ihr Geschlecht, ihren Clan und ihren Stamm. Mit Franzosen wollten sie nichts zu tun haben. Dann mussten sie aber auch die Verantwortung für das Verhalten tragen.

Alain war froh, unter Freunden zu sitzen. Am Anfang waren die Gewerkschaftsbosse mit größter Konsequenz jedem Versuch der Front National entgegengetreten, sich zu organisieren und Einfluss zu nehmen. Doch dann hatten sie bemerkt, dass viele ihrer eigenen Mitglieder es sich auch nicht länger gefallen lassen wollten, dass Ausländer ihnen ihre Jobs wegnahmen. Die Gewerkschaft saß also in der Falle. Wenn sie zu hart gegen die Front National vorging, verscherzte sie sich die Sympathien ihrer Mitglieder, die dann womöglich das Lager wechselten. Aus Angst, Einfluss und Mitglieder zu verlieren, bezogen die Kommunisten keine eindeutige Stellung mehr. Es gebe ja wirklich zu viele Araber im Land, meinten sie, vor allem im Hinblick auf die hohe Arbeitslosigkeit. Doch als die Aussagen der Kommunisten von denen Le Pens nicht mehr zu unterscheiden waren, sahen die Leute ein, dass die Front National von Anfang an Recht gehabt hatte. Das hatten sie geschickt eingefädelt. Die Front National besaß wirklich Führungspersönlichkeiten mit Köpfchen. Was Gewerkschaft und Kommunisten auch unternahmen – die Front National gewann in jedem Fall neue Stimmen und Mitglieder. Alain durchschaute alles. Wie hatte Thierry nur etwas anderes denken können? Thierry musste nach all den Schlägen einen Dachschaden haben. Das war die einzig mögliche Erklärung. Thierry würde schon noch merken, dass er sich in seinem Vater getäuscht hatte. Thierry traute seinem Vater keinen klaren Gedanken zu. Doch er hatte nie so viel nachgedacht wie in den letzten Tagen. Thierry hatte von Kommunisten und Semantik oder wie das hieß geschwafelt und davon, dass man von den Kommunisten lernen könne, die richtigen Worte zu benutzen.

Als ginge es um Worte. Nein, Alain hatte sehr wohl begriffen, worauf es ankam. Die Front National sollte sich die Fanatiker in Algerien zum Vorbild nehmen. Denen war es schließlich gelungen, alle Ausländer fortzujagen. Terror war das Einzige, das half. Nicht Krieg, sondern Furcht und Schrecken.

Alain freute sich wirklich auf den Abend. Er hatte alles genau durchdacht. Jeder seiner Freunde hatte sich Opfer auserkoren, die am äußersten Rand der algerischen Gruppen saßen, weit genug voneinander entfernt, so dass sie keine gemeinsame Front bilden konnten. Alain wollte sich im Hintergrund halten, um den Überblick zu wahren und seine Truppen zu befehligen. Dann würde er unter Feuerschutz dort eingreifen, wo Hilfe am nötigsten war. Im Grunde zielte sein Plan darauf ab, eine Gruppe aufgebrachter Franzosen um sich zu scharen, wenn der Streit in vollem Gange war, und Ahmed mit einem Überraschungsmanöver einzukreisen.

Die Angelegenheit wurde jedoch dadurch erschwert, dass Ahmed und Rachid so nahe beieinander saßen. Wenn sich ihre Leute zusammenschlossen, würde es länger dauern, den Feind zu besiegen. Aber der Ausgang stand bereits fest. Es war schließlich keine Frage eines ehrlichen Kampfes Mann gegen Mann. Terror kannte nur ein Ziel: die verdammten Algerier dermaßen einzuschüchtern, dass sie sich vor Angst in die Hose machten und mit Sack und Pack die Flucht ergriffen.

Ahmed achtete kaum auf Dumas' Worte. Ahmed wartete darauf, dass jemand mit ihm Kontakt aufnahm. Vor Beginn des Festes, inmitten all der Leute, die Tische aufstellten und deckten, konnte niemand etwas in die Wege geleitet haben. Aber morgen würden alle freihaben. Am Vormittag sollte eine Catering-Firma die Reste abtransportieren, doch danach würde die gesamte Baustelle für vierundzwanzig Stunden verlassen sein.

Je länger der Abend andauerte, ohne dass sich jemand zu erkennen gab, desto mehr verzweifelte Ahmed. Am schlimmsten war die Ungewissheit, ob Fatima überhaupt noch am Leben war. Die Ungewissheit fraß ihn von innen auf. Er dachte an Mireilles Worte. Ja, er hatte für die Wahrheit gelebt. Sein ganzes Leben lang war er von pedantischer Sachlichkeit gewesen. Er hatte sich nie von der Fantasie mitreißen lassen, sich niemals auf Hypothesen und Gerüchte verlassen. Konnte man so überhaupt leben? Die Gläubigen konnten der Ungewissheit zumindest ihren Glauben entgegensetzen.

Ahmed schenkte den beinahe achthundert Leuten um ihn herum kaum Beachtung. Es war, als kapsele ihn der steigende Lärmpegel nur noch mehr von der Außenwelt ab.

Nach dem Hauptgang hatte Georges keinen Zweifel mehr: Das Fest geriet außer Kontrolle. Das Stimmengewirr wurde immer erregter, doch heitere Töne waren nicht zu hören. Das Lachen klang bemüht und demonstrativ, wie um anderen zu beweisen, dass sie an dem Vergnügen nicht teilhatten. Die Luft zitterte geradezu vor Spannung. Wie viele mochten daran denken, dass ein Aufruhr katastrophale Folgen haben konnte? Die Decke war zwar inzwischen so hoch, dass man glaubte, viel Platz zu haben, doch die Ausgänge waren wie dünne Flaschenhälse und für eine Panik wie geschaffen.

Georges behielt Alain und seine Kumpel im Auge. Georges war sicher, dass sie jede Chance zum Streit ergreifen würden, die sich ihnen bot. Vielleicht war er deswegen der Einzige, der bemerkte, dass sich mehrere Männer gleichzeitig erhoben und sich ihren Weg zu einem Tisch mit Algeriern bahnten. Georges sprang auf und holte zwei von Alains Leuten ein.

»Setzt euch wieder hin!«, sagte er zu ihnen. »Wir wollen heute keinen Ärger. Der letztes Jahr hat uns schon gereicht.«

»Was zum Teufel geht dich das an?«

»Genauso viel wie alle anderen. Wenn ihr nicht sofort zurückgeht, werde ich dafür sorgen, dass ihr in Zukunft mit den Algeriern zusammenarbeitet, jeder von euch in einer Sektion. Hört sich doch toll an, oder? Neue, exotische Mitarbeiter, die im Tunnel spannende Geschichten erzählen können, allein unter sechzig Arabern.«

Die zwei schauten sich an.

»Ihr wisst bestimmt, dass ich meine Versprechen zu halten pflege.«

Das wussten sie offenbar, denn beide gingen zurück. Georges konnte weitere vier Männer mit demselben Argument zum Umkehren bewegen. Doch er konnte nicht verhindern, dass an drei anderen Stellen ein Tumult entstand. Er ging zu vier kräftigen und zuverlässigen Betonarbeitern, die er seit fünfzehn Jahren kannte.

»Kommt mit!«, war alles, was er sagte.

Alle vier standen wortlos auf. Wie eine Dampfwalze

bahnte sich Georges seinen Weg durch Tische und Stühle hindurch und warf sich sofort in einen der Unruheherde. Als er dazwischenging, entstand in der allgemeinen Verblüffung eine kurze Pause, die von den Betonarbeitern dazu genutzt wurde, Alains Provokateure am Kragen zu packen und mit einigen gezielten Tritten in den Hintern zu vertreiben. Als Georges den letzten Ort der Auseinandersetzung erreichte, war die Schlägerei zwischen fünf, sechs Franzosen und ebenso vielen Algeriern bereits in vollem Gange. Plötzlich erblickte Georges ein Messer in der Hand eines Algeriers. Rasch kletterte er über einen der Tische und schlug dem Algerier mit der Faust ins Gesicht, so dass dieser über einen Tisch hinweg auf dem Boden landete. Die Franzosen, die den Streit begonnen hatten, brachen in Jubel aus, bevor sich Georges' Leute ihrer annahmen. Alles war in wenigen Minuten vorüber.

Schließlich entdeckten Georges und seine vier Helfer Alain, der sich im Schatten einer Tunnelwand zu verstecken versuchte.

»Ich habe nichts getan«, sagte er, während er zusammensank.

»Geh zu deinen Kumpeln und verschwindet augenblicklich von hier. Ich werde morgen einen Bericht schreiben und dich der Aufwiegelei beschuldigen. Wenn Dumas und Gautrot nichts unternehmen, gehe ich zur Polizei.«

Alain öffnete den Mund zum Protest, aber als Georges' vier Betonarbeiter sich vor ihm aufbauten, machte Alain auf dem Absatz kehrt und lief davon.

Nach und nach kamen mehrere Leute zu Georges und dankten ihm. Einige brachten ihre Bewunderung für seinen Mut zum Ausdruck.

»Warum habt *ihr* nichts unternommen?«, fragte Georges.

Er selbst war nie besonders mutig gewesen. Das war er jetzt auch nicht. Mutig nennen konnte man nur die, die ihre Angst überwanden und sich der Gefahr stellten. Er selbst hatte keinen Gedanken an seine Angst und die Gefahr verschwendet. Ihm war einfach der Kragen geplatzt. Außerdem hatte er jetzt die Chance, endlich ein ehrliches Leben zu führen. Die wollte er sich nicht von einigen engstirnigen Idioten vermasseln lassen. Dumas, Alain, Marie, die Front National, der allgemeine Rassismus, der überall auf dem Vormarsch war, die Entführung von Fatima – das war mehr, als er ertragen konnte.

Sobald sich die Gemüter wieder beruhigt zu haben schienen, verabschiedete er sich. Die Letzten, die er sah, bevor er den Ort verließ, waren Ahmed und Rachid, die miteinander im Gespräch waren. Es gab doch immer etwas, worüber man sich freuen konnte. Ahmed hatte den ganzen Abend schweigend dagesessen. Jetzt hatte er zumindest einen Gesprächspartner, der ihn ein wenig von seinen Gedanken an Fatima ablenken konnte.

Rachid hatte den ganzen Abend gespannt auf den richtigen Augenblick gewartet, um mit Ahmed zu reden. Einerseits wollte Rachid lieber auf dem Fest mit der Wahrheit herausrücken als unter vier Augen. All die anderen Leute würden schon verhindern, dass Ahmed ihn auf der Stelle umbrachte, sollte er wider Erwarten die Besinnung verlieren. Andererseits riskierte er natürlich, dass ihnen jemand zuhörte. Der entstandene Tumult gab Rachid die Gelegenheit, auf die er gehofft hatte. Alle waren abgelenkt. Er nahm seinen

Stuhl und setzte sich neben Ahmed, der sich allein am Ende eines Tisches befand, als habe er darauf gewartet, dass sich jemand zu ihm setzte. Ahmed wusste offenbar sofort, was Rachids Auftauchen zu bedeuten hatte, denn noch bevor dieser etwas sagte, fragte Ahmed, ob Fatima noch am Leben sei. Rachid entgegnete, dass es ihr an nichts fehle.

»Wie soll ich das glauben?«, fragte Ahmed. »Wie kann ich mit Sicherheit wissen, dass sie nicht von islamischen Fanatikern vergewaltigt, misshandelt oder gefoltert wurde?«

»Du wirst ihre Stimme hören.«

»Wann?«

»Bald.«

»Was soll ich tun?«

»Nur das, worum ich dich bereits gebeten habe: uns zu helfen, dass wir den Einwanderern helfen können. Du sollst nur dafür sorgen, dass ich nicht gestört werde.«

»Wann?«

»Morgen Abend.«

»Und wenn ich mich weigere?«

Rachid schaute sich um, um sicherzugehen, dass ihnen niemand zuhörte.

»Dann stirbt Fatima. Leider. Sie ist sehr hubsch. Ein tolles Kind, auf das jeder Vater stolz wäre. Du hast keine Wahl.«

»Und euer Ultimatum?«

»Ultimatum?«

»Ja, Ultimatum. Sagtest du nicht, euer größter Wunsch ist es, die Aktion nicht durchführen zu müssen? Was ist, wenn eure Forderungen erfüllt werden?«

»Wir werden keine Forderungen stellen, solange die Sprengladung nicht platziert ist. Aber wenn die Regierung auf unsere Forderungen eingeht, dann bist du von deinem Auftrag befreit. Fatima ebenso.«

Das war knapp, dachte Rachid. Er hatte das Ultimatum vergessen. Seine Lehrmeister hatten stets betont, wie wichtig es sei, auf alle Eventualitäten, selbst die unwahrscheinlichsten, gefasst zu sein, solange man es mit Menschen zu tun hatte. Gleichzeitig hatten sie ihm jedoch verboten, sich in die Lage der Ungläubigen hineinzuversetzen. Das war schon ein wenig unlogisch.

»Wann bekomme ich Fatima zurück?«, fragte Ahmed.

»Vierundzwanzig Stunden nach der Aktion wirst du erfahren, wo du sie abholen kannst. Aber keine Tricks. Solltest du mich verraten oder die Polizei einschalten, stirbt sie.«

»Wie kann ich sicher sein, dass sie nicht in jedem Fall stirbt?«

»Du hast keine andere Wahl, als meinen Worten zu glauben.«

»Nein, das hab ich wohl nicht. Ich habe nur einen einzigen Fehler gemacht. Jetzt muss ich den Preis dafür bezahlen.«

»Welchen Fehler?«

»Ich habe vergessen, dass man sich nie einem Diener Allahs anvertrauen sollte. Das geht immer böse aus.«

»An deiner Stelle würde ich meine Zunge hüten.«

»Aber du bist leider nicht an meiner Stelle. Du bist nicht fähig, dich in mich hineinzuversetzen, sonst wärst du nicht der, der du bist. *Helfet mir mit Kräften, und ich will zwischen euch und zwischen sie einen Grenzwall ziehen.* Allah hat einen Grenzwall zwischen uns errichtet. Du hast keine Ahnung, wie es ist, ein anderer Mensch zu sein. Alles Fremde macht dir Angst.«

»Wie kannst du es wagen, den Koran zu zitieren?«

»Diejenigen, welche das Buch und das, womit wir Unsre Gesandten entsandten, als Lüge erklären, sie sollen wissen … Wenn die Joche auf ihrem Nacken sind und die Fesseln, und sie ins siedende Wasser geschleift werden und im Feuer brennen, dann wird zu ihnen gesprochen werden: ›Wo ist das, was ihr Allah an die Seite setztet?‹ Was ist falsch daran, die Wahrheit zu zitieren? *Ich bin nicht gekommen, um Frieden zu bringen, sondern das Schwert.«*

»Das ist Blasphemie. Du verdienst den Tod.«

»So wie Sénac? Wie Djaout, Flici, Sebti, Bagtache und alle die anderen, die von der GIA ermordet wurden, nur weil sie frei ihre Meinung geäußert haben?«

»So wie alle *Dajjal,* die Allah verleugnen und seine Botschaft missachten.«

»Du solltest deine Hausaufgaben besser machen. Was ich zuletzt zitiert habe, steht nicht im Koran, sondern in der Bibel. Aber es hat natürlich keinen Zweck, an deinen Verstand zu appellieren. Leute wie du und Alain können sich die Hand geben. Ihr seid einfach zu feige, um euch mit dem Unterschied von Wahrheit und Lüge auseinander zu setzen.«

»Vergiss nicht, dass ich Fatima in meiner Gewalt habe.«

»Dein Anschlag ist dir wichtiger als meine Bestrafung. Außerdem brauchst du dich um mich keine Sorgen zu machen. Allah hat für mich schon einen Platz in der Hölle reserviert.«

»Halte dich morgen bereit. Ich will, dass du den ganzen Tag hier bist. Irgendwann am Nachmittag wirst du den Beweis erhalten, dass Fatima noch am Leben ist. Um halb fünf sollst du an der Sohle des Victoriaschachts auf mich warten.«

»Und wenn ich aufgehalten werde?«

»Trägst du selbst die Verantwortung dafür.«

»Willst du nicht meine Adresse und Telefonnummer haben?«

»Was soll ich damit?«

Ahmed blickte ihn spöttisch an.

»Du bist ein Amateur. Irgendjemand muss doch Kontakt zu mir aufnehmen, um mir zu sagen, wo ich Fatima abholen kann, wenn alles vorbei ist. Hast du das etwa auch vergessen?«

»Nein, nein. Danke für die Erinnerung.«

Rachid fühlte sich durchschaut. Erfindungen und Lügen waren nicht seine Sache. Man musste einfach zu viele Dinge beachten, um einen glaubwürdigen Eindruck zu hinterlassen. Aber eigentlich spielte es keine Rolle, ob Ahmed ihm glaubte oder nicht. Ahmed stand mit dem Rücken zur Wand. Und auf ihn wartete ein Erschießungskommando, wenn er nicht tat, was Rachid sagte.

39

Mireille sah Ahmed sofort an, dass auf dem Fest etwas geschehen war.

»Es ist so, wie wir vermutet haben«, sagte er.

»Rachid?«

»Ja. Ich soll Wache halten, während er eine Sprengladung anbringt, um die Pumpenanlage zu zerstören.«

»Und dann?«

»Ich soll dafür sorgen, dass niemand in die Nähe kommt, während Rachids Organisation ein Ultimatum stellt. Wenn die Regierung darauf eingeht oder die Baustelle vom

Grundwasser überschwemmt wird, bekommen wir Fatima zurück.«

»Wie?«

»Vierundzwanzig Stunden nach der Aktion werden wir informiert, wo wir sie abholen können. Für die Täter bleibt somit genug Zeit, unterzutauchen oder das Land zu verlassen.«

»Glaubst du ihnen?«

»Ich glaube niemandem mehr, schon gar nicht Rachid.«

»Was hast du geantwortet?«

»Das, was wir vereinbart hatten. Ich hatte keine Wahl.«

»Wann soll die Sprengladung platziert werden?«

»Morgen Abend. Aber ich weiß nicht, wann sie gezündet werden soll. Das erfahre ich sicher erst, wenn es so weit ist.«

»Also haben wir nicht viel Zeit.«

»Nein, und ich werde nichts ausrichten können. Rachid hat verlangt, dass ich morgen den ganzen Tag an meinem Platz bleibe. Vermutlich, um mich unter Kontrolle zu behalten. Wenn du und deine Freunde Fatima nicht rettet, können wir nur darauf hoffen, dass Rachid sie gehen lässt.«

»Wie sind die Chancen?«

»Wenn die GIA ihre Finger im Spiel hat, ist die Lage hoffnungslos. Sie würden einen Zeugen niemals überleben lassen. Wenn die GIA dahinter steckt, dann *musst* du sie rausholen. In meinem eigenen und in Fatimas Interesse. Sollte die FIS versuchen, die Überschwemmung als politisches Druckmittel einzusetzen, stehen unsere Chancen vermutlich besser. Sie versuchen, etwas von der Glaubwürdigkeit zurückzugewinnen, die sie verloren haben, als einige ihrer Imame sich in den Moscheen für Terror und Gewalt aussprachen. Seitdem haben sich alle möglichen

Gruppen abgespalten, die im Namen Allahs morden. Bei denen kann man sich nie sicher sein. Hast du etwas in Erfahrung gebracht?«

»Ja.«

»Gut, mehr muss ich nicht wissen.«

»Wir wissen mehr als vor ein paar Tagen. Aber kein Wort davon, wenn du die Möglichkeit hast, mit Fatima zu reden. Ich nehme an, du hast ein Lebenszeichen von ihr gefordert.«

»Ja.«

»Sie werden sehr genau auf deine Worte achten. Du musst Fatima davon überzeugen, dass sie freikommt, wenn du auf die Forderungen der Kidnapper eingehst. Schaffst du das?«

»Ich muss.«

Mireille schmiegte sich eng an Ahmed. So blieben sie lange stehen, um eine kraftvolle Einheit zu bilden – sie, die so lange unabhängig voneinander gearbeitet hatten. Mireille hoffte, ihm ein wenig von der schwachen Hoffnung vermitteln zu können, die sie seit dem Eintreffen der letzten Informationen geschöpft hatte. Ja, sie hatten Rachid den ganzen Weg bis zu einem Industriegebäude folgen können. Sie wussten, dass er sich dort mit jemandem traf. Durch ein Nachtsichtgerät hatten sie die Umrisse zweier Personen in einer Art Büro sehen können. Außerdem deutete alles darauf hin, dass Fatima nicht sonderlich scharf bewacht wurde. Zu diesem Zeitpunkt hatten sie das Gebäude, das ausschließlich von Rachid betreten und wieder verlassen wurde, achtundvierzig Stunden lang beobachtet. Den Plastiktüten nach zu urteilen, schien er sie mit Lebensmitteln zu versorgen, wenn auch in geringen Mengen. Es hätte sehr viel schlimmer kommen können.

Hingegen wollte sie den Gedanken verdrängen, dass Rachid der GIA angehörte und offenbar unter dem Einfluss eines der blutrünstigsten Oberhäupter stand. Deshalb hatte Ahmed Recht gehabt: Sie mussten erfolgreich sein, sowohl in Fatimas als auch in Ahmeds Interesse. Dass die GIA Fatima freiwillig laufen oder einen Zeugen wie Ahmed überleben lassen würde, war undenkbar. Oder gefährliches Wunschdenken.

40

Den ganzen Tag hatte Fatima darüber nachgedacht, was sie tun konnte. Eine Flucht war unmöglich, das hatte sie bereits untersucht. Niemand hatte sie gehört, als sie sich heiser geschrien und gegen die Tür gehämmert hatte, bis ihre Hände schmerzten. Die Fenster waren mit Holzlatten vernagelt, so dass nicht der kleinste Lichtstreifen ins Zimmer drang. Sie war nicht stark genug, um Rachid niederzuschlagen, nicht einmal, wenn sie dazu einen Gegenstand gehabt hätte. Und es gab ohnehin nichts, was sich als Waffe hätte benutzen lassen.

Der Versuch, ihm ihren Körper anzubieten, war fürchterlich missglückt. Doch sie hatte wirklich geglaubt, dass ihre Nacktheit ihn so wütend machen würde, dass er die Selbstbeherrschung verlöre. Nacktheit war ein Tabu im Islam, das wusste sie. Darüber hatte sie in Mireilles Büchern gelesen. Ja, Fatima hatte sich eingebildet, die Mauer ihres Kidnappers einzureißen, indem sie sich auszog. War sie wirklich so naiv gewesen? Ja, aber sie hatte auch nicht gewusst, was sie sonst hätte tun sollen.

Der Schleier machte es ihm so leicht. Ihm wurde der

Anblick ihrer Tränen und geröteten Augen erspart. Ihm wurde der Anblick ihrer Angst und Verzweiflung erspart. Solange sie den Schleier trug, konnte auch er sich hinter ihm verstecken. Sie hatte sich ausgezogen, um ihn zu zwingen, sie anzusehen. Er sollte begreifen, dass sie aus Fleisch und Blut war. Das hatte nicht geklappt. Was blieb ihr jetzt noch übrig? Lohnte sich ein weiterer Versuch überhaupt?

Doch, es lohnte sich zu kämpfen, so wie Mireille. Fatima hatte Mireille versprochen, stark zu sein. Sie wollte nicht aufgeben. Aber wie konnte sie den Mann erreichen oder zumindest dazu bringen, ihr zuzuhören? Scheherezade hatte Geschichten erzählt. Aber *Tausendundeine Nacht* war eine Erfindung. Scheherezade war eine Märchenfigur. Und was half diese in der Wirklichkeit? Leute wie der Mann, der sie entführt hatte, hörten nicht zu oder antworteten stets mit Kugeln, Bomben und Fäusten. Sie verurteilten Leute zum Tode, weil sie Geschichten erzählten. Sie hatten Todesangst vor Geschichten. Sie verboten Frauen, Romane zu lesen. Sie sperrten Schriftsteller ins Gefängnis. Ahmed sagte, alle Tyrannen fürchteten die Fantasie, weil sie Angst hatten, die Leute könnten sich ein Leben ohne Tyrannen vorstellen. Und die Wahrheit? Die fürchteten sie ebenso wie Geschichten, hatte Ahmed gesagt. All das schien ihr zu kompliziert, um die Zusammenhänge zu begreifen. Verstand die überhaupt jemand? Sie wusste nur, dass sie Rachid dazu bringen musste, ihr zuzuhören, damit er mit eigenen Augen sah, wie sie hinter dem Schleier ausschaute. Kein Mensch konnte völlig gefühllos bleiben, wenn er einem anderen Menschen in die Augen blickte. Oder doch? Sie dachte an all die schrecklichen Geschichten, die sie in den Büchern ihrer Mutter gelesen hatte. Hatten die Peiniger und Mörder ihren Opfern in die Augen gesehen? Richtig in die Augen gesehen? Oder waren sie gezwungen gewesen, den Kopf abzuwenden, um ihre Tat ausführen zu können? Hatte ihr der Mann deswegen den Schleier gegeben? Um hart und rücksichtslos sein zu können? Darüber hatte nichts in den Büchern gestanden.

Den dritten Tag nacheinander hörte Fatima Schritte auf der Treppe und den Schlüssel, der sich im Schloss drehte. Sie beeilte sich, den Schleier anzulegen. Der war ihre einzige Waffe. Die Drohung, ihr Gesicht und ihre Hände zu zeigen, war das Einzige, was der Mann wirklich fürchtete. Mehr als ihren nackten Körper. Warum? Vermutlich aus Angst davor, sie richtig zur Kenntnis nehmen zu müssen, als Mensch aus Fleisch und Blut.

Der Mann öffnete die Tür. Er blieb mitten im Raum stehen und betrachtete ihren Schleier.

»Noch zwei Tage«, sagte er. »Dann ist alles vorbei, und du wirst deine Mutter und deinen Vater wiedersehen.«

Fatima entgegnete nichts. Würde sie freikommen? Konnte sie sich auf seine Worte verlassen?

»Es tut mir Leid wegen gestern. Eine Frau darf nicht tun, was du getan hast. Verstehst du jetzt, warum eine Frau den Männern ihren Körper und ihre Haut nicht zeigen darf?«

»Ja, weil ihr Männer keinen Willen habt. Ihr schiebt die Schuld auf die Frauen. Dabei ist es eure Schwäche. Ihr seid schlimmer als Tiere. Tiere vergewaltigen nicht ihre Frauen.«

»Sei still!«

»Ich denke nicht dran. Du hast mir mein Gesicht und

meine Augen genommen. Wenn du mir jetzt auch noch meine Worte nehmen willst, musst du mir den Mund zunähen. Oder mich umbringen.«

»Hier ist alles, was du bis morgen brauchst«, sagte er und streckte ihr eine Plastiktüte entgegen.

Fatima rührte sich nicht.

Er ging in die Küche und räumte die Lebensmittel in den Kühlschrank. Er kam zurück und stellte sich an die gegenüberliegende Wand, so weit weg von ihr wie möglich.

»Brauchst du noch etwas? Ich komme morgen wieder.«

Sie antwortete nicht, doch er blieb stehen. Was war, wenn er doch bleiben wollte? Wenn sie ihn doch beeindruckt hatte?

»Ich brauche jemanden, mit dem ich reden kann«, sagte sie. »Ich bin einsam. Bist du jemals einsam gewesen?«

»Ich war allein. Aber nie einsam. Wer Allah hat, ist nie einsam.«

»Das ist nicht wahr. Man wird verrückt, wenn man zu lange allein ist. Das habe ich gelesen. Viele glauben, man könne mit sich selber reden. Aber das kann man nicht. Am Ende versteht man seine eigenen Worte nicht.«

»Allah versteht alles.«

»Woher weißt du das? Vielleicht bildest du dir das nur ein, weil du einsam bist. Als die Leute die Gefangenen der Bastille befreiten, merkten sie, wie viele Verrückte sich unter ihnen befanden. Die Einsamkeit hatte sie alle krank gemacht. Das habe ich im Geschichtsunterricht gelernt. Wir haben einen guten Lehrer. Glaubst du, die Gefangenen der Bastille hätten nicht zu Gott gebetet? Hundert Mal. Tausend Mal.«

»Das waren Christen.«

»Das spielt doch keine Rolle. Wenn man zu lange allein war, weiß man nicht einmal mehr, was die Worte des Korans bedeuten.«

»An Allah kannst du dich immer wenden«, sagte er monoton, als leiere er etwas herunter, was er auswendig gelernt hatte.

»Ja, aber er antwortet nicht. Sonst sähe die Welt heute anders aus. Allah ist schweigsam wie ein Grab. Alles wird sinnlos, wenn man ganz auf sich allein gestellt ist. Weißt du, wie furchtbar es ist, wenn einem niemand auf der Welt zuhört? Es ist so furchtbar, dass man sterben will.«

Rachid schaute sie mit leerem Blick an, als wollte er ihre Worte nicht verstehen.

»Ich könnte mir das Leben nehmen, und niemand würde es beachten«, fuhr sie fort. »Ich habe oft daran gedacht. Weißt du, wie einsam man ist, wenn man nicht weiß, wer man ist?«

»Nein.«

»Dann kannst du dir auch nicht vorstellen, dass man lieber sterben will, anstatt weiter als Niemand zu leben.«

»Bei Allah ist man immer jemand. So darfst du nicht denken.«

»Wer sollte mich daran hindern? Du vielleicht? Die Einzigen, die mir helfen könnten, sind meine Mama und mein Papa. Aber die sind nicht da und sicherlich ganz außer sich vor Sorge.«

»Du darfst nicht daran denken zu sterben.«

»Warum nicht?«

Sie war drauf und dran, ihm zu sagen, dass er sich nur so äußerte, um sie am Leben zu erhalten. Weil er sie noch brauchte. Doch etwas in seinem Blick hielt sie zurück.

»Wenn du an Allah glaubst, brauchst du nie mehr einsam zu sein«, sagte er.

»Glaubst du etwa, ich hätte es nicht versucht? Aber der Himmel und Allah haben geschwiegen, sosehr ich auch gebetet und geweint habe.«

»Wenn du einen Moslem heiratest, kann alles anders werden. Dann musst du vor Allah und deinem Ehemann dem Christentum abschwören. Dann wirst du nie mehr einsam sein. Du wirst immer wissen, wer du bist. Im Islam gibt es keine einsamen Menschen. Einsamkeit ist eine Erfindung des Westens. Ein Teil der großen Verschwörung. Du wirst nur Allah gehören.«

»Allah und meinem Ehemann?«

»Ja.«

»Ich kann meinem Glauben nicht abschwören.«

»Das haben schon andere christliche Frauen getan.«

»Ich bin nicht gläubig. Ich glaube an keinen Gott.«

»Alle müssen an etwas glauben.«

»Dann glaube ich an Geschichten.«

»Geschichten sind etwas für Kinder, damit sie einschlafen. Später, wenn sie groß sind, gibt es nur noch die Wahrheit. Und die Wahrheit, das ist der Koran. Begreifst du nicht, dass der Koran die einzige Wahrheit ist?«

»Meine Geschichten sind genauso wahr wie der Koran.«

»Das können sie nicht sein, weil sie nicht von Allah stammen.«

»Woher willst du das wissen? Was ist, wenn der Koran nur ein Märchen ist?«

»Du bist jung und unvernünftig. Sonst würdest du so was nicht sagen. Der Koran ist von Allah.«

»Wer sagt das?«

»Der Koran sagt das. Nur der Koran kann uns sagen, wie wir leben sollen.«

»Geschichten haben mir geholfen, wenn ich traurig war. Ist das etwa verboten?«

Rachid antwortete nicht.

»Willst du einige meiner Geschichten hören? Du könntest mir einfach zuhören, damit ich nicht länger allein sein muss. Dann kannst du mir hinterher sagen, ob die Geschichten wahr sind oder nicht. Wenn du mir zuhörst, dann verspreche ich dir, dass auch ich zuhören werde, wenn du aus dem Koran erzählst. Ich verspreche dir, dass ich nicht mehr an den Tod denken werde.«

Zum ersten Mal seit der Entführung bemerkte sie etwas in Rachids Gesicht, das einem Lächeln gleichkam. Er war die ganze Zeit so ernst gewesen.

»Du darfst nichts sagen, während ich erzähle. Du sollst nur zuhören. Versprichst du mir das?«

Rachid setzte sich in größtmöglicher Entfernung von ihr auf das Sofa.

»Dann beginne ich mit der ersten Geschichte. Du darfst mich nicht unterbrechen, auch wenn sie dir nicht gefällt. Du musst sie dir bis zum Ende anhören.«

Sie machte eine kurze Pause.

»Die erste Geschichte handelt von einem jungen Mädchen in Algier. Sie kam mit einer schönen Stimme und einem hübschen Gesicht auf die Welt. Sie sang für die Stammgäste eines kleinen Kabaretts, die sie wegen ihres schönen Gesangs liebten. Die Mutter des Mädchens passte auf sie auf und achtete darauf, dass ihr die Männer nicht zu nahe kamen. Aber das hätte niemand gewagt, aus Angst, sie könne dann zu singen aufhören. Eines Tages erschien ein reicher und mächtiger Kalif mit seinen Leibwächtern. Er verliebte sich in das Mädchen und wollte sie heiraten. Er bot der Mutter des Mädchens viel Geld an, so viel Geld, dass weder die Eltern des Mädchens noch deren Geschwister je wieder hätten arbeiten müssen. Doch der Kalif war bekannt dafür, dass er ein Tyrann war, und die Mutter weigerte sich. Aber der Kalif blieb mehrere Wochen lang in der Stadt und versuchte, die Mutter zu überreden, die schließlich einwilligte, ihre Tochter selbst zu fragen. Aber das Mädchen sagte Nein. Der Kalif wurde zornig, reiste jedoch am nächsten Tag ab.

Viele Monate später kam ein junger Mann in das Kabarett. So wie der Kalif verliebte er sich in das Mädchen und ihre Stimme. Aber der junge Mann sah keine Möglichkeit, sich ihre Gunst zu erkaufen. Er schenkte ihr Blumen und begegnete ihr mit Respekt. Das Mädchen ging auf seine Angebote nicht ein. Sie hatte Angst, nicht mehr singen zu dürfen, wenn sie erst verheiratet war. Das berichtete die Mutter dem Mann, der sofort versprach, dass sie so viel singen dürfe, wie sie wolle, wenn sie ihn nur heiraten würde. Er fügte hinzu, dass er als guter Moslem zwar nicht zulassen könne, dass sie für andere Männer in Algier sänge, aber in London, wo er lebe, könne sie singen. Es vergingen einige Monate, und das Mädchen musste immer häufiger an den freundlichen Mann denken, während dieser fort war und seinen Geschäften nachging. Der Mann war vermögend, obwohl er nie über Geld sprach. Schließlich sagte sich das junge Mädchen, dass der Mann vermutlich ihre beste Chance war, wenn sie auch in Zukunft singen wolle. Andernfalls wäre sie irgendwann gezwungen, einen Algerier zu heiraten, der sie in ein Haus sperren und ihr das Singen verbieten würde. Wie viele muslimische Männer würden ihrer Frau schon erlauben, für andere Männer zu singen?

Die Hochzeit wurde in Algier gefeiert, und die Flitterwochen verbrachte das Paar in einem schönen Londoner Hotel. Nur eines war nicht, wie es sein sollte. Der Mann liebte sie nicht mehr. Er sagte, er brauche noch mehr Zeit, bevor er sich traue, sie zur Frau zu machen. Er sagte, er habe Angst, ihre Stimme könne in Mitleidenschaft gezogen werden. Das Mädchen war traurig, doch sie wusste nicht, worin der Fehler bestand. Nach einigen Wochen teilte der Mann ihr mit, dass sie nach Marokko reisen würden, wo er Geschäfte zu erledigen habe. Danach würden sie wie ein echtes Ehepaar miteinander leben. Sie nahmen ein Privatflugzeug und landeten bei einem hoch in den Bergen gelegenen Palast. Sie begaben sich zum Eingangstor, das sich ihnen von selbst öffnete. Vor ihnen stand der Kalif, den das Mädchen vor Monaten abgewiesen hatte. Der junge Mann, den sie geheiratet hatte, verneigte sich vor dem Kalifen, machte auf dem Absatz kehrt und ging davon, ohne das Mädchen eines Blickes zu würdigen. Danach wurde die Palastpforte zugeschlagen.«

Fatima schwieg.

»Was meinst du, ist die Geschichte wahr?«, fragte sie schließlich.

»Sie ist wahr. Eine gute Geschichte.«

Dann begann er zu kichern.

»Aber sie hat doch selbst Schuld gehabt. Keine Frau hat das Recht, einen Mann zu erniedrigen.«

»Die Geschichte ist erfunden«, sagte Fatima. »Ich habe sie im Buch eines marokkanischen Schriftstellers gelesen, sein Name ist Tahar Ben Jelloun. Aber du hast über das

Mädchen gelacht. Warum lacht man über etwas, das es nicht gibt? Daran siehst du, dass auch eine erfundene Geschichte wahr sein kann.«

»Aber trotzdem ist sie gelogen.«

»Hättest du über sie gelacht, wenn sie wahr gewesen wäre?«

»Aber das ist sie nicht.«

»Könnte dir das Mädchen nicht jedenfalls Leid tun? Vielleicht gibt es sie irgendwo?«

»Ich will keine Geschichten mehr hören.«

»Dann nehme ich meinen Schleier ab. Du hast versprochen, mir zuzuhören.«

Er antwortete nicht.

»Jetzt kommt die zweite Geschichte. Es war einmal ein junges Mädchen, das in England lebte. Sie war neunzehn Jahre alt und sehr einsam. Eines Tages lernte sie in einem Café einen Mann kennen. Der Mann machte ihr Komplimente und fragte sie, ob er sie zum Essen einladen dürfe. Er war sehr aufmerksam, er öffnete die Türen und trug ihre Tasche, als er sie nach Hause begleitete. Das junge Mädchen fühlte sich geschmeichelt und nicht mehr ganz so einsam. Als wäre ein Sonnenstrahl in ihr Herz gedrungen. Der Mann warb zwei Monate um sie und schlug anschließend vor, sie sollten sich verloben. Das Mädchen war noch nie so glücklich gewesen. Keine Tage waren so magisch wie die, an denen der Mann von seinen Reisen zurückkehrte. Er war Geschäftsmann und arbeitete direkt mit der Botschaft zusammen. Er war eine wichtige Person in seinem Land.

Nach einem halben Jahr, während sich der Mann auf einer längeren Reise befand, bemerkte sie, dass sie schwanger war. Voller Stolz und überschwänglicher Freude überbrachte sie ihrem Mann bei dessen Heimkehr die Neuigkeit. Aber er freute sich nicht so sehr, wie sie erwartet hatte. Er sagte, die Schwangerschaft käme ungelegen. Das Mädchen war todunglücklich. Er sagte, er sei gezwungen, in sein Heimatland zu reisen, um mit seiner Familie zu sprechen. Es sei nicht leicht, ein Moslem zu sein, sagte er, und mit einer Christin ein Kind zu bekommen. Als er nach zwei Wochen zurückkehrte, behandelte er sie genauso gut wie zuvor. Er sagte, er sei froh, dass sie ein Kind von ihm erwarte und dass sein Vater in die Hochzeit eingewilligt habe; jedoch müsse sie vorher zum Islam übertreten. Das tat sie gerne. Er und das Ungeborene in ihrem Bauch waren ihr wichtiger als alles andere.

Im nächsten Monat ging der Mann überhaupt nicht auf Reisen, tat hingegen alles für sie. Sie fühlte sich wie eine echte Prinzessin, wie Aschenputtel, obwohl sie keine bösartigen Stiefschwestern hatte. Als der Monat vorüber war, sagte der Mann, er müsse noch mal nach Hause fahren, um die Hochzeit vorzubereiten. Als er wieder zurückkehrte, hatte er zwei Flugtickets dabei. Leider könnten sie nicht gemeinsam reisen. Er müsse auf Grund wichtiger Geschäfte einen Abstecher nach Genf machen, während sie über Paris fliegen solle. Er hoffe, sie sei nicht allzu enttäuscht. Aber nein, das sei kein Problem, sie schwebte immer noch auf Wolken. Der Mann nahm ihr sämtliche Arbeiten ab.

Später wurde ihr bewusst, dass sie nicht einmal ihren Koffer selbst hatte packen dürfen. Das hatte er getan, so wie alles andere. Bald kam der große Tag. Er brachte sie zum Flughafen, küsste sie lange und verabschiedete sich von ihr, bevor sie eincheckte. Später war sie sicher, dass er gesagt hatte, sie solle gut auf sich und ihr Kind Acht geben. Sie seien das Teuerste, das er besitze. Die Geschichte nahm ein Ende, als das Mädchen die Sicherheitskontrolle passieren wollte. In ihrem Koffer entdeckte die Polizei sechs Kilo Sprengstoff und einen Zeitzünder, der anderthalb Stunden später, wenn sich das Mädchen samt ihrem Ungeborenen im Flugzeug Richtung Paris befunden hätte, die Detonation auslösen sollte.«

Fatima schwieg. Nach einer Weile fragte sie:

»Ist die Geschichte wahr oder erfunden?« Er antwortete nicht.

»Wahr oder erfunden? Du hast mir versprochen zu antworten.«

»Die Geschichte ist nicht wahr.«

»Warum nicht?«

»So etwas kann niemand tun.«

»Die Geschichte ist wahr.«

»Nein, ist sie nicht.«

»Doch, das ist sie. Die Menschen sind manchmal so böse, dass man es nicht glauben kann. Aber es kommt vor.«

Rachid wandte den Kopf ab, als wollte er ihrem Blick ausweichen, obwohl er ihre Augen nicht sehen konnte.

»Du lügst.«

»Nein, ich lüge nicht. Die Geschichte ist wahr. Der Mann war ein Terrorist, der bereit war, sein eigenes Kind zu töten, um unschuldige Menschen in die Luft sprengen zu können.«

»Sie waren nicht unschuldig. Es waren Ungläubige.«

»Aber sein eigenes Kind?«

»Wenn es im Dienste des Islam …«

Fatima spürte, dass sie nicht weiterkam. Der Mann war ein Eisklotz.

»Ich will dir noch eine Geschichte erzählen. Es wird die letzte sein.«

»Ich will keine Geschichten mehr hören. Lies lieber den Koran. Lies die Wahrheit.«

»Nein, du musst dir meine Geschichten anhören. Sonst nehme ich den Schleier ab, so dass du gezwungen bist, mich zu schlagen. Du kannst mich umbringen, aber vorher musst du mir zuhören.«

»Gut, noch eine Geschichte, aber dann ist Schluss. Und das auch nur, damit du dich nicht so einsam fühlst.«

Diesmal lächelte er sie wirklich an. Verstand er denn nicht, dass es zwecklos war?

»Es war einmal ein junges Mädchen, das nicht wusste, wo sie hingehörte oder wer sie war. Ihre Eltern liebten sie über alles. Aber das half ihr nicht. Das Mädchen wohnte in einem Land, dessen Einheimische sie als Fremde betrachteten. Sie behandelten sie wie eine Aussätzige. Ihre Eltern taten alles, damit sie sich geborgen fühlte. Aber das Mädchen war oft niedergeschlagen und wusste nicht, was sie mit ihrem Leben anfangen sollte. Alles schien aussichtslos, wenn man nicht sein durfte wie alle anderen. Eines Tages warf ihr ein Rassist einen Stein an den Kopf, und von diesem Tag an begriff sie, dass sie sich gegen alle Fanatiker zur Wehr setzen musste, die glaubten, andere Menschen so behandeln zu können. Sie wollte lieber ihr Leben aufs Spiel setzen, als ihnen wehrlos gegenüberzutreten. Fanatiker sind unfähig, sich in andere Leute hineinzuversetzen. Sie haben nicht den Mut, sich vorzustellen, wie traurig und verzweifelt andere Menschen sein können. Das versetzt sie in die Lage, im Namen Allahs sogar Kinder zu ermorden.«

Weiter kam sie nicht. Der Mann sprang auf und schrie:

»Du verleumdest Allah!«

»Ist die Geschichte wahr oder nicht?«

»Schweig!«

»Ich denke gar nicht dran. Die Geschichte ist nicht wahr. Aber du hast sie geglaubt, weil sie ebenso gut wahr sein könnte. Sonst wärst du nicht so wütend geworden. Du würdest für den Islam dein Leben hingeben, nicht wahr? Ich könnte mein Leben für das Erzählen von Geschichten hingeben.«

»Du weißt nicht, wovon du redest. Du bist noch ein kleines Mädchen.«

»Ich bin fast fünfzehn. Die Schwester meines Vaters opferte ihr Leben für ihn, als sie so alt war wie ich. Ich bin bereit, für meine Geschichten zu sterben. Das beweist jedenfalls, dass Geschichten etwas anderes sind als die reine Lüge. Töte mich jetzt!«

Fatima begann zu weinen. Sie wollte wirklich, dass er sie tötete, damit Mireille und Ahmed ihren Kampf fortsetzen konnten. Das war ihr letzter Ausweg: ihn völlig aus der Fassung zu bringen.

Doch nicht einmal das glückte ihr.

»Glaubst du wirklich, ich würde die Beherrschung verlieren, nur weil du mir Geschichten erzählst? Glaubst du wirklich, ich würde meine Pflichten vernachlässigen? Wir haben kein Interesse an deinem Tod. Morgen ist alles vorbei. Dann können wir über die Zukunft sprechen. Wir können über die Wirklichkeit sprechen, die Zukunft, über Allah und darüber, wie man leben muss, um ihm zu dienen. Wir können über die Wahrheit reden.«

Der Mann stand auf und ging rasch aus dem Zimmer, als habe er immer noch Angst, zu bleiben.

41

Dumas erfuhr von der Auseinandersetzung, sobald er in sein Büro kam. Georges' Bericht war kurz, ließ aber an Deutlichkeit nichts zu wünschen übrig. Der gemeinsame Geist des Projekts hatte Schaden genommen. Er ging zu Dominique. »Sagen Sie Georges, dass ich ihn sofort sprechen möchte. Danach Ahmed, Alain und Gautrot, in dieser Reihenfolge. Nach dem Essen will ich eine Besprechung mit Chaulet. Wenn er's einrichten kann.«

»Alain hat heute frei«, bemerkte Dominique.

»Frei?«

»Ja, Sie haben ihn doch zu einem normalen Arbeiter degradiert, und die haben am Tag nach dem Fest frei.«

»Sehen Sie zu, dass er hier aufkreuzt. Zur Not spendieren wir ihm ein Taxi.«

Dumas schlug die Tür hinter sich zu. Man sollte ihm seinen Unmut ruhig anmerken. Und es schadete auch nicht, wenn Dominique zur Kenntnis nahm, dass er nicht mehr seine schützende Hand über sie hielt.

Dumas brauchte nicht lange auf Georges zu warten. Es irritierte Dumas, durch die Tür hindurch zu vernehmen, dass sich Dominique und Georges offenbar gut verstanden. Hatten sie etwas miteinander? Ausgeschlossen. Was sollte Dominique, die über einen solchen Körper und solche Ausstrahlung verfügte, schon an einem in die Jahre gekommenen Familienvater finden, der weder Geld noch Beziehungen hatte?

Georges öffnete die Tür und trat ein.

»Schießen Sie los! Was ist gestern passiert?«

Georges erzählte detailliert den Ablauf der Ereignisse.

»Jetzt hat der Rassismus auch uns eingeholt. Und schuld daran ist Alain.«

»Meine Worte sind also auf taube Ohren gestoßen.«

»Scheint so.«

»Warum gerade jetzt?«

»Das liegt an der Zeit. Ich glaube, es wäre allen damit gedient, wenn die Leitung jede Form des Rassismus am Arbeitsplatz eindeutig verurteilen würde.«

»Ist das etwa eine Kritik?«

»Ein guter Rat. Es kursieren gewisse Gerüchte.«

»Was für Gerüchte?«

»Dass sich eine Gruppe radikaler Moslems oder sogar eine terroristische Vereinigung unter uns befindet. Alain verbreitet diese Gerüchte.«

»Ist da irgendwas Wahres dran? Was glauben Sie?«

»Ich glaube, es verhält sich ganz einfach. Alain streut die Gerüchte, um sich persönlich zu rächen, vor allem an Ahmed, den er als Leiter der Gruppe bezeichnet. Aber auch an Ihnen und an mir.«

»Wie soll denn überhaupt noch jemand seinen Worten Glauben schenken? Alle müssten ihn doch längst durchschaut haben.«

»Die meisten glauben doch, wo Rauch ist, da ist auch Feuer. Und viele glauben Alain, weil sie gerne hätten, dass seine Worte der Wahrheit entsprechen. Das würde all ihre Vorurteile bestätigen. Außerdem sind sie zu feige, sich der Auseinandersetzung zu stellen. Über all diese Dinge ist Alain sich im Klaren, nicht bewusst, dazu fehlt ihm die Intelligenz, aber instinktiv. Alain ist wie Le Pen, genauso niederträchtig und bösartig, nur nicht so charismatisch.«

»Die Leute, die auf Alain hören, sind Idioten.«

»Wieso stimmen 15 Prozent für die Front National? Machen Sie sich doch nichts vor. Alain muss endgültig aus dem Verkehr gezogen werden. Er ist eine Eiterbeule. Früher oder später wird er einem von uns das Messer in den Rücken stechen. Er hat nur ein einziges Ziel: uns zu Fall zu bringen. Das gilt auch für Sie.«

»Ich komme mit Leuten wie Alain schon klar. Ich lenke ihn, wie es mir passt.«

»Das hoffe ich. Ansonsten werde ich ihm ein Ende setzen. Und diesmal ist das keine leere Drohung.«

»Machen Sie sich keine Sorgen.«

Georges machte auf dem Absatz kehrt und ging hinaus. Erneut hörte Dumas, wie Georges und Dominique miteinander sprachen. Er stand auf, ging zur Tür und öffnete sie. Georges hatte sich über Dominique gebeugt, doch niemand von beiden schien überrascht. Sie schauten ihn nur fragend an.

»Haben Sie Alain erwischt?«, fragte er Dominique mit Schärfe.

»Er ist auf dem Weg.«

Dumas wollte noch etwas sagen, etwas Zurechtweisendes, doch ihm fiel auf die Schnelle nichts ein.

Zehn Minuten später stand Ahmed in seinem Büro. Dumas bot ihm keinen Platz an und ließ ihn warten, während er selbst in Papieren stöberte. Es schadete nie, die Hierarchie deutlich zu machen. Indessen musterte er Ahmed. Dumas sah unmittelbar, dass er sich verändert hatte. Die Augen waren gerötet, sein Blick finster und verschlossen. Die Gesichtszüge wie in Stein gemeißelt. Kein Muskel bewegte sich. Ob an Alains Behauptung doch etwas dran war? Alain war zwar ein Schwachkopf, hatte jedoch einen gut entwickelten Instinkt für Situationen, aus denen er einen Vorteil schlagen konnte, besonders wenn es um Konflikte ging. Als Chef durfte Dumas keine Möglichkeit außer Acht lassen. Genau das war seine Stärke, immer mehr Möglichkeiten und Alternativen im Blick zu haben als andere.

Er blickte zu Ahmed auf.

»Mir ist zu Ohren gekommen, dass unter den Arbeitern, besonders bei den Franzosen und Portugiesen, gewisse Gerüchte kursieren. Wissen Sie etwas darüber?«

»Nein, ich habe nur wenig Kontakt zu den anderen. Und bei unseren Besprechungen hat keiner der anderen Vorarbeiter etwas darüber gesagt.«

»Das kann ich gut verstehen. Die Gerüchte besagen unter anderem, dass sich eine Gruppe islamischer Fundamentalisten unter uns befindet.«

Dumas machte eine Kunstpause.

»Und dass Sie ihr Anführer sind.«

Dumas beobachtete Ahmed gespannt. Er war zur Salzsäule erstarrt, doch etwas in seinem Blick hatte sich verändert. Was war es? Verwunderung? Zorn? Oder Angst?

»Ist das wahr?«, fragte Dumas entschieden.

Ahmed schien seine Antwort gewaltige Überwindung zu kosten.

»Wenn Sie nur den geringsten Verdacht oder den Anschein eines Beweises hätten, dann stände ich jetzt nicht hier.«

Dumas konnte ein Lächeln nicht unterdrücken. Ahmed war intelligent, kein primitives Tier, so wie Alain. Ahmed war ein würdiger Gegenspieler.

»Was glauben Sie, woher die Gerüchte kommen?«

»Von Alain. Ich habe ihm neulich eine Lektion erteilt, weil er wieder begann, sein Gift zu verspritzen.«

»Eine Lektion erteilt?«

»Ich habe ihn zurechtgewiesen, ihm ein paar Ohrfeigen verpasst und die Ohren lang gezogen. Das war meiner Meinung nach die effektivste Methode, ihn zum Schweigen zu bringen. Mit Worten richtet man bei dem nichts aus.«

»Nein, bei ihm muss man seine Macht demonstrieren. Und selbst das nützt manchmal nichts.«

Dumas schwieg für eine Weile.

»Was sollen wir Ihrer Meinung nach jetzt tun?«, fragte er dann.

»Alain muss von hier verschwinden. Er verbreitet seine Lügen, weil er sich rächen will. Er kann hier alles kaputtmachen, Leute in Lebensgefahr bringen. Er muss weg!«

Die Heftigkeit von Ahmeds Ausbruch überraschte Dumas.

Hasste er Alain wirklich so sehr? Das widersprach völlig der Auffassung, die er bislang von Ahmed gehabt hatte. Dumas spürte, dass sich hinter dessen Worten noch mehr verbarg. Aber was?

Dumas wiederholte dieselben Dinge über Alain, die er bereits zu Georges gesagt hatte.

»Alle besonderen Vorkommnisse müssen mir sofort gemeldet werden!«, sagte er schließlich. »Alle! Ein Anschlag auf die Baustelle wäre eine Katastrophe, nicht nur für Ihre und meine Karriere. Ich hoffe, Sie verstehen das.«

»Ja«, antwortete Ahmed. Gleichzeitig verzerrte sich sein Gesicht zu einer Grimasse, als habe er Schmerzen.

War er vielleicht krank? Auch diese Möglichkeit war nicht auszuschließen.

Eine Weile später schaute Dumas aus dem Fenster, um zu sehen, welchen Weg Ahmed einschlug. Ahmed ging direkt über die Straße und blieb dann stehen. Es dauerte nur wenige Sekunden, bis Rachid wie aus dem Nichts auftauchte. Rachid blickte sich um, als wollte er sich versichern, dass niemand in der Nähe war, zog dann etwas hervor, das wie ein Handy oder ein Tonbandgerät aussah. Sogar auf die große Entfernung erkannte Dumas, dass sich Ahmeds Gesichtsausdruck veränderte, als er das Gerät an sein Ohr hielt. Was hatte das zu bedeuten? Was hatten Ahmed und Rachid miteinander zu schaffen? Rachid sollte heute eigentlich gar nicht am Arbeitsplatz sein. Hatte Ahmed Überstunden angeordnet?

Dumas registrierte diese Begegnung mit großer Aufmerksamkeit, so wie er auch alle anderen Dinge mit großer Aufmerksamkeit registrierte. Er durfte, wie gesagt, gar nichts ausschließen, nicht einmal die Möglichkeit, dass Ahmed ein Terrorist war und Georges die Situation völlig falsch eingeschätzt hatte.

Dumas brauchte auf Alain nicht lange zu warten. Er stürmte förmlich in sein Büro. Der Kontrast zu Ahmed war unübersehbar, beinahe komisch. Alains Gesichtsausdruck war triumphierend. Rehabilitierung oder Rache? Was war das effektivste Mittel? Würde er einen Verbündeten gewinnen, wenn er Alain rehabilitierte? Oder würde Alain ihn auch weiterhin als Feind betrachten, den er in jedem Fall bezwingen musste? Das war eine heikle Frage. Typen wie Alain buckelten nach oben und traten nach unten. Zumindest, solange sie die Möglichkeit dazu hatten. Wenn sie nur die geringste Schwäche von oben spürten, bissen sie zu wie eine

Kobra. Sie trachteten stets danach, ganz nach oben zu kommen. Erst dort, umgeben von Speichelleckern und Befehlsempfängern, auf denen sie nach Belieben herumtrampeln konnten, wurden sie glücklich.

»Mir sind Klagen über dich zu Ohren gekommen. Nicht zum ersten Mal.«

»Von wem?«, antwortete Alain wie aus der Pistole geschossen.

»Das spielt keine Rolle. Es interessiert mich einzig und allein, ob die Klagen berechtigt sind. Ich habe gehört, dass du Gerüchte in Umlauf bringst.«

»Das kann nur von Ahmed kommen.«

»Ich habe schon gesagt, dass das irrelevant ist. Hast du die Gerüchte in Umlauf gebracht oder nicht?«

»Ich habe keine Gerüchte in Umlauf gebracht.«

»Was erzählst du den Leuten dann?«

»Gar nichts. Ahmed lügt. Es steht Aussage gegen Aussage.«

»Und wenn es doch ein anderer als Ahmed war?«

»Sag mir jetzt, wer es war!«

Dumas holte tief Luft. Es war unmöglich, mit Alain ein vernünftiges Gespräch zu führen. Logischen Argumenten war er nicht zugänglich. Er konnte sich von einem Augenblick zum nächsten widersprechen, ohne es selbst zu bemerken. Zwischen Sachen und Personen konnte er auch nicht unterscheiden.

»Gautrot glaubt mir«, sagte Alain.

»Glaubt an was?«

»Dass Ahmed ein Attentat plant.«

»Du hast doch gerade gesagt, dass du keine Gerüchte verbreitest.«

»Das ist kein Gerücht.«

»Dann will ich Beweise haben, Alain, Beweise.«

»Ahmed hat versucht, mich umzubringen. Ist das nicht Beweis genug?«

»Also alles der Reihe nach. Ahmed wollte dich umbringen, sagst du?«

»Ja, wenn nicht zufällig Gautrot mit dem Fahrstuhl gekommen wäre, würde ich jetzt nicht mehr leben.«

»Woher willst du wissen, dass Ahmed dich ermorden wollte? Man bringt doch Leute nicht mit Ohrfeigen um.«

»Wer hat dir erzählt, dass es nur Ohrfeigen waren? Hat Ahmed das etwa behauptet?«

Dumas antwortete nicht.

»Ahmed lügt. Sein Wort steht gegen mein Wort. Er hat wirklich versucht, mich umzubringen. Zwei Mal sogar. Es ist doch ganz klar, dass Ahmed das leugnet.«

Dumas versuchte, ein Lächeln zu unterdrücken. Das war wirklich Logik für Feinschmecker. Unangreifbar in all ihrer Absurdität. Aber dann fiel Dumas doch ein Widerspruch auf.

»Er versuchte zwei Mal, dich zu ermorden?«

»Ja, das zweite Mal hat er mich mit dem Messer bedroht. Er hat von irgendeiner Frau gefaselt. Ich glaube, seine Tochter ist von irgend so einem dreckigen Araber vergewaltigt worden. Und er glaubt wohl, dass ich es war. Was weiß ich? Ich schwöre dir, er hat versucht, mich zu ermorden. Frag doch Gautrot, wenn du mir nicht glaubst. Ich habe mir wirklich in die Hose gepisst. Glaubst du etwa, ich hätte mir wegen ein paar Ohrfeigen in die Hose gepisst?«

Dumas begann zu lachen.

»Ich weiß, dass du dir noch aus viel geringerem Anlass in

die Hose pisst, wie du dich ausdrückst. Darum warst du für die DOP auch ein idealer Vernehmungsleiter. Dort brauchtest du niemals Angst zu haben. Die Gefangenen waren gefesselt und konnten dir nichts anhaben. Du hast einzig und allein riskiert, dass man dir ins Gesicht spuckte.«

»Das ist nicht wahr.«

»Doch, es ist wahr. Und das weißt du ebenso gut wie ich. In diesem Fall sind wir nicht auf die Aussagen anderer angewiesen. Vergiss nicht, dass wir uns im Laufe der Jahre mehrfach über den Weg gelaufen sind. Ich habe dich in Aktion gesehen. Auch ich könnte so einige Gerüchte in Umlauf bringen, wenn es nötig wäre. Aber eigentlich möchte ich mich nicht auf so ein Niveau begeben. Im Gegensatz zu dir habe ich ein Gewissen. Ich erniedrige mich nicht selbst, um meine Ziele zu erreichen. Daran könntest du dir ruhig ein Beispiel nehmen.«

»Ahmed steckt hinter allem.«

»Vielleicht könntest du mal 'ne andere Platte auflegen. Also hör zu! Glaub ja nicht, du könntest mich zum Narren halten oder an meinem Stuhl sägen. Ich bin zu clever für dich. Wenn du meine Karriere gefährdest, dann versichere ich dir, dass es das Letzte war, was du in diesem Leben getan hast.«

»Du weißt doch, dass ich dich nie in Schwierigkeiten bringen wollte. Wir sind doch immer gut miteinander ausgekommen, oder?«

Jetzt zeigte sich Alain unterwürfig, sentimental und jämmerlich. Dumas wurde übel.

»Erspar mir deine Rührseligkeit. Du hast deine Ziele im Leben. Welche das sind, ist mir gleich. Meinetwegen kannst du in deiner Freizeit Jagd auf Araber machen, wenn das dein größter Wunsch ist. Aber nicht hier! Wir werden diese Station vorschriftsmäßig zu Ende bauen und unser Geld damit verdienen. Ich lass dich laufen, weil ich weiß, dass man sich im Grunde auf dich verlassen kann, oder etwa nicht?«

Alain nickte eifrig.

»Halte die Augen und Ohren offen. Bei dem geringsten Anzeichen, dass etwas Sonderbares vor sich geht, will ich sofort informiert werden. Aber dann will ich Fakten und kein leeres Gerede. In diesem Fall setzt du dich direkt mit mir in Verbindung. Wenn an den Gerüchten etwas dran sein sollte, kannst du damit rechnen, wieder Vorarbeiter zu werden. Haben wir uns verstanden?«

Alain nickte erneut, sichtbar zufrieden.

»Ich wusste, dass ich mich auf dich verlassen kann«, fuhr Dumas fort. »Aber vergiss nicht, wer ich bin.«

»Das werde ich nicht. Wir sind doch alte Freunde. Warum sollten wir miteinander streiten?«

»Stimmt, warum sollten wir?«

Dumas stand auf und öffnete die Tür.

»Eines noch, bevor du gehst«, sagte er leise, um eine Atmosphäre der Komplizenschaft zu schaffen. »Verlass dich nicht auf Gautrot. Er ist ein Mann der Republik. Du weißt, dass uns die alten OAS-Aktivisten negativ gegenüberstehen. Wende dich also immer an mich persönlich.«

»Das werde ich tun.«

Alain streckte die Hand aus. Dumas ergriff sie.

Das sollte reichen, dachte er, nachdem Alain gegangen war. Dumas konnte nicht anders, als seine eigene Fähigkeit zu bewundern, andere Menschen herumzuschieben, als seien sie Schachfiguren. Darum war er schließlich so weit gekommen. Jetzt war Gautrot an der Reihe.

Das Gespräch mit Gautrot war kurz. Es zeigte sich sehr schnell, dass er keine Informationen besaß, die über Alains Gerüchte hinausgingen. Dumas forderte Gautrot auf, seine Nachforschungen zu intensivieren, verpflichtete aber auch ihn zu absoluter Diskretion.

»Die Sicherheit des Projekts ist Ihre Sache, Gautrot, da mische ich mich nicht ein. Aber ich bin für die allgemeine Arbeitsmoral verantwortlich, und so etwas wie gestern darf sich nicht wiederholen. Sie verstehen sicherlich, wie gefährlich der Umlauf dieser Gerüchte in der gegenwärtigen Situation ist. Stellen Sie sich mal vor, was passieren würde, wenn sich herumspräche, dass die angeblichen islamischen Fundamentalisten mit der Sicherheitsabteilung unter einer Decke stecken und deshalb unbemerkt hier eindringen konnten. Das wäre wirklich kein Vergnügen. Ich will natürlich nichts in den Raum stellen, was nicht bewiesen ist, sondern werde alles dafür tun, um Ihnen die Arbeit zu erleichtern. Ich glaube, dass es klug wäre, Ihr Augenmerk sowohl auf Ahmed als auch auf Alain zu richten. Sollte ich etwas Neues erfahren, werde ich Sie natürlich unverzüglich davon in Kenntnis setzen. Sollten wir den Saboteur oder eventuelle Fundamentalisten aufspüren, können Sie den Erfolg gern für sich selbst beanspruchen. Mich interessiert nur, dass die Arbeiten vorangehen.«

Gautrot schien zu verstehen, dass Dumas eine enge Zusammenarbeit vorschlug, und akzeptierte den Vorschlag ohne Bedenken.

Später informierte Dumas den Aufsichtsratsvorsitzenden Chaulet über die Geschehnisse während des Festes.

»Aber ich habe alles unter Kontrolle«, fügte Dumas hinzu und meinte es ernst.

Das Gespräch verlief genau so, wie er erwartet hatte. Das Einzige, das ihn irritierte, war die Vertrautheit zwischen Georges und Dominique. Außerdem war es an der Zeit, über Georges' Zukunft nachzudenken. Man durfte sich niemals von einer einzigen Person abhängig machen. Es konnte nicht schaden, einen Ersatzmann in der Hinterhand zu haben. Dann konnte ihm Georges mit Kündigung drohen, sooft er wollte.

42

Zwei Stunden. Nur noch zwei lächerliche Stunden, bis binnen weniger Minuten alle drei Sprengladungen explodieren würden. Das Eole-Projekt würde damit der Vergangenheit angehören und sein Ende in der ganzen Welt für Aufsehen sorgen. Den ganzen Tag über hatte er an die Worte Tourniers gedacht, die in der Festschrift gestanden hatten. Es waren große Worte über das Berufsethos der Arbeiter gewesen, über alte Mythen, die Faszination der dunklen Tiefe und über Jules Vernes *Reise zum Mittelpunkt der Erde.* Aber hatte Tournier nicht auch geschrieben, man müsse sich damit abfinden, dass das Abenteuer Mensch eines Tages – oder eines Nachts – vorbei sein würde? Hatte er nicht auch geschrieben, dass die Erde sich weiterdrehe, selbst wenn die Ilias, die Venus von Milo, die Mona Lisa und der Eiffelturm längst in Vergessenheit geraten wären? Hatte er nicht ebenfalls geschrieben, dass auch von der Station »Condorcet« und dem gesamten Eole-Projekt eines Tages nur noch Ruinen übrig sein würden? Als hätte er die kommenden Ereignisse vorausgesehen.

Aber selbst ein Mann wie Tournier war wohl kaum in der Lage, sich die Katastrophe zum gegenwärtigen Zeitpunkt realistisch vorzustellen. Gab es so große Worte – selbst auf Arabisch, der Sprache aller Sprachen, der Sprache Allahs, der Offenbarung und der Wahrheit –, dass sie Rachids Meisterwerk gerecht werden konnten? Zwei Präzisionsbomben sollten zunächst die Stromversorgung und die Pumpen außer Betrieb setzen, worauf eine dritte, gigantische Sprengladung die gerade errichtete Betondecke in die Luft sprengte. Ein ganzes Pariser Wohnviertel würde im Grundwasser versinken. Knapp zwei Stunden. Dann war der Sieg errungen.

Als er an der Sohle des Victoriaschachts aus dem Aufzug stieg, blickte er ein letztes Mal zum Himmel empor. Klar und deutlich sah er vor sich, wie das achtstöckige Haus am Rande seines Blickfelds mit ohrenbetäubendem Lärm zusammenstürzte. Eigentlich war es ein Jammer, dass er das Schauspiel nicht mit eigenen Augen verfolgen konnte. Etwas Ähnliches hatte man nie zuvor gesehen. Doch er wusste, dass sich alle Zuschauer verdächtig machten. Das wollte er nicht riskieren. Im Augenblick der Explosion wollte er schon wieder bei Fatima sein. Plötzlich wusste er, was er mit ihr vorhatte. Er wollte sie mit nach Algerien nehmen. Sie durfte weiterleben, wenn sie seine Frau wurde. Wenn sie sich zum Islam bekannte, würde sie ein Leben im Überfluss führen. Wenn sie sich weigerte, musste sie den Preis bezahlen. Eine andere Lösung gab es nicht. Dann konnte sie so viele Geschichten erzählen, wie sie wollte. Er ließ sich von ihren Lügen nicht zum Narren halten. Glaubte sie wirklich, ihn damit täuschen zu können, so wie sich der Emir von Scheherezade hatte täuschen lassen?

Er fragte sich, was Ahmed tun würde, könnte er Rachids Gedanken lesen. Aber das konnte Ahmed nicht. Er war ein gebrochener Mann. Er war besiegt. Allah war groß. Rachid bekam direkt Lust, Ahmed, der sich wenige Schritte vor ihm befand, die Hand auf die Schulter zu legen. Aber was hätte Ahmed das geholfen? Er hatte nicht eingesehen, dass es das Beste für ihn gewesen wäre, Rachid aus freien Stücken bei der größten Aktion zu unterstützen, die je im Namen des Islam zur Ehre Allahs durchgeführt wurde. Ahmed hatte nicht begriffen, dass auch ihm ein Platz im Paradies sicher gewesen wäre und er seine Tochter hätte behalten können. Jetzt war es zu spät für ihn. Er war ein Mitwisser, der aus dem Weg geräumt werden musste.

Was ging nur in Ahmeds Kopf vor? Aber auch das spielte keine Rolle mehr. Rachids Lehrmeister hatten Recht gehabt. Man brauchte nicht zu verstehen, wie die Ungläubigen dachten und fühlten, um sie zu bekämpfen. Ahmed hatte in seinem Leben nur noch eine einzige Aufgabe zu erfüllen. Rachid konnte sich des Triumphgefühls nicht erwehren, Ahmed ausmanövriert zu haben. Er war stark und intelligent. Aber die Liebe sowie sein Unglaube schwächten ihn auch. Dennoch war es merkwürdig, dass Ahmed nicht begriffen hatte, dass die Liebe zu nichts führte. Respekt, Unterwürfigkeit, Gehorsam und Pflichterfüllung führten ins Paradies, nicht die Liebe.

»Warte hier!«, sagte Rachid zu ihm, als sie den Tunnel erreichten, der zum Schacht Nummer elf führte. »Zu dieser Zeit taucht hier bestimmt niemand auf. Aber wenn doch jemand kommen sollte, setzt du deine Autorität als Vorarbeiter ein und sorgst dafür, dass niemand in meine Nähe kommt, bis ich wieder da bin.«

Ahmed schwieg. Rachid durchquerte rasch den Tunnel und kletterte die Sprossen von Schacht Nummer elf hinauf. Als er sich fünf Meter unter der Erdoberfläche befand, öffnete er den Metallschrank, von dem aus die gesamte Baustelle mit Strom versorgt wurde. Er vergewisserte sich, dass niemand die Sprengladungen angefasst hatte. Dann stellte er den Zeitzünder auf exakt 17.30 Uhr, schloss den Schrank und kletterte die Sprossen wieder hinunter. Ahmed stand immer noch an derselben Stelle. Sein Gesicht war erstarrt.

»Hast du irgendjemanden gehört oder gesehen?«

Ahmed schüttelte kurz den Kopf.

Jetzt war es Rachid, der voranging. Sie gingen durch den nördlichen Seitentunnel, der still und verlassen dalag. Die großen Abbaumaschinen wirkten wie prähistorische Ungeheuer in einem Museum. Schon der Verlust der Maschinen würde sich auf mehrere hundert Millionen Francs belaufen. Würden sie überhaupt ersetzt werden? Rachid zweifelte daran, dass sie die Bauarbeiten an dieser Stelle je wieder aufnehmen würden. Wer würde schon auf einer Baustelle arbeiten wollen, die Tausende von Leichen barg, einst in die Luft gesprengt worden und später im Grundwasser versunken war? Außerdem würden die Sicherheitsvorkehrungen in Zukunft so verschärft werden, dass die Arbeit praktisch unmöglich wurde.

Am Ende des Tunnels betraten sie das Zentralgebäude und nahmen einen anderen Aufzug, bis sie sich zehn Meter unter der Oberfläche befanden. Dann bogen sie nach links ab und erreichten einen weiteren Tunnel, der zum Evakuierungsschacht führte.

»Du wartest hier!«, sagte Rachid. »Und hältst die Augen offen.«

Ahmed blieb sofort stehen. Rachid ging weiter. Nachdem er weitere achtzig Meter durch den Schlamm gewatet war, bog er erneut nach links ab und erreichte einen Hohlraum, in dem alle Rohre des Pumpsystems zusammenliefen. Rachid kletterte über eins der kleineren Rohre, bückte sich und zog die Sperrholzplatte, die über der Sprengladung lag, zur Seite.

Er kontrollierte, ob Batterie, Sprengstoff und Zünder trocken waren, und stellte diesen auf 17.30 Uhr ein. Dann ging er denselben Weg zurück, den er gekommen war. Genau wie vorhin stand Ahmed wie versteinert an derselben Stelle, an der Rachid ihn zurückgelassen hatte. Rachid machte sich nicht einmal die Mühe, zu fragen, ob jemand vorbeigekommen war.

»Eine ist noch übrig«, sagte Rachid zu Ahmed, als sie die Kathedrale erreichten. »Dann bist du von deinem Auftrag entbunden.«

»Noch eine? Die beiden anderen Sprengladungen reichen doch wohl, um eine wahre Sintflut auszulösen.«

»Schon, aber nicht, um in der ganzen Welt für Aufsehen zu sorgen.«

Ahmed blieb abrupt stehen. Erst jetzt wurde ihm klar, was Rachid vorhatte.

»Du willst doch nicht …«, begann Ahmed, ohne den Satz zu beenden.

»*Nicht erschlugt ihr sie, sondern Allah erschlug sie.* Allah ist groß, und ich bin sein Diener.«

»Aber begreifst du denn nicht, was geschehen wird? Das Dach wird einstürzen.«

»*Ist nun etwa der besser, der sein Gebäude auf Gottesfurcht und auf Allahs Huld gegründet hat, oder der, wel-*

cher sein Gebäude gegründet hat auf dem Rand fortgespülten Schwemmsandes, der mit ihm in Dschahannams Feuer gespült wird?«

»Aber verstehst du denn nicht? Tausende von Menschen werden sterben.«

»Gottlose und Ungläubige. *Sind aber die heiligen Monate verflossen, so erschlaget die Götzendiener, wo ihr sie findet, und packet sie und belagert sie und lauert ihnen in jedem Hinterhalt auf.*«

»Es sind Menschen, von denen du sprichst. Menschen!«

Ahmed trat einen Schritt nach vorne.

»Versuch nicht, mich aufzuhalten. Sonst stirbt deine Tochter. *Noch vermochte kein Prophet, Gefangene zu machen, ehe er nicht auf Erden gemetzelt.* Du hast deinem Glauben abgeschworen. Du weißt, welche Strafe dich erwartet. *Wer ungläubig wird nach seinem Glauben und dann zunimmt an Unglauben – nimmer wird ihre Umkehr angenommen.* Der Koran antwortet dir. *Wenn euch Allah hilft, so gibt's keinen, der euch übermag; wenn Er euch aber im Stich lässt, wer könnte euch da helfen ohne Ihn?* Du bist verloren, Ahmed, aber du kannst immer noch das Leben deiner Tochter retten.«

Ahmeds Gesicht fiel zusammen. Als verlöre es alles Leben und allen Stolz. Das steinerne Antlitz zerbröckelte. Der starke und geschmeidige Körper wurde zu Lehm.

»Hör mir gut zu! Ich werde jetzt auf das Gerüst klettern. Du gehst fünfzig Schritte in Richtung Ausgang. Wenn du den Aufzug oder jemanden kommen hörst, rufst du laut und deutlich meinen Namen, aber so, wie du mich auch sonst rufen würdest. Hast du verstanden? Wenn du irgendetwas anderes tust, kannst du ganz sicher sein, dass du deine geliebte Fatima nie wiedersehen wirst. Du weißt jetzt, wozu ich imstande bin.«

Zunächst stand Ahmed völlig unbeweglich da, das Gesicht leichenblass, aschgrau wie das Gestein um sie herum. Dann setzte er sich langsam in Richtung Stationsausgang in Bewegung. Mehrmals stolperte er und schien beinahe das Gleichgewicht zu verlieren. Rachid wartete gar nicht ab, bis Ahmed den Ausgang erreicht hatte, sondern kletterte sofort auf das Gerüst hinauf. Als er ganz nach oben gelangt war, entfernte er am Ende des dicksten Rohrs sechs, sieben Pfropfen und zog die Kabel der Sprengladung heraus, die er in den letzten Tagen im Rohr platziert hatte. Aus dem Rucksack zog er einen Zündsatz mit Batterie, wickelte die bereits abisolierten Leitungen zusammen und verband sie mit der Batterie. Er stellte den Zeitzünder auf 17.35 Uhr und deckte alles sicherheitshalber mit einer Plane ab. Von der Decke tropfte Kondenswasser. Er musste jedes Detail bedenken. Die ganze Operation hatte nicht länger als fünf Minuten gedauert. Er schaute sich alles noch einmal genau an, um sicherzugehen, dass alles war, wie es sein sollte. Er hatte gute Arbeit geleistet. Die größte Sprengladung war genau unter dem Teil der Decke platziert, der noch nicht durch Beton verstärkt war. Darüber bestand das Material aus Kalkstein und zusammengepresstem Sand und würde einer Ladung Semtex nicht standhalten können.

Als er vom Gerüst kletterte, stellte er sich erneut vor, wie er dem Imam gegenübertreten und mitteilen würde, dass er seinen Auftrag erfüllt habe. Er dachte an seine Eltern und Geschwister, die, anstatt in der Hölle zu braten, mit Ehrenbezeugungen überhäuft würden, weil sie einen Helden gezeugt und aufgezogen hatten, dem allein es gelungen war, dem Heiligen Krieg zum Erfolg zu verhelfen.

Rachid war rasch wieder bei Ahmed.

»In genau einer Dreiviertelstunde gibt es einen großen Knall. Du bleibst so lange wie möglich hier und passt auf, dass niemand in die Nähe der Sprengladung kommt. Danach kannst du dein gottloses Leben retten. Falls sich noch Leute unten befinden sollten, kannst du sie gerne rechtzeitig warnen. Das entscheidest du selbst.«

»Willst du mich nicht töten? Ich bin doch ein gefährlicher Zeuge.«

»Denk doch mal nach. Das Wichtigste ist das Gelingen der Aktion. Außerdem darfst du deine Tochter nicht vergessen. Wenn du mich verrätst oder den Sprengsatz entschärfst, wirst du sie natürlich nicht zurückbekommen. Wenn die Sache vorbei ist, kannst du tun und lassen, was du willst.«

»Wann bekomme ich sie zurück?«

»Das habe ich doch schon gesagt. Glaubst du mir nicht? Vierundzwanzig Stunden nach der Explosion bekommst du eine Nachricht, wo du sie abholen kannst. Ich bin zu diesem Zeitpunkt schon wieder in Algerien oder irgendwo anders.«

»Kann ich dir vertrauen?«

»Warum sollte ich deine Tochter töten? Ich gehorche Allahs Stellvertreter auf Erden und habe keinen Befehl erhalten, dich oder deine Tochter umzubringen. Die heiligen Krieger der GIA morden nicht, wenn es nicht nötig ist, und auch nicht aus Spaß.«

»Der GIA?«

»Ja, der GIA.«

Rachid registrierte erfreut, dass Ahmed zumindest die heiligen Krieger des Islam fürchtete.

»Wir töten nur die Feinde des Islam.«

»Du meinst arme und wehrlose Bauern. Warum geht ihr stattdessen nicht gegen die Bosse aus der Ölindustrie vor? Weil ihr feige seid und es euch mehr um eure eigene Macht als um Allah geht.«

Rachid scherte sich nicht um Ahmeds Worte. Er wusste, dass Ahmed seiner Strafe nicht entgehen würde. Rachid ging rasch zum Victoriaschacht, ohne sich umzuschauen, und nahm den Aufzug. Als er oben angekommen war, eilte er die vier Stufen zur Baracke hinauf. Er öffnete die Tür. Alain saß in derselben Ecke wie immer und schaute Rachid misstrauisch an.

»Was willst du?«, fragte er.

»Ich wollte dir nur erzählen, dass es Ahmed war, der deinen Sohn misshandelt hat.«

Rachid erzählte ihm die ganze Geschichte. Er sah, wie aus Alains wässrigen Augen der Hass blickte.

»Warum erzählst du mir das?«

»Ahmed ist ein Verräter. Er wollte Dumas einreden, dass du den Anschlag verübt hast.«

Das war keine gute Erklärung, aber Rachid war nichts Besseres eingefallen.

»Dieses Schwein! So ist er also Vorarbeiter geworden. Den mach ich fertig!«

»Nichts einfacher als das. Geh in einer halben Stunde in die Kathedrale. Dann wird Ahmed ganz allein dort sein. Tu mit ihm, was du willst. Ich werde nichts sagen. Aber warte noch, hast du verstanden? Im Moment ist er mit einigen Technikern beisammen. Die gehen aber in zwanzig Minuten.«

Alains Gesicht verzog sich zu einem breiten Lächeln.

»Danke. Du bist ein richtiger Kumpel. Das werde ich dir nie vergessen. Ich vergesse niemanden, der mir einen Gefallen tut.«

»Das ist gut. Und ich vergesse keine Verräter.«

Noch bevor Rachid die Tür wieder hinter sich zugezogen hatte, sah er, wie Alain seine Pistole hervorholte und sich vergewisserte, dass sie geladen und bereit zum Töten war.

Wie leicht alles war, dachte Rachid, während ein Triumphgefühl durch seinen ganzen Körper flutete. Mit seiner Intelligenz konnte er alle besiegen. Er hatte Ahmed gebraucht, um die Sprengladungen so lange wie möglich bewachen zu lassen. Als Zeuge konnte er Ahmed natürlich nicht gebrauchen. Und Alain brauchte niemand auf dieser Welt. Er war entbehrlich. So einfach war das.

43

Ahmed! Er war es also gewesen! Plötzlich begriff Alain die Zusammenhänge. Es war ein Komplott. Ahmed hatte die ganze Zeit daran gearbeitet, dass Alain seinen Posten als Vorarbeiter loswurde. Deshalb hatte er auch Thierry misshandelt.

Alain schaute auf die Uhr. Fünf Minuten vor fünf. Noch eine Viertelstunde. Er würde seine Rache bekommen und die Welt von einem tollwütigen Hund befreien.

Die Front National würde es ihm danken, wenn sie erst an der Macht war. Hatten sich nicht bereits Le Pen und Mégret schützend hinter Parteimitglieder gestellt, die das Gesetz in ihre eigene Hand genommen hatten? Le Pen hatte sich höchstpersönlich an das Gericht gewandt, um Lagiers Ehre zu verteidigen. Lagier, der nichts anderes getan hatte, als Ibrahim Ali in legitimer Notwehr zu erschießen. Und war nicht Mégret in eigener Person nach Marseille gefahren, um als Zeuge zu Lagiers Gunsten auszusagen? Lagier war nur ein arbeitsloser Vorarbeiter in der Baubranche gewesen, so wie Alain selbst. Außerdem trug er immer eine Pistole bei sich, um sich gegen die Ausländer verteidigen zu können. Er war auch in Algerien mit dabei gewesen und hatte seinen gesamten Besitz verloren. Aber Le Pen und Mégret waren für ihn, einen einfachen Menschen und gewöhnliches Mitglied der Front National, in die Bresche gesprungen. Bei solch einem Rückhalt riskierte Alain nichts. Im Gegenteil, er hatte alles zu gewinnen.

Um Punkt fünf stand Alain auf. Keine Sekunde hielt es ihn mehr an seinem Platz. Zum zehnten Mal kontrollierte er seine Pistole, rückte den Helm zurecht und drehte in der Baracke ein paar Runden, um sich zu beruhigen. Um fünf nach fünf konnte er sich nicht länger beherrschen, riss die Tür auf und lief die Stufen hinunter. Als er auf die Rue Joubert gelangte, hatte er das Pech, auf Dumas zu treffen.

»Wo willst du hin?«, fragte Dumas, als seien sie alte Freunde. »Ich dachte, du machst keine Überstunden.«

»Wo ich hinwill? Das kann ich dir sagen. Ich werde jetzt Ahmed den Hals umdrehen.«

»Das wird nicht so leicht sein. Außerdem hat mir noch niemand einen Beweis dafür geliefert, dass er ein Terrorist ist. Weder du noch irgendwer sonst.«

»Das ist auch nicht nötig. Er war es, der meinen Sohn misshandelt hat.«

»Bist du jetzt völlig übergeschnappt?«

»Nein, Rachid hat es mir gerade erzählt. Es war Ahmed, daran besteht kein Zweifel.«

»Wenn das stimmt, dann hat er schlechte Karten.«

»Also hatte ich doch von Anfang an Recht. Und du hast dich geirrt. Du hast aufs falsche Pferd gesetzt.«

»Wie du meinst. Wir werden sehen.«

Dumas stieß die letzten Wörter aus, als sei Alain ein Straßenköter. Aber das war er nicht. Dumas hatte sich immer zugute gehalten, dass er alle Vorgänge genau durchschaute. Alain würde ihm zeigen, dass das Gegenteil der Fall war. Zumindest was Alain selbst anbetraf.

Alain schaute auf die Uhr. Zehn Minuten nach fünf. Er betrat den Aufzug, zog die Türen zu und drückte auf den Knopf. Nachdem er nach unten gelangt war, schickte er den Aufzug nicht wieder hinauf. Oben würde niemand den Schuss hören, aber es bestand auch kein Grund, länger als nötig unter der Erde zu bleiben, nachdem er mit Ahmed abgerechnet hatte.

44

Georges gab seinem Computer einen Blitzbefehl. Im nächsten Augenblick erschien seine eigene grafische Darstellung des »Condorcet« auf dem Monitor, inklusive der Anschlusstunnel, der zukünftigen Eingänge und Notausgänge. Die Darstellung umfasste das gesamte Gebiet zwischen der Rue de Provence, der Rue du Havre und der Rue St Lazare und zeigte sowohl das Straßennetz als auch die Gegebenheiten unter Tage. An den Ecken der Grafik hatte er zwei- und dreidimensionale Querschnitte wichtiger Abschnitte entworfen, die eine räumliche Vorstellung vermittelten. Er hatte eine Reihe verschiedener Farben verwendet, um die Darstellung so übersichtlich und leicht verständlich wie möglich zu machen.

Er konnte sich immer noch daran erinnern, wie stolz er gewesen war, nachdem er die Grafik fertig gestellt hatte. Sie war eine seiner ersten Arbeiten für das Eole-Projekt gewesen. Seine Grafik war mit Lob überhäuft und an alle wichtigen Personen, auch Politiker, verteilt worden, die sich einen detaillierten Überblick über das Bauprojekt verschaffen wollten.

Das war damals gewesen. Jetzt verspürte er fast ein Gefühl der Fremdheit beim Anblick dieses bautechnischen Meisterwerks, dem er sieben Jahre seines Lebens gewidmet hatte. Zu welchem Nutzen? Fünf Milliarden Francs waren ausgegeben worden, damit zwanzigtausend Fahrgäste am Tag nur noch drei Minuten für die Strecke zwischen dem Gare St Lazare und dem Gare du Nord benötigten. Die Verkehrsprobleme von Paris wären genauso gut gelöst worden, wenn man ein Drittel aller Autofahrer gezwungen hätte, das Fahrrad zu benutzen.

Sollte er nicht stolz darauf sein, zur Realisierung dieses Projekts beigetragen zu haben? Es war doch kein Fehler, seine berufliche Qualifikation für etwas einzusetzen, das zumindest nicht völlig sinnlos war, auch wenn man das Geld sehr viel sinnvoller hätte verwenden können. Doch er hatte nicht mehr das Gefühl, ein wichtiges Rädchen im Getriebe einer riesigen Organisation zu sein, die es sich zum Ziel gesetzt hatte, einen kleinen Beitrag zum Wohle der Menschheit zu leisten. Was war schon ein Rädchen? Ein lebloses Stück Materie, das unablässig lief, ohne sich über seine Funktion im Klaren zu sein. Dominique hatte ihm zu einer einfachen Erkenntnis verholfen: In erster Linie war er

Mensch und hatte das Recht auf ein eigenes Leben, bis dieses eines Tages beendet war.

Und das Leben wurde keinesfalls besser, wenn er gezwungen war, mit Leuten wie Dumas oder Alain zusammenzuarbeiten. Und das war er die ganze Zeit gewesen. Doch seit er Dominique begegnet war, hielt er schon den Gedanken daran nicht mehr aus. Gedanken, die kamen, wenn er sie am wenigsten gebrauchen konnte, so wie vorige Nacht, nachdem Dominique und er sich geliebt hatten. Plötzlich hatte er an Alain denken müssen, was ihm für mehrere Stunden die Stimmung verdorben hatte.

Und heute war er sogleich zu Dumas gerufen worden, um über Vorgänge zu diskutieren, die eigentlich keiner Diskussion bedurften. Stärker als je zuvor spürte er, dass es an der Zeit war, zu kündigen, jedoch nicht, um den Arbeitgeber zu wechseln, sondern um ein neues Leben zu beginnen. Viele Gedanken wirbelten in seinem Kopf immer noch hin und her, doch eines wusste er ganz gewiss: dass er Dominique liebte und sie ihn. Ob das Huhn oder das Ei zuerst existiert hatte, spielte keine Rolle. Er hatte sich verliebt, weil er eine Veränderung gebraucht hatte, oder war es umgekehrt gewesen? Solche Spitzfindigkeiten waren nicht seine Sache. Vielleicht hätte er Marie auch verlassen, wenn er Dominique nicht kennen gelernt hätte. Dreißig Jahre lang hatte er eine Frau geliebt, die nicht bereit war, anderen Menschen zu helfen, falls dies etwas kostete. Die Liebe seines Lebens war eine Lüge gewesen. Wie konnte man dreißig Jahre mit einer Frau zusammenleben, Kinder zeugen, diese aufziehen und sich im Partner doch so täuschen? Aus Gewohnheit und Bequemlichkeit, war die Antwort. Er hatte Sicherheit mit Innerlichkeit verwechselt, Trott mit Vertrauen, regelmäßigen Geschlechtsverkehr mit Hingabe, Schweigen mit gegenseitigem Verständnis. Er selbst trug die Verantwortung dafür. Er hatte sein Leben geführt, als liefe es auf Schienen. Leider war er in den falschen Zug gestiegen. Doch ihm blieb immer noch Zeit zum Umsteigen.

Er dachte an Mireille und Ahmed. Was mussten sie nicht alles durchmachen. Er begriff, dass er ihnen zumindest schuldig war, die Relationen nicht aus den Augen zu verlieren. Er war wütend auf Alain und Dumas, weil sie seine neue Liebe und sein junges Glück beeinträchtigten. Doch er sollte sie hassen, weil es Leute wie sie waren, die es Ahmed, Mireille und Fatima unmöglich machten, in Frieden zu leben. Selbst wenn sie Fatima zurückbekämen, sah ihre Zukunft wenig verheißungsvoll aus. Verglichen mit ihren Problemen, waren seine eigenen ziemlich unbedeutend.

Er versuchte, sich wieder auf den Bildschirm zu konzentrieren. Er hatte seine Grafik mit CAD-CAM hergestellt, so dass er von der Übersicht zu detaillierteren Ansichten weiterklicken konnte. Er platzierte den Cursor auf dem nördlichen Verbindungstunnel und drückte auf die Maus. Ein weiterer Klick, und der Ausschnitt zwischen dem östlichen Teil des Zentralgebäudes und dem Verbindungstunnel wurde sichtbar. Was wollte er damit anfangen? Natürlich, er hatte das Verbindungsstück zwischen Station und Tunnel im Detail darstellen wollen. Es gelang ihm, sich ausreichend zu konzentrieren, um den Großteil der Arbeit fertig zu stellen.

Er schaute auf die Uhr. Zehn nach fünf. Bevor er nach Hause fuhr, sollte er sich noch einmal unter Tage begeben, um seine Darstellung mit den Gegebenheiten vor Ort abzugleichen. Hatte er die Zeit dazu? Aber dann dachte er daran, dass er nicht länger als zwanzig Minuten mit der Metro benötigte, um zu Dominique zu fahren. In seinem Kopf hatte er immer noch gespeichert, dass er anderthalb Stunden für die Heimfahrt brauchte. Er gab also das Kommando zum Ausdrucken, rollte die Blätter zusammen, nahm sie unter den Arm und verließ das Büro. Er schaute auf die Uhr, während er auf den Aufzug wartete. Viertel nach fünf. Wenn er sich beeilte, konnte er um sieben bei Dominique sein. Warum war der Lift nicht an der Oberfläche? Vermutlich befanden sich einige Techniker in der Tiefe, die nichts von den Vorschriften wussten. Er drückte auf den Knopf.

Zwanzig Minuten nach fünf fuhr er mit dem Aufzug ratternd in die Tiefe.

45

Es war drei Uhr nachmittags, als Mireille sich zwei algerischen Freunden anschloss. Beide waren Mitte zwanzig und Söhne von Journalisten, die von islamischen Fundamentalisten hingerichtet worden waren. Es waren vor allem die Kinder von Gefolterten und Ermordeten, die zu den hingebungsvollsten Mitgliedern der Organisation geworden waren. Unter ihnen genauso viele Frauen wie Männer, genauso viele Araber wie Franzosen. Deshalb konnte die Organisation so effektiv arbeiten. Eigentlich hatten sie nur einen Feind: ihren eigenen Rachedurst, der sie in Situationen führte, die sie eigentlich bekämpften.

Mireille sagte das Kennwort. Die beiden jungen Männer starrten sie entgeistert an. Sie wusste, warum. Es lag weniger daran, dass sie den geheimnisvollen, beinahe sagenumwobenen Kopf der Organisation kennen lernten. Es lag daran, dass sie eine Frau war.

»Aber Sie sind ja eine …«, begann einer von ihnen.

»Frau«, ergänzte Mireille. »Viele lassen sich davon täuschen, dass ich einen männlichen Decknamen habe. Auch Sie sollten hin und wieder das Geschlecht wechseln, zumindest was die Namen betrifft. Aber das wollen die meisten Männer nicht, nicht einmal aus Sicherheitsgründen.«

Mireille sah den beiden ihre Besorgnis an.

»Wir suchen also nach Ihrer Tochter?«

»Ja, das stimmt. Wie ist die Situation?«

»Unverändert. Seitdem Rachid gestern Nacht gegangen ist, haben wir niemanden gesehen.«

»Niemanden?«

»Nein.«

»War es einer von euch, der die beiden Personen beobachtet hat?«

»Das war ich. Gestern Abend. Das Zimmer hat nur ein Fenster, doch wir glauben nicht, dass sich Ihre Tochter in diesem Raum befindet. Sonst hätten wir sie bestimmt durch das Fenster gesehen. Wir meinen, noch ein weiteres Zimmer erkannt zu haben, als die Innentür geöffnet wurde.«

»Wir können nicht ausschließen, dass sie bewacht wird«, sagte der andere.

»Lasst mich sehen.«

Mireille schaute durch das Fernglas. Obwohl der Abstand zum Gebäude ungefähr vierhundert Meter betrug, war es in aller Deutlichkeit zu sehen. Nur leider war nicht viel zu erkennen.

Mireille betrachtete die Tür, die Bestandteil einer großen Garageneinfahrt war.

»Scheint eine Art Lagerraum zu sein«, sagte sie. »Wenn das stimmt, befindet sich Fatima vielleicht im Büro. Alle Lagerräume haben auch ein Büro.«

»Kann sein.«

»Irgendwelche Hintertüren?«

»Nein.«

»Seid ihr ganz sicher?«

»Wir haben das Haus von allen Seiten untersucht. Es gibt nur einen Eingang.«

»Was machen wir jetzt?«, fragte der andere. »Wir bekommen bald Verstärkung von vier Leuten. Wenn die da sind, gehe ich hinein.«

»Sie?«

»Ja, ich allein.«

»Aber …«

»Sie brauchen mir nichts zu sagen. Ich bin mir über die Gefahr im Klaren. Aber es geht um meine Tochter. Ich bin die Einzige, die entscheiden kann, was zu tun ist. Wenn Fatima etwas passiert, weil wir die Situation falsch eingeschätzt oder übereilt gehandelt haben, ist es am besten, wenn ich es war, der die Entscheidung gefällt hat.«

Sie vertraute nur sich selber, aber das sagte sie nicht. Aber sie verließ sich darauf, dass sie alles taten, was in ihrer Macht stand, um Fatima zu befreien.

Die anderen Männer kamen eine Stunde später. Mireille erklärte erneut, dass sie allein ins Haus gehen wolle, sobald die Dämmerung einsetze. Die anderen sollten nichts unternehmen, bis sie den Einsatzbefehl erhielten, selbst wenn sie Schüsse hören sollten.

»Aber was sollen wir tun?«, fragte einer von ihnen.

»Wenn Fatima und Rachid allein aus dem Haus kommen, habt ihr freie Hand.«

Zwei der Männer griffen sofort zu ihren Gewehren mit dem Nachtsichtaufsatz. Die Übrigen hatten Pistolen, genau wie sie selbst, obwohl niemand von ihnen wusste, dass sie bewaffnet war. Mireille hatte lange gezögert, ehe sie den Gebrauch von Waffen in der Organisation zuließ. Sie zweifelte immer noch, ob diese Entscheidung richtig gewesen war. Aber in Frankreich waren Hunderte von Einwanderern durch Rechtsextremisten kaltblütig ermordet worden. In Algerien hatte man im Namen des Islam Zehntausende islamischer Fanatiker hingerichtet. Musste sie nicht auch an die Sicherheit ihrer Mitarbeiter denken? Auf der anderen Seite wusste sie besser als die meisten anderen, dass Gewalt Gegengewalt erzeugte und ein Machtinstrument war, das früher oder später zu Machtmissbrauch führte. Das war beinahe eine historische Gesetzmäßigkeit. Man musste nur an all die so genannten Revolutionen und Freiheitsbewegungen denken. Gab es überhaupt ein Beispiel dafür, dass auf die Machtübernahme nicht Korruption gefolgt wäre? Nur weil eine Organisation sich mit Waffengewalt befreit hatte, glaubte sie, mit denselben Methoden auch die Gesellschaft steuern und alle Probleme lösen zu können.

Wie dem auch sei, jetzt war es zu spät, sich darüber Gedanken zu machen. Sie war bewaffnet und bereit, ihr Leben einzusetzen, falls es notwendig werden sollte.

Es war fünf Uhr, als Mireille sich auf den Weg zum Lagerraum machte. Wie sie vermutet hatten, war die Eingangstür unverschlossen. Drinnen war es stockdunkel. Sie schaltete eine kleine Taschenlampe an und tastete sich vorsichtig weiter. Überall standen Kisten und Paletten, die meisten von ihnen leer. Nach einer Weile erblickte sie eine Tür mit der Aufschrift »Büro«. Sie untersuchte zunächst die nähere Umgebung, um einen Platz zu finden, an dem sie sich notfalls rasch verstecken konnte. Sie schaute auf die Uhr. Halb sechs. Rachid konnte jederzeit auftauchen, wenn alles nach seinen Vorstellungen gelaufen war. Hinter einigen Kisten entdeckte sie einen Hohlraum, von dem aus sie die Tür im Auge behalten konnte. Erst danach tastete sie sich vor zur Tür. Durch das Schlüsselloch war nichts zu erkennen. Sie legte das Ohr an die Tür. Zuerst hörte sie keinen Laut. Sie hätte so gerne ein Zeichen gegeben, um herauszufinden, ob es wirklich Fatima war, die sich hinter der Tür befand. Aber wer sollte es sonst sein? Es konnte niemand sonst sein.

Dann hörte sie ein leises Geräusch. Was war das? Ein Weinen. Fatimas Weinen. Mireille war sicher, obwohl sie Fatima lange nicht mehr weinen gehört hatte. Fatima war immer zu stolz zum Weinen gewesen. Ahmed hatte berichtet, dass Fatima fast keinen Laut von sich gegeben hatte, als sie den Stein an den Kopf bekam.

Mireille vergewisserte sich, dass niemand kam, und sagte dann zu Fatima, sie solle aufhören. Aber Mireille hörte weiterhin nichts als gedämpftes Schluchzen. War Fatima allein? Niemand, der sie bewachte? Mireille war versucht, das Schloss aufzuschießen und mit gezückter Pistole in den Raum zu stürmen, komme, was da wolle. Und wenn Fatima die ganze Zeit allein gewesen war? Dann war es Wahnsinn, noch eine Sekunde länger zu warten. Doch wenn sie mehrere GIA-Soldaten an ihrer Seite hatte? Dann konnte ein übereiltes Handeln katastrophale Folgen haben.

Im selben Augenblick hörte Mireille Schritte. Sie versteckte sich sofort und wartete. Die äußere Tür wurde geöffnet und das Licht eingeschaltet. Sie erkannte Rachid nach der Beschreibung, die Ahmed ihr gegeben hatte. Rachid sah wie ein ganz gewöhnlicher Araber aus. Hätte man ihn auf der Straße gesehen, würde man ihm keine Beachtung schenken. Doch als er näher kam, fiel ihr sein Blick auf: erregt, brennend, wie von Sinnen. Auf den Lippen erschien ein überlegenes Lächeln, als läge ihm die Welt zu Füßen.

Mireille spannte ihren gesamten Körper und griff zur Pistole. Rachid öffnete die Tür. Mireille sah, dass sich Fatima auf einem Sofa zusammengekauert hatte. Mireille wartete darauf, dass Rachid die Tür schloss und etwas zu einem eventuellen Kompagnon sagte. Doch die Tür blieb offen, und Rachid schwieg. Konnte das wahr sein? Er ließ wirklich die Tür offen. Das musste bedeuten, dass er sich sicher fühlte und alles nach Plan verlaufen war. Er musste sich wie der sichere Sieger vorkommen. Aber er war übermütig. Das waren Fanatiker oft. Sie bildeten sich ein, Gott und Allah auf ihrer Seite zu haben. Doch wenn Gott und Allah wirklich existierten, würden sie mit solchen Mördern nichts zu tun haben wollen. Oder aber sie wollten nichts anderes.

Mireille schlich zur Tür. Sie wagte nicht, den Kopf hineinzustrecken, aber sie wollte hören, was Rachid sagte. Es gab weiterhin kein Anzeichen, dass er irgendwelche Helfer hatte. Auch er war also imstande, Fehler zu machen. Das waren alle.

»Du hast geweint«, sagte Rachid freundlich. »Warum?«

»Was glaubst du?«

»Du brauchst nicht mehr zu weinen. Du brauchst nicht

länger hier zu bleiben. Allah ist groß. Allah gab mir die Kraft, meinen Auftrag zu erfüllen. Jetzt kann ich in mein Land zurückkehren.«

»Bin ich frei?«

»Ja, du bist frei, um meine Frau zu werden.«

Stille. Was war das? Schlug er ihr wirklich vor, seine Ehefrau zu werden?

»Deine Frau zu werden?«, wiederholte Fatima, als hätte sie ihn nicht recht verstanden.

»Ja, du wirst die Frau eines Helden sein. Du wirst im Überfluss leben und stolz auf deinen Mann sein. Alle werden dir Respekt zollen und dich beneiden. Dir wird es nie wieder an etwas fehlen.«

»Woher willst du das wissen?«

»Das weiß ich.«

»Nein, das tust du nicht. Weißt du, was ich vermissen werde?«

»Nichts.«

»Meine Mama und meinen Papa.«

»Du irrst dich. Wer den rechten Glauben hat, der braucht keine Eltern, die ungläubig sind. So schreibt der Koran: *Und auch Abraham betete nur um Verzeihung für seinen Vater infolge eines Versprechens, das er ihm gegeben. Als ihm aber offenkundig ward, dass er ein Feind Allahs war, sagte er sich los von ihm. Siehe, Abraham aber war wahrlich mitleidsvoll und milde.*«

»Du kannst so viel aus dem Koran zitieren, wie du willst. Meine Mama und mein Papa sind gute Menschen. Wenn dein Gott etwas anderes denkt, dann irrt er sich.«

»Ich will, dass du meine Frau wirst.«

»Aber ich will nicht. Glaubst du wirklich, ich könnte nach

allem, was geschehen ist, noch deine Frau werden? Glaubst du das? Dann bist du ein Narr.«

»Ich bin Ingenieur. Ich besitze ein Examen der Universität. Ich bin kein Narr. Du bist die, die nichts versteht. Du musst dir angewöhnen, logisch zu denken und nicht auf deine Gefühle zu hören. Ich habe entschieden, dass du meine Frau wirst, ob du willst oder nicht.«

»Dann sterbe ich lieber.«

»Habe ich nicht deinen Geschichten zugehört? Ich dachte, das würde dich freuen. Aber jetzt wirst du meine Geschichte anhören. Ich will, dass du mich verstehst.«

Mireille hörte Rachid berichten, wie er sich als Autodidakt seine Kenntnisse angeeignet hatte, Ingenieur geworden und in die Politik gegangen war, weil er keine andere Arbeit hatte finden können; wie er von den Sicherheitskräften verhört und gefoltert wurde, sich später der GIA anschloss und ihr wichtigster Sprengstoffexperte wurde, wie er, ganz auf sich allein gestellt, die Aktion geplant und durchgeführt hatte, die das Kriegsglück wenden und in der ganzen Welt für Aufsehen sorgen sollte – die Aktion, die ihm einen Platz an Allahs Seite im Paradies sichern sollte. Schließlich fragte er Fatima, ob sie sich erinnern könne, dass sie mit der Vergeltung ihres Vaters gedroht hatte.

»Es hat nichts genutzt«, sagte Rachid. »In diesem Moment ist dein Vater bereits tot.«

Fatima schrie auf. Mireille gelang es, sich um Fatimas willen zu beherrschen, obwohl sie sich plötzlich fühlte wie eine offene Wunde.

Rachid stellte das Radio an.

»Jetzt weißt du, warum ich dir außer dem Koran ein Radio hier gelassen habe. Damit wir in diesem großen Augenblick gemeinsam die Nachrichten hören können. Damit wir beide voller Freude hören können, dass die gottlosen westlichen Regierungen, die die Militärdiktatur in Algerien gestützt haben, zur Niederlage verdammt sind und nichts mehr den Sieg des Heiligen Krieges verhindern kann.«

Rachid drehte die Lautstärke auf, so dass die Stimme des Nachrichtensprechers im ganzen Raum widerhallte.

46

Ahmed versuchte stehen zu bleiben, nachdem Rachid gegangen war, doch seine Beine knickten ein. Er sank zusammen und sackte mit allen vieren in den Lehm. »Fatima, Fatima, Fatima«, wiederholte er ein ums andere Mal. Hatte er auch ihr Leben auf dem Gewissen, genauso wie das seiner Schwester? Ein kleiner Moment der Unachtsamkeit, und alles war verloren. Was konnte er jetzt noch tun? Sein Leben war so oder so zerstört. Er saß in einer teuflischen Falle, konstruiert mit Allahs Segen, um Ungläubige wie ihn zu bestrafen. Wenn er die Bombe entschärfte, rettete er Tausenden das Leben, verlor jedoch Fatima. Wenn er die Bombe explodieren ließ, rettete er Fatima vielleicht das Leben. Doch zu welchem Preis! Wie sollte er im Bewusstsein weiterleben, Tausende von Menschen auf dem Gewissen zu haben? Wie sollte er Fatima dann noch in die Augen sehen? Er stand auf und ging langsam zu dem Baugerüst, von dessen Plattform aus Rachid den Beton glatt geschliffen hatte. Jetzt begriff Ahmed, warum Rachid seinen Job nie gegen einen weniger anstrengenden hatte eintauschen wollen. Rachid hatte viel Zeit gehabt, die Rohre mit Sprengmaterial zu füllen. Alles war exakt berechnet. Das Gerüst stand genau unter dem Teil der Decke, der noch nicht mit Beton verstärkt war; es wurde sogar verschoben, sobald man sich ein Stück weiter in das Gestein vorgearbeitet hatte. Genau an dieser Stelle, unter dem Gerüst, befand sich die Achillesferse des »Condorcet«. Eine kräftige Explosion konnte das Kalkgestein wie Pappe auseinander reißen. Das Dach würde einstürzen und einen Abgrund freigeben. Über der Erde befand sich ein ganzes Wohnviertel inklusive der Galeries Lafayette und Hunderten von Büros und Wohnungen. Alles würde in die Tiefe stürzen. Würde man überhaupt die verzweifelten Schreie Tausender Menschen in Todesangst hören, bevor sie im nächsten Augenblick bis zur Unkenntlichkeit zerquetscht und unter Gesteinsmassen begraben wurden? Und das nur, um einen Tag später für immer im Grundwasser zu versinken. Die Leichen würde man niemals bergen können.

Ahmed griff um eine Stange des Gerüsts. Es war unvorstellbar, was geschehen würde, wenn er den Sprengsatz nicht entschärfte. Plötzlich spürte er einen stechenden Schmerz in seiner Brust. Als hätte jemand ein Messer hineingestochen und gedreht. War es das Herz? Versagte ausgerechnet in diesem Moment sein Herz? Das war doch nicht möglich. Er musste die Bombe entschärfen. Er setzte den Fuß auf das unterste Rohr. Doch als er ihn belastete, verdoppelte sich der Schmerz. War es wirklich das Herz? Oder war es Fatima? Fatimas und sein eigener Schmerz. Er konnte Fatimas Leben nicht opfern, nicht einmal, um Tausende zu retten. Er war es nicht gewesen, der die Bombe gelegt hatte. Es war nicht seine Schuld, dass Tausende würden sterben müssen. Er hatte keine moralische Verpflichtung, sie zu retten. Niemand konnte ihn zur Verantwortung ziehen, weil er die Bombe nicht entschärft hatte, um Fatimas Leben zu retten. Wer konnte ihm vorwerfen, ihr Leben geschont zu haben? Niemand auf dieser Erde und schon gar nicht diese Ausgeburten der Fantasie, ob sie nun Gott, Allah, Jehova oder sonst wie hießen und von den Menschen in den Himmel gesetzt worden waren, um über ihre Lebensangst hinwegzutäuschen.

Er ließ das Gerüst los. Sofort hörte er verzweifelte Hilferufe. Es sah ein kleines Kind vor sich, das vor Angst aufschrie, als die Wände rissig wurden und das Dach einstürzte. In Zeitlupe sah er, wie sich das Kind durch Ziegelsteine und Betontrümmer in blutige Fleischstücke verwandelte, und hörte den herzzerreißenden Schmerzensschrei eines Vaters, der sein Kind sterben sah, bevor er selbst von den Gesteinsmassen zerquetscht wurde. Ahmed hörte und sah alles realistisch vor sich, als geschehe es in diesem Moment. Im nächsten Augenblick sah er, wie bärtige Mudschaheddin Fatima vergewaltigten und folterten, um die Informationen aus ihr herauszupressen, die sie nicht geben konnte, und ihr dann die Kehle durchschnitten, wie sie es mit Tausenden anderen getan hatten. Er hörte und sah Fatimas Schmerzensschreie, ihr verzweifeltes Flehen um Gnade und Barmherzigkeit, bis sie starb und für immer von dieser Erde verschwand.

Hatte Rachid dies nicht vor Augen? Hallten nicht die Schreie auch in seinem Kopf wider? Fühlte nicht auch er den Schmerz in seiner Brust?

Nein, ihm fehlte die Fantasie. Er gehörte zu denen, die nicht fähig waren, sich in andere Menschen hineinzuversetzen. Nur solche wie er waren in der Lage, grausame Taten zu verüben. Nur solche wie er konnten über Tausende von Toten hinwegsehen und einem vierzehnjährigen Mädchen die Kehle durchschneiden. Für die Mörder der GIA war Mitleid ein Zeichen von Schwäche und Feigheit, nicht von Menschlichkeit. Rachid und Gott waren die Schuldigen, nicht er selbst, Ahmed, der das Leben seiner Tochter retten und verhindern musste, dass Tausende starben, weil es dem Koran zufolge Allahs Wille war. Weil Allah keinen Finger rührte, um es zu verhindern. Ahmed kannte den Koran ebenso gut wie die islamischen Fanatiker. Er wusste, welche Suren und Verse sie benutzten, um ihre Morde zu rechtfertigen. Sogar um zu begründen, warum man den Opfern die Kehle durchschneiden konnte. Mohammed hatte schließlich selbst einen Feind mit dem Messer erstochen. Moslemische Humanisten konnten noch so viele andere Textstellen zitieren; der Koran würde den Mördern stets folgende Rechtfertigung an die Hand geben: *Sind aber die heiligen Monate verflossen, so erschlaget die Götzendiener, wo ihr sie findet.* Das hatte Rachid gesagt. Und das bezeichneten sie als Wahrheit! Das war keine Wahrheit. Ebenso hätte man das Böse an sich segnen können.

Die Wut ließ Ahmed seinen Schmerz in der Brust vergessen. Er schaute auf die Uhr. Zwanzig Minuten nach fünf. Die Wut ließ ihn schließlich einen Entschluss fassen. Er wusste, dass Tausende von Menschen sterben würden, wenn er den Sprengsatz nicht entschärfte. Das stand fest. Aber er war sich nicht sicher, ob Fatima überleben würde, wenn er es bleiben ließ. Vielleicht würde sie leben … oder sterben … was auch immer er tat. Vielleicht gelang es Mireille und ihren Freunden, sie zu befreien. Rachid würde Fatima niemals laufen lassen. Das wusste er.

Er kletterte rasch auf das Gerüst, um nicht zuzulassen, dass sich die Schmerzen in der Brust wieder einstellten. Er musste es sofort tun, bevor sein Herz versagte und ihn lähmte.

Er zog die Plane beiseite und betrachtete den Zündsatz. Dort war die Batterie. Er streckte den Arm aus, um das Minuskabel herauszuziehen. Im selben Augenblick hörte er unten jemanden rufen.

»Ahmed! Du hast meinen Sohn misshandelt. Du warst es!« Ahmed schaute nach unten. Dort stand Alain und richtete die Pistole auf ihn.

»Stirb, du elender Araber!«

Ahmed hörte zwei Schüsse und spürte die Kugeln in seinen Körper einschlagen. Der Schmerz war verschwindend gering im Vergleich zu dem, den er für Fatima und Tausende namenloser Menschen empfunden hatte. Er spürte, wie das Leben langsam aus seinem Körper entwich. Er verstand es nicht, aber es war fast eine Erleichterung, fast eine Befreiung.

47

Georges hatte gerade die Fahrstuhltüren hinter sich geschlossen, als er kurz hintereinander zwei Schüsse hörte. Was auch immer das war, es war nicht normal. Zu dieser Tageszeit konnten sich allenfalls ein paar Techniker oder Mechaniker unter Tage befinden. Alle anderen hatten einen Tag nach dem Fest der heiligen Barbara frei bekommen. Nachdem die Schüsse verklungen waren, herrschte völlige Stille. Unheilvolle Stille. Die Schüsse waren aus dem Zentralgebäude gekommen, dessen war er sich gewiss, auch wenn das Echo schwer zu lokalisieren war. Er begann zu laufen. Konnte der armierte Beton auf Grund der Innenspannung aufgeplatzt sein? Das war nicht auszuschließen. In diesem Fall trug er die Verantwortung. Er versuchte zu beschleunigen, was mit den schweren Stiefeln auf dem lehmigen Untergrund nicht leicht war. Seine Kondition war auch nicht mehr die beste. Die seltenen Fahrradtouren an den Samstagnachmittagen hatten offenbar nicht den erwünschten Effekt.

Unmittelbar bevor er das Zentralgebäude erreichte, blieb er stehen. Er horchte, hörte zunächst jedoch keinen Laut. Dann vernahm er eine Stimme, laut und deutlich:

»Ich hab's getan! Ich hab's getan!«

Georges erkannte die Stimme. Es war die von Alain. Was hatte er getan? Georges hatte ein ungutes Gefühl. Nach dem Sabotageversuch war Alain alles zuzutrauen. Georges trat aus der Tunnelröhre und sah die Kathedrale in ihrer vollen Breite und Höhe vor sich. Dreißig Meter entfernt stand Alain und wedelte mit etwas in der Luft, während er nach oben auf das Gerüst starrte. Georges näherte sich langsam. Alain stand mit dem Rücken zu ihm und starrte immer noch nach oben. Georges folgte seinem Blick. Ganz oben auf dem Gerüst lag ein regungsloser Körper. Ahmed! Das war Ahmed! Alain hatte auf ihn geschossen, ihn vielleicht getötet. Der Gegenstand, den Alain in der Hand hielt, war eine Pistole.

Georges spürte den Hass in sich aufsteigen wie das Grundwasser im »Condorcet«. Er hob ein meterlanges Rohr auf und schleifte es über den Boden, während er direkt auf Alain zuging. Als er diesen fast erreicht hatte, hörte Alain ihn und drehte sich um. Als er Georges erblickte, leuchtete sein Gesicht auf. Alain war glücklich. Glücklich darüber, mit einem Mord auf sich aufmerksam gemacht zu haben und in dieser Welt etwas zu gelten.

»Ich hab's getan!«, rief er erneut. »Es war Ahmed, der meinen Sohn misshandelt hat. Er wollte ihn umbringen.«

Alain hatte offenbar vergessen, dass er eine Pistole in der Hand hielt und Georges es möglicherweise nicht gebührend würdigen würde, dass er eine Arabersau erschossen hatte. Georges machte zwei Schritte nach vorne und ließ das Stahlrohr mit voller Kraft auf Alains Arm niedersausen, der mit einem knackenden Geräusch brach. Die Pistole fiel auf den Boden. Georges hob sie auf.

Für einen kurzen Moment betrachtete Alain seinen gebrochenen Arm, als hätte er nicht begriffen, was geschehen war, als würde der Arm gar nicht ihm gehören. Dann sank er in die Knie und schrie vor Schmerz auf. Er rief um Hilfe. Georges steckte die Pistole ein und kletterte rasch auf das Gerüst. War Ahmed noch am Leben?

48

Ahmed lebte, war aber schwer verletzt. Er starrte Georges mit schmerzlicher Intensität an. Ahmed versuchte zu sprechen. Die Lippen bewegten sich, aber Georges konnte nichts verstehen. Er beugte sich vor.

»Bombe, Kabel«, flüsterte Ahmed und versuchte vergeblich, den Kopf zur Seite zu drehen.

Georges folgte Ahmeds Blick und sah die Kabel, die Batterie und den Zündsatz. Eines der Kabel hatte sich bereits gelöst. Ahmed hielt das Ende mit dem Kabelschuh in der

Hand. Er musste ihn abreißen, und wenn es das Letzte war, was er tat. Georges begriff plötzlich die schreckliche Wahrheit.

»Du hast die Leitung schon herausgerissen. Du hast eine Katastrophe verhindert. Eine Katastrophe! Hat Alain das getan?«

Ahmed blinzelte und wollte verneinen, doch seine Lippen bewegten sich nicht. Georges beugte sich ein weiteres Mal nach vorne.

»Rachid«, flüsterte Ahmed. »Er hat Fatima als Geisel.«

Sobald Ahmed dies ausgesprochen hatte, schienen sich seine Schmerzen zu vervielfachen. Der Körper begann zu zittern, und das Gesicht verzerrte sich zu einer Grimasse.

»Mach dir keine Sorgen. Wir schaffen das schon. Du wirst leben. Wir finden Fatima. Du bekommst sie zurück.«

Georges wusste nicht, ob seine Worte etwas bewirkten. Ahmeds Körper sackte zusammen. Georges fühlte den Puls. Ahmed lebte, hatte jedoch das Bewusstsein verloren. Das spielte vielleicht keine Rolle. Georges musste ihn vom Gerüst hieven. Um Hilfe rufen. Doch allein würde er ihn nicht an die Oberfläche bringen können. Er nahm ihn auf die Arme und begann langsam nach unten zu klettern. Vor jedem Schritt, den er tat, musste er Ahmeds Körper auf einem der Rohre ablegen. Hätten diese nicht so eng beieinander gelegen, wäre es nicht möglich gewesen. Woher er die Kraft nahm, wusste er nicht. Seine Brust schien zu bersten. Sein Herz arbeitete wie ein Pumpenschwengel.

Alain lag immer noch jammernd am Boden.

»Hilf mir!«, schrie er. »Ich bin keiner dieser Bastards. Ich bin Franzose!«

Georges lief zwanzig Meter nach vorne, startete eines der

Raupenfahrzeuge und fuhr zum Gerüst. Vorsichtig legte er Ahmed auf die Ladefläche.

Er wollte gerade ins Führerhaus springen, als er kurz nacheinander zwei Explosionen hörte. Im nächsten Augenblick ging das Licht aus, worauf sich die batteriebetriebene Notbeleuchtung anschaltete. Georges versuchte, sich die Vorgänge zu erklären. Als ob es nicht ausreichte, ein ganzes Wohnviertel in die Luft zu sprengen! Alles sollte auch noch im Grundwasser versinken, um Bergungsarbeiten unmöglich zu machen.

Georges startete das Raupenfahrzeug und fuhr dem Victoriaschacht entgegen. Hinter ihm war abwechselnd das Schreien und Schluchzen von Alain zu hören. Georges hielt das Fahrzeug auf halbem Wege an, sprang heraus und rannte zum Telefon. Glücklicherweise hatte man daran gedacht, Telefone zu installieren, die vom Stromnetz unabhängig waren. Er rief den Wachhabenden der Sicherheitsabteilung an, teilte in knappen Worten mit, was passiert war und dass es einen Schwerverletzten gäbe, der an die Oberfläche gebracht und ärztlich versorgt werden müsse. Er fuhr weiter durch die südliche Tunnelröhre und erreichte den Victoriaschacht. Er brauchte nur wenige Minuten zu warten, bevor er entferntes Sirenengeheul hörte. Unmittelbar darauf sah er, wie eine große Wanne von einem Kran heruntergelassen wurde. Irgendjemand war in Windeseile in das Führerhaus des Krans geklettert. Georges hievte Ahmed hinüber und sprang dann selbst in die Wanne. Als sich der Kran in Bewegung setzte, tauchte Alain aus dem Tunnel auf.

»Du kannst mich nicht hier lassen. Der Strom ist ausgefallen. Es wird eine Überschwemmung geben. Ich werde ersaufen wie ein Hund.«

»Leute wie du können die Sprossen hinaufklettern.«

Alains jämmerliche Hilferufe wurden immer schwächer, je näher sie der Oberfläche kamen. Nachdem sie wohlbehalten oben angekommen waren, wurden sie von den Rettungsleuten in Empfang genommen.

»Er hat eine Schussverletzung. Ich glaube, es sind zwei Einschüsse.«

Ahmed wurde auf eine Bahre verfrachtet und in den Krankenwagen geschoben, wo er sofort mit Sauerstoff versorgt wurde und eine Herzmassage bekam.

»Wo bringt ihr ihn hin?«, konnte Georges noch fragen, bevor sich der Wagen in Bewegung setzte.

»Lariboisière.«

Georges konnte sich nicht länger auf den Beinen halten. Er setzte sich in den Morast.

»Was ist eigentlich passiert?«, fragte der Mann vom Sicherheitsdienst.

»Was passiert ist? Ein Mordversuch und ein Terroranschlag, das ist passiert. Die Stromversorgung ist unterbrochen, und vielleicht sind die Pumpen außer Kraft gesetzt. Schickt jemanden in Schacht elf und versucht, die Stromversorgung wieder herzustellen. Schafft alle Reservepumpen her, die ihr finden könnt. Wir werden sie brauchen.«

Die Leute stoben in alle Richtungen auseinander. Vielleicht würden sie die Baustelle vor einer Überschwemmung bewahren können, vielleicht auch nicht. Vielleicht konnten die Ärzte Ahmeds Leben retten, vielleicht auch nicht. Vielleicht gelang es der Polizei, Fatimas Leben zu retten, falls es nicht bereits zu spät war. Aber wer konnte die Welt vor Psychopathen wie Alain und Rachid schützen? Gewöhnliche Leute wie er? Vielleicht, vielleicht nicht.

Aber wo waren sie, die aufrechten und vortrefflichen Menschen, wenn die bärtigen Fanatiker im Namen Allahs ihre Galle von den Moscheen Algeriens verspritzten? Wo steckten sie, wenn die Rechtsextremisten von ihren Plattformen in Frankreich aus ihren Hass aussäten? Die rechtschaffenen Leute saßen zu Hause vor dem Fernseher, schauten sich ein Quiz oder ein Fußballspiel an. Träumten davon, eine Million im Lotto zu gewinnen. Georges fühlte sich so schwer, so unendlich schwer. Und er selbst? Wie konnte er jetzt noch weiterleben? Mit Dominique in irgendeinem entlegenen Winkel dieser Erde? Konnten sie jemals glücklich werden?

Genau in diesem Moment tauchte Dumas auf. Er sah aus, als hätte er den Verstand verloren.

»Was ist passiert?«, stieß er ohne die übliche Selbstbeherrschung hervor, als fordere er Georges auf, ihn über die Geschehnisse zu informieren.

Georges stand auf.

»Ihretwegen hat Ahmed vielleicht sein Leben verloren. Alain hat aus Rache auf ihn geschossen. Außerdem ist ein Terroranschlag verübt worden. Es soll eine zweite Sintflut entfesselt werden. Und diesmal, fürchte ich, ist nicht nur der Strom betroffen. Zumindest ist es Ahmed gelungen, eine noch größere Katastrophe zu verhindern. Die Baustelle war vermint. Das ganze Wohnviertel sollte in die Luft gesprengt werden.«

»Das ist nicht wahr!«

»Doch. Warum sollte ich mir das ausdenken?«

»Hunderte von Millionen zum Teufel! Hunderte Millionen! Verstehen Sie, was das bedeutet?«

Dumas sah aus, als breche er jeden Moment in Tränen

aus. Das wunderte Georges nicht im Geringsten. Doch mit seiner Geduld hatte es jetzt ein Ende. Definitiv.

Folglich nahm er mit der Rechten Maß und schickte Dumas mit einem gezielten Faustschlag zu Boden. Der Lehm spritzte auf, als Dumas wie ein Baum umfiel.

Georges ging in sein Büro. Er rief die Polizei an und gab in aller Kürze die wichtigsten Informationen. Als es Alain schließlich geglückt war, die dreißig Meter bis zur Oberfläche zurückzulegen, wurde er schon von der Polizei erwartet. Zu diesem Zeitpunkt hatte Georges bereits eine detaillierte Schilderung der Ereignisse inklusive des früheren Sabotageversuchs und eine Zeugenaussage abgegeben. Nur über Fatima hatte er kein Wort verloren. Bevor er etwas über sie sagte, wollte er mit Mireille sprechen.

49

Es entstand eine kurze Pause, bevor der Nachrichtensprecher begann, die Meldungen zu verlesen. Mireille beschlichen bange Ahnungen. Nicht einmal Rachid konnte so naiv sein, zu glauben, die französische Regierung durch eine Überschwemmung ins Wanken bringen zu können. Selbst das Attentat von St Germain hatte dies nicht vermocht. Im Gegenteil. Das Land hatte sich abgeriegelt und die Ausländerfeindlichkeit ungeahnte Dimensionen erreicht.

Auf die Metro-Station »Condorcet« am Gare St Lazare ist soeben ein Terroranschlag verübt worden. Um 17.30 Uhr explodierten zwei kleinere Sprengladungen und setzten die Stromversorgung sowie das Pumpensystem außer Kraft. Ein dritter, sehr viel größerer Sprengsatz, der das ge-

samte Wohnviertel sowie Tausende von Menschen in die Luft sprengen sollte, konnte im letzten Moment von einem Vorarbeiter des Eole-Projekts entschärft werden. Die Polizei hat bislang nichts über die Hintergründe des Anschlags verlauten lassen. Einen ausführlichen Bericht hören Sie im Anschluss an diese Nachrichtensendung.

Das Radio verstummte plötzlich. Stille.

Ahmed! Ahmed lebte! Er hatte die Bombe entschärft. Es konnte niemand anderer gewesen sein. Mireille wurde schlagartig klar, dass Rachid nicht so naiv sein konnte, wie sie geglaubt hatte. Hingegen war er noch viel bösartiger, als sie sich vorgestellt hatte, obwohl sie es besser hätte wissen müssen.

Was hatte Ahmed nicht alles durchmachen müssen! Er hatte Tausenden das Leben gerettet, im Bewusstsein, dass seine Tochter deswegen sterben würde. Mireille spürte, dass etwas in ihr zerbrach. Wie konnte er nur? Ahmed hatte überlebt, aber welches Leben konnte er jetzt noch führen? Seine einzige Hoffnung musste sich darauf gründen, dass sie Fatima befreite, ehe alles zu spät war. Welch infernalische Falle. Aber die Falle hatte nicht zugeschnappt. Rachid und seine Helfershelfer hatten sich nie vorstellen können, dass jemand das Leben seiner Tochter opferte, um Tausenden Unbekannten das Leben zu retten.

Mireille stand auf und betrat mit gehobener Pistole den Raum. Sie war bereit, Rachid auf der Stelle zu erschießen. Er hatte kein Recht mehr zu leben. Er war kein Mensch.

Doch als sie den Raum betrat, lag Rachid zusammengesunken auf dem Boden. Sein Körper zitterte. Mireille blieb stehen. Was war geschehen? Dann verstand sie. Rachids Leben war verloren. Er war gescheitert und hatte seine

Chance auf das Paradies verspielt. Er hatte Allah und die GIA verraten. Die GIA würde ihn abschlachten wie einen Hund. Wie so vielen anderen würde man ihm die Hände mit Stahldraht auf den Rücken binden und ihm die Kehle durchschneiden. Er wusste, was ihn erwartete, und hatte nicht die Kraft, seinem Schicksal ins Auge zu sehen.

Fatima kniete neben Rachid und hielt seinen Kopf umfasst. Als sie Mireille entdeckte, sprang sie auf.

»Mama!«

Dann sah sie die Pistole in Mireilles Hand, die auf Rachid zeigte.

»Geh zur Seite!«, sagte Mireille zu Fatima.

Doch Fatima stellte sich zwischen Mireille und Rachid.

»Was tust du da? Begreifst du nicht, dass er kein Recht mehr hat zu leben?«

»Wenn du ihn tötest, wirst du irgendwann wie er.«

Mireille schaute Fatima lange an und ließ dann langsam die Pistole sinken.

»Du hast Recht. Lauf hinaus und rufe, dass die Gefahr vorbei ist. Draußen sind unsere Freunde. Sag ihnen, sie sollen die Polizei verständigen. Sie haben Handys dabei.«

Fatima lächelte matt und ging hinaus.

Mireille blieb stehen, wo sie war, und betrachtete Rachid. Sie wünschte sich, dass er im Gefängnis verfaulte. Aber er sollte am Leben bleiben. Fatima hatte ihn geschützt, sie, die weder Muslimin noch Christin, Jüdin oder etwas anderes war. Wenn es doch einen Gott gab, dann hatte er Rachid verlassen und sich an die Seite Fatimas, der Ungläubigen, gestellt.

50

Nachdem Georges gegenüber der Polizei seine Aussage gemacht hatte und die Beamten gegangen waren, blieb er eine Weile zusammengesunken auf seinem Stuhl sitzen. Es gab so vieles zu tun: Er musste Mireille erreichen, Dominique anrufen, Ahmed im Krankenhaus besuchen, seine Stelle kündigen, ein neues Leben beginnen – falls es noch nicht zu spät war und Dominique ihn immer noch haben wollte.

In diesem Moment klingelte das Telefon. Es war Mireille.

»Fatima ist frei. Sie lebt und ist wohlauf.«

»Gott sei Dank!«, sagte Georges, obwohl dies absurd klang. »Ich bin froh, unendlich froh«, fügte er hinzu.

»Ich habe im Radio von Ahmed gehört«, sagte Mireille. »Er muss unbedingt erfahren, dass Fatima frei und unversehrt ist.«

»Es tut mir Leid, aber Ahmed ist verletzt.«

Georges berichtete ein weiteres Mal, was passiert war.

»In welchem Krankenhaus liegt er?«

»Im Lariboisière. Ich fahre selbst gleich dorthin.«

»Ist es sehr ernst?«

»Ich weiß es nicht. Ich weiß es wirklich nicht. Aber er war am Leben, als er vom Rettungswagen geholt wurde.«

»Wir fahren sofort hin.«

»Dann sehen wir uns im Krankenhaus.«

Bevor er aus dem Haus ging, rief er Dominique an. Sie war seine einzige Hoffnung. Alles andere schien dunkel, krank und verkommen, ein Pfuhl der Unmenschlichkeit. Noch einmal erzählte er, was geschehen war.

»Ich brauche dich«, sagte er und sprach die Wahrheit. »Mehr als je zuvor.«

»Ich brauche dich auch«, sagte sie. »Ich liebe dich, vergiss das nicht.«

»Danke«, sagte Georges und hatte nicht im Geringsten das Gefühl, etwas Dummes gesagt zu haben.

»Ich komme auch ins Krankenhaus«, sagte Dominique. »Wir sehen uns dort.«

Georges legte auf. Er hatte das Gefühl, von einem bleiernen Panzer befreit zu sein, der sich um sein Herz geschlossen hatte. Jetzt hatte er vielleicht auch die Kraft, der verzweifelten Sorge von Fatima und Mireille zu begegnen. Jetzt konnte er sie vielleicht sogar trösten. Er zog seinen Overall und die Stiefel aus. Den Helm schleuderte er in die Ecke. Den würde er nie wieder aufsetzen.

Als er auf die Rue Joubert trat, sah er Feuerwehrautos und Einsatzwagen. Polizeibeamte in Kampfanzügen hatten die gesamte Straße abgesperrt. Ein großer Kran beförderte Menschen und Pumpen in die Tiefe. Sprengstoffexperten in Schutzanzügen standen bereit, um nach unten gebracht zu werden und die Sprengladungen zu entfernen. Gautrot, der Sicherheitschef, entdeckte Georges und lief auf ihn zu.

»Großartige Arbeit, Georges. Sie haben das gesamte Eole-Projekt gerettet. Wenn Sie wollen, können Sie bestimmt die Nachfolge von Dumas antreten. Ich zumindest werde mich voll und ganz für Sie einsetzen.«

»Das haben Sie nicht mir zu verdanken, sondern Ahmed. Er hat den Sprengsatz entschärft, bevor Alain auf ihn geschossen hat. Bevor ihn die beiden Kugeln trafen, hat er Tausenden von Menschen das Leben gerettet. Und das, obwohl er damit das Leben seiner Tochter aufs Spiel setzte. Wenn Sie wüssten – aber nein, das werden Sie nie begreifen. Sie standen auf Alains Seite.«

Georges ging weiter.

»Georges!«, rief Gautrot. »Wir müssen darüber reden. Sie irren sich.«

Georges entgegnete nichts. An der Rue du Havre nahm er sich ein Taxi. Er gab die Adresse des Krankenhauses an und schloss die Augen. Er versuchte, all die grässlichen Bilder und Gedanken, die durch seinen Kopf wirbelten, zu vergessen, wenn auch nur für einen kurzen Augenblick. Doch eine Frage ließ sich nicht verdrängen: Was können die Guten gegen die Bösen ausrichten?